苏珊·桑塔格
大西洋两侧最智慧的人

柯英 ———— 著

华中科技大学出版社
http://www.hustp.com
中国·武汉

图书在版编目(CIP)数据

苏珊·桑塔格:大西洋两侧最智慧的人/柯英著.—武汉:华中科技大学出版社,2020.9(2022.5重印)
(女性天才.生命、思想与言词系列)
ISBN 978-7-5680-6445-3

Ⅰ. ①苏… Ⅱ. ①柯… Ⅲ. ①苏珊·桑塔格(1933—2004)-传记 Ⅳ. ①K837.125.6

中国版本图书馆 CIP 数据核字(2020)第 149827 号

苏珊·桑塔格:大西洋两侧最智慧的人
Susan Sontag: Daxiyang Liangce Zui Zhihui de Ren

柯英 著

策划编辑:薛 蒂	封面设计:三形三色
责任编辑:康 艳	责任校对:李 琴
责任监印:朱 玢	

出版发行:华中科技大学出版社(中国·武汉)　　电话:(027)81321913
　　　　　武汉市东湖新技术开发区华工科技园　　邮编:430223

录　　排:华中科技大学惠友文印中心
印　　刷:武汉精一佳印刷有限公司
开　　本:880mm×1230mm　1/32
印　　张:15.375
字　　数:319千字
版　　次:2022年5月第1版第2次印刷
定　　价:62.00元

本书在编著过程中使用了部分图片,在此向图片的版权所有者表示谢意!由于客观原因我们无法联系到您。如您能与我们取得联系,我们将在第一时间更正任何错误与疏漏。
本书若有印装质量问题,请向出版社营销中心调换
全国免费服务热线: 400-6679-118　竭诚为您服务
版权所有　侵权必究

丛书总序

华中科技大学出版社的薛蒂女士来邮,告知"女性天才:生命、思想与言词"丛书第一批四种即将面世的消息,十分高兴,于是回想起当初她和我商谈此套丛书的情形。2018年冬,薛蒂和我联系,交流了自己关于这套丛书的构想。作为学哲学出身的年轻有为的女编辑,她很期待推出一套由中国学者自行撰著,面向广大人文、哲学与社会科学爱好者的西方著名女性哲学家、思想家与文学家的传记。不久我有事到武汉,于是我们相约在武汉大学图书馆见面详商。

那天恰逢暴雪,从未来过武汉的我先是兴奋地和先生一步一滑地在武大校园内寻觅那条著名的樱花路,然后好不容易才找到了图书馆。一不留神滑倒,在图书馆的台阶上重重地摔了一跤,好在无碍,只是有些狼狈。所以第一次的武汉之行,印象深刻,似乎也应了好事多磨的俗语。和薛蒂见面,我们相谈甚欢,丛书的定位、框架设计与作者队伍也眉目清晰起来。之后我们保持着联络,邀请的各位专家也开始撰稿。2019年夏我在武汉开会,再有机缘探访美丽的东湖和珞珈山,并和学生相约来年樱花盛开的时节三赴武大,前往该校档案馆寻访当年英国"布鲁姆斯伯里团体"的二代成员、剑桥才俊、弗吉尼亚·伍尔夫的外甥、曾任武汉大学英国文学教师的朱利安·贝尔的相关史料。遗憾的是,突然爆发的疫情阻挡了我们前往武汉的脚步。好在丛书的各位作者的书稿已陆续到位,华中科技大学出版社的编辑们亦在前所未有的艰难处境中坚守岗位,终于在云开雾散的日子里推出了这套来之不易的丛书。因此,丛书的出版,可说伴随与见证了英雄的武汉市和坚韧不屈的武汉人民奋勇抗疫的全过程,凝聚了出版人的职业操守、精品意识和人文情怀,有着特殊的纪念意义。

丛书第一批四种,分别是《弗吉尼亚·伍尔夫:永恒的英伦百合》《苏珊·桑塔格:大西洋两侧最智慧的人》《艾丽斯·沃克:妇女主义者的传奇》和《玛格丽特·阿特伍德:加拿大文学女王》,是20世纪英国、美国、加拿大最具影响的女性作家、评论家与思想家弗吉尼亚·伍尔夫、苏珊·桑塔格、艾丽斯·沃克与玛格丽特·阿特伍德的思想与文学传记。出版社后续还将推出法国思想家西蒙娜·薇依和西蒙娜·波伏瓦、小说家玛格丽特·杜拉斯,美国思想家汉娜·阿伦特等的传记。作者的阵容也很强大,均为国内在各自领域有精深造诣的中青年专家,尤其是女性学者,体现出她们对女性作家与思想家的天然深情、深入理解与独到阐释,以及强烈的使命担当。这种使命担当,自然源出于她们自觉的性别意识和可贵的人文情怀。我想,这套由女性编辑所策划与推动,由中国女性学者撰写的西方女性思想家、文学家传记,既可以被看作伍尔夫所向往的、在"一间自己的房间"中所书写的"她们自己的文学"的一部分,亦是当代知识女性以东方视角解读西方女性思想与文学成果的结晶,体现出中西文化-文学交流的开阔视野与积极意义。

如果从18世纪欧洲的启蒙时代算起,西方妇女解放运动迄今已有两百余年,中国的妇女平权运动也走过了风风雨雨的百年历程。从鲁迅先生的"娜拉走后怎样"之问,到女性如何在个人幸福与社会担当之间抉择的两难与痛苦,再到女性对自我实现的求索与私密欲望的正视,以及女性在拥有了"自己的房间"之后又如何不一味地浅唱低吟,而是打开视野以拥抱整个世界等方面,中国的女性思想者和文学家们始终在探索如何实践伍尔夫所构想的"双性同体"的两性包容、沟通、理解与合作的理念,如何摒弃西蒙娜·德·波伏瓦所批判的主体与他者二元对立的思维定式,以及反思所谓的男性气质与女性气质的社会建构本质,推进中国社会的两性平等。在此过程中,西方众多女性思想家、哲学家与文学大师不仅以自己坚韧的担当、卓越的才智和出色的文化-文学实践,反思与批判着长期以来男权中心的历史文化传统,推进着社会的进步与文明的发展,亦为20世纪中国的思想文化发展提供了丰厚的精神资源和异域滋养。

这些在人类文明史上熠熠生辉的名字,即包括英国的弗吉尼亚·伍尔夫、多丽丝·莱辛、A. S. 拜厄特、爱丽丝·默多克,法国的西蒙娜·薇依、西蒙娜·德·波伏瓦、玛格丽特·杜拉斯,美国的苏珊·桑塔格、托妮·莫里森、艾丽斯·沃克,加拿大的玛格丽特·阿特伍德、艾丽丝·门罗,等等。她们从西方波澜壮阔的女权运动和女性主义文化思潮中汲取了滋养，又以激越的思想能量与艺术才华，成为这些运动与思潮中的中坚力量与精神旗帜。如伍尔夫在延续自英国维多利亚时代、女性尚未获得接受正规教育权利的20世纪初年的情境中，虚构了莎士比亚的妹妹"朱迪丝"被扼杀了戏剧创作潜能的悲剧故事，强调了一定的经济基础和独立的精神空间之于女性实现创造力的关键意义，提出了"双性同体"作为男女两性和谐互补的人际关系理想，以及理性与情感交融、共通的完美艺术创造标准，对后代的作家创作与性别文化观念的发展，均产生了重大的影响，成为西方女性主义文化与文学运动的先驱；再如艾丽斯·沃克从黑人女作家佐拉·尼尔·赫斯顿、琼·图默等那里获得启发与激励，强调了尊重黑人民间文化，回溯黑人女性的生活历史与精神线索，以"寻找我们母亲的花园"的构想，提出了凝聚黑人女性的姐妹情谊、释放黑人女性的艺术创造力的"妇女主义"观念；玛格丽特·阿特伍德以其在诗歌、小说、戏剧、评论等多文类、多领域的造诣，成为当之无愧的加拿大文学女王，代表了加拿大女性文学与女性主义文学批评最出色的成就……她们不仅在根深蒂固的男权中心思想文化传统中开拓了一片片崭新的天地，亦以丰硕多姿的思想文化与文学成果，给中国的读者带来了美好的艺术享受。其中不少思想家与文学家已在中国拥有了广泛的读者群，并与20世纪的中国女性文化与文学发展有着深厚的精神联系。

因之，相信华中科技大学出版社推出的这套女性传记系列丛书，会受到读者的欢迎。丛书的作者均为长期从事欧美女性作品翻译与研究的专家，这就使得丛书首先建立在作者对于传主人生历程、思想探索、学术造诣和成就的全面而深入的把握基础上，令人信服地呈现出了传主精神成长的内在逻辑与完整过程，揭示了人物的个性风采和心灵世界；同时，传记亦体现出对传主思想、文化与成就的细腻把握与精到阐释，较之一般意义上的传记作品而言，更能展现出文学与学术评传的鲜明特色，能够满足读者通览全书，即可对作家与思想家的生平经历、人生探索、思想风貌、作品与学术成就有较为全面了解的需要，使读者接受思想的洗礼与美的熏陶。

伍尔夫在《一间自己的房间》的最后，曾满怀期待地鼓励了在场听讲的剑桥大学女学生，说莎士比亚的妹妹"朱迪丝"还"活着"："伟大的诗人不死；他们是不灭的魂灵；一有机会，就会活生生地出现在我们面前。这个机会，我想，目前就在你们的掌握中。"表达了对女性书写的无限期待。从某种意义上说，列入和未列入这套丛书之中的女性思想家、文学家与艺术家们，就是一个个的"朱迪丝"，她们拥有和莎士比亚同样的创作激情与才情，并冲破了历史与现实的重重阻碍，为社会的进步和全人类的发展做出了自己卓越的贡献。而我们通过阅读她们的故事，走近她们的人生，将有可能传承她们的高贵精神和"不灭的魂灵"，将美好的未来努力掌握在自己的手中。

杨莉馨

2020 年 6 月于南京滨江

推荐序

6月1日,华中科技大学出版社策划编辑薛蒂女士给我发来邮件,说他们社策划的"女性天才:生命、思想与言词"系列丛书中,柯英执笔的《苏珊·桑塔格:大西洋两侧最智慧的人》已完稿,并接近编校尾声。薛蒂女士同时附上了书稿校样,并热情邀请我为这本书写序。

得知柯英的书稿即将出版的好消息,我非常高兴。高兴是因为我访问过桑塔格,和她的家人、助手也很熟悉,自2003年至今,我独立翻译9部桑塔格的著作和传记,去年开始译桑塔格的独子大卫·里夫授权的桑塔格传(该传获2020年普利策奖),所以,对所有与桑塔格有关的书籍,我都极有好感,也感到亲切。至于写序,我觉得自己还不太够资格,如果说我对桑塔格有什么研究的话,那充其量不过是为翻译桑塔格做过些必要的准备,距离纯粹的学术研究还很远。当然,写序让我有机会阅读柯英这部近500页的书稿,而这事我喜欢!

看完柯英的这本书,我认为它有许多特色和亮点。首先,这是一部开创之作。我们知道,国外特别是美国除了桑塔格研究,在桑塔格传记写作领域,已然取得丰硕的成果。早在桑塔格生前,美国传记作家卡尔·罗利森、莉萨·帕多克夫妇就出版了国际上第一本桑塔格传;新世纪以降,德国和英国也相继出版了桑塔格的传记。这些作品在中国也大多推出了中文版,仅在2018年,中国就出版了三本桑塔格传记译本,另有作为头条收入《暮色将至:伟大作家的最后时刻》的《苏珊·桑塔格》。此外,2004年底桑塔格去世之后,大卫·里夫和桑塔格第一次患癌后聘请的助手西格丽德·努涅斯写的两本回忆录,也都有了中文版。与此形成残酷对照的是,尽管桑塔格1985年就进入中国读者的视野,迄今快35年过去了,但截至2019年,我们还一直看不到由中国学者或作家写出的桑塔格传记,遑论桑塔格评传?现在好了,我们终于盼来了中国首部桑塔格评传!在我这个桑塔格"铁粉"看来,这不啻为中国桑塔格研究史、出版史上的一个里程碑。

柯英在学术界第一次以"智慧"这根"红线"成功串起桑塔格整个生平与创作之珠。我认为,柯英这个把握是精准的。我们现在想起桑塔格,当然会想到她的光彩照人的美貌,但是,她一辈子铸就的成功,依凭的主要还是她的智慧。别的不说,她14岁记的一则日记里就说她相信"人与人之间唯一的区别在于智力";她的中学同学回忆起桑塔格来,还是一脸的羡慕嫉妒,说桑塔格"眸子里流露出超常的智慧……精致的双唇随时准备张开,娓娓道出一套又一套思想,这既让我着迷,又让我愤慨"。我们从她的《反对阐释》《关于"坎普"的札记》《论摄影》《作为疾病的隐喻》等目光敏锐、见解独到、文笔犀利的批评文章中,不难发现桑塔格那洋溢其中的智慧光芒。无怪乎1987年诺贝尔文学奖得主约瑟夫·布罗斯基在回答《巴黎访谈》记者的问题,说到他称颂的在世人物时,他会说"作为作家,我个人相当推崇的人物,苏珊·桑塔格便是其中的一位。她在大西洋两侧是最具智慧的人物,别人论点的终点恰恰是她的起点";他说,他在现代文学中找不到可与她同日而语的精神音乐。柯英认同布罗斯基这一评价,并将它用作标题,统领全书。

其次,我认为柯英完成的桑塔格评传也是一部研究之作。柯英是中国最早一批研究桑塔格的学者之一。她的桑塔格研究始于2007年。图书馆里一次偶遇之后,是十余年的朝夕相处和锲而不舍。她读博期间就拿下国家基金项目;2013年6月顺利通过博士论文答辩;后又逐梦藤校,在美国宾夕法尼亚大学英文系做博士后;2018年,柯英的博士论文经修改,以《存在主义视阈中的苏珊·桑塔格创作研究》为书名由上海交通大学出版社出版;2019年,她的国家社科基金项目结题成果《景观社会的思想者:苏珊·桑塔格视觉艺术文论研究》由南京大学出版社出版;同年,柯英翻译的《解析苏珊·桑塔格〈论摄影〉》由上海外语教育出版社收入"世界思想宝库钥匙丛书"出版。这么多年来,柯英带着诚意,全心投入桑塔格研究,从桑塔格的小说、剧本到她的论文,从文学到其他艺术样式,从文艺生产到社会活动,她对桑塔格做出了全面而深入的研究,并在《外国文学评论》《当代外国文学》等权威刊物发表30余篇论文。凡此,均为柯英2018年接受为桑塔格立传的邀请,而后圆满完成这一大工程,打下了牢固的学术基础。

了解桑塔格的人,一定知道桑塔格小时候就是个典型的"天才少女"。我们现在浏览桑塔格的日记第一卷《重生》,就能看到她到底有多么早慧,会发现究竟有多少书名、人名、乐曲名、电影名、单词表密布其间。她读书之早、读书之多,令人震惊!这时的桑塔格生命中的核心内容就是不顾一切地去经历,如饥似渴地去阅读,竭尽全力地去理解。正因为如此,桑塔格在中学与同学们辩论时,才会以一句"正如 T. S. 艾略特所说的那样",直接将对方驳倒。由此不难想象,柯英此番撰写桑塔格评传,她的阅读量该有多大!虽然柯英熟悉桑塔格的著作,不过,之前的阅读也许是更专题性的,而这次面对的是桑塔格全部的作品,包括国内外学术界极少涉及的两个电影脚本《食人生番二重奏》《卡尔兄弟》。我们看到的是面前摆着的这部书稿,看不到的是其背后陡增的、巨大的阅读量。我猜想,柯英为写这本书,恐怕也会像桑塔格当年那样拼,"一天只有 24 小时,但我试着以 48 小时来对待它"。

通读这本桑塔格评传,我发现柯英是下功夫了。因为是为作家写评传,其重点在于展示作为一个作家的人,需要展示其作为一个作家的成长和发展历程,柯英便在书里将桑塔格的著作贯通起来,进行整体观照。于是,我们看到柯英考证出桑塔格前夫菲利普·里夫的专著著作权的真相,看到桑塔格全部作品里讨论的安托南·阿尔托著述,以及他的"残酷戏剧"理念的来龙去脉,看到桑塔格第一个女性伴侣哈丽雅特·索姆斯的日记里的她,看到桑塔格长篇小说处女作《恩主》与她的名文《关于"坎普"的札记》之间的关联,也看到桑塔格得知她在哈佛读硕期间的好友苏珊·陶布斯跳海自杀噩耗后的痛苦,以及1970年桑塔格在出版《食人生番二重奏》时将它献给和她同名的苏珊,还将苏珊·陶布斯写进她最有影响的短篇小说之一《心问》的情况。举这些例子,我是想说明,这部桑塔格评传显然具有相当强的研究性,书中的"评"随处可见,"评"远多于"传"。柯英对桑塔格的小说、电影脚本,对她的文论集子里的文章几乎逐篇所做的介绍和分析,均有益于我们去具体了解和把握这些作品的特征,客观上也必将推动中国的桑塔格研究。

最后,我特别想说的是,柯英撰写的桑塔格评传还是一部可读之作。2018年3月,薛蒂女士通过南京师范大学文学院杨莉馨教授约我写一本苏珊·桑塔格传。我因为当时手头正忙,只好非常抱歉地婉拒了她们的美意,同时推荐柯英作为作者。我看好柯英,主要发现她不仅喜爱桑塔格其人其作,研究能力强,而且因为我参加过她的博士论文答辩,之后七八年间又一直读到她的桑塔格研究论文和专著,感觉她中文语感极好,完全具备创作能力。这在目前不少文科师生当中是难得的。我们现在看得更多的往往是欧式论文、论著,甚至发现有些文学博士都写不出像样的文章,而沦落到只会玩弄几个很可能连他们本人都不大明白的概念和术语,或者只有他们的小圈子里才明白的"学术黑话"的地步。

阅读柯英的这部书稿,我感觉她能够在不失学术性的同时,以畅达的语言,将苏珊·桑塔格这位偶像级作家的全貌呈现在中国读者面前,表达上毫无欧式论文的佶屈聱牙或受翻译的影响文字难免拗口的现象。试举一例,"1993年4月,波黑战争已经进行一年了,在人们的惊愕中,花甲之年的桑塔格抵达了正处于战争之火中损毁严重的萨拉热窝,母子俩在枪林弹雨中相见。桑塔格待了两周,目睹了战争的恐怖:走在大街上,人们随时都可能会被狙击手放的冷枪射杀,穿过一条马路,也许就是生死瞬间。"全书这样干净、生动而富有节奏感的文字比比皆是,无疑增加了这本苏珊·桑塔格评传的可读性。

柯英的《苏珊·桑塔格:大西洋两侧最智慧的人》我先读为快。实际上,除了它的开创性、研究性和可读性,这部书稿可圈可点处还有很多,以上仅择要谈点读后感。柯英说过苏珊·桑塔格曾是一个让她"每天醒来都会不寒而栗的名字"。对柯英的话,做过有挑战性的课题的人想必都会有同感吧。我想说:"不经历折磨,怎么有懂得?"看完面前的中国第一部苏珊·桑塔格评传,我可以很有把握地说:柯英懂桑塔格;在中国,关于桑塔格,你一定要读柯英。

是为序。

姚君伟[①]
2020年7月初于南京仙林

[①] 姚君伟,上海外国语大学博士,南京师范大学教授,博士生导师,美国宾夕法尼亚大学高访学者,从事英美文学和比较文学研究,兼任中美比较文化研究会副会长、江苏省外国文学学会常务副会长。著有《文化相对主义:赛珍珠的中西文化观》,(主)编有《中国赛珍珠研究丛书》《赛珍珠论中国小说》,译有《恩主》《苏珊·桑塔格全传》等苏珊·桑塔格著作和传记9种,并在《中国比较文学》《当代外国文学》《外国文学研究》等刊发表论文60余篇,在《中华读书报》《文汇读书周报》等报发表文章70余篇。

目 录 Contents

第一章

1 小躯壳里的大囚徒(1933—1944)

第二章

15 重获新生的少女(1945—1950)

第三章

43 波士顿围城里的迷途过客(1951—1957)

第四章

56 寻梦欧洲的文学美人(1957—1958)

Contents

第五章
72 惊艳纽约的坎普女王(1959—1969)

第六章
178 光影浮动中的银屏新手(1969—1974)

第七章
229 思考影像的抗癌斗士(1975—1978)

第八章
270 土星气质的短篇小说家(1978—1989)

Contents

第九章
353 | 重拾创作激情的小说家（1989—2000）

第十章
436 | 永不沉默的沉默者（2001—2004）

457 | **苏珊·桑塔格生平大事记**
466 | **苏珊·桑塔格著作年表**
469 | **后记**

第一章

小躯壳里的大囚徒(1933—1944)

中国,天津,1932年的一个冬日,天气很冷,但是阳光灿烂。在一家名叫功成皮毛公司(Kung Chen Fur Corporation)的美国商行里,27岁的商行老板杰克·罗森布拉特(Jack Rosenblatt,1905—1938)心满意足地站在办公桌旁,看着妻子米尔德丽德(Mildred,1906—1986)在认真地对着账册。这对年轻的夫妇事业做得风生水起,丈夫风度翩翩,妻子漂亮迷人,已经有了好几个月的身孕。米尔德丽德虽然习惯了与丈夫在中国经营生意,但在异国他乡生孩子这件事却令她心生恐惧,因此正打算回美国生产。作为公司的财务主管,她决定在临行前再好好处理一下公司的财务文件。夫妇俩此刻谁也不会想到,他们这个孕育于中国的孩子将来会留下深深的中国情结。

1933年1月16日,在纽约曼哈顿妇女医院(Woman's Hospital in Manhattan),杰克和米尔德丽德的第一个孩子降生了,是个健康可爱的女婴,父母给她取了一个再寻常不过的名字——苏珊(Susan)。不知道是过于热爱事业和依恋丈夫还是无法体会初为人母的喜悦,米尔德丽德生下女儿后在纽约稍事休养就回到了中国,继续和丈夫一起在天津打拼,而刚刚睁眼看世界的苏珊睁开眼看到的不再是她美丽的母亲,而是她的保姆,来自爱尔兰的罗丝·麦克纳尔提(Rose McNulty)。罗丝带着苏珊一开始和杰克的父母住在一起,后来又搬到别的亲戚家去住,大家一起照看苏珊。1936年2月27日,苏珊的妹妹朱迪丝(Judith)也在纽约出生了,这时候她们的父母已经在长岛购置了一套住宅,孩子们不用寄人篱下了,但还是与父母天各一方。

苏珊五岁的时候,母亲一个人回到了美国。一个月,两个月……这次她竟然没有离开,但是很明显,她越来越爱喝酒了。四个月后的一天,米尔德丽德终于告诉苏珊,她再也见不到父亲了。原来,杰克因为肺结核医治无效,已经于1938年10月19日病逝于天津了。米尔德丽德低估了大女儿对父爱的深切渴望,更低估了这个孩子对丧父之痛的极度敏感。苏珊听到这个消息后不久,就患上了哮喘病,发作起来痛苦万状。30多年后,苏珊对这个巧合似乎还难以释怀,她还清晰地记得母亲当年在起居室里轻描淡写地向她宣告噩耗,而她拒绝相信这个残酷的事实,在《中国旅行计划》("Project for a Trip to China",1973)中,她写道:"痛苦成熟了。我的肺出了问题。"①在医生的建议下,米尔德丽德带着两个女儿、保姆罗丝和一个家庭厨师搬到了迈阿密,然而迈阿密并不是一个理想的城市,苏珊的哮喘不仅没有丝毫好转的迹象,反而还变本加厉。不得已之下,几个月之后,米尔德

---

① 苏珊·桑塔格:《中国旅行计划》,收入《心问:桑塔格短篇小说集》,徐天池,申慧辉等译,上海:上海译文出版社,2018年版,第61页。

丽德又组织举家搬迁,这次,她们来到了亚利桑那州的图森(Tucson)。

亚利桑那的骄阳和沙漠带来干燥清新的空气,苏珊在这个新的环境里渐渐地恢复了健康。1939年9月,第二次世界大战的阴云在欧洲上空弥漫,但在大西洋彼岸的美国,战争似乎还只是发生在异域的极为遥远的新闻事件,人们依旧按部就班地生活着,图森的一所小学也按时开学了。新学期的第一周,六岁的苏珊成了一名"流动"生。星期一,她在一年级A班;星期二,她被安排到程度更高的一年级B班;星期三,她成了二年级A班的学生;星期四,她又进了二年级B班。到了星期五,苏珊就上三年级了。母亲对于这个天赋异禀的孩子没有表现出惊喜或者肯定,她甚至根本不知道孩子的学习成绩如何,也没有注意到孩子比她更了解战争的消息,更不可能预见这个孩子将来会成为一名反战人士,用不同的文体书写战争之痛,因为她有自己的事情要做:抽烟、喝酒、交男朋友以及无所事事。此时的米尔德丽德刚刚三十出头,失去丈夫意味着她也失去了事业、工作和经济来源,不得不一点点地把原来的家产悉数变卖。拖着两个年幼的女儿来到图森后,她的生活变得拮据起来,曾经和杰克在中国风光无限的日子全部化成了苦涩的回忆。不过,悲伤和失意并没有减损她的美貌,她依然美丽动人,魅力无穷,不乏追求者,但这也让她产生了虚荣心,恍惚中又回到了众星捧月的青春时代,而两个女儿的存在多少让她有些难堪,因此她有时候会特意叮嘱孩子们别在外人面前喊她"妈妈"。小女儿朱迪丝在2015年发行的纪录片《关于苏珊·桑塔格》(*Regarding Susan Sontag*)里也表示,小时候家里不时有"叔叔"来访,母亲对姐妹二人不是特别上心。

苏珊就是在这样的家庭环境中无可奈何地成长着,在家里和她最亲近的人要算保姆罗丝了。罗丝目不识丁,只能照顾她的生活起居,不能给她带来心智上的启迪,但罗丝或许是第一个感觉到她与众不同的人。苏珊最早的记忆是和罗丝联系在一起的,在日记里回顾儿童时代时,罗丝的名字反复出现,她亲切地称其为"罗茜"(Rosie)。她记得妹妹出生时,罗茜带她去医院看妈妈。她后来告诉人们,她还记得在她四岁的时候,这位爱尔兰保姆评价她"弦绷得紧紧的"。

是的,苏珊是一个时刻都紧绷着精神之弦的孩子。她是一个囚徒,禁锢她的是一个儿童的躯壳,她很不耐烦但又迫不得已地经历着童年阶段。母亲没有给她实质性的人生引导,她反过来还要经常安慰和开导母亲,检查妹妹的学习情况,扮演"母亲的母亲"和"妹妹的母亲"的角色。在内外因的双重作用之下,她双倍地早熟。在学校里,她尽管对同学们的认知程度——也就是这个年龄大多数孩子的那种幼稚——了然于心,但从不表现出不屑为伍的姿态。她太孤独了,她需要伙伴,需要朋友。她尽可能地与大家打成一片,谈论大家感兴趣的话题,衣着啦,发型啦。不过她也还想略微露出一点锋芒,展示她毕竟与众不同,为此她不惜撒谎,说自己是在中国出生的。她不想在智力上轻慢同学,于是在自己的来处上大做文章,编造出一个遥远而神秘的出生地。

保姆不识字,母亲不亲近,这样看来,苏珊的童年大概没什么机会听谁给她读睡前故事,这并不要紧,因为她从三岁开始就自己看书了。她的启蒙读物是什么,我们无从知道,也许不外乎幼儿们钟爱的童话故事和漫画书。这个世界不乏三岁读书的儿童,可是在七岁就有意识地进行系统性阅读的孩子并不多见。最早让苏珊着迷的是艾伯特·佩森·特修恩(Albert Payson Terhune,1872—1942)写的以柯利犬拉德(Lad)为主人公的系列小说。特修恩爱狗,养狗,对狗的观察细致入微,写起狗来得心应手。拉德的故事老少咸宜,一再重印,风靡图书市场几十年。苏珊读完了特修恩的大部分作品后,想把自己的狗也取名拉德,可见她当时对这些故事的喜爱。在她1967年出版的第二部小说《死亡匣子》(*Death Kit*)里,主人公迪迪(Diddy)一个人孤独无依地生活时,陪伴他的就是一只狗,名字简洁而奇特:冉(Xan)。她也许想起了拉德,但又想比特修恩简单的命名更胜一筹,以匹配她那部更加严肃的小说。

阅读为苏珊创造了另一个世界,她得以像她后来写到的凡·高那样,生活在别处。凡·高在法国的普罗旺斯绘画时,写信告诉弟弟他实际上是在日本。在12岁之前,苏珊的读物之丰富和内容之广博,连很多颇有天分的成人读者都会望尘莫及,其中对她产生了较大影响的有几种不同类型的书籍。

首先要说的是居里夫人的女儿伊芙·居里(Eve Curie,1904—2007)为母亲写的传记。伊芙的《居里夫人》(*Madame Curie*)首次出版于1938年,而关于苏珊何时读到这本书有两个说法,一说六岁,一说十岁。这位生于波兰、求学于法国、获得诺贝尔物理学奖和化学奖的女科学家让苏珊崇拜不已,而且她在情感上也天然地倾向于她,这还得从苏珊的家族背景说起。米尔德丽德的娘家也来自波兰。在《中国旅行计划》里,苏珊不无心碎地加上自己的想象,把母亲告诉她的一件事记录了下来:米尔德丽德和丈夫乘坐火车回美国探亲时,火车驶过了广袤的西伯利亚后,停靠在波兰的比亚韦斯托克,那正是苏珊外婆的出生之地。虽然火车停靠了几个小时,但外国乘客不允许下车。米尔德丽德想下车踏上这片与她的生命息息相关的土地,感受一下在她14岁时就告别人世的母亲曾经生活过的地方,却也只能无助地隔着玻璃窗流泪。流泪的细节是苏珊的想象,她觉得在这样的境况中,米尔德丽德无论如何都会流泪,就像她在电影里只要看到一别数载的父亲突然回家拥抱孩子的镜头就会热泪盈眶那样。居里夫人让苏珊备感亲切还有一个原因,她代表着欧洲智慧。"欧洲"这个词在苏珊心里扎根很深。杰克一家来自奥地利,和米尔德丽德家一样,他们都是犹太人。没有人告诉过年幼的苏珊,他们为何不约而同地来到了美国,那个话题似乎完全不适合与孩子交流。当祖母被苏珊问到她的先辈来自何方时,只是简单粗暴地回答:"欧洲。"六岁的苏珊对这个答案很不满意,她期待还有一个更具体的国度,可是祖母的回复依然是那个讳莫如深的"欧洲"。就这样,欧洲和中国一样,成了苏珊心目中任由想象驰骋的一个神秘之地。

居里夫人斐然的成就,她的勤奋和无私,还有她的欧洲身份,使她成了苏珊的第一个偶像。经常去电影院的苏珊应该也没有错过1943年的电影《居里夫人》,她暗暗下定决心,也要去法国巴黎求学,也要当一名化学家。她在家里开始捣鼓化学实验,还不小心被本生灯点燃的纸头烧到了手指,起了一个大水泡。

对远方的渴望和想象多少分散了苏珊建造化学实验室的一些兴趣,而游记作家理查德·哈里伯顿(Richard Halliburton,1900—1939)的作品打开了小女孩心中的另一扇窗户。哈里伯顿是一名美国旅行家和探险家,他追随历史上真实的或者故事里虚构的知名人物的旅行路线,足迹遍及欧洲和亚洲。当苏珊沉浸在他笔下新奇而陌生的世界时,他本人已经化作了一个世界之谜。1939年3月3日,时年39岁的哈里伯顿在香港乘坐"海龙"号(Sea Dragon)中国平底帆船出发前往旧金山,3月24日之后,他和"海龙"号就永远地消失在人们的视野之中了。由于他是当时家喻户晓的畅销书作者,而且他的游历活动经常出现在报纸的头版头条上,他的失踪立刻引起了广泛的关注,很多忠实的读者一直期待他会平安归来,给他们带来惊喜。这个惊喜直至今日都没有发生,但作者的经历无疑使他的著作在当时更加具有吸引力。对于苏珊来说,哈里伯顿天马行空的冒险和旅游正是她与自己独处时需要的幻想源泉。《惊奇书:西方卷》(*Book of Marvels: The Occident*,1937)和《惊奇书之二:东方卷》(*Second Book of Marvels: The Orient*,1938)就像及时雨一样,滋润着这个孩子对欧洲和中国的强烈好奇心和向往。值得一提的是,哈里伯顿在《惊奇书之二:东方卷》里写道:"宇航员们说,长城是地球上唯一可以在月球上以人类的肉眼看到的人类工程。"苏珊日后也写下了这样的句子:"我对智慧感兴趣。我对墙亦有兴趣。中国就以这两样而著称。"①苏珊的世界在哈里伯顿的书本里被无限地扩大了,当她放下书,重新观望图森的天地时,发现这是一个多么微不足道的狭隘的空间啊!她身体里的那个囚徒越长越大,她想像哈里伯顿乘坐的"飞毯"号(The Flying Carpet)双翼飞机那样,在广阔的天空里自由地翱翔。旅行、作家,这两个贯穿苏珊一生的关键词就这样慢慢地镌刻在她的心灵深处。在图森经过数次搬家之后,米尔德丽德最后带着女儿们住进了位于德拉克曼大街的一幢房子里。在精神上跟着哈里伯顿满世界漫游的苏珊在家里成立了一个旅行社,老板和员工都是她自己,勤勉地收集各类旅游资讯,旅行社的名字嘛,就地取材,就叫"德拉克曼旅行社"。

接下来要登场的是美国作家埃德加·爱伦·坡(Edgar Allan Poe,1809—1849)。正如传记作家卡尔·罗利森(Carl Rollyson)和莉萨·帕多克(Lisa Paddock)说的那样,苏珊在十岁前就早早地找到了坡,她的第一个文学之父。坡建构笔下世界的方式和风格与哈里伯顿大相径庭,如果说哈里伯顿展示的是外部的多样性,是身体在不停的移动中吸收和反馈外界的客观存在,那么坡展示的则是主体内部沸腾的创作激情,身体不需要在各地奔走,而大脑主动生成一幕幕惊险奇特的场景,它们恰到好处地从笔尖流淌出来,魔力般地抓住读者,进入他们的脑海,并且挥之不去。在《厄舍古屋的倒塌》(*The Fall of the House of Usher*,1839)里,暴风雨之夜身着裹尸布的妹妹鲜血淋

---

① 苏珊·桑塔格,《中国旅行计划》,收入《心问:桑塔格短篇小说集》,徐天池、申慧辉等译,上海:上海译文出版社,2018年版,第49页。

淋地出现在把她活埋的哥哥面前,二人同归于尽,这样惊悚的场景会让每一个读完这篇故事的人难以忘怀,同样使坡的读者感觉身临其境的还有《莫格街凶杀案》(The Murders in the Rue Morgue,1841)里白人母女在密室为猩猩所杀的惨状,《红死魔的面具》(The Masque of the Red Death,1842)里令人毛骨悚然的红死魔出现在狂欢舞会上的种种可怖之举……死亡的主题吸引着苏珊,父亲的英年早逝在坡怪诞离奇的死亡王国的衬托下变得平淡起来,痛苦固然还在,但是痛苦的强度慢慢地变得可以忍受了。在她后来那些锋芒毕露的文章里,她向很多文学前辈致敬,可是坡的名字并没有出现在她的名单里,或许她不动声色地把对这位文学父亲的感情融进了她写作生涯初期的《恩主》(The Benefactor,1963)和《死亡匣子》中,这两部小说里深深蔓延的怪诞和死亡气息仿佛就是她无言的致谢。

坡从欧洲的文学传统里汲取营养,苏珊在家里恰好能读到来自欧洲作家的小说。在苏珊和朱迪丝的回忆里,谁也没有提到过米尔德丽德是否是个热爱阅读的人,但她拥有法国文学家维克多·雨果(Victor Hugo,1802—1885)的六卷本小说。手不释卷的苏珊在九岁的时候就读完了《悲惨世界》(Les Miserables,1862),这时第二次世界大战正在全面爆发中,她开始思考人类的命运。十岁的时候,她在图森发现了一处宝藏——在一家文具店里竟然有一套《现代文库》!在这里,苏珊意识到自己进入了一个由经典作品一砖一瓦建造起来的奇妙无比的王国,那些她在百科全书里读到的伟大的名字一一出现:古希腊诗人荷马(Homer)、古罗马诗人维吉尔(Vigil)、意大利诗人但丁(Dante)、英国女作家乔治·艾略特(George Eliot,1819—1880)、与艾略特同时期的威廉·萨克雷(William Thackeray,1811—1863)和查尔斯·狄更斯(Charles Dickens,1812—1870)……苏珊的哲学思辨也在萌芽,她尝试阅读德国哲学家叔本华(Arthur Schopenhauer,1788—1860)的著作。

也就在这个阶段,苏珊接触到了两部关于作家职业的成长小说——路易莎·梅·奥尔科特(Louisa May Alcott,1832—1888)的《小妇人》(*Little Women*,1868)和杰克·伦敦(Jack London,1876—1916)的《马丁·伊登》(*Martin Eden*,1909)。

《小妇人》的情节无疑会引起苏珊的共鸣。奥尔科特以自己的亲身经历为蓝本,虚构了一部温暖感人的女性之书。故事发生在美国内战时期,父亲远赴战场,留下妻子和四个女儿在家里艰苦度日,陪伴她们的还有一个保姆。这不禁会令人想起苏珊当时的生活:烽烟四起的战争、不在场的父亲、相依为命的母女和保姆、捉襟见肘的处境……核心女主人公是二女儿乔,她的理想是成为一名作家,梦想去欧洲学习。后来她放弃写迎合读者的惊悚鬼故事,在纽约从事严肃文学的写作。苏珊在1995年接受采访时毫不讳言地表示,她认为自己就是《小妇人》里的乔。乔的本名叫约瑟芬,是个地地道道的女性名字,但她一直用这个模糊性别的别名。她在行动举止上大大咧咧,是个假小子,而苏珊的举手投足也谈不上多么淑女,她甚至对身为女孩子带来的一些不方便极不耐烦,孩子气地要求把乳房切掉。鉴于1933年根据这部小说改编的好莱坞影片在美国大受欢迎,持续上映多年,有人推测苏珊应该也看了这部影片,而扮演乔的凯瑟琳·赫本(Katherine Hepburn,1907—2003)也因此肯定给苏珊留下了深刻的印象。天生丽质的赫本在荧屏内外都是一副满不在乎的样子,经常素面朝天,不拘小节。苏珊后来在《关于"坎普"的札记》("Notes on Camp",1964)里称,女性化的男子或男性化的女子肯定是坎普感受力的最伟大的意象之一。在她列举的例子里出现了来自瑞典的超级美女、好莱坞一度炙手可热的影星葛丽泰·嘉宝(Greta Garbo,1905—1990),她觉得隐藏在嘉宝的绝色美貌背后的男性化的闲散气质令人难以忘怀。苏珊日后和赫本、嘉宝一样成了文艺界光彩夺目的明星,可她对自己的美貌也是一样的漫不经心。

《小妇人》是励志的,《马丁·伊登》也是如此,但比乔的经历更加坎坷的马丁·伊登却让苏珊体会到了成功与幻灭的矛盾组合。杰克·伦敦的这部自传体小说堪称自学成才的作家指南,正是凭借海量的阅读,处于社会底层的马丁走上了文学创作的道路。坚强的意志和对成功的强烈渴望使他咬紧牙关,挺过无数的难关,面对一次次失败而永不言弃,终于功成名就,可是当他看清了人们前倨后恭的嘴脸后,万念俱灰,自杀身亡。马丁成名前遭遇数不胜数的退稿,这一点让苏珊深受触动,她不愿被出版界操控,她要写作,也要自由地发表。10岁的苏珊想到了一个办法:创办自己的报纸!这个也想当科学家的孩子动手能力是无懈可击的,她不费吹灰之力地在小房间里装好了印刷设备,出版了四页版的文学月报,当然,她也需要收回成本,于是骑着自行车向邻居们兜售:"看报啦,看报啦,《仙人掌报》(*The Cactus*

Press),每份五美分!"她对报纸的热情一直不减,在曼斯菲尔德初中(Mansfield Junior High),她担任校报《烟火》(*The Sparkler*)的编辑。后来她到加利福尼亚去上高中时,还会参与到类似的活动中去。

苏珊其实从六七岁就开始写作了,体裁还很多样:短篇小说、诗歌、戏剧等等。她在一次电视访谈中提到这件事时笑得非常腼腆,说自己傻乎乎的,写的尽是参军啦什么的,当时并没有意识到这是一种自我表达,只觉得参与的是一个了不起的崇高的活动。在另一个场合,她说自己小时候写的第一个剧本是关于机器人的。对科幻故事和电影的兴趣后来也分别在她的短篇小说《假人》("The Dummy",1963)和散文《对灾难的想象》("The Imagination of Disaster",1965)中体现了出来。除了写作和阅读,她还有别的方式打发时间。她看电影,听音乐,仰望天空,骑自行车穿过离家很近的亚利桑那大学;她走进图森的沙漠,观察仙人掌,寻找蛇、箭头和五彩斑斓的石头(收集石头的爱好她一直保留了下来);她还把自己想象成印第安人和护林员。这个在沙漠里独自探险和游荡的女孩将会在《死亡匣子》里出现,而印第安人和沙漠的场景也将会在《在美国》(*In America*,2000)里出现。

苏珊还有一个自娱自乐的方法:挖洞藏身。她在院子里挖了一个方方正正的洞,躲到里面,盖上板子,点上蜡烛,不过光线还是太暗,洞也太小,根本看不了书。房东受不了这个洞,苏珊不得不在罗茜的帮助下把洞堵起来,然后阳奉阴违,悄无声息地又挖开。在《梦幻之所》("A Place for Fantasy",1983)一文中，她指出，园林史是艺术史中引人入胜的一个分支，她对园林史的热衷在很大程度上是出于对幽暗封闭的空间的喜爱，尤其是出现在园林里的洞室，因为"在园林史及其相关艺术史上，最令人心醉、最精致错综的当属洞室"①。当然，园林洞室仅是洞室的一种，她关注的是更广泛的洞室体验，如在密室、山洞、隧道、墓地、地铁车站、别墅的地下通道等场所的所见所感。苏珊把图森的那个小小的洞室称为"我的避难所/我的小屋/我的书房/我的坟墓"②。在《恩主》和《死亡匣子》中都出现了洞室或类似的衍生物，而《论摄影》(*On Photography*,1977)中亦谈到了著名的"柏拉图的洞穴"。未来的苏珊将会从不同的角度展示自己在童年时代形成的洞室情怀。

1945年之前的苏珊，会在需要签名的地方都写上：苏珊·罗森布拉特，她还有个中间名"李"(Lee)，所以如果需要签全名，那就是苏珊·李·罗森布拉特。不过很快，她就会改掉她的姓，德拉克曼大街的房子也会是她在图森最后的栖身之所。1995年，苏珊的文学经纪人和朋友安德鲁·怀利(Andrew Wylie, 1947—)在苏珊的另一个朋友的带领下，参观了德拉克曼大街，他看到苏珊当年住的房子还在那里。怀利四顾之下，感慨万千。苏珊，那个已经国际知名的苏珊，竟然曾经生活在这样的环

---

① 苏珊·桑塔格：《梦幻之所》，收入《重点所在》，陶洁，黄灿然等译，上海：上海译文出版社，2018年版，第166页。
② 苏珊·桑塔格：《中国旅行计划》，收入《心问：桑塔格短篇小说集》，徐天池，申慧辉等译，上海：上海译文出版社，2018年版，第42页。

境里！这是一幢简陋的平房，建在水泥地面上，地处图森最偏远的地段，而德拉克曼大街曾经是一段没有铺设的泥土街道，简直就是满目荒凉。苏珊，是如何振翅高飞的呢？是啊，这个在度日如年地服着童年"刑期"、绝不自暴自弃的苏珊，让人肃然起敬。

第二章

重获新生的少女(1945—1950)

米尔德丽德并非完全不工作,苏珊记得她教书,也许是个代课老师,不过她会经常把孩子们扔给保姆照看,自己一走就是数日,至于去了哪里,和谁在一起,她丝毫不走漏半点风声。到了1945年,这个来去匆匆的母亲终于消停了下来,她把空军上尉内森·桑塔格(Nathan Sontag)带回了家,二人结了婚,苏珊·罗森布拉特从此就变成了苏珊·桑塔格,而从这里开始,我们就要称她为桑塔格了。

朱迪丝在采访中解释了姐姐接受改姓的原因:罗森布拉特是个典型的犹太姓氏,姐姐因此而受到过欺凌,在曼斯菲尔德初中被人鄙夷地叫"犹太佬",甚至有霸道的同学砸她的头部,不知道是不是她在日记里提到的那个"折磨我的胖男生吉米"[①],以

[①] 苏珊·桑塔格:《重生:桑塔格日记(1947—1963)》,姚君伟译,上海:上海译文出版社,2018年版,第157页。

及"被一块石头砸了头。我的白衬衫上全是血"①这件事。相比之下,桑塔格这个姓则与犹太人毫无关联,为姐妹俩提供了一定的保护。当然,桑塔格先生带来的不仅仅是一个姓氏,他还带来了尊严和希望。孩子们用昵称"纳特"喊他,在外面说起这位继父时也不无炫耀之情。纳特拥有值得孩子们夸耀的资本,他神气十足,算得上英俊挺拔,服务于英国皇家空军,是个获得过不少勋章的优秀飞行员,在第二次世界大战中美国参战后又加入美国的空军队伍,继续为国效力。他与米尔德丽德的相识纯属偶然。在一次执行飞行任务时,他驾驶的飞机被敌方击落,他也因此负伤,后来到图森疗养,认识了在社交活动中比较活跃的米尔德丽德,二人很投机,相处没多久就喜结良缘了。桑塔格对自己新的姓氏颇为中意,后来与菲利普·里夫(Philip Rieff,1922—2006)结婚时,她也坚持不随夫姓。Susan Sontag,这个简洁的英文名字由两个 S 打头,组成了一个朗朗上口的头韵,本来是机缘巧合,却似乎自有天意,自带明星气质。1946 年,纳特带着妻女和保姆罗丝离开了图森,搬到了加利福尼亚的洛杉矶。对于 13 岁的桑塔格来说,这是一个全新的开始:她告别了童年,拥有了一个至少看起来完整的家庭,来到了一个全新的地方,住进了漂亮的新房子,有了自己的房间,到新的学校上学。纳特很快就看出了桑塔格聪慧的特质,但有点担忧这个特别爱读书的大女儿。毕竟,在那个年代,他很少看到身边有像桑塔格那样一头扎进书堆的女孩子。他虽然不干涉她的兴趣爱好,但还是好

---

① 苏珊·桑塔格:《重生:桑塔格日记(1947—1963)》,姚君伟译,上海:上海译文出版社,2018 年版,第 154 页。

心地提醒她:女孩子嘛,差不多就行了,太聪明了没什么用处,可能连出嫁都困难。

桑塔格表面上不置可否,不过心里早就打定了主意。即便是曾经笑傲碧空、壮志凌云的纳特,他眼中的世界,就像她已经离开了的图森的世界一样,仍然没有她向往的那么广阔。她相信"外面的世界"以及"外面的外面的世界"一定存在,一定一个比一个更精彩。

经过了一段时间的休整和适应后,1947年初,桑塔格到北好莱坞中学(North Hollywood High)上学。学校气氛活跃,规模不小,有两千名活泼好动的学生和年轻而富有朝气的师资队伍。南加州的热情和活力似乎并没有感染到桑塔格,她不像别的学生那样打打闹闹,谈情说爱,这个安静而严肃的女孩对于未来有自己的想法和规划。

桑塔格离不开书籍。她欣喜地在好莱坞大道发现了一家名为匹克威克的书店,她立刻意识到,与她曾经流连忘返的图森的书店相比,这才是真正的书店,里面所陈列的图书种类和题材广度大大拓宽了她的眼界。对于自己特别喜欢的书,她的策略是有钱就买,无钱就……偷。1957年桑塔格在日记里回忆自己在书店偷《浮士德博士》(*Doctor Faustus*)被捉住,只是一笔带过,具体过程和处理结果不得而知,但应该没有什么影响,因为没有任何记录提到她受到了什么惩罚,倒是在自传体短篇小说《朝圣》("Pilgrimage",1987)里,她如此坦白道:"每次偷了书,我都要责骂自己好几个星期,害怕将会因此受到惩罚而带来屈辱。"①不过她又为自己辩解道:"但我只有那么一点点零花钱,我又能怎么办呢?"②这个偶尔为之的少年"偷书贼"在放学后往往不是直接回到圣费尔南多谷的家中,而是乘坐电车到不远的城里去,因为那里除了有像磁石一样吸引着她的匹克威克书店,还有一家唱片店,她可以在试听间里尽情地欣赏音乐。此外,还有一间对她影响至深的书报亭,正是在那里,她初次接触到了《党派评论》(*Partisan Review*)、《肯庸评论》(*Kenyon Review*)这样的文学刊物。桑塔格喜出望外:"以前我从未见过文学杂志;当然,我也从未见过谁读文学杂志。我挑了本《党派评论》,开始看莱昂内尔·特里林(Lionel Trilling,1905—1975)写的《艺术与财富》("Art and Fortune");我开始激动得颤抖,从此以后,我的梦想就是长大后搬到纽约去,为《党派评论》撰稿。"③

不过,此时的桑塔格需要的是不断的积累和磨砺。她很快就进入了学校的"文化圈"——担任校报《拱廊》(*The Arcade*)编辑,当上了"出版总干事",加入了学生会。她写校园生活,也写时事和电影评论;她落笔老成,客观权威,也思绪万千,诗情画意。她自然而然地展现出自己的多才多艺:功课全优的学霸、学校乐队的小提琴手、滑稽戏俱乐部会员、杀入世界友谊演讲赛半

---

① 苏珊·桑塔格:《朝圣》,收入《心问:桑塔格短篇小说集》,徐天池,申慧辉等译,上海:上海译文出版社,2018年版,第4页。
② 同上。
③ 苏珊·桑塔格:《苏珊·桑塔格谈话录》,利兰·波格编,姚君伟译,南京:译林出版社,2015年版,第111页。

决赛的优秀选手……如果说成名后的桑塔格给很多人的印象都是咄咄逼人的,那么作为中学生的桑塔格还是非常亲切和善的。她没有恃才傲物,在同学们眼里绝对是个聪颖过人但始终保持低调的女生,毕竟,很少有人能够真正地走近她,了解她。当然,有几个老师和学生除外。

北好莱坞高中是一所非常开明的学校,学生可以按照个人喜好选择课程和老师,但是这些课程对于桑塔格来说还缺乏足够的挑战性。比如,在英语课上,老师按照普通学生的水平布置大家写《读者文摘》(*Reader's Digest*)上面的文章摘要,这个难度实在是微不足道,因为桑塔格的阅读深度和广度以及写作的力度都远远超出了这个要求,她已经在书店里大量地阅读卡夫卡(Franz Kafka,1883—1924)、托马斯·曼(Thomas Mann,1875—1955)等欧洲作家的作品了。1947年11月23日,这位年仅14岁的少女写道:

我相信:

(a) 没有人格神,也没有来生。

(b) 世上最令人向往的是忠实于自己的自由,即诚实。

(c) 人与人之间唯一的区别在于智力。

(d) 评判一个行动,唯一标准是它使人幸福或者不幸福的最终效果。

(e) 剥夺任何人的生命都是错误的。

……

(h) 此外,我还相信,一个理想国家应该是个强大的中央集权国家,政府控制公共设施、银行、矿井＋运输和艺术津贴。一笔令人安逸的最低工资,以及对残障人员和老人的供养。国家照顾孕妇,不区别对待婚生子＋非婚生子。①

如果不透露作者的年龄,人们会认为以上文字至少是出自一名心潮澎湃、壮志满怀、忧国忧民的大学生之手,桑塔格作为公共知识分子的情怀已然彰显。桑塔格当时在思想上的成熟已经与绝大多数年纪比她大的同学拉开了一大段距离,不过她自有办法找到合适的人来进行智性交流。她会在课间去找导师塞达·加拉佩迪安(Seda Garapedian)小姐,25岁的老师和14岁的学生讨论得非常投机,以至于两人都忘记了上课的时间。英语老师索菲娅·莱辛(Sophia Leshing)也是桑塔格的交流对象,这个智力超群的学生深得莱辛老师的欣赏,成了她家的座上宾。兼任英语和法语老师的弗朗西斯·加纳(Frances Garner)也邀请桑塔格到家中做客,二人似乎无话不谈,形同母女。可以想见,桑塔格从加纳太太那里得到的关爱和温暖,尤其是在知识层面的交流,是她从冷淡而任性的母亲米尔德丽德那里永远无法得到的。

在与同学的交往中,桑塔格有严格的择友标准:有颜值,有文艺才能。她热爱音乐,在图森却苦于无人指导,而在洛杉矶,精通音乐的人不难寻觅。一进入北好莱坞中学,新生桑塔格就认识了两位音乐老师——比她高两年级的伊莱恩(Elaine)和梅尔(Mel)。正如桑塔格在《朝圣》里提到的那样,这两个女孩在艺

---

① 苏珊·桑塔格:《重生:桑塔格日记(1947—1963)》,姚君伟译,上海:上海译文出版社,2018年版,第1页。引文中出现的"＋"是桑塔格日记里常见的各种简略符号之一,表示"和",后文有类似标志的不再注释。

术气氛浓厚的南加州长大,受到了良好的音乐教育,音乐品位和鉴赏力都相当出众,而且演奏技艺也非常精湛,分别擅长吹长笛和弹钢琴。桑塔格从她们那里获益匪浅,更好地提升了自己的音乐素养。

还有两个男孩也符合桑塔格的交往条件:彼得(Peter)和梅里尔(Merrill)。

高大儒雅的彼得与身材高挑的桑塔格不仅在外形上颇为相配,而且在个人经历和兴趣爱好上也不乏共同之处。彼得也遭受着丧父之痛,而且比桑塔格的经历要惨烈得多的是,他的父亲是死于纳粹盖世太保之手,他和母亲从巴黎逃到美国,可谓九死一生,因此有人认为桑塔格与彼得的交往多少有些出于满足她的欧洲情结的潜意识动机。无论如何,这两个高中生互生情愫,他们一起看电影、听音乐、讨论时政。值得一提的是,电影在当时的美国是极为寻常的消遣活动,但是这两个孩子的电影清单可不简单:意大利导演罗伯托·罗西里尼(Roberto Rossellini,1906—1977)反映意大利人民英勇反抗德国纳粹的《罗马不设防》(*Rome, Open City*, 1945)、法国导演让·德拉努瓦(Jean Delannoy, 1908—2008)荣获第一届戛纳电影节金棕榈奖的《田园交响曲》(*Pastoral Symphony*, 1946)、法国导演马塞尔·帕尼奥尔(Marcel Pagnol, 1895—1974)荣获纽约影评人协会1940年最佳外语片的《面包师之妻》(*The Baker's Wife*, 1938)、法国导演让·科克托(Jean Cocteau, 1889—1963)的经典名作《美女与野兽》(*Beauty and the Beast*, 1946)、出生于奥地利维也纳的导演列昂蒂娜·萨冈(Leontine Sagan, 1889—1974)的《穿制服的女孩》(*Mädchen in Uniform*,1931),最后一部影片被认为是世界首部女同性恋电影。这些观影体验不仅证明了桑塔格和彼得超出年龄的电影赏析水平和迈向知识分子之路的雄心壮志,而且深深影响了桑塔格毕生的视觉媒体选择。电影,是她最喜爱的视觉艺术形式。

梅里尔相貌更加英俊,只是个头不及桑塔格,这个小"缺陷"使他失去了成为桑塔格男朋友的机会,但毫不妨碍他成为她最喜欢的朋友。梅里尔同样热爱音乐和文学,他们经常在夜里开着父母的车去当地久负盛名的情侣约会地点——马尔荷兰大道。当周围车里的情侣们忙着谈情说爱时,他们也没闲着——通过互相考问室内乐知识、讨论音乐家和音乐作品来巩固铁杆情谊。梅里尔胆大心细,正是他带着桑塔格进行了一次终生难忘的"朝圣"之旅,而这还要从前面提到的匹克威克书店说起。桑塔格在那里买了一本托马斯·曼的《魔山》(*The Magic Mountain*,1924),开卷之后,震撼不已。思想深邃的文豪、严肃沉郁的欧洲背景以及她耿耿于怀的疾病——肺结核,都从这部小说里暴风骤雨般扑向了她的头脑。她意识到"这是一本让人脱胎换骨的书,是发现和认识的源泉"①。本来一目十行的她用了整整一个月的时间才读完这本书,然后就迫不及待地把书借给梅里尔,希望他也能体会到她在书中发现的乐趣,能与她展开深入的讨论。桑塔格习惯于默默崇拜,而梅里尔长于雷厉风行,他掩卷后的第一个反应就是要去登门拜见这位文学大师。

---

① 苏珊·桑塔格,《朝圣》,收入《心问:桑塔格短篇小说集》,徐天池,中慧辉等译,上海:上海译文出版社,2018年版,第12页。

德国作家托马斯·曼是1929年的诺贝尔文学奖得主,希特勒掌权后被迫流亡国外,1939年移居美国,在普林斯顿大学教书,成为爱因斯坦的同事。1942年,托马斯·曼一家搬到了洛杉矶的太平洋帕利塞兹社区,在这里一直住到了1952年,因此,对于消息灵通的梅里尔来说,心动不如行动,既然是近水楼台,那就干脆好好利用这个机会,可是桑塔格犹豫了。她也知道在当时的南加州,真可谓众星云集:她崇拜的苏联作曲家斯特拉文斯基(Igor Stravinsky,1882—1971)(她甚至和梅里尔讨论,愿意为延长这位偶像四年的寿命而当场去死)、奥地利作曲家勋伯格(Arnold Schönberg,1874—1951)、德国戏剧家布莱希特(Bertolt Brecht,1898—1956)、英国作家伊舍伍德(Christopher Isherwood,1904—1986)和赫胥黎(Aldous Leonard Huxley,1894—1963)等等都住在附近,然而她从来没有想过要当面接触其中的任何一个人。她给自己找的借口是,这些流亡至此的文艺界巨擘们甘愿隐姓埋名,不愿被人打扰。实际上,在她心里,他们太遥不可及了,太高不可攀了!尤其是托马斯·曼,"他在罗斯福总统领导下的思想正统的美国简直具有圣人的地位"①,受到的官方礼遇在当时是无人能及的。梅里尔毫不在乎,他在电话号码簿上轻而易举地找到了托马斯·曼家的电话,不顾桑塔格的竭力反对,拨通了电话,桑塔格吓得夺门而出。等她回过神来时,梅里尔已经安排好了会面日期。

桑塔格忐忑不安,进退两难。毕竟在她14年的生活中,从

---

① 苏珊·桑塔格:《朝圣》,收入《心问:桑塔格短篇小说集》,徐天池、申慧辉等译,上海:上海译文出版社,2018年版,第14—15页。

来没有机会与大师们见过面,他们只居住在书籍里、文字里、音符中。这个天分极高的少女此刻完全失去了自信,她也不会想到,她未来的很多时光就是在与文艺界的各路大师们谈笑风生中度过的。她不敢去见托马斯·曼,但又害怕如果让梅里尔一个人去,还不知道会闹出什么乱子。这件事让她心神不定,又难以启齿,在《朝圣》里,她坦露了心迹,从中我们也能看出她终究还是一个稚气未脱的孩子:

  不管梅里尔平时对我怎样尊重,在崇拜托马斯·曼这件事情上,他自认为和我是平等的。我不能让梅里尔未经仔细思考便去打扰我心中的圣人。如果我和他一起去,起码我可以限制此行可能造成的损害,岔开梅里尔可能会说出的幼稚无知的话。我有一种印象(这是我这段回忆中的最令我感动的地方),托马斯·曼可能会被梅里尔或者我的愚蠢所伤害……愚蠢是经常会伤害人的。因为我尊崇托马斯·曼,所以保护他不受伤害就是我义不容辞的责任。①

  这次见面给桑塔格留下了非常难堪的印象。一方面,她认为这是一次不自量力的莽撞之举:两个寂寂无闻的黄口小儿竟然不知天高地厚地约见一个名满天下的文学家;另一方面,当托马斯·曼真的只是把他们当成普通的高中生,询问他们的课程和谈论大家耳熟能详的海明威时,她又感觉受到了轻视,她更希望能与他交流卡夫卡和托尔斯泰的作品。总之,她如坐针毡、张

---

① 苏珊·桑塔格:《朝圣》,收入《心问:桑塔格短篇小说集》,徐天池,申慧辉等译,上海:上海译文出版社,2018年版,第19页。

口结舌、满怀羞愧地熬过了这次会见。或许梅里尔也有同感,二人心照不宣,从此以后再也没有提到过这次"朝圣"之行。

需要指出的是,发表于1987年12月21日的《纽约客》(*The New Yorker*)上的《朝圣》,虽然被收录到中文版的《心问:桑塔格短篇小说集》中,但包括几位传记作家在内的桑塔格研究者基本都是把它当成回忆录来看的,桑塔格之子戴维·里夫(David Rieff,1952—)在编辑桑塔格日记的时候也是如此界定的。① 不过,《朝圣》与日记的记录有很大的偏差,也许是时隔多年记忆出现了差错,我们在这里也不妨向读者交代一下另一个版本的见面细节。时间变成了1949年12月28日,桑塔格和两位简称为E、F的朋友约好了在晚上6点钟与托马斯·曼见面。三个人是如此紧张和敬畏,以至于在他的房子外面一动不动地从5点半坐到5点55分,默默演练见面要说些什么。从日记上看,这相当于一次访谈,主要是关于《魔山》和《浮士德博士》,还有对当代重要作家的看法。桑塔格似乎无法掩饰由于作家本人和想象中存在较大的差距而产生的失望之情,在记录中插了一句自己的评语:"作者的评论因其平庸而辜负了他的书。"②但托马斯·曼依然是桑塔格的文学偶像之一,《魔山》依然是她心目中值得一

---

① 见苏珊·桑塔格:《重生:桑塔格日记(1947—1963)》,姚君伟译,上海:上海译文出版社,2018年版,第65页。在1949年12月28日的日记前,戴维·里夫有一句说明:"这个笔记本——含有一直记到1951年初的日记,也包括SS(即苏珊·桑塔格)叙述她对托马斯·曼的访谈——多年以后,她会在一个回忆录中写到这件事情(这对她是很少有的事之一)……"

② 同上,第67页。

辈子诵读的经典,并且其影响不知不觉地渗透到她日后的写作之中。

在北好莱坞中学求学阶段,桑塔格对法国作家、1947年的诺贝尔文学奖得主安德烈·纪德(André Gide,1869—1951)也产生了浓厚的兴趣。她细致地阅读纪德的作品,仿佛找到了一个心有灵犀的灵魂密友:"我和纪德获得了极其完美的智性交流,对他产生的每个想法,我都体验到那种相应的产前阵痛!"[①]这些思想上的矛盾和痛苦,都是她即将乘风破浪的能量。

1948年12月,桑塔格从北好莱坞中学提前一个学期毕业,因为校长告诉她,学校已经教不了她什么了。和其他的高中毕业生一样,她也面临着上哪一所大学的问题。她心仪的学校是芝加哥大学,但是母亲对芝加哥的城市环境和气候条件忧心忡忡,为了安抚母亲,桑塔格决定先不远行,到加州大学伯克利分校读一个春季学期再说。正是这个决定和随之而来的经历,促成了这个少女的"重生"。在此之前,桑塔格在人际交往中,没有表现出什么特别的地方,但在这一年的圣诞节,她在日记里倾诉道:"我现在感觉我有同性恋倾向(我是多么不愿意写这个啊)。"[②]她确实不愿意接受自己的这个倾向,即便后来在公众视野里有明确的同性交往对象,她也不愿意公开"出柜",可是在她的内心,早已暗潮涌动。

[①] 苏珊·桑塔格:《重生:桑塔格日记(1947—1963)》,姚君伟译,上海:上海译文出版社,2018年版,第7页。
[②] 同上,第11页。

1949年2月19日,刚过完16岁生日不久的桑塔格抵达伯克利分校。就像久居小树林的小鸟飞上了广阔的蓝天一样,她第一次品尝到了自由的快乐。她无须伪装成一个言听计从的孩子,无须为了维护家庭和睦而恪守成规。脱离了母亲和继父还有亲朋好友的束缚,她兴奋地按照自己的节奏来安排时间。一开始她还强行压制自己的同性恋倾向,试图通过与男生亲近来证明自己至少是个双性恋,可是一想到要和男人肌肤相亲,她就感到羞辱和堕落。这个时候,伯克利分校三年级学生哈丽雅特·索姆斯(Harriet Sohmers,1928—)走进了桑塔格的生活。哈丽雅特个头很高,比桑塔格大五岁,时年21岁,却久经情场,是个阅人无数的双性恋。她课余时间在一家书店打工,桑塔格也恰好走进了那家书店,桑塔格立刻就成了她的目标。哈丽雅特拿起一本《夜林》(*Nightwood*)与桑塔格搭讪,这是试探同性恋的惯用手法,聪明的桑塔格自然心领神会。

那么,《夜林》是一本什么样的书呢?它是美国女作家朱娜·巴恩斯(Djuna Barnes,1892—1982)的代表作,主线情节是描写女同性恋的情感世界,其另类的语言风格和叙述方式在1936年出版后引起了广泛的关注。文坛领袖T.S.艾略特(T. S. Eliot,1888—1965)极为欣赏巴恩斯的才华,他慧眼识珠,在巴恩斯遭到五家出版社的退稿后,力排众议接受了她的手稿,在自己的出版公司将其出版,并于次年为其作序,帮助她在另一家出版社推出了第二个版本。出于对审查制度和社会接受情况的顾虑,T.S.艾略特对小说里面最尖锐敏感的语言进行了修改。书虫桑塔格在发现了自己的同性恋倾向后自然不会错过这本书,她也为作者的文字驾驭能力所折服,1949年4月14日,她写道:"我昨天看了《夜林》——她的行文真棒——这正是我想有的文笔——华丽而有节奏——这种深邃而有力的行文适合于那些神话中才有的晦涩,而这些晦涩即是语言所象征的审美体验的来源,又是这一体验的结构——"①透过这些文字,我们也可以说,日后让桑塔格声名鹊起的批评风格此时已经在逐渐形成。

哈丽雅特用一本《夜林》把桑塔格带进了她的夜林,在桑塔格的感情生活中占据了重要的一席之地。她大胆豪放,无所顾忌,就像导师一样指导着怯生生的桑塔格进入一个光怪陆离的地下世界。哈丽雅特同时有好几个恋人,她们经常逗留的锡天使爵士乐酒吧的女店主就是其中一个。桑塔格一方面被哈丽雅特为她打开的同性恋大门诱惑得不知所措,另一方面又在苦苦挣扎,坚持与男性交往。后来也成为作家的艾伦·考克斯(Allan Cox,1937—)在一场音乐会上与桑塔格一见如故。艾伦是个美男子,既聪明又自律,桑塔格钦佩他的智力,很享受和他相处的时光,可是却无法产生爱恋的感觉。在这一点上,艾伦仿佛是青年版的彼得和梅里尔。

老练又带着一股霸气的哈丽雅特最终击溃了桑塔格的防线,在带着她参加一次次的冶游和狂欢后,两人在一个周末终于发展成了情人关系,这次性体验在桑塔格的一生中都至关重要,她心头的苦闷和压抑似乎被一扫而空,在记录这个破冰经历的

---

① 苏珊·桑塔格:《重生:桑塔格日记(1947—1963)》,姚君伟译,上海:上海译文出版社,2018年版,第18页。

日记上她写下了"一切从现在开始——我重生了"①的句子。她接受了自己喜欢女性更甚于男性的双性恋身份:"我的性观念发生了彻底改变——感谢上帝!——双性恋作为个人的完满的表达——和对——没错——性变态的坦诚的排斥;这种性变态限制性体验,试图使性体验成为精神上的东西……"②换言之,她认为性压抑才是一种性变态,反之,释放和宣泄才是对身体的忠实和尊重。但她终究不如哈丽雅特那样洒脱和彻底,只是在幽暗的夜林里,在私密的日记中放飞自我。她一生都在追求爱情,又不停地为爱所伤,而隐晦的同性爱恋后来在她的小说里也往往是一条若隐若现的副线,欲说还休。

不可否认,桑塔格在伯克利分校的一个学期里泡吧、醉酒、有不止一个性伴侣,但如果我们认为她只是沉迷于此,虚度光阴,那就大错特错了。短短的五个月,别人也许只能做到上述之事而无暇他顾,但桑塔格毕竟很早就设定了人生目标。除了学法语、听课、听各类艺术讲座和参加音乐会等文娱活动外,她还一如既往地热爱阅读,赫胥黎的《旋律与对位》(*Point Counter Point*,1928)令她心旷神怡,巴恩斯的《夜林》让她大开眼界,陀思妥耶夫斯基(Fyodor Dostoevsky,1821—1881)的《卡拉马佐夫兄弟》(*The Brothers Karamazov*,1880)使她感觉自己不纯洁,赫尔曼·黑塞(Hermann Hesse,1877—1962)的《德米安》

---

① 苏珊·桑塔格:《重生:桑塔格日记(1947—1963)》,姚君伟译,上海:上海译文出版社,2018年版,第36页。原文用斜体加以强调。
② 同上,第30页。

(*Demian*,1919)让她反感作者构思的孩子气,而轻松读懂鲁道夫·斯泰纳(Rudolf Steiner,1861—1925)的《歌德世界观中隐含的认知理论》(*Theory of Knowledge Implicit in Goethe's World-Conception*,1886)又让她疑神疑鬼,担心自己是不是理解错误……她的暑假安排也很明确:专心阅读亚里士多德、叶芝(William Butler Yeats,1865—1939)、哈代(Thomas Hardy,1840—1928)、亨利·詹姆斯(Henry James,1843—1916)、罗伯特·布朗宁(Robert Browning,1812—1889)等人的作品。对知识的无尽迷恋才是她一直在心底高高奏响的人生主旋律。

与此同时,桑塔格的大学申请也在紧锣密鼓地进行当中。1949年5月底,桑塔格的大学梦尘埃落定,她被芝加哥大学录取,还获得了765美元的奖学金。这下米尔德丽德不管怎么不情愿也无话可说,只能尊重女儿的意愿和选择。暑假还没开始,桑塔格就早早打算在伯克利分校上暑期班或者旁听暑期班的课程,不过这两个计划都落了空,暑期班不接受旁听生,她没蹭上几天课就被赶了出去,于是自我安慰说这些课没什么听头。

上课不成,桑塔格就投身到社会实践中,在一家保险公司找了一份临时工作,担任档案管理员,每周工作五天,月薪125美元。当然,在一个完全有别于学校的环境里,对一切都充满好奇的桑塔格忍不住四处打量和观察,未来的小说家无论在哪里都能自得其乐,她把平平淡淡的所见所闻加工成了一个故事梗概,故事自然是发生在一间保险公司的办公室,里面的人物也不简单,免不了各种钩心斗角,意味深长的是,人事主管是个闷闷不乐的双性恋……遗憾的是,这个故事从此就没了下文。

在这个暑期里,桑塔格在语言上搜集了大量的同性恋词汇,在身体上接触了几个彼此都并不认真的男性和女性伴侣,在学问上继续追求精进,给自己开列了包括小说、诗歌、文学批评和理论在内的长长的书单。她贪婪地阅读(有时是重读)亨利·詹姆斯的《丛林猛兽》(*The Beast in the Jungle*,1903)、纪德的《伪币制造者》(*The Counterfeiters*,1925)、塞缪尔·巴特勒(Samuel Butler,1835—1902)的《众生之路》(*The Way of All Flesh*,1903)、I. A. 理查兹(Ivor Armstrong Richards,1893—1979)的《实用批评》(*Practical Criticism*,1929)、阿瑟·库斯勒(Arthur Koestler,1905—1983)的《正午的黑暗》(*Darkness at Noon*,1940)、沃尔特·佩特(Walter Pater,1839—1894)的《文艺复兴史研究》(*Studies in the History of the Renaissance*,1873)等。她成熟的阅读品位和令人咋舌的阅读效率正在悄悄催生着她的批评和创作细胞,一个出手不凡的文坛之星正在默默地积蓄着力量。

1949年9月2日,桑塔格从洛杉矶坐火车动身前往芝加哥,一路上的风景倒也赏心悦目,可是9月4日早上刚一到达芝加哥,她就马上意识到母亲的担忧不无道理:"这是我见过的最丑陋的城市——连绵一片的贫民窟……市中心——遍地的垃圾、狭窄的街道、高架铁道的噪声,永远黑咕隆咚,永远臭不可闻。"① 既然如此,为何桑塔格的梦想校园是处于这样一个地方的大学,而不是美国东北部环境要宜人得多、声名似乎更为显赫的哈佛

---

① 苏珊·桑塔格:《重生:桑塔格日记(1947—1963)》,姚君伟译,上海:上海译文出版社,2018年版,第56页。

大学、耶鲁大学？首先我们要来说说芝加哥这个城市。它位于美国中西部的伊利诺伊州,紧邻密歇根湖南部,拥有很多"之一":世界著名的国际金融中心之一、美国最大的商业中心区和最大的期货市场之一、美国拥有世界知名的摩天大楼最多的城市之一、美国最重要的文化科教中心之一等。从19世纪30年代建城开始,芝加哥急剧扩张,发展迅猛,但也伴随着各种风险和危机。1871年的芝加哥大火就是美国历史上最惨烈的一场火灾,暴露了城市发展和规划中的问题。在1920年到1933年的禁酒令期间,芝加哥更是出现了黑帮横行的局面,同时,大量黑人也涌入城市,居民结构比较复杂。

  在桑塔格到达之时,芝加哥还没有迎来20世纪50年代才出现的新的繁荣期,映入她眼帘的是一派与加州迥然不同的破落衰败的景象,不过她最看重的是芝加哥在美国中部的高等教育中心地位,更重要的是,这座城市坐拥两所赫赫有名的大学——芝加哥大学和西北大学,诞生了包括经济学、社会学、建筑学、传播学、数学、气象学等在内的享有国际盛誉的芝加哥学派,培育了100多名诺贝尔奖获得者,其中,来自芝大的诺贝尔经济学奖得主就占了世界的35%。荣获1957年诺贝尔物理学奖的杨振宁、李政道都是在芝大取得博士学位的,美国前总统奥巴马也对这里情有独钟,他1991年从哈佛大学法学院毕业后,于1992年至2004年间在芝大法学院执教长达12年之久。自1890年美国石油大亨约翰·洛克菲勒(John Rockefeller,1839—1937)颇有远见地创办这所高等学府以来,该校与西部的斯坦福大学、东部的哈佛大学在很长的一段时间里形成了三足鼎立的局面。在QS世界大学排行榜上,芝大一直名列前茅。最近几年的数据显示,2016年、2017年排名第十;2018年、2019年名列第九。在美国新闻和世界报道(U.S. News & World Report)的美国大学排行榜上,芝大2015年、2016年和斯坦福大学并列第四,2017年、2018年和耶鲁大学并列第三。

当然,在桑塔格求学之时尚不存在什么排名,最吸引她的是芝大的卓越名声和办学理念。1993年,莫莉·麦克奎德(Molly McQuade)为写作《理性的教育:作家与芝加哥》(*An Unsentimental Education:Writers and Chicago*,1995)一书采访了桑塔格,受到了热情的欢迎。桑塔格饱含深情地回忆起了自己与芝大的情缘。那是在1946年或1947年,她在《科利尔》(*Collier's*)杂志上读到了一篇介绍芝大本科办学目标和所开设课程的文章,里面提到该校没有橄榄球队(这可是美国大学的标配),人人都只管学习,大家尽情讨论哲学家柏拉图、亚里士多德、阿奎那(Thomas Aquinas,1225—1274)等。这个不走寻常路的招生宣传一下子就打动了桑塔格。她本来就对体育没有什么兴趣,在北好莱坞中学总是想方设法地逃避体育活动,而芝大许诺的心无旁骛的学习氛围,还有博大精深的学习内容,简直就是为她量身定制的。当时的校长是罗伯特·哈钦斯(Robert Hutchins,1899—1977),他在任24年,秉承了自第一任校长威廉·哈珀(William Harper,1856—1906)以来锐意进取、突出特色的办学思想,在学生注册率下滑的不利条件下仍然坚持初心,绝不降低录取门槛和教学质量,坚持强调经典作品在大学课程中的中心地位和哲学在大学教育中的重要作用——经典阅读者和哲学爱好者桑塔格自然深以为然。哈钦斯反对大学教育专门化,认为大学的使命不是为工业社会输送工具式的人才,也不是教会年轻人获得一技之长的谋生手段,而是培养有责任、有担当的公民。此外,哈钦斯还旗帜鲜明地捍卫学术自由,坚定不移地维护教师的授课自由。后来被誉为"美国公众的良心"的桑塔格无疑是哈钦斯教育理念的受益者和践行者。在哈钦斯眼里,芝大是"美国唯一一所有着欧洲气息的一流大学"①,对于桑塔格来说,芝大绝对是个不二之选,她还说服了高中里三个最要好的同学一起申请芝大。

桑塔格到达芝加哥后,其实根本没顾上休息,就又马不停蹄地上路了。如果我们注意到她1949年9月4日早上7点15分到达芝加哥,9月5日早上8点45分又到了1272公里之外的纽约,就能推断出她有多么急迫。9月8日,她揭开了谜底:"我向阿伦叔叔行了礼——一年一度,并得到722美元,用来付今年的食宿费……所以,我经济上完全有保障了……"②这也在一定意义上为她闪电式的婚姻埋下了伏笔。

芝大当时实行新生入学分班考试,这个考试决定着学生在14门本科学年课程中需要上几门。桑塔格深厚的阅读积累发挥了优势,她以优异的成绩通过了8门课程的考试,接下来只需要完成6门课程的学习就能拿到本科学位。芝大规定,每个学生每年上4门课,到了大四就可以选修研究生课程,这就意味着桑

---

① 卡尔·罗利森,莉萨·帕多克:《苏珊·桑塔格全传》,姚君伟译,上海:上海译文出版社,2018年版,第35页。
② 苏珊·桑塔格:《重生:桑塔格日记(1947—1963)》,姚君伟译,上海:上海译文出版社,2018年版,第57页。

塔格不到两年就能本科毕业,她也的确做到了,在二年级就开始和研究生们一起上课,也许让一些资质平平的学生难以接受的是,她竟然对于自己提前结束学业颇为失望。对于很多学生来说,芝大严苛的学术训练和严格的学业要求真是不堪重负,但桑塔格在这里如鱼得水。她很快就领会到了芝大的教育风格,认识到自己以前只是囫囵吞枣地吸收,而这里讲究的是研究方法,尤其重视文本细读和比较研究。学习柏拉图是芝大所有学生学术训练的起点,桑塔格熟读柏拉图,从中大受裨益,在1977年出版的《论摄影》的第一章,她就是从柏拉图开始谈起的。

桑塔格在芝大求学期间,停止了写作。这和她全身心地投入到学校的各种活动中不无关系,她如此解释道:

> 我们在沉浸于这种欢快无比的教育中时,哪还能回到宿舍写小说呢。创作是一种不同的思考方式。(写作是出于骚动不安和闷闷不乐,而我在芝加哥是非常快乐啊。)此外,学习学院部的课程可是份全职工作——更别提我还要旁听研究生课程啦,听校园音乐会啦,到纪录片协会看电影啦,偶尔还去艺术学院看歌剧啦。那个阶段我毫无创作冲动,是学校熄灭了它。在高中我写故事,离开芝加哥后我又开始写。但是大学完全是另一回事,是一种仁慈的独裁。我乐在其中。①

桑塔格确实有理由乐在其中,她终于如愿以偿地来到了一

---

① Molly McQuade,"A Gluttonous Reader:Susan Sontag",in Leland Poague ed. ,*Conversations with Susan Sontag*,Jackson:University Press of Mississippi,1995:p. 274. 这里提到的纪录片协会(Doc Films)在芝加哥大学至今仍然存在,虽然 Doc 是 documentary 的简写,但并不真的只是播放和介绍纪录片,而是不拘一格地推介各种类型、各个时代的电影。

个志同道合者云集的地方。在几次访谈中她都提到了当年开学时的一件趣事。在排队注册时,她无意中听到两个高年级男生在谈论法国小说家马塞尔·普鲁斯特(Marcel Proust,1871—1922),不禁又羞又喜。羞的是她竟然一直读错了普鲁斯特的名字,把 Proust 的 ou 读成了[au],而这两个男生在不知情的情况下教会了她正确的读法,应该是[uː];喜的是虽然她读过普鲁斯特的《追忆似水年华》(*Remembrance of Things Past*,1913—1927),但从来没有与人交流过,也没有跟任何人提及过这个伟大的作家,而在这里也有人在读他的书,而且在普普通通的场合就能听到关于他的讨论。

带给桑塔格无尽喜悦的不只是她那些出众的同学和校友。芝大本来就师资力量雄厚,哈钦斯校长又提倡自由的教学方式,教师们在宽松开放的环境下大展拳脚,各显神通,学生们也由此领略到了丰富多彩的课堂风格。第一个打动桑塔格的老师是约瑟夫·施瓦布(Joseph Schwab,1909—1988),桑塔格大一上了他的哲学课——观察、阐释、综合(*Observation,Interpretation,Integration*),拿了学分之后意犹未尽,大二又旁听了同一门课,可见施瓦布的魅力。桑塔格在这门课的课堂上不怎么发言,她还没有建立起足够的自信。桑塔格认为施瓦布是芝大高水平教师最杰出的代表,对苏格拉底问答法的运用可谓登峰造极。施瓦布算得上是个通才式的老芝大人,1924年,他年仅 15 岁就高中毕业进了芝大,先后取得了英语文学学士学位、动物学硕士学位和遗传学博士学位,之后留校任教,在这里一待就是 50 年。20 世纪 40 年代他致力于教育研究和教学改革,参与制定了哈钦斯推动的本科通识课程,几乎把学院部所有的课程都上了个遍。施瓦布以课堂讨论取代了授课,循循善诱地引导学生发现问题、分析问题和解决问题,他还利用自己文理兼修的优势,主张打通人文和自然科学。面对这样一个老师,桑塔格产生崇拜之情实在是情理之中,她从施瓦布那里学到的思维方式让她受益终生。

来自德国的犹太裔政治哲学家和古典主义者利奥·斯特劳斯(Leo Strauss,1899—1973)恰好在 1949 年加盟芝大,桑塔格因此有幸受教于他。斯特劳斯师从胡塞尔(Edmund Husserl, 1859—1938)和海德格尔(Martin Heidegger,1889—1976),学问精深,经历不少波折之后移民美国,一到芝大就确立了光芒四射的偶像地位。他的研讨课和讲座在整个芝加哥知识分子圈都赫赫有名,不仅受到学生的顶礼膜拜,而且得到同行教师、知识界和政界人士的大力推崇。斯特劳斯桃李满天下,他的学生和追随者至今仍影响着美国的外交政策。在芝大,"他给哈钦斯的经典选读课程以其所能得到的最有力的哲学支持,从而给予学生们不断研读的深刻理由——不仅仅是掌握思想,而且要成为大师"。① 斯特劳斯的大师气质可能对桑塔格产生了潜移默化的影响,以至于有人不客气地表示,"这正是桑塔格日后在自己的学术生涯中极其夸张的仿效之处"②。

---

① 卡尔·罗利森,莉萨·帕多克:《苏珊·桑塔格全传》,姚君伟译,上海:上海译文出版社,2018 年版,第 46 页。
② 同上。

理查德·麦基翁(Richard McKeon,1900—1985)是另一种大师气质。他不愿被纳入任何学派,但还是被认为是芝加哥文学批评学派的奠基人之一。他是联合国教科文组织成立之初的核心智囊成员,指导其起草《世界人权宣言》(*The Universal Declaration of Human Rights*,1948)的前期研究工作,因此他的人权观和民主观形成了《世界人权宣言》的基础。麦基翁在芝大和斯特劳斯一样教授哲学,尤其擅长亚里士多德哲学思想研究。桑塔格十分珍惜她在芝大的学习时光,虽然频频搬家,但一直保留着芝大的课程大纲,还有在麦基翁的课堂上记的笔记,可见他传授的知识在她心中的价值。学富五车的麦基翁让学生们又敬又畏,桑塔格是旁听生,根本就不敢发言。选修麦基翁课程的同学情况也好不到哪里去,有时候有人好不容易鼓起勇气回答他的问题,可是他听完之后经常会不假思索地说道:"这个回答可真够蠢的。"芝加哥的冬天漫长而寒冷,如果他看到有人缩在外套里精神不振,就会突然中止讲课,一脸严肃地要求人家把外套脱掉他才会继续上课。麦基翁的做派固然霸气十足,可是吓不倒酷爱学习的桑塔格。反之,她认同尊师重教的传统。教师的地位是如此神圣,在课堂上反驳他们是不可想象的,更不要提在私下能有什么交往了。课堂上的气氛庄重正式,师生之间从不亲昵地互相直呼其名,而是带着姓称呼某某先生、某某女士(小姐)。桑塔格认为老师态度和善与否并不重要,重要的是称职与否。

在学术界举足轻重的文学理论家、哲学家肯尼思·伯克(Kenneth Burke,1897—1993)第一天给桑塔格他们上课时,就只在黑板上写下了自己的姓,他并不指望这些稚气未脱的学生知道他有何成就。桑塔格听着伯克的课,觉得他介绍的文学文本分析方法似曾相识,很快她就反应过来了:她在几本书上——《永恒与变化》(*Permanence and Change*,1935)、《文学形式的哲学》(*Philosophy of Literary Form*,1941)、《动机的文法学》(*A Grammar of Motives*,1945)——读到过相似的内容,是作者的"铁杆粉丝",而凑巧的是,这些书的作者也姓伯克,名叫肯尼思。下课后,她忍不住讨教老师的大名,果然没错。师生双方都暗暗惊讶,老师没想到学生小小年纪就博览群书,学生也没想到老师就是只读其作、未见其人的大学者。伯克不禁对桑塔格青眼有加,指导她写论文,在别的老师面前不吝夸赞这位得意门生文章写得好。有一件小事可以看出伯克的慧眼识珠和芝大教师的严谨。桑塔格写了一篇关于《夜林》的论文交给芝大另一位大教授爱德华·罗森海姆(Edward Rosenheim,1918—2005),罗森海姆想听听伯克的意见,就请他过目,伯克自然大为欣赏,罗森海姆为公允起见,又请了另一位老师看论文,可是这位老师给了很低的评价。出于谨慎,罗森海姆打破常规,再请了一位评阅人,结果更糟糕。这下罗森海姆犯难了,他个人是很看重伯克的意见的。恰好美国作家、知名学者华莱士·福利(Wallace Fowlie,1908—1998)当时在芝大,于是桑塔格的论文又送到他手里。福利和伯克意见一致:这是一篇不可多得的好文章。

  桑塔格曾坦言伯克是当时在世的人中第一个对她产生影响的。当被问及是伯克的戏剧创作观还是作为象征行为的语言观影响到她时,她回答道:"我觉得,因为性情的缘故,我为语言的戏剧创作种类所吸引。我把《土星照命》(*Under the Sign of Saturn*,1980)里的随笔视为某种戏剧化的舞台呈现。"①不妨说,伯克的影响不只是走进了她的《土星照命》,而是像其他前辈一样,不知不觉地渗透到她的思想和灵魂中。

接下来要说的这位老师比起资历来,也许在那时远不及上面的那些顶尖教授们,但却迅速俘获了桑塔格的芳心。1950年11月21日,桑塔格在日记里郑重其事地写道:"今天,我获得一个绝好的机会——为一个叫菲利普·里夫(Philip Rieff,1922—2006)的社会学讲师做些研究工作;除了别的事情以外,他在编一个政治+宗教社会学读本。机会终于来了,我能够在别人称职的指导下,将自己融入一个领域中了。"②里夫比桑塔格大11岁,也来自犹太家庭,在芝加哥土生土长,授课风格兼具麦基翁的冷峻和伯克的深奥,研究兴趣和专长是弗洛伊德的精神分析理论,正在为后来出版的博士论文《弗洛伊德:道德家之心灵》(*Freud:The Mind of the Moralist*,1959)做准备。桑塔格的一个同学选了里夫的课,对他赞不绝口,在她的推荐下,桑塔格走进了里夫的课堂。12月2日,二人相识的第12天,桑塔格心不在焉地写道:"昨晚,或者是不是今天(星期六)早上?——我和

---

① 苏珊·桑塔格:《苏珊·桑塔格谈话录》,利兰·波格编,姚君伟译,南京:译林出版社,2015年版,第111—112页。在上海译文出版社2006年的第一版中文本中,*Under the Sign of Saturn* 被译为《在土星的标志下》,在2018年的第二版中,改为《土星照命》,本书遵从2018年的新版本,对此处做了改动。

② 苏珊·桑塔格:《重生·桑塔格日记(1947—1963)》,姚君伟译,上海:上海译文出版社,2018年版,第83页。

菲利普·里夫订婚了。"①而实际上,这一天是他们的结婚日。到了1951年1月3日,桑塔格似乎才反应过来:"带着对自我毁灭意愿充分的意识+恐惧,我嫁给了菲利普。"②

桑塔格与里夫的婚姻不可不谓草率,对于结婚这样的大事她竟然稀里糊涂,没搞清是怎么回事就成了一个18岁不到的小新娘。桑塔格在原生家庭里没有条件也没有机会体验普通的孩子得到的呵护,父爱的缺失,母亲和妹妹的依赖,让她一直像个小大人那样成长,但对父母之爱的渴望是每个人的天性,与里夫的结合有点类似于小女孩向比她年长的人寻求温暖,何况,芝加哥的冬天是多么寒冷啊!这场奇异的婚姻是桑塔格第一次公开表达的任性之举,夫妻双方一见钟情,相互吸引自然是其基础,但背后也许还有别的诱因。前面提到,桑塔格的经济状况并不乐观,到芝大读书是在阿伦叔叔的支持下才解决食宿费用,经济上得到保障。与收入稳定的大学教师结婚,至少就不用向亲友求助。桑塔格后来与里夫离异,独自抚养幼子,拒绝离婚赡养费,那又是另一番情形了。还有一点就是桑塔格的性取向问题。她所谓的"带着对自我毁灭意愿充分的意识+恐惧",揭示了她的矛盾心态。踏进婚姻殿堂意味着步入正式的感情生活,有助于她下定决心与过去那些秘而不宣的种种感情和性爱经历一刀两断,但这同时又违背了她的内心,因此也是她的恐惧所在。有人认为桑塔格选择早婚是出于逃离原生家庭开始全新生活的愿

---

① 苏珊·桑塔格:《重生:桑塔格日记(1947—1963)》,姚君伟译,上海:上海译文出版社,2018年版,第84页。
② 同上,第85页。

望,而她此后的确再也没有回到洛杉矶生活。她一头冲进成人阶段,挣脱了儿童的躯壳,又心急如焚地告别少女时代,与发现和放任自己的同性恋趣味时体会到的"重生"感相比,缔结婚姻也许才是她真正百感交集的"重生"。

第三章

波士顿围城里的迷途过客(1951—1957)

新婚宴尔,桑塔格与里夫像连体婴儿般形影不离,哪怕是分开几个小时都不愿意。作家菲利普·洛佩特(Phillip Lopate,1943—)回忆桑塔格有次难得主动地向他谈起前夫,告诉他说:"我记得我俩去参加一个聚会,后来开车回家,坐在车里谈论每个人。然后太阳升起来了,是早上了,我们这才意识到在那里坐了整整一个晚上!"①但可能与普通的夫妇不同,在他们的绵绵情话里,总是夹杂着深奥的学术讨论。

几个月后,桑塔格顺利地从芝大毕业。这年夏天,她和里夫从波士顿登上"纽芬兰号"邮轮一起游历欧洲,但她对里夫的感情似乎发生了微妙的变化。由于她结婚后整整两年的日记都缺失,我们无从直接了解她的个人感受,但在《在美国》与众不同的第"零"章中,她自传性地叙述道:"记得我第一次看《米德尔马契》(*Middlemarch*,1871—1872)的时候,我只有18岁,看了三分

---

① Phillip Lopate, *Notes on Susan Sontag*, Princeton & Oxford: Princeton University Press, 2009: p. 78.

之一便号啕痛哭,因为我不仅意识到我就是多萝西娅,而且我和卡索邦结婚才几个月……"①《米德尔马契》是英国19世纪小说家乔治·艾略特的一部小说,年轻貌美的多萝西娅一心想找一个学者型的丈夫,于是嫁给了比她大27岁的牧师卡索邦,可是婚后发现对方根本就不是她想象中的样子,于是陷入万般痛苦之中。多萝西娅关于婚姻的不明智决定是因为童年不幸,经历坎坷,没有长辈可以求助和依靠,只能自己苦苦寻找立足之地,而这一切似乎与桑塔格本人的经历有着惊人的相似之处,也难怪她会如此感同身受。多萝西娅并没有屈从于命运,卡索邦死后她放弃了财产,与真正的灵魂伴侣结合,过上了自己想要的生活。多萝西娅的选择或许就这样悄无声息地进入了桑塔格的内心,一旦时机成熟,就会成为一股支持她改变现状的力量。不过在此之前,她还是要完整地体验一遍传统的婚姻生活。

1952年,里夫得到了位于波士顿的布兰迪斯大学(Brandeis University)的一个工作机会,担任助理教授,于是便携新婚妻子移居波士顿。此时,桑塔格已身怀六甲。1952年9月28日,桑塔格一生中唯一一段婚姻的结晶,她的独子戴维降生了。夫妇二人对戴维十分宠爱,但又无法无时无刻地照顾他。里夫仍然在一边教书一边撰写《弗洛伊德:道德家之心灵》,桑塔格则要准备继续她的学业。这时候桑塔格忠心耿耿的老保姆罗丝应邀前来,帮助照看戴维,解决了他们的后顾之忧。至于戴维的外婆,对小孩子一贯不上心的米尔德丽德,在外孙一岁半的时候才顾

---

① 苏珊·桑塔格:《在美国》,廖七一、李小均译,上海:上海译文出版社,2018年版,第22页。

得上来看望一下,还直截了当地说自己不喜欢孩子,这勾起了年轻母亲的伤心往事,坚定了她无论多么困难都要爱护儿子的决心。桑塔格的人生角色发生了巨变,从少女到新娘再到母亲,这一系列的变化似乎还没有让她反应过来,像很多尚未适应初为人母的女性一样,她在产后经常情绪低落,噩梦不断,这些清晰的梦境指向了她与里夫缔结婚姻的隐秘动机。她梦见悬崖、礼堂、舞台和床。在梦里,她愿意出任何价钱让人带走她的床,又突然意识到这张床不是单人床,而是她与人同居的床,同居的对象竟然是个 67 岁灰白头发的老头,更可悲的是,"我和他住,因为他有钱。"①她似乎在潜意识里把《米德尔马契》的多萝西娅内化到自身之中。

从桑塔格的日记里可以看出里夫为此担忧不已:"菲利普甚至以为我病了,我可怜的宝贝。就在我努力成为好好的一个人——让我自己放宽心——的时候,我梳头时,我的头发偏偏变稀了;尽管我恳请他别那么做,他还是和医生预约了……"②里夫对桑塔格的关切之情可见一斑,可是桑塔格已经不是那个把他看成人生导师和亲密伴侣的小女孩了。

1953 年的秋季学期,桑塔格在康涅狄格大学注册攻读英语文学硕士学位,不过只读了一年连学位都没拿到就走了。桑塔格没有解释过她申请和离开康涅狄格大学的原因,但也并非难

---

① 苏珊·桑塔格:《重生:桑塔格日记(1947—1963)》,姚君伟译,上海:上海译文出版社,2018 年版,第 88 页。
② 同上,第 89 页。

以理解。显然,最方便、最合适的学校非哈佛大学莫属,而桑塔格舍近求远至少有两个原因。首先,哈佛大学的入学门槛要高于康涅狄格大学,桑塔格刚刚经历十月怀胎和哺育幼子,申请哈佛大学未免准备不足;其次,康涅狄格大学为研究生提供助教工作,桑塔格也给本科生上课,在锻炼自己的同时,多少也能补贴一点家用。不过康涅狄格大学当时只有一个校区,也就是现在位于斯托斯(Storrs)的主校区,而桑塔格夫妇把家安顿在哈佛大学所在的剑桥市(Cambridge),交通多有不便之处,因此她平时只好住在学校的宿舍里,周末才能回家享受天伦之乐。桑塔格自己饱受母亲的冷落之苦,当她意识到年仅一岁的爱子也缺少母亲的陪伴时,不免会权衡得失,尤其是当她熟悉了康涅狄格大学的教育风格之后,发现这里的教授们资质平平,缺乏芝大教授的特立独行和满腹经纶,就去意已决了。

桑塔格没有浪费时间的习惯。从康涅狄格大学退学后,她便开始到哈佛大学听课,经过一年时间的准备,1955年她先在哈佛注册了英语文学硕士课程,后来又转读哲学系,同时也担任助教,很快就被公认为系里最才华横溢的助教之一。第二年参加硕士生考核时,她取得了第一名的优异成绩,荣列哲学系博士候选人榜首。

在哈佛,桑塔格时常想起芝大的时光。她在这里没有感受到芝大教授们那样个性鲜明、暴风骤雨式的知识灌输和思想洗礼。但哈佛毕竟是美国一流的高等学府,在她眼里,教授们虽然大多中规中矩,却也提供了别具一格的教学角度,指导她撰写长篇论文,仔细审读并进行详细的点评。日后在桑塔格那些一下笔就肆意汪洋的长篇论文里,哈佛的学术训练痕迹依稀可辨。

哈佛还是一个不可多得的社交平台,桑塔格身处剑桥,真可谓是"谈笑有鸿儒,往来无白丁",这与她在芝加哥的社交生活有着天壤之别。芝大的教授们很少与学生有私下的交往,他们有时甚至是冷若冰霜,难以接近,而在哈佛,桑塔格的身份发生了变化,她既是出类拔萃的学生,又是大学教师的家属,自然有了更多的机会结识学界人士。著名的美籍德国犹太裔哲学家和社会学家赫伯特·马尔库塞(Herbert Marcuse, 1898—1979)在此期间就应桑塔格夫妇之邀,在他们家居住了一年之久,三人经常彻夜讨论哲学问题,在这样的熏陶之下,连只有两三岁的小戴维都能随口说出哲学家黑格尔的名字。当时马尔库塞也正在研究弗洛伊德,并于1955年出版了他的著作《爱欲与文明:对弗洛伊德思想的哲学探讨》(*Eros and Civilization: A Philosophical Inquiry into Freud*),因此三人颇为投机。马尔库塞结束哈佛的教学聘期后,就去了里夫所在的布兰迪斯大学教书。桑塔格对他的思想非常熟悉,在《精神分析与诺曼·O. 布朗的〈生与死的对抗〉》("Psychoanalysis and Norman O. Brown's *Life Against Death*", 1961)这篇文章中,她游刃有余地引证马尔库塞的观点,并毫不吝啬地夸赞《生与死的对抗》(*Life against Death*, 1959)和《爱欲与文明:对弗洛伊德思想的哲学探讨》一起,"代表了对弗洛伊德思想的一种新的严肃态度,使得美国先前出版的关于弗洛伊德的著作在理论上相形见绌,或在最好的情形下也显得浅薄"①。而在桑塔格发表《一种文化与新感受力》("One Culture and the New Sensibility",1965)的 4 年之后,马尔库塞发表了《论解放》(*An Essay on Liberation*)的小册子,其第二章的标题就是"新感受力",与桑塔格遥相呼应。

身为犹太裔,桑塔格夫妇与从欧洲流亡到美国的犹太知识分子有天然的亲近感。除了马尔库塞之外,他们还经常招待在布兰迪斯大学任教的立陶宛犹太裔现象学家、哲学家阿伦·古尔维奇(Aron Gurwitsch,1901—1973),来自英国的历史学家、国际关系专家 E. H. 卡尔(E. H. Carr,1892—1982)也是他们的座上宾。与这些"鸿儒"交往,自然进一步增长了桑塔格的见识,拓宽了她观察世界的角度。

桑塔格入学的时候,恰好保罗·蒂利克(Paul Tillich, 1886—1965)也同时加入哈佛大学,于是她很幸运地成了他的学生。蒂利克是位受人尊敬的神学和哲学大家。1933 年,时年 47 岁的蒂利克举家从德国移居到美国,开始学习英语,1940 年正式加入美国籍,经过一段时期默默无闻的耕耘之后,20 世纪 50 年代他开始在美国学界大放异彩,声誉日隆。哈佛大学聘他为大学教授(University Professor),这个教职不仅是哈佛大学的最高荣誉,而且还是全美国最高学术地位的象征之一。蒂利克有时也被人们称为美国的存在主义神学家,他认为不仅在存在主义哲学中,而且在视觉艺术、心理学、文学和戏剧中,都有神学家

---

① 苏珊·桑塔格:《精神分析与诺曼·O. 布朗的〈生与死的对抗〉》,收入《反对阐释》,程巍译,上海:上海译文出版社,2018 年版,第 307 页。

取之不尽的材料,可以用来证明基督乃是存在之问的答案。桑塔格不是一个基督徒,但蒂利克研究神学的思路和包容性深深吸引着她。蒂利克对这位高足也极为赏识,正是他促成了桑塔格硕士毕业后的欧洲之行。

另一位对桑塔格影响至深的教授就是犹太学者雅各布·陶布斯(Jacob Taubes,1923—1987)。陶布斯出生于奥地利,先后在哈佛大学、哥伦比亚大学、普林斯顿大学等美国顶尖学府教授宗教学和犹太学,后来又返回欧洲,任职于民主德国的柏林自由大学,是西方重要的哲学家和宗教社会学家。他也正好在桑塔格求学哈佛期间受洛克菲勒资金资助,在那里教了两年书。陶布斯极具个人魅力,有人甚至认为他影响了整整一代美国和德国的知识分子。"文化记忆"理论的奠基人、德国文化学家扬·阿斯曼(Jan Assmann,1938—   )就明确表示自己在思想上受益于陶布斯:

我不是犹太人,我对犹太人命运的兴趣,来自于 30 年前所认识的一位非常重要的犹太裔哲学家和宗教社会学家雅各布·陶布斯的影响。我们自 1980 年代中期成为挚友,虽然认识几年之后他 1987 年就在柏林去世了,但是这段交往令我对犹太教产生了很强的亲近感,从此点燃了我对犹太教的研究兴趣。在个人情感上,我感觉我很贴近犹太人的宗教,而基督教对于我的影响更多是在艺术层面,比如我对艺术的喜爱,对音乐的喜爱,像巴赫、亨德尔、莫扎特等作曲家的音乐作品中就有很多是宗教题材的。①

陶布斯的风格与芝大的利奥·斯特劳斯有不少相似之处,他在课堂上谈古论今,切换自如,桑塔格很快就加入了一个被他所吸引的学生小群体。当然,这些学生个个都非等闲之辈,尤其是经常坐在第一排的三个女学生,形成了陶布斯课堂上一道亮丽的风景线。她们清一色的秀发披肩,长裙翩翩,明艳动人。除了桑塔格之外,其他两位分别是后来成为知名精神病专家的埃尔莎·弗斯特(Elsa First)和陶布斯的第一任妻子苏珊·陶布斯(Susan Taubes,1928—1969)。两个苏珊走得更近一些,因为她们有不少共同之处:都有犹太血统,都嫁给了比自己年长的犹太男子和学术上的师长,都渴望拥有独立的学术身份,而且苏珊·陶布斯也师从蒂利克,并在他的指导下完成了研究法国哲学家、神秘主义者西蒙娜·薇依(Simone Weil,1909—1943)的博士论文。桑塔格 1963 年在《纽约书评》(*The New York Review of Books*)上发表了一篇以西蒙娜·薇依为题的短文,显示了她对苏珊·陶布斯的研究对象的熟悉程度。

或者更准确地说,陶布斯夫妇都对桑塔格产生了深远的影响。雅各布·陶布斯对诺斯替教派(Gnosticism)的教义烂熟于心,既能切中肯綮地指出其缺陷,又能神乎其神地畅言其妙,这或许也是一种辩证思维,从他身上,"桑塔格吸收到一种对相反观点的想象性同情与同时进入有冲突的思想倾向之中的能力。

---

① 燕舞,扬·阿斯曼:阿莱达·阿斯曼:《"文化记忆":关于历史的回忆与重建》,载《经济观察报》,2015 年 12 月 21 日,http://finance.jrj.com.cn/2015/12/21005020267883.shtml。

比如,在《反对阐释》中所体现出的辩证思维上,陶布斯起到了主宰的作用"。① 不仅如此,在短篇小说《杰基尔医生》("Doctor Jekyll",1974)中,桑塔格还描写了一个极像诺斯替教的宗教组织,这个组织的头目阿特森拥有摄人心魄的力量,而陶布斯的学生也感觉到他具有控制他人生活的力量。至于苏珊·陶布斯,她投水自尽的悲剧性终局在桑塔格心中留下了一道难以抹平的伤口,在另一个短篇小说《心问》("Debriefing",1973)中,苏珊的形象清晰可辨,呼之欲出。桑塔格与陶布斯夫妇保持了比较密切的关系,20 世纪 60 年代初期他们还成了哥伦比亚大学宗教系的同事。

1957 年,桑塔格完成了硕士学业,继续攻读博士学位,准备撰写题为《伦理的形而上学推测》(*Metaphysical Presuppositions of Ethics*)的博士论文。在蒂利克的大力推荐之下,美国大学妇女协会为她提供了赴英国牛津大学进修一年的奖学金,在这个事关个人发展和未来走向的机遇面前,桑塔格夫妇的婚姻问题终究还是不可避免地浮出了水面,摆在了他们面前。

里夫与桑塔格或许可以保持长久的师生之情,可是当他们携手踏入婚姻的围城,那就是另一番情形了。如果不是遇上年轻貌美又有才华的桑塔格,被她深深吸引,无法把持,骨子里相当保守的里夫也许一辈子都不会跟闪婚这样的话题有任何关联。即便是闪婚,他也规规矩矩地按照传统的流程一步不落地走,仪式感十足:相识、约会、求婚、结婚,在与桑塔格婚前的交往

---

① 卡尔·罗利森,莉萨·帕多克:《苏珊·桑塔格全传》,姚君伟译,上海:上海译文出版社,2018 年版,第 65 页。

中绝无越轨之举。他的婚姻观念其实非常传统,认为丈夫和妻子应该有比较明确的分工,丈夫经营事业,是威仪堂堂的顶梁柱,妻子相夫教子,是温柔体贴的贤内助。然而,桑塔格注定不是一个因循守旧的家庭妇女。结婚后,她的名字依然是苏珊·桑塔格,而不是遵照传统,改为苏珊·里夫。里夫虽然没有主动提出过这个做法有何不妥,也没有公开表示过不满,但并不意味着他毫不介怀,一个小小的细节泄露了他对这件事的真实感受。当他的博士论文终于付梓之际,他在前言的致谢部分写下了最后这样一句话:"我的妻子,苏珊·里夫,慷慨地投入到本书的工作中,我要向她,还有那些没有提到姓名的帮助过我的人致以特别的谢意。"①事实上,这本书第一版的前言写于1958年6月,当时两人的婚姻已经名存实亡,只是还没有捅破最后一层纸。里夫把这本书献给了自己的父母和儿子戴维,却只在前言里把厥功至伟的桑塔格一笔带过,而且写的还是她从来没有用过的名字。此举似乎既是不言自明的一种抗议,又是借题发挥的宣泄。在以后的版本中,里夫干脆删去了桑塔格的信息,大有一刀两断之意。令人唏嘘的是,当时过境迁,这对曾经如胶似漆过的前夫妇彼此都放下了怨念,冰释前嫌时,他们的生命也走到了尽头。里夫把自己的最后一本书《吾生与死亡之作》(*My Life Among the Deathworks*,2006)献给了桑塔格,以兹纪念,只是斯人已逝,里夫也像了结了人生中最难以释怀的一桩心事般,随后告别了人世。不过这已是后话了。

---

① Philip Rieff, *Freud*, *The Mind of the Moralist*, New York: The Viking Press, 1959: p. xvi.

随着桑塔格与里夫相处的深入,二人在思想性格方面的差异就越发凸现出来,争吵成了家常便饭,而根本的原因就在于婚姻观的不同。桑塔格跟人说起过在波士顿生活期间发生的一件事,对她而言是开始与男性学者平等对话的转折点,但对里夫来说却是别有一番滋味在心头。波士顿的学术圈经常举办晚宴派对,教授们带着妻子参加时,大家都心照不宣地遵守一个不成文的规矩,那就是男人们和女人们互不干扰,分成两个圈子,各谈各的。甜点一过,男人们便心领神会地退居一隅,点上雪茄,一边吞云吐雾,一边高谈阔论;女人们则谈谈家长里短,服饰美容之类的。桑塔格恰恰不擅长这些主妇话题,有些不知所措,如此几次之后,有一次她终于鼓足勇气,离开了妻子阵营,加入到男人们的圈子里。教授们一开始面面相觑,但发现她完全有能力参与他们的讨论,便默许了她的"越界"行为,倒也相谈甚欢,可是里夫的脸上就有些挂不住了。他并不为这样一个谈吐不俗的妻子感到骄傲,他理想的妻子应该是端庄地坐在房间的另一头,和其他教授们的夫人们一起聊些女人间的琐碎小事。桑塔格不只是在波士顿打破男女界限,20世纪60年代她在纽约时,也做了几乎一样的事。那是在她的出版商罗杰·斯特劳斯(Roger Straus,1917—2004)家中举办的一次餐宴上,男人们和女人们也在餐后按惯例各处一室,但桑塔格略作思忖后就毅然决然地走进了男人们的房间,而有趣的是,她的这个举动改变了斯特劳斯家的传统,从此以后他们在餐后就再也不男女分开交谈了。

桑塔格在这个阶段的多重化身份给她带来了巨大的压力,她不仅是妻子、母亲、学生、老师,而且还是里夫的合作研究者。

从构思到成书,里夫的弗洛伊德研究课题得到了桑塔格的大力支持。作家西格丽德·努涅斯(Sigrid Nunez,1951—)青年时代曾经是戴维的恋人,有过和桑塔格同处一个屋檐下的经历。她回忆道:"虽然她的名字没有出现在封面上,但她完全是个合著者,她一直这么说。事实上,她有时还不止这么说,她声称整本书都是她一个人写的,'每一个字。'我把这看成她夸大其词的又一个例子。"①桑塔格写了该书的"每一个字"的可能性确实不大,但里夫写作时遭遇瓶颈是事实,外界也基本认可书中有桑塔格的影子,"但凡读过桑塔格后来写的东西的人,读《弗洛伊德:道德家之心灵》时都不可能看不出里面有她的风格,有她的许多主题"。② 桑塔格终究不是一个甘居幕后的研究助理,她有她的追求。

桑塔格和里夫的爱情是刹那间的电光火石,天崩地裂,可是当激情褪去,横亘在两人之间的是生活里的鸡毛蒜皮、柴米油盐,还有更多的责任。桑塔格像多萝西娅一样彷徨过,对自己在成人世界里的新身份难以习惯。在1956年的一则日记里,她反思了婚姻,口吻十分悲观:

> 谁发明了婚姻,谁就是个很有才的折磨人的人。它是个致力于让感情麻木的体制。婚姻全部的要点就是重复。它的目标最多是创造强烈的互相依赖。争吵最后变得毫无意义,除非你

---

① 西格丽德·努涅斯:《永远的苏珊:回忆苏珊·桑塔格》,阿垚(姚君伟)译,上海:上海译文出版社,2012年版,第91页。
② 杰罗姆·博伊德·蒙塞尔:《苏珊·桑塔格传》,张昌宏译,北京:中国摄影出版社,2018年版,第34页,译文有所改动。

总是准备吵完后就采取行动——就是说,结束婚姻。所以,婚后一年,你吵架不再"重归于好"——你只是开始生闷气,然后变成习以为常的沉默,然后再吵。①

桑塔格越来越觉得这样的生活不堪忍受,甚至把她压得喘不过气来。无论是旁人艳羡的以布兰迪斯和哈佛为中心的学术圈也好,还是有着可爱的小戴维的家庭生活也好,对她来说都没有多大的吸引力了。在婚后整整 6 年的时候,她表示"这 6 年里,不自由的感觉从未离开过我"。② 桑塔格还说起过大约是 1956 年发生的一件小事,她独自跑去看了一场叫《黑板丛林》(*Blackboard Jungle*,1955)的电影,里面的摇滚歌曲《昼夜摇滚》(*Rock Around the Clock*)使她震撼不已,影片结束后,她不禁放慢了脚步向家里走去,琢磨着要不要告诉里夫她竟然看了这样一部音乐和舞蹈风格如此下里巴人的电影,可是一想到里夫那副老夫子气十足的神态,她就放弃了回家和他交流的念头。20 世纪 50 年代的波士顿,没有哪位哈佛的硕士研究生会去听什么摇滚歌曲,高雅文化和通俗文化之间界限分明,可是桑塔格就这样被即将大红大紫的摇滚乐深深打动了,这也显示出她敏锐的文化感受力和不会被传统思想所束缚的审美观。她的心跟着摇滚乐澎湃激荡,当机会来临,远方终于发出了迷人的召唤时,是时候告别波士顿的围城了。

---

① 苏珊·桑塔格:《重生:桑塔格日记(1947—1963)》,姚君伟译,上海:上海译文出版社,2018 年版,第 98 页。

② 同上,第 120 页。

第四章

寻梦欧洲的文学美人(1957—1958)

1957年上半年,桑塔格获得奖学金之后,就开始联系英国的学校,并花260美元订了一张荷兰-美国航运公司的头等舱船票,航程为期八天。里夫也接受了斯坦福大学行为科学高级研究中心的资助,于8月29日带着戴维离开波士顿,他要先去芝加哥,把戴维交给自己的家人照顾。桑塔格偏头痛发作,痛苦不堪,撇下戴维,哪怕只是一年,也是一个艰难的决定,但对自由和知识的追求占了上风。桑塔格对自己遭受母亲的冷遇耿耿于怀,也曾希望做一个要比米尔德丽德好得多的母亲,不过她真正照料戴维的时间并不多。她经常把开始发表作品前的那10年称为失去的10年,说这都是因为早婚早育,努涅斯却说:"这有点难以理解,因为,那个时候大部分时间,戴维都不是她在照顾,她很多时间都是一个人过。"[①]很不幸,她恰恰在不知不觉中变成了几乎和米尔德丽德一样的母亲。桑塔格一心想要逃离现状,可

[①] 西格丽德·努涅斯,《永远的苏珊:回忆苏珊·桑塔格》,阿垚(姚君伟)译,上海:上海译文出版社,2012年版,第91页。

是当她真正离开里夫和戴维时,又觉得恍如梦境:"我与里夫从未有适当的机会说声再见……有眼泪,有无性的紧紧拥抱,还有保重身体的请求。就这些。离别是模糊的,因为分开仍旧似乎是不真实的。"[1]

1957年9月3日,桑塔格紧张不安,心力交瘁,但还是挣扎着有条不紊地处理好剑桥的所有事务,然后前往纽约去坐船。这一天,也标志着她的婚姻生活在实际意义上已终结。9月5日,就在她匆匆忙忙地登船之际,发现了一个熟悉的身影,那是亦师亦友的雅各布·陶布斯,专门赶来送行,足足等了她一个多小时。桑塔格不禁为之动容,二人拥抱道别,陶布斯一直挥手目送,直到看不见桑塔格乘坐的船为止。

经历了一个多星期的海上旅行后,桑塔格来到了牛津大学的圣安妮学院,在1979年之前,该学院还是一个女子学院。在朋友简·德格拉斯(Jane Degras)的陪伴下,桑塔格在伦敦逛了逛,不知道是心境不佳还是事实如此,她抱怨与6年前相比,伦敦的吸引力大大降低了。或许只是物是人非而已,毕竟,6年前在游历伦敦时,她还是个18岁的新婚妻子,陪伴她的是看起来仪表堂堂、儒雅温情的里夫。9月底,她又和德格拉斯一起去佛罗伦萨观光,这座古老的、在她眼里美得几乎极不真实的城市令她心情大好,它的"壮丽、稠密和美学上的同一性是如此的恰到好处,因此,那些现代元素——至少是意大利部分——没有造成

---

[1] 苏珊·桑塔格:《重生:桑塔格日记(1947—1963)》,姚君伟译,上海:上海译文出版社,2018年版,第185页。

不和谐的效果,什么都没有被破坏"。①

桑塔格的牛津生活没有留下多少记录,也许是因为她在这里不过是一个逗留了不到四个月的匆匆过客而已。几位传记作家都不约而同地提到了桑塔格在牛津的同学朱迪斯·格罗斯曼(Judith Grossman)写的自传体小说《她自己的条件》(*Her Own Terms*, 1988)。格罗斯曼在这部小说里描写了一个黑衣黑发的俊俏女郎,正是那个时候桑塔格的模样,而桑塔格对于自己被写进小说毫不介意。牛津的学术氛围肃穆庄严,教授们的哲学研究重分析、重逻辑,比芝大,甚至比哈佛都还要正式得多,求精而不求广。不难想象,曾经在《昼夜摇滚》里深深陶醉的桑塔格在这里未免会感到格格不入。英国学术界对女性学者的容忍度和接受度也比美国的低,有的男教授和男同学简直是在纡尊降贵地与女同学打交道。桑塔格感到压抑,她梦见自己"身体左侧有个大伤口,血流了出来,我四处走动,但奄奄一息"。②

但这并不意味着牛津缺乏名师名家。语言哲学家J. L. 奥斯汀(J. L. Austin, 1911—1960)、哲学家 A. J. 艾尔(A. J. Ayer, 1910—1989)、小说家艾丽丝·默多克(Iris Murdoch, 1919—1999)等都成了桑塔格的老师。默多克的影响是最大的,同样身为女性,同样在知识的海洋游弋,同样胸怀作家之梦,她是桑塔格从高中毕业以后就难得一遇的女教师。1948年到1963年间,

---

① 苏珊·桑塔格:《重生:桑塔格日记(1947—1963)》,姚君伟译,上海:上海译文出版社,2018年版,第199页。

② 同上,第202页。

默多克在圣安妮学院担任一名哲学老师,她一生获得了不少荣誉,1987 年还被授予大英帝国女勋爵的头衔。她作为小说家的盛名多多少少遮蔽了她作为哲学家的成就,其实她最早的著作就是有关哲学的,书名叫《萨特:浪漫的理性主义者》(*Sartre*: *Romantic Rationalist*,1953),而在桑塔格的创作中,萨特的存在主义思想甚至是一条脉络清晰的主线。默多克的小说则以探索人物的内心世界见长,她接过了陀思妥耶夫斯基、托尔斯泰、乔治·艾略特、普鲁斯特等人的火种,着力表现笔下角色的内心活动。这些文学名家的作品也是桑塔格的阅读对象。就在桑塔格求学牛津的那一年,默多克极富存在主义风格的小说《沙堡》(*The Sandcastle*,1957)出版。当这位集哲学研究与文学创作于一身的老师在授课时,她会主张哲学以文学的方式在文学作品中呈现,这让桑塔格能找到熟悉的节奏。

但牛津终究不是桑塔格理想的求学之地,或者更确切地说,不是她恢复"单身"生活的理想之地。圣诞节来临之时,她就收拾妥当,奔向巴黎,后来在索邦大学注册入学。这其实不是她第一次到巴黎,在和里夫当年的欧洲之旅中,巴黎也是他们的一个目的地。显然,她喜欢巴黎远胜于伦敦。

巴黎对美国的知识分子似乎有一种异乎寻常的吸引力。第一次世界大战后,美国的文学青年们纷纷自我流放,到欧洲,尤其是到巴黎寻找生活的意义,他们用诗歌、小说等文学形式宣泄内心的彷徨和困惑,在 20 世纪 20 年代形成了一道独特的文学景观。当格特鲁德·斯泰因(Gertrude Stein,1874—1946)在欧内斯特·海明威(Ernest Hemingway,1899—1961)的小说《太阳照常升起》(*The Sun Also Rises*,1926)的扉页上写下"你们都是迷惘的一代"时,流连在巴黎的除了他们,还有下面这些灿若星辰的名字:T. S. 艾略特、埃兹拉·庞德(Ezra Pound,1885—1972)、F. S. 菲茨杰拉德(F. S. Fitzgerald,1896—1940)、舍伍德·安德森(Sherwood Anderson,1876—1941)、威廉·福克纳(William Faulkner,1897—1962)、亨利·米勒(Henry Miller,1891—1980)、托马斯·沃尔夫(Thomas Wolfe,1900—1938)、约翰·多斯·帕索斯(John Dos Passos,1896—1970)、E. E. 肯明斯(E. E. Cummings,1894—1962)、桑顿·怀尔德(Thornton Wilder,1897—1975)……而当桑塔格抵达巴黎时,汇聚在那里的美国作家、艺术家和记者们又对应着美国国内的律动,进入了"垮掉的一代"阶段,其代表人物艾伦·金斯伯格(Allen Ginsberg,1926—1997)就一度与桑塔格比邻而居。桑塔格尤为在意的是,巴黎还是朱娜·巴恩斯的夜林世界,她要在这里自由自在地演着内心戏,无拘无束地挖掘自我,纵情投入到情爱体验之中。

初到巴黎,桑塔格写了一个短篇小说的草稿,其自传的痕迹是如此明显,以至于戴维解释说它几乎就是桑塔格"决定离开丈夫,以及如何经由牛津最后到巴黎的实录"[1]。桑塔格欲盖弥彰,在这个故事里,里夫被化名为马丁,而这正是他弟弟的名字,桑塔格自己则叫李,这也正好是她的中间名。她在草稿里写道:

---

[1] 苏珊·桑塔格:《重生:桑塔格日记(1947—1963)》,姚君伟译,上海:上海译文出版社,2018年版,第215页。

他们婚后的第六个年头,李决定出国一年+因此申请了一笔奖学金。和往常一样,这个计划是合作的。马丁也会来,但到了最后一刻,他得到了这一年的一个更好的机会。她赢得了奖学金。他恳求她别走,但计划是官方认可的,其背后有着她事业的发展。要不然,她绝不会有走的勇气。有哭泣,也有大吵大闹的场面,然后,突然就到了该走的时候了。一夜未眠,当晚,她最后离开他们的床,睡在孩子的房间,第二天早上,马丁、孩子还有保姆开车走了,几天后,李去了纽约,上了一艘船。①

桑塔格还念念不忘里夫的研究,她幽怨地继续吐露道:"和马丁结婚时,她一直是非常开朗活跃、温柔又爱哭的女孩;而现在,她成了个泼妇一样的、软弱的、没有了眼泪的妇女,一肚子提前产生的怨恨……马丁的那本书在多大程度上要靠她帮忙呵……"②不过现在这些都不重要了,她的圣诞假期有哈丽雅特相伴,两人又回到了伯克利求学时光的欢爱之中。抵达巴黎固然是实现她儿时的梦想——到居里夫人学习过的地方去!但真正使她下定决心,放弃回到英国继续博士学业的还是哈丽雅特。风格犀利老辣的哈丽雅特从伯克利退学后前往巴黎,当模特,做翻译,一时兴起时还会画画、写作,同时还时断时续地为《先驱论坛报》(*Herald Tribune*)工作。1957 年 12 月 15 日,她在日记里

---

① 苏珊·桑塔格:《重生:桑塔格日记(1947—1963)》,姚君伟译,上海:上海译文出版社,2018 年版,第 216—217 页。
② 同上,第 217 页。

写道:"苏珊·桑塔格下周就要来巴黎了——与她见面好不好?"①桑塔格只是她众多情人中的一个,而最让她神魂颠倒的是后来也成了桑塔格情人的玛丽亚·艾琳·福恩斯(Maria Irene Fornes,1930—2018),一个生于古巴、15 岁时移民美国的剧作家。哈丽雅特迷恋桑塔格的美貌,但对她又吹毛求疵:"真是个可人儿啊! 可是,难过的是,我又非常嫌弃她:她唱歌的样子,小女生情态,五音不全;她跳舞的样子,故作妖娆,毫无韵律……她真的吸引我吗? 我可真不这么认为,可是她说她爱我啊,这才是我需要听到的话!"②换言之,她接受桑塔格的爱,多半出于满足自己的虚荣心。1958 年 1 月份,桑塔格返回英国处理事务的时候,哈丽雅特甚至如释重负,庆幸自己又获得了短暂的平静。不过桑塔格很快又回来了,二人再度陷入情感的纠葛之中。在此期间,里夫正需要得到安慰,他写信告诉桑塔格他被布兰迪斯大学解聘了,可是他年轻的妻子脑子里想的却是情况越糟糕,她越要下定决心离开他。

在桑塔格 1958 年的日记里,哈丽雅特的影子无处不在,桑塔格在无法自拔中很无奈地警告自己:"别再把这本日记专门用来记录我和 H(哈丽雅特)情事的大事记了!"③。很显然,桑塔格对哈丽雅特的爱远远超过哈丽雅特对她的爱。情人眼里出西

---

① Harriet Sohmers Zwerling,"Memories of Sontag:From an Ex-Pat's Diary",https://brooklynrail.org/2006/11/express/memories-of-sontag.
② 同上。
③ 苏珊·桑塔格:《重生:桑塔格日记(1947—1963)》,姚君伟译,上海:上海译文出版社,2018 年版,第 248 页。

施,在桑塔格眼里,与在伯克利分校的时候相比,哈丽雅特变得更加美丽,尤其在形体上变得更加韵味十足。桑塔格深深着迷于她充满诱惑力的身体,并坦率地承认自己对形体美的看重到了病态的程度。在激烈的争吵和温柔的和好之间的反复中,在悲伤的眼泪和性爱的欢愉之间的循环里,心事重重的桑塔格和游戏人间的哈丽雅特结成了一对奇特的情侣,她们不仅在巴黎游乐不断,而且还一起游历欧洲各国,希腊、西班牙……都留下了她们的身影。在一张当年拍摄于西班牙的照片中,两人亲密地并肩倚靠在一面砖墙上,满脸灿烂的笑容。哈丽雅特自信大方,桑塔格则无论是神情还是容貌,都像个腼腆的少女,一脸纯真,令人动容。可以想象当戴维在整理她的日记,读到她在这段关系里极其卑微、柔弱和无助的一面时,该是何等心碎:"她(哈丽雅特)掴我耳光,抓我的背,吼叫着说她恨我+我让她作呕,我啜泣,想还手,但又做不到……事后,有五天的时间,一切正常,我们又是情人了……"① 他更为心碎的发现应该是来自母亲在这段时期的另一段记录,在离开儿子的日子里,这位心不在焉的母亲只梦到过他一次,而且还是把他当成大人倾诉自己的情感僵局,就像她在儿时米尔德丽德向她做的那样。她明确地表示,不怎么想念戴维,"他极少侵入我的幻想-生活之中。和他在一起时,我全心全意、毫不含糊地爱他。我离开时,只要我知道他得到很好的照顾,那么,他很快就退去。在我爱的所有人当中,

---

① 苏珊·桑塔格:《重生:桑塔格日记(1947—1963)》,姚君伟译,上海:上海译文出版社,2018年版,第248页。

他最不是精神上的爱的对象,而是非常强烈的真实。"①

桑塔格在巴黎时,住在塞纳河左岸拉丁区的圣日耳曼德佩区(Saint-Germain-des-Prés),活动范围集中在该区的咖啡厅、酒吧、公寓和旅馆。这里最有名的咖啡馆当推双叟咖啡馆(Café Les Deux Magots)和花神咖啡馆(Café de Flore),二者相距仅有五米之遥。奥斯卡·王尔德(Oscar Wilde,1854—1900)在生命的最后阶段,身败名裂、众叛亲离、穷困潦倒。他隐姓埋名,离开伦敦自我流放到巴黎,居住在双叟咖啡馆附近的一家廉价旅馆,经常到那里去消磨时光,回忆过去的辉煌和耻辱。桑塔格仰慕他,她最重要的文章之一——《关于"坎普"的札记》——就是向这位唯美主义大师致敬的。1958年4月26日,栖身蜗居又深受爱情之苦的桑塔格生病了,发着高烧,她情不自禁地想起了王尔德,还有他那个容颜俊美却无情无义地让他坠入深渊的同性恋人阿尔弗雷德·道格拉斯(Alfred Douglas,1870—1945),对王尔德的痛苦感同身受。第二天,她挣扎着找来《自深深处》(De Profundis,1905)阅读,摘录了王尔德的一句警语:"所有的审判都是对生的审判,正如所有的宣判都是对死的宣判一样。"②

存在主义文学家、哲学家让-保罗·萨特(Jean-Paul Sartre,1905—1980)、西蒙娜·德·波伏瓦(Simone de Beauvoir,1908—1986)和阿尔贝·加缪(Albert Camus,1913—1960)等人经常在

---

① 苏珊·桑塔格:《重生:桑塔格日记(1947—1963)》,姚君伟译,上海:上海译文出版社,2018年版,第228页。
② 同上,第254页。

双叟咖啡馆和花神咖啡馆里高谈阔论,尤其是萨特和波伏瓦这对著名的存在主义伴侣简直把它们当成了家外之家。其中,花神咖啡馆在文学和电影作品里被提及的次数更多一些。法国诗人、导演、演员和戏剧理论家安托南·阿尔托(Antonin Artaud,1896—1948)也是花神咖啡馆的常客,在清醒和癫狂的日子里,他都把那里当成了一个必去的场所。桑塔格后来在写作长篇论文《走近阿尔托》("Approaching Artaud",1973)时,花神咖啡馆里咖啡的香气、食物的味道、多多少少带着文艺气息的顾客们依然历历在目。

萨特曾经笑称,在圣日耳曼德佩这片区域,一个美国人如果运气较好的话,24 小时内就能遇到法国文学圈的所有名流。而如果一个法国人时间安排紧凑,"在这儿不需要 24 小时就能遇到 20 世纪 50 年代在巴黎的所有美国人"[1]。桑塔格也不例外,频繁出入咖啡馆也是她的日常活动:"每天的咖啡。工作之余,或者试图写作或画画后,你就来一家咖啡馆找你认识的人。最好是和某人一起来,至少肯定有个约会……你该去几家咖啡馆——平均:一晚上去四家。"[2]她饶有兴味地观察着身边形形色色的人,并把他们的相关信息记录下来,暗暗地积累写作素材,在追求着作家之梦或者正在实现着作家之梦的喧闹人群中,她明确了一生的抱负:"除了懒惰,什么都无法阻止我成为一个

---

[1] Alice Kaplan, *Dreaming in French: The Paris Years of Jacqueline Bouvier Kennedy, Susan Sontag and Angela Davis*, Chicago: The University of Chicago Press, 2012: p. 3-5.

[2] 苏珊·桑塔格:《重生:桑塔格日记(1947—1963)》,姚君伟译,上海:上海译文出版社,2018 年版,第 207 页。

作家。一个好作家。"①这样说来,确实没有任何她跨越不过的障碍了,因为她恰恰不是一个懒惰的人。

她到巴黎大学听波伏瓦的课,并记录了和美国驻巴黎记者欧夫·贾菲(Irv Jaffe)一起听课的情景,出现在她面前的波伏瓦"瘦削、紧张、黑发,对她这个年龄来说非常好看,但声音不好听,她讲起话来有点像扯着嗓子+情绪紧张语速很快……"②波伏瓦的性取向、婚恋观以及她和萨特之间惊世骇俗的恋情都足以让桑塔格刮目相看,但令她折服的远非如此。

1949年,波伏瓦的皇皇巨著《第二性》(*The Second Sex*)出版,在思想界和社会上都引发了巨大的震动,被认为是女性主义哲学的重要成就,标志着女性主义第二次浪潮的发端。桑塔格在怀孕期间,读到了该书的英译本,虽然蒙上了语言转换的一层薄纱,但波伏瓦的博学多才和对女性处境鞭辟入里的分析深深触动了正处于女性角色激烈转换中的桑塔格。《第二性》是部两卷本著作,在第一卷里,波伏瓦运用生物学论据、精神分析观点和历史唯物主义观点研究了女性的命运,又从人类学的视角考察了女性沦为第二性的历史进程,接着分别以蒙泰朗、劳伦斯、克洛岱尔、布勒东和司汤达这五位著名作家的个人经历和作品为例,剖析了男性制造出的"女性神话",发人深省地指出,"女人的悲剧,就是这两者之间的冲突:总是作为本质确立自我的主体

---

① 苏珊·桑塔格:《重生:桑塔格日记(1947—1963)》,姚君伟译,上海:上海译文出版社,2018年版,第213页。
② 同上,第246页。

的基本要求与将她构成非本质的处境的要求。"①这句话大概对桑塔格的触动是比较深的。在第二卷里,波伏瓦则紧扣存在主义的哲学理论,研究了女性从出生到衰老的各个阶段和不同身份、地位、类型的女性,借由马克思对男女之间应该建立起自然平等的关系的论述,表明了自己的观点:"正是在既定的世界中,要由人来建立自由的领域;为了取得这最高一级的胜利,男女超越他们的自然差异,毫不含糊地确认他们的友爱关系,是必不可少的。"②桑塔格已经在这个方面做出了努力,她此前在波士顿的学术圈里打破界限,踏入男性空间,就是她从此以后力争与男性比肩的一个隐喻。

此时听着波伏瓦上课的桑塔格,还只是一个籍籍无名的美国留学生,她也没有主动接近这位伟大的女性,还要再等十几年,她们之间才建立起较为亲密和信任的关系,而那时的桑塔格,已经功成名就。

1958年身处巴黎的桑塔格,在迷幻的夜色中,在幽暗的酒吧里,在廉价的旅馆和公寓里纵情声色,但她在个人的兴趣爱好上没有发生什么大的改变。除了和哈丽雅特一起到欧洲各国旅行之外,她还一如既往地读书、思考、看电影、参加画展、听音乐会、欣赏戏剧。《夜林》仍旧是她非常喜爱的书,她会时不时把自己的生活与这本书里的世界进行比对,恍惚之间现实与虚构似乎

---

① 西蒙娜·德·波伏瓦:《第二性》,郑克鲁译,上海:上海译文出版社,2015年版,第25页。
② 同上,第936页。

难以厘清。

哈丽雅特是一个本能的异国生存者,她的世故和老练使她积攒了大量的人脉,在鱼龙混杂的文艺界里周旋自如,因此她既是桑塔格的欢喜冤家,而就打开巴黎的社交圈方面而言,也是桑塔格的向导和引荐人。美国的知识分子在巴黎的圈子本来就不大,通过哈丽雅特这条特殊的路径,桑塔格很快就结识了一批"垮掉的一代"的成员,而他们,几乎是清一色的男性。正如波伏瓦的《第二性》所揭示的那样,女性可以在男性空间的边缘试探,但无法获准真正地进入。桑塔格看似和这些男性作家、诗人、艺术家在一个范围内活动,但她与他们共享的其实只是地理意义上的圈子。他们也许在同一家咖啡厅就餐,同一家酒吧小酌,但只是近邻而已,而在文学地位上,却隔着千山万水。桑塔格并不介意,她蓄势待发,坚定地相信在不久的将来会向世界证明和宣告自己的实力。

桑塔格称哈丽雅特是"最精致的美国波希米亚之花"①。桑塔格越接近哈丽雅特,对她的了解越多,就越是眼界大开:"……几个共产党员姑姑……黑人女仆。纽约高中,纽约大学,旧金山实验性、附庸风雅的学院(指斯坦福大学),格林尼治村的公寓套房。早年的性体验,包括黑人。同性恋。写短篇小说。双性恋滥交。巴黎。和一个画家同居……"②这里所说的画家其实就是

---

① 苏珊·桑塔格:《重生:桑塔格日记(1947—1963)》,姚君伟译,上海:上海译文出版社,2018年版,第209页。
② 同上。

福恩斯,当时正在习画,以画家自居。在巴黎,哈丽雅特还带着她结识了阿尔弗雷德·切斯特(Alfred Chester,1928—1971),一个"出柜"的美国同性恋作家。很快他们就会在纽约一起亮相。2005 年,这朵"波希米亚之花"和福恩斯、桑塔格一起都出现在爱德华·菲尔德(Edward Field,1924—　)为切斯特鸣不平的回忆录《准备娶苏珊·桑塔格的男人及波希米亚时代文人近影》(*The Man Who Would Marry Susan Sontag and Other Intimate Literary Portraits of the Bohemian Era*)里。

有人注意到一个奇怪的现象:就在桑塔格似乎整日里沉迷于儿女情长,时而肝肠寸断,时而热烈疯狂之时,整个法国的形势却不容乐观,而她竟然未置一词。比如,就在她刚刚到达巴黎时,在索邦大学发生了一件大事,登上了各大报纸的头条。该校举行了一场别开生面的博士论文答辩会,第一次在答辩人缺席的情况下完成了答辩,无法到场的答辩人莫里斯·奥丁(Maurice Audin,1932—1957)还被授予博士学位。这个轰动一时的大新闻正是当时局势的反映,但事情还要从 1830 年说起。法国当年借由外交争端,出兵占领了位于北非的阿尔及利亚,对其实施严酷的殖民统治。1954 年,阿尔及利亚终于爆发了声势浩大的反殖民民族解放运动,随着双方斗争的愈演愈烈,越来越多身处阿尔及利亚和法国本土的法国人公开支持阿尔及利亚,萨特就是其中态度最为鲜明的一个支持者。法国政府变本加厉,大规模逮捕和杀害抵抗人士。1957 年到 1958 年间,法国面临着自纳粹占领后最大的社会危机,奥丁事件就是在此背景下发生的。1957 年 6 月 11 日,时年 25 岁的数学家、共产党员、阿尔及利亚大学数学教师莫里斯·奥丁被法国军队逮捕,罪名是支持阿尔及利亚的民族解放阵线,然后惨遭酷刑,被折磨致死,但军方只是宣告其"失踪",称其在转移过程中逃跑了。这给他的家人带来了难以抚平的伤痛,也激起了进步人士的强烈愤慨。

数学家洛朗·施瓦茨(Laurent Schwartz,1915—2002)是奥丁的博士论文指导老师,他一面要求当局还奥丁一个公道,一面积极组织奥丁的论文答辩会,至少给予了这位不幸罹难的数学家一个应得的学术荣誉。法国政府对这段历史一直保持沉默,直到2013年,时任法国总统的奥朗德开始启动调查,并于次年首次开口,表示奥丁可能死于监禁期间,而不是"失踪"。2017年马克龙就任总统后不久,以法国知名数学家塞德里克·维拉尼(Cédric Villani,1973—)为首的四十多位名人发表公开信,敦促总统揭开历史真相。2018年9月13日,马克龙总统终于正式就奥丁事件致歉,宣布这是国家责任。

由此可见,奥丁事件引起的社会反响不可不谓强烈,在索邦大学注册入学的桑塔格不可能不知晓此事,但她完全没有提及,对法国当时的紧张局势也没有任何的评论,这似乎不是那个14岁时就关心人类命运的桑塔格,也不是后来针砭时弊、无所畏惧的桑塔格。我们倒是能从哈丽雅特的日记里找到一些记录,了解恐怖的气氛笼罩着法国,人们如何纷纷逃离巴黎。她们两人也暂时避开了这个是非之地,开始在其他国家游历。而她们的邻居艾伦·金斯伯格则惴惴不安地给父亲写信汇报耳闻目睹的种种可怕景象,还在日记里写诗抒怀。桑塔格对时局的无视,也许是因为个人的事务已经让她无暇分身,毕竟,她到巴黎更多的是逃避责任,而不是承担责任。她一度自欺欺人地安慰自己:"一旦我承认我负有责任,难道我不是要冷酷地表明态度,认为它们是与我的爱好相悖的吗?我能否认识到我有职责,但不用知道它们是什么呢?我能否只知道这些职责是什么而不用尽责呢?"①她的经济状况也很不宽裕,为了补充一点生活费用,她还在安妮特·米切尔森(Annette Michelson,1922—2018)②的帮助下接了一部电影的一个小角色,得到了一个镜头的机会,那可真是惊鸿一瞥啊:她款款走进镜头,婀娜多姿,兼具美丽与知性。在那段时期,她更多的时候是在内心世界里游荡。就像她的第一部小说《恩主》所反映的那样,虽然是以法国为故事背景,但也没有对时事的指涉。《恩主》里的男主人公生活在扑朔迷离的梦境里,彼时的桑塔格也恍惚经历的是一场游戏一场梦。她在寻梦,也在做梦,可是,哪有不醒的梦呢?

---

① 苏珊·桑塔格:《重生:桑塔格日记(1947—1963)》,姚君伟译,上海:上海译文出版社,2018年版,第223页。

② 不妨提及一下,桑塔格与米切尔森之间的友情是她在巴黎收获的宝贵财富之一,后者对二战后的艺术和文化如数家珍,引导一直接受着纯学院派教育的桑塔格去了解相关的作家、艺术家和电影导演,介绍她进入巴黎的文化圈。1966年米切尔森回到美国,成了纽约大学的电影学教授。1976年,她与另一位艺术批评家、理论家罗莎琳·克劳斯(Rosalind Krauss,1941—)合作创办了重要的艺术期刊《十月》(October)。但是,可能米切尔森做梦也没想到的是,桑塔格会因为哈丽雅特而对她产生反感。桑塔格在1958年1月9日写道:"昨天,和安妮特·米切尔森一起吃饭……安妮特比往常更傲慢无礼+矫揉造作。她根本不喜欢H(哈丽雅特),所以,我不喜欢她。"详见苏珊·桑塔格:《重生:桑塔格日记(1947—1963)》,姚君伟译,上海:上海译文出版社,2018年版,第231页。

第五章

惊艳纽约的坎普女王(1959—1969)

　　1958年年底,桑塔格从巴黎飞回波士顿,里夫兴冲冲地去接机。见到阔别一年多的妻子,里夫喜不自胜地给了她一个大大的拥抱,似乎丝毫没有察觉到她身体的僵硬和抗拒。把行李放好后,夫妇二人在车里坐下来,就在里夫正要发动汽车的时候,桑塔格冷不丁地告诉他:离婚吧。她心意已决,毫不犹豫,没有任何回旋的余地。里夫很长时间都难以走出这个意外打击带来的巨大阴影,何况桑塔格还成功地争夺到了小戴维的抚养权。

　　就这样,1959年元旦,桑塔格带着戴维,坚定得近乎决绝地在纽约开始了新的生活。她拒绝接受里夫给她的离婚赡养费和给戴维的抚养费,赤手空拳地投入这个喧嚣的大都市。她注意到了纽约的丑陋、街上难闻的味道和脏污,但这都没有关系,她喜欢纽约,这是她的停机坪,她将在此一飞冲天。她拖着两口行李箱,揣着七十美元,住进了韦斯滕德大道(West End Avenue)350号一个两居室的公寓,从二手商店买来一些必需品,匆匆忙忙地安顿下来。当务之急是养家糊口,于是她立刻出去找工作,很快就成了

《评论杂志》(Commentary)的一名编辑,这一干就是半年。虽然她后来说,"我一生的巨大改变,一个发生在我移居纽约时的改变,是我决意不以学究的身份来苟且此生:我将在大学世界的令人神往的、砖石建筑包围的那种安稳生活之外另起炉灶。"①但是她接下来还是在大学世界进行了一番试探。这年的9月,她接受了莎拉·劳伦斯学院(Sarah Lawrence College)和城市学院(City College)的讲师职位,担任哲学老师。一学年结束后,她又在哥伦比亚大学的宗教系与老朋友陶布斯夫妇会师了。菲利普·洛佩特当时正在哥大读本科,他虽然不是桑塔格的学生,但很快就从上她的宗教概论课程的同学那里听说了这位集智慧与美貌于一身的年轻女教师。他知道桑塔格和他一样酷爱文学和电影,于是鼓足勇气把自己写的一个自传性长篇小说习作拿给她看,请她批评指正。桑塔格热心地给他提意见,告诉他切勿忘记现实与虚构是不能混为一谈的,形式在文学创作中是不可或缺的。洛佩特后来也如是教导自己的学生。②

在此期间,哈丽雅特和福恩斯也回到了纽约,再加上切斯特,这三个女人和一个男人之间的关系变得更加错综复杂起来。据菲尔德的观察,切斯特一度是这个奇特组合的中心。他比桑塔格年长五岁,当她还默默无闻的时候就已经在纽约文化圈颇有名气,在《纽约客》《时尚先生》《党派评论》《纽约书评》《评论杂

---

① 苏珊·桑塔格:《后记:三十年后……》,收入《反对阐释》,程巍译,上海:上海译文出版社,2018年版,第366页。
② Phillip Lopate, *Notes on Susan Sontag*, Princeton & Oxford: Princeton University Press, 2009: p. 37-40.

志》等知名刊物上发表评论文章和短篇小说。菲尔德还记得第一次见到他们在一起的场景,那是在一个酒店举办的诗歌朗诵会上,三个美艳无比的女人像仙女下凡一样簇拥着身材瘦小的切斯特,切斯特则兴奋得满脸都泛着红光。他是哈丽雅特的男闺蜜,在她怀孕后担任保护人;他对福恩斯又敬又爱,迷醉于她那看起来圣洁优雅的面容;他是桑塔格的导师,任其崇拜。① 不过,切斯特毫无追名逐利之心,更不愿仰人鼻息。按照菲尔德的说法,切斯特不愿加入什么阵营,厌倦了纽约文化圈,于是在1963年远走摩洛哥,让桑塔格接替他为一些重要杂志撰稿,其中就包括她自少女时代就梦想在上面发表文章的《党派评论》,而她正是在得到切斯特的推荐后发表了让她获得"坎普女王"称号的《关于"坎普"的札记》。菲尔德和切斯特都对桑塔格的迅速走红非常不满,认为桑塔格接近切斯特纯属心怀不轨,是利用他向上攀附的势利之举。不过,这个说法难免有些牵强,因为从时间上看,桑塔格1962年就已经在《党派评论》上发表文章了,评论波兰裔美国作家、1978年诺贝尔文学奖得主 I. B. 辛格(I. B. Singer,1902—1991)的《奴隶》(*The Slave*,1962)。

在和福恩斯、哈丽雅特、切斯特之间的情感纠葛中,桑塔格没有放下自己的文学抱负,来到纽约后就开始构思和创作《恩主》。她先确定了小说的主人公叫希波赖特(Hippolyte),最初的题名也直截了当:《希波赖特之梦》。不知是有意为之还是巧合,

---

① Edward Field, *The Man Who Would Marry Susan Sontag and Other Intimate Literary Portraits of the Bohemian Era*, Madison: The University of Wisconsin Press,2005:p. 161-162.

桑塔格在日记里提到这个人物时用了"H"这个缩写,而这之前是一直特指哈丽雅特的。1960年12月20日,她思索着要"用一封来自H?——写给——的信结束小说"①。事实上,她也的确是这么做的,不过在写这则日记的时候,小说的进展还远不到尾声部分。1961年,她在《普罗温斯敦评论》(*Provincetown Review*)上发表了《恩主》的一章,还化名"卡尔文·科夫"(Calvin Koff)在《哥伦比亚每日观察家副刊》(*The Columbia Daily Spectator Supplement*)上发表了第一篇电影评论《关于安东尼奥尼等人的若干札记》("Some Notes on Antonioni and Others")。她一边写小说,一边为自己的处女作物色出版社。作为一名志存高远的青年作家,她决定要找一家影响力大、实力雄厚的出版社,兰登书屋符合她的期望,但事与愿违,该出版社的主编贾森·爱泼斯坦(Jason Epstein,1928—)——也是《纽约书评》的创建者之一——读了桑塔格的样章后认为并不适合兰登的风格,但是热心地推荐她去弗雷·斯特劳斯出版社②试一试,因为该社的主编罗伯特·吉劳(Robert Giroux,1914—2008)具有独到的文学品位,应该是能接受桑塔格的小说的。吉劳果然被打动,与她签订了出版合同,但她最有力的支持者是出

---

① 苏珊·桑塔格:《重生:桑塔格日记(1947—1963)》,姚君伟译,上海:上海译文出版社,2018年版,第334页。
② 后来随着罗伯特·吉劳成为合伙人,该出版社更名为弗雷·斯特劳斯·吉劳(Farrar,Straus and Giroux),简写为FSG。从1946年成立至今,FSG已经出版了20位诺贝尔文学奖、17位美国国家图书奖、7位普利策奖得主的作品,不少都是在他们成名之前出版的,可见该出版社颇具前瞻性的眼光。桑塔格很信任FSG,生前的作品都交由其出版。

版社的创办人兼董事长罗杰·斯特劳斯。斯特劳斯出生于犹太富豪之家,从小就耳濡目染,对经营策略驾轻就熟,更是深谙宣传和推销之道,他敏锐地从桑塔格身上看到了一股与众不同的蓬勃力量,于是在小说尚未出版之时就开始带着桑塔格出席各种活动,同时展开铺天盖地的宣传攻势,包括"通过赞助函件、召开新书发布会以及打造个人形象"①让人们未阅其书,先知其人,而桑塔格也有值得斯特劳斯大张旗鼓推介的优越条件:年轻貌美,才华横溢,神秘莫测。斯特劳斯还把样书寄赠给知识界的名望之士,希望从他们那里收集有利的评论,也确实收到了不少赞誉,但书评作者们却褒贬不一。1963年秋天,《希波赖特之梦》被更名为《恩主》面向全美国发行,不同语种的外文版也在积极筹备中。书封设计得精美而意味深长,封面是华丽的孔雀羽状插图,封底则直率鲜明,干脆全幅采用桑塔格的照片。照片本身就是一件艺术品,是由技艺精湛的摄影师拍摄而成,准确地捕捉到了桑塔格美貌与智慧并重、新锐与神秘共存的气质,真可谓风华绝代,年轻的女作家一时风头无两。此后桑塔格俨然成了时尚界的宠儿,其照片不断登上各类时尚杂志的封面,这在当时的知识分子群里也算是难得一见的奇观。

《恩主》的销售情况并不乐观,但桑塔格已经成了一颗冉冉升起的文坛新星,很多人是先注意到桑塔格其人然后才关注到这部小说的。桑塔格不顾外界的各种猜测,在小说的扉页中大大方方地注明"献给玛丽亚·艾琳·福恩斯",这或许是她的一

---

① 卡尔·罗利森,莉萨·帕多克:《苏珊·桑塔格全传》,姚君伟译,上海:上海译文出版社,2018年版,第102页。

种减压方式,间接地解释了她产生创作冲动的一个原因:"我想写作的欲望是与我的同性恋有关的。我需要这个身份来当作武器,以对抗社会反对我的武器……它并不证明我的同性恋是正当合理的。但是它会给我——我觉得——一张许可证。"①综观桑塔格在写作《恩主》几年间的日记,福恩斯化身为缩写符号"I.",几乎无处不在。她们相爱、争吵、互相伤害,最后不可避免地分道扬镳,桑塔格也不得不沮丧地承认:"我相信她不会回到我身边。走掉的人从不回来。"②因此,《恩主》的献词也可以理解为她对这一段刻骨铭心的恋情的纪念。

2003年桑塔格为《恩主》的中文译本写序,回首40年前的文坛敲门之作,她透露出一种忍俊不禁的语气,调侃自己当时略显稚嫩的自嘲口吻,说"从某种意义上讲,我是在拿自己开涮,取笑自己的严肃认真"③。那么,《恩主》是一部什么样的小说呢?

小说一共十七章,目录也新颖别致,既包含脉络清晰的章节梗概,也有清单般的关键词罗列,更有混合的涉及创作过程的元小说元素,比如第一章的标题是:"我的童年 我的大学——我交友、独立——我下的决心——本书叙述之种种难处",第八章的标题是:"我成为演员——柳克丽霞:又一个新友——安德斯太太后来的消息——梦的恰当叙述形式",最后一章的标题则

---

① 苏珊·桑塔格:《重生:桑塔格日记(1947—1963)》,姚君伟译,上海:上海译文出版社,2018年版,第279页。
② 同上,第391页。
③ 苏珊·桑塔格:《恩主》,姚君伟译,上海:上海译文出版社,2017年版,中文版序第2页。

是:"残疾的分配——一个让人感到郁闷的谣言——日记摘录——论衰老——本书收尾之种种难处"。在目录和正文之间,桑塔格引用了两段话,确定了小说的梦叙述(dream narrative)特征。第一段来自法国诗人波德莱尔(Charles Pierre Baudelaire, 1821—1867):"谈到睡觉,每晚可怕的历险,可以说,人们每天大胆地去睡觉,完全是因为他们没有意识到睡觉有什么危险。不明白这一点,我们便无法理解他们的大胆。"另一段来自英国散文家德·昆西(Thomas De Quincey,1785—1859):"要有什么差错——就让梦去负责任。梦目中无人,一意孤行,还与彩虹争论显不显示第二道弧形……梦最清楚;我再说一遍,该由梦去负责任。"

《恩主》开门见山第一句就是"我梦故我在",这是对笛卡儿强调理性思维的"我思故我在"的戏仿,更加强化了小说的梦幻性。小说采用第一人称的故事叙述方式,叙述者亦即主人公希波赖特是一名法国男子,出场时已经是一个历经沧桑、年过花甲的老人,向读者讲述过去几十年间发生在他身上的故事。这样的人物设定出自一个风华正茂、光彩照人的女性之手,确实不无自嘲之意。桑塔格也表示这种强烈的对比比较奇怪,因为很多人的处女作都有意无意地带着自传色彩,但她并不想把自己写进小说,而是"希望塑造这样一位与我截然不同的人物,轻松自如、游刃有余地处理一个个吸引我的主题"[①]。不过,如果我们对她有所了解,还是能在小说里影影绰绰地找到一些与她自己的

---

① 苏珊·桑塔格:《恩主》,姚君伟译,上海:上海译文出版社,2017年版,中文版序第2页。

生活相关的线索。

　　希波赖特家境殷实，是家里最小的孩子，有一个哥哥和一个姐姐，都比他年长很多。母亲在他五岁时便撒手人寰，姐姐远嫁国外，父兄长年在外打理生意，他一个人被留在深宅大院，孤独之情可想而知，不过他还是像他的同龄人那样按部就班地生活着，在家乡上小学、读中学，随后前往首都去上国立大学。也就从这时候开始，他想要变得与众不同。当他发现周围的大学生们一个个理想远大，准备在各个精英行业大展宏图时，他觉得索然无味，与他们格格不入，因为他自己毫无雄心壮志，同时觉得这些年轻人人品堪忧，于是一改以前合群的性格，喜欢独处。他仍然是一个求知若渴的好学生，刻苦学习各种知识，在大三结束的时候发表了一篇哲学论文，并由此进入了以安德斯夫妇为中心的一个文化交际圈，经常参与他们的周末沙龙。而实际上，由于安德斯先生经常外出，安德斯太太才是沙龙真正的主人。她三十几岁，韵味十足，周旋于教授、芭蕾舞演员、物理学家、作家、牧师、乐队指挥等客人之间，希波赖特对她的这个圈子产生的兴趣远远大于校园生活，不久之后就辍学了，这不由令人联想起也是在大学三年级以后从加州大学伯克利分校辍学的哈丽雅特。

　　桑塔格为她笔下的主人公在青年时代安排了衣食无忧的生活，似乎是有意反写她自己捉襟见肘的大学时光。当希波赖特的父亲得知儿子退学后，不仅没有恼羞成怒，反而增加了他的生活费，让他能自由自在地按照自己的意愿来生活。希波赖特于是继续阅读、思考、写作、旅游，就这样安逸闲散地过了大约一年后，让他受到触动又感到不安的梦开始不断地造访他了。这些梦基本上都有名字,第一个梦就叫"两个房间之梦"。他梦见自己被囚禁在一个极其狭小的房间里,一个穿着黑色连体泳衣的瘸腿男子从天花板上跳下来,胁迫他爬进另一个一模一样的房间,手里拿着笛子,逼着他跳舞,并把他痛打一顿。等他从恐惧中睁开眼时,发现黑衣男子不见了,取而代之的是一个白衣女人,他竭尽全力地取悦她,她虽然给他戴上了镣铐,但是允许他离开房间。感激之余,他想向女子索吻,得到的却是一记耳光,这使他又沮丧又恼火,顿生不良之心,企图强暴她,而梦也就戛然而止了。

这个梦让希波赖特变得活跃起来,他觉得这是一个不同寻常的启示,预示着在他身上发生了值得庆祝的事情。他着手释梦,一整天都在分析梦中的自己和那一男一女,得出的结论是他做了一场色情之梦。他意犹未尽,当天晚上便向他在安德斯太太家结识的作家朋友让-雅克讲述了这个梦。让-雅克是小说里的一个重要人物,其原型有人猜测是切斯特,也有人说是法国传奇作家让·热内(Jean Genet,1910—1986),还有人说是法国戏剧大师安托南·阿尔托等。让-雅克是个同性恋,曾经当过拳击手。他白天写作,晚上穿上奇装异服去勾引男性,写作解决不了他的经济窘境,只得靠当男妓和从事偷鸡摸狗的勾当来维持生计。如果从人物背景来判断的话,让-雅克的形象更接近让·热内。总之,希波赖特的这个朋友建议他以梦释梦,但梦最好的解析是在生活里,可是在苦苦求索中,他对这个梦做出的各种解释都不满意,他波澜不惊的生活也就此改变。在随后很长的一段时间里,他每晚都做着同样的梦,只是情节总有不同之处。就这样,从旧梦中衍生出的版本越来越多,他的释梦任务也就越来越艰巨。小说里的这种阐释困境在桑塔格一年后发表的《反对阐释》一文中得到了更为深入的剖析,或者说,《恩主》是虚构化的《反对阐释》,而《反对阐释》则是《恩主》的反刍。

希波赖特被释梦的念头弄得焦头烂额,索性接受了让-雅克的忠告,按照梦里的情形行事,买来黑泳衣和笛子,一人分饰多角,一会扮演自己,并学会了跳舞,一会又装扮成吹笛子的黑衣人,不亦乐乎。被"两个房间之梦"纠缠了一段时间后,一位老指挥家邀请他到自己所在的城市小住两周,在指挥家的家里,他终于迎来了第二个梦——"非常派对之梦"。梦中他找人问路,却再次遭遇黑衣人,只不过这次施暴的是他自己。痛揍黑衣人后他加入了一场欢闹的派对,女主人正是安德斯太太。派对上的一个比耐力游戏让他兴奋起来,冲动之下向安德斯太太表白爱恋之心,安德斯太太不仅欣然接受,而且不顾周围人声鼎沸,要求就地和他发生关系,这使他尴尬起来,想要带她离开派对现场,可是安德斯太太为他的一个小借口较了真,一直在地板上找东西,这败坏了他的兴致,他气急败坏地冲出门去,梦也就此打住。

这个新梦让希波赖特无比激动,他立刻起身回到首都,对安德斯太太展开了猛烈的追求攻势,顺利地成了她的情人,并遵照"非常派对之梦"的各个变体里他们关系的亲疏冷热对她时冷时热。也就是说,他的生活成了梦的演示和重现。这个梦持续了六个月,希波赖特对安德斯太太已经意兴阑珊了,准备从这段关系中抽身而出。就在这时,出门很久的安德斯先生回来了,安德斯太太想向丈夫摊牌,希望希波赖特能帮助她摆脱婚姻的桎梏,不但遭到了他措辞巧妙的拒绝,而且他也以此为由与她分手了。

很快,第三个梦来了。希波赖特看到两个被锁在一起的大汉在摔跤,看上去像是比赛,但结果两个人都死了,而观众以为死亡只是表演而已,浑然不知真相,只有他看出了端倪。就在他想把这个秘密告诉给谁时,梦里的老朋友黑衣人出现了,用刀划开一面鼓状物,把两具尸体塞进去,背上就走了。他后来意识到黑衣人是个瘸腿的残疾人,后悔没能帮帮他,可是再也无法觅其踪影,而他不知不觉来到了一座教堂,人们正在那里与国王的遗体告别。他也混入队伍,靠近棺材时却被体内的一股力量击倒在地上,然后被人强行带进了一个房间,摁进了一个椅子里。他以为这是电椅,魂飞魄散之际却感到人在上升,睁开眼时,看到自己正越升越高,最后在穿过教堂屋顶的那一刻,梦醒了。

这个梦被命名为"冲破教堂屋顶之梦",他感到忧郁,因为梦的主题范围变得越来越宽,释梦的工程比原来想象的要更加浩大和艰难。一个熟识的牧师得知他的这个宗教之梦,以为他对神学感兴趣,就去开解他,劝他忏悔,但每次都遭到他的反驳,也就放弃了努力。他在公园里沉思默想时,看到一个由保姆陪伴的四岁左右的小女孩在玩球,于是逗着她玩,把她的球刺破了,作为补偿,又把牧师送的一串念珠作为礼物赠给了小女孩。当我们读到卡尔·罗利森和莉萨·帕多克写的桑塔格传记的第一句话时,这个小女孩的出现就变得个人化起来:"她(桑塔格)最早的记忆之一是,她四岁左右在公园里,听到她的爱尔兰保姆在跟一个身穿浆过的白制服的大块头讲……"①

希波赖特和让-雅克走得越来越近,跟随他出入男同性恋的场所,两人之间也最终发生了一次性关系,但并未成为恋人。让-雅克为这个沉湎于梦境的朋友担心起来,可是希波赖特一意孤行,对安德斯太太又旧情复燃,极力怂恿她放弃家庭和他私奔,二人找了个机会一起离开了首都,一路游山玩水,挥金如土。几个月后他们来到一座异域风情浓郁的阿拉伯城,饮酒吸毒,纵情声色。希波赖特还陪同安德斯太太和一个酒吧老板娘约会,而酒吧老板为了给等待的他解闷,为他弹奏吉他和朗读诗歌。在这个完全陌生的城市里,安德斯太太变得越发肉感起来。希波赖特玩出了新花样,让安德斯太太和他一起表演他以前做过的梦,她百依百顺。后来一个阿拉伯商人找到希波赖特,提出愿意出钱买下安德斯太太,一番讨价还价之后,两人约定了交易的时间地点,他就这样把毫不知情的安德斯太太卖掉了。

希波赖特打发掉安德斯太太,独自一人回到首都,打算好好享受自由的生活。让-雅克打听安德斯太太的下落,这令他心烦意乱,后悔把私奔一事透露给了他,这时候他做了新的梦——"老资助人之梦"。他梦见在一个花园招待会上,一个只有婴儿大小的干瘪老人竟然是名贾巨富。老富翁接见了他,向身边的儿子叮嘱要资助他周游世界,他自然千恩万谢,感激不已。他后来抱起一只黏人的猫,又加入一群人,有个医生让他们填表格,但他意识到自己没带个人资料,没法填表,只好离开了。这时富

---

① 卡尔·罗利森,莉萨·帕多克:《苏珊·桑塔格全传》,姚君伟译,上海:上海译文出版社,2018年版,第1页。

翁的儿子让他挖地,他挖了一条沟,把猫扔了进去,但碰到让-雅克时,发现猫还在身上。让-雅克提醒他该做手术了,自己则变身为一个顶天立地的巨人,然后一转眼又变成了一个凶神恶煞的陌生人。这时希波赖特也发生了变化,整个左边身体裂开了,肠子都露了出来,只好用浴巾把自己扎紧,一个人去找医院,可是迷路了,终于孤苦无依地死在黑暗的街道上。

这个梦对于希波赖特来说无比沉重。他向研究古代宗教教派的专家布尔加劳教授求助,但教授认为这个梦并不沉重,因为梦里有沟,沟里有水,显示了梦中人轻飘飘的液化状态,而希波赖特的情况倒是很符合自生教的教义。教授的讲解为希波赖特阐释"老资助人之梦"打开了另一个思路,比如肠子往外掉是提醒他丧失人性,因为肠子里装着的是他的负疚感。在教授的指点下,他领悟到是个性束缚着自己,与梦发生着痛苦的冲突。有趣的是,桑塔格趁机在这里借希波赖特之口把自己心心念念的中国写上了一笔:"但是,如何才能摆脱掉个性呢?我倒愿意去做一会中国人,去感受一下传说中的他们的泰然是不是不同、内心是不是更轻松。但我改变不了我的肤色,也改变不了我的心理位置。"①

希波赖特开始把梦写进日记,他的创造者桑塔格也精于此道,她的日记里也不时出现她做过的梦,有时还夹杂着对梦的评论。比如1961年暑假就在她正埋头写作《恩主》的时候,她惶然自问:"我在梦里为什么鄙视我自己?我担心我从未用过我的身

---

① 苏珊·桑塔格,《恩主》,姚君伟译,上海:上海译文出版社,2017年版,第101页。

体。(我的梦告诉我……)"①十几天后,她又总结道:"过去差不多就是一场梦。"②这些随想与她笔下的人物和情节发展都不无关联。

似乎没人关心失踪的安德斯太太,希波赖特也若无其事地接近她的女儿柳克丽霞,这个年轻的姑娘已经代替母亲成了沙龙的新主人。希波赖特通过沙龙圈的关系,开始写剧本,演电影,在剧组里扮演一个牧师,说服一个罪孽深重的贵族忏悔。柳克丽霞收到了安德斯太太的来信,明白了发生的一切,找到希波赖特商量,他把出卖安德斯太太的钱原封不动地交给了她,这令她大喜过望。希波赖特本来还想和柳克丽霞发展恋情,但看到她那么势利和冷漠,中间又横亘着突然有了音讯的安德斯太太,决定将二人的关系仅仅停留在朋友层面。经人介绍,他认识了在一家左翼小报工作的莫妮克,成为恋人。可就在生活渐趋平静的时候,安德斯太太写信给莫妮克,约见希波赖特,原来她已经来到了城郊。曾经风情万种的安德斯太太被希波赖特出卖后遭受了惨无人道的折磨,如今伤痕累累,面目全非,要求他给予补偿。就在他手足无措时,梦及时地来了。

这个梦叫"钢琴课之梦"。一个女修道院院长在上音乐课,命令每个人都要弹钢琴。轮到希波赖特时,他躲进了钢琴里,发现里面还藏了另一个年轻人。这时,有人在砸钢琴,希波赖特只

---

① 苏珊·桑塔格:《重生:桑塔格日记(1947—1963)》,姚君伟译,上海:上海译文出版社,2018年版,第356页。
② 同上,第360页。

好跳了出来,但是女修道院院长的目标不在于他,而是那个年轻人,执意要置其于死地。希波赖特营救而不得,情急之下大开杀戒,把包括女修道院院长在内的周围的所有人都用枪打死了。场景突然转换,他在一棵树上,黑衣人又出现了,逼着他跳下去,随着他痛苦倒地,这个梦就结束了。

希波赖特认为这个梦正是指示他如何解决安德斯太太的问题。女修道院院长就是安德斯太太的化身,他能提供给她的唯一出路就是结束她的生命。他一番精心准备后,偷偷放火烧了安德斯太太的栖身之处,推断她必定葬身火海了。他以一个隐秘的杀人犯身份自居,被莫妮克拒之门外,后来回家看望病重的父亲,在父亲的建议下回到首都准备赢回莫妮克,再抛弃她,结果发现莫妮克已经结婚了。希波赖特输掉了这场感情游戏,就在他无比落寞之时,安德斯太太再次出现了。原来她一直提防着他,在大火中及时地脱了身。她的"复活"给了他生活的目标,那就是要为她打造一座宜居和疗养的房子。父亲过世后,他继承了一大笔遗产和首都的一幢老宅子。他把钱款匿名捐赠给了让-雅克和一个刚退伍的青年诗人,成了他们的"恩主",小说的标题即来源于此。至于房子,他则精心设计和装饰,期待能抚平安德斯太太身体和精神上的双重伤痛。

安德斯太太在新居里身体恢复良好,她反复向希波赖特表达了与之结婚的意图,为断绝她的念头,希波赖特加快了娶妻的步伐,而一个"镜子之梦"适时而至。他站在一个城堡的豪华舞厅正中,里面有一面高高的镜子。他从中领悟到所有的梦,都是一面镜子,映照出了他白天的生活,他要改变自己的生活去适应他的梦,当务之急就是成家,而梦中父亲的出现指引了寻找配偶的方向——老家。他回到家乡,在家中女眷的张罗下娶了一个相貌寻常但脾气温和的姑娘,二人一起返回首都,开始了新的生活。

城里被敌军占领,并且开始抓捕犹太人。安德斯太太虽然改变了信仰,但改不掉犹太人的身份,面临险境。她找到了希波赖特的住所,希波赖特善良的妻子接纳了她,夫妻二人把她藏在家里,可是这里远非安全之所。希波赖特决定兵行险着,把安德斯太太偷偷藏到已经被敌军征用的那幢老宅的地下室里,这样一过就是四年,直到首都解放。在此期间,希波赖特的妻子不幸罹患白血病去世,他继续和让-雅克交往,做各种各样的梦,其中一个噩梦打破了他平静的生活。这个梦叫"演出场地之梦",他梦见一名观众被一名杂技演员娴熟地肢解,然后反应过来,他自己就是那名观众,可是一会他又变成了旁观者,眼睁睁地看着这个配合表演的观众被一分为二地撕裂。梦醒后他感到恐惧和愤恨,对梦的启示也难以确定:这是否意味着他与妻子阴阳两隔,他的生活被一分为二?

希波赖特不顾哥哥的劝阻,搬进了他为安德斯太太改造过的房子里,而她暗无天日地在那里躲藏了四年的光阴,还不知道战争已经结束了。安德斯太太依旧住着地下室,希波赖特则住在上面,两人相安无事,和平度日。不久他就做了一个"木偶之梦"。在梦里,他被人用链条锁在一个狭小的地窖里,有个四岁左右的可爱的小女孩(这是小说里第二次出现这个小女孩了,桑塔格对自己童年时的模糊印象仍然念念不忘)从窗口看见了他,把他当成了一头熊,而他意识到自己竟然真的是头熊。黑衣人再次出现,带着他到了公园,让他为观众表演舞蹈,他不由自主地跳起舞来,原来又变成了一个受链条控制的木偶。舞蹈结束,他又恢复了熊的身份,黑衣人让他去亲一个抱着布娃娃的小女孩,意想不到的是这个孩子转眼间就身首异处,但人们纷纷表示原谅他,这里面就包括一个穿白大褂的女护士。

对希波赖特来说,这个"木偶之梦"是最重要的一个梦,它回应了第一个梦——"两个房间之梦",里面都有黑衣人和白衣女子,他都被囚禁,都被要求跳舞。不同的是,在第一个梦里,他感到羞愧,而在这个梦里,他心平气和。这个梦让他觉得豁然开朗,仿佛与真正的自我,也就是与梦构成的自我和解了,并由和解进入自由自在的境界。

但也就是从这里开始,小说即将到达尾声时,情节的走向变得扑朔迷离起来。希波赖特发现他的记忆或许是错的,因为他还有一段清楚但矛盾的记忆,那就是在大房子里住了六年后,他被一个名叫安德斯太太的人赶走,而她此前从来就没有住过那里。如今老年已至,他住在一幢普通的房子里,经常去医院做义工,帮助照顾病人,病人里有一个会游泳的瘸子。他从人们口中得知,他哥哥证实他在精神病院被关了六年。他找到一些信函和日记,有一个笔记本里就是一部小说的草稿,拟用的标题有好几个:《我的趣梦》《可怜的希波赖特》《木偶手记》《在家父的房子里》《答泳者》《欢迎回家》《一个自我沉溺者的忏悔录》《做梦人的梦札》等等,而最意味深长的是,还有一个标题:《你读的东西别全信》,这就把之前的故事通通置于不确定的迷雾之中了。

根据这个小说草稿的梗概,希波赖特此前讲述的生活和梦互相置换了,梦才是他的生活,而生活则是他的梦。与这部手稿相印证的还有他以信函的形式写的个人小传,这封信既无日期,也无称呼,一开头就是要求收信人重新审理他的案子。信里回顾了他的经历,他有个绰号叫"熊",排行老三,童年丧母,父亲是个成功的制造商。长大后他去首都读大学,但放弃了学业,开始沉迷于梦境,梦里混迹于一帮作家和艺术家中,由一个中年富婆主持他们的活动。后来他被人绑架并囚禁了起来,看守是个瘸子,而他情窦初开,竟然爱上了看守的情妇,但被无情拒绝,感情受到了伤害。父亲把他赎回来后,他继续做梦,经常梦到一个性趣味反常的怪作家。他的生活越发放荡起来,有一次还差点在大庭广众之下强奸派对的女主人。做梦时,他实现了对女主人的诱奸。为摆脱梦里的不健康情感,他到教堂里忏悔,却当众被人羞辱,还看到了绑架他的瘸子,受到了惊吓。他的梦越做越深,和作家一起寻欢作乐啦,把中年富婆诱拐到另一个城市并抛弃她啦,等等。这些梦让他心烦意乱,他求助于一位精神病医生,又很幸运地得到一个老富翁的资助周游世界。然而,梦没有放过他。他梦到宗教学者对他的道德教诲,他也据此把自己想象成一个犯下滔天罪行却被宣判无罪的贵族的随从。他又梦见自己努力控制住不去诱奸中年富婆的女儿,为了转移对梦的注意力,他去学钢琴,却变得更加不负责任,冷漠地看着同学被责难却不施以援手。再往后,他在梦里杀了中年富婆,但反而促使他做了更多的被她追逐的色情噩梦。好在后面的梦慢慢地变得积极起来,他在里面改造房子,安顿被他摧残的中年富婆,而在梦外,他还在大学建筑系注册了准备读书。谁知就在一切逐渐好转时,他被传到法庭,差一点被判死刑。至于受到什么指控,信里没有交代,读者的心头只能是疑云笼罩。经历了种种磨难之后,希波赖特回到老家,父亲劝他成家,他没有听从,却在梦里与一个温柔的姑娘喜结秦晋之好。二战期间,他在军队服役,是个武器专家。当然,这一点也会让读者疑窦丛生:按照上述经历,他如何具备武器专家的资质?而继续往下读,这些疑问似乎又有些眉目了。

在这封信的结尾部分,他恳请收信人重新考虑再次关押他是否有合理性,他所住的精神病院条件恶劣,地窖潮湿,唯一的活动是去公园,还是被看守用链条锁着的,遭到公园里的孩子们和看护他们的阿姨们的嘲笑。从"精神病院"可以推断,即便是在这封个人小传式的信件里,希波赖特的叙述也依然是不可靠的。他把自己失去自由的原因归咎为是做梦所致,而这些梦是强加给他的,因此他希望能得到赦免或者假释,并且保证再也不做梦了。到底哪些是梦,哪些是真实的生活,经过希波赖特的补充后,反而更加迷离不清了。无怪乎杰罗姆·博伊德·蒙塞尔直言道:"《恩主》就是一个谜团。跟所有的梦一样,它引发读者对它进行阐释,却永远无法解开。"[①]

虽然桑塔格刻意塑造一个与自己毫无相似之处的法国男子,但在点滴之中仍然留下了她个人生活或者想法的蛛丝马迹。比如希波赖特与让-雅克之间看似猝不及防地发生的同性关系,

---

① 杰罗姆·博伊德·蒙塞尔:《苏珊·桑塔格传》,张昌宏译,北京:中国摄影出版社,2018年版,第63页。

与其说是让-雅克诱惑了他,不如说是他期待并默许了让-雅克的这一行为,就像少女时代的桑塔格与哈丽雅特那样。桑塔格不愿明目张胆地公开自己的性取向,因为在当时的情形下,贴上同性恋的标签会对她非常不利。毕竟,标志着纽约同性恋群体维权活动开始的石墙酒吧骚乱事件(Stonewall Riots)在六年之后才发生,而里夫在和她争夺戴维的监护权时为了加大胜算竟然向法庭指控她的同性恋身份不适合戴维的成长。为了对付里夫,桑塔格出庭时特意打扮得风姿绰约,和明眸善睐的福恩斯一同出现,法官无法相信这样一对女人味十足的美女会是同性恋,里夫的王牌也就失去了作用,但由此也可以看出如果被确认了同性恋身份,对桑塔格会有多大的负面影响。即便是在功成名就后,桑塔格也不愿"出柜",为此还受到了一些同性恋作家的攻击。可以想象,背负着无法言说的情感,桑塔格需要发泄的渠道,除了日记这种隐私性的抒写,她在公开发表的文字中也会下意识地透露一些信息,也算是一种释负的方式吧。

《恩主》迷雾笼罩的情节设计让人捉摸不透,语言风格也被人诟病带着翻译腔,小说本身没有为出版社带来多大的商业利润,但是桑塔格的明星形象已经深入人心,而且她在文艺评论上的才华也已经在圈内小有名气了。罗杰·斯特劳斯建议她趁热打铁,进一步发挥散文写作方面的优势,在更大范围内扩大影响力。

从1961年开始,桑塔格的批评论文就越来越频繁地见诸各类重要的刊物,她甚至把这个情况也投射到《恩主》上,希波赖特介绍自己发表了一篇哲学论文,"就一个不重要的论题提出了一些重要的观点。论文的观点产生了争议,并在文坛引起讨论"①。如果细细考证的话,在《恩主》推出之前,桑塔格的确发表了不少论文,但真正令她声誉鹊起的代表性名篇却是在《恩主》之后问世的。② 或者可以说,在创作《恩主》时,桑塔格还没有哪篇论文像小说里所说的那样在文坛引起讨论,但是完全有可能正在酝酿之中。卡尔·罗利森相信桑塔格指的是《关于"坎普"的札记》,他和爱德华·菲尔德意见一致,都认为这篇文章受惠于切斯特,这还要从 W. H. 奥登(W. H. Auden, 1907—1973)1963 年 3 月 9 日发表在《纽约客》上的一篇评论奥斯卡·王尔德书信的文章说起,文章的标题是《奇异的人生》("An Improbable Life")。

奥登比桑塔格年长 26 岁,20 出头就以诗歌上的杰出成就名冠英伦,成为新生代诗歌的代言人物,人们甚至直接把他参与的一个写作团体称为"奥登一代"(Auden Generation)。奥登游历于欧洲和美国,后来移居美国,伴随着他的足迹的是他对欧美文化的广泛吸收和大量的产出,也由此不断地震撼着英美诗坛。奥登在后期更关注诗歌和艺术的审美层面,他对艺术现象的观察和艺术趣味的把握应该是极其精准和敏锐的,而也许更加意味深长的是,他还是一个同性恋者,这些特质都与桑塔格后来描述的坎普密不可分。切斯特读到奥登的文章后,很是欣赏,于是

---

① 苏珊·桑塔格:《恩主》,姚君伟译,上海:上海译文出版社,2017 年版,第 4 页。
② 桑塔格最早在社会刊物上公开发表文章可能要追溯到 1950 年,她在《芝加哥评论》(*Chicago Review*)的冬季号上发表了 篇书评,评论 H. J. 卡普兰(H. J. Kaplan)的小说《全权代表》(*The Plenipotentiaries*, 1950)。

给朋友们写信推荐一读,里面就包括桑塔格。1964年桑塔格在《党派评论》的秋季号上发表了《关于"坎普"的札记》,她也确实直截了当地声明,这篇文章是向王尔德致敬的,仿佛证实了切斯特的大力助攻,但我们也应该注意到,如前文所写,1958年她在痛苦挣扎中就研读过王尔德的《自深深处》。是否受到了切斯特的提点和启发也许意义并不是特别重大,重要的是她在文艺批评界刮起了一股强劲的飓风,骤然吹散覆盖在一种时代感受力之上厚厚的尘埃,露出了它的底色——"坎普"。

桑塔格摈弃了以前写文章时的整体论述方式,采用按条目记录的方式完成了《关于"坎普"的札记》,全文由介绍性的前言、王尔德的八则警句和按数字顺序标注的58条记录组成,王尔德的每则警句都可视为紧随其后的几条札记的引子。她解释说:"札记的形式似乎比论文的形式(它要求一种线性的、连贯的论述)更恰当一些。以一种正经和专题论文似的方式对待坎普,只会使人不知所措。"①

桑塔格用权威的口吻写下了第一段:"世界上有许多事物还没有被命名;还有一些事物,尽管已经被命名,但从来没有被描述过。其中之一便是以'坎普'这个时尚之名流传的那种感受力——它显然是现代的,是复杂性的一个变体,但并不等同于此。"②她进而指出,坎普之所以没有得到探讨是因为其特殊性:

---

① 苏珊·桑塔格:《关于"坎普"的札记》,收入《反对阐释》,程巍译,上海:上海译文出版社,2018年版,第331页。
② 同上,第329页。

它的实质是对非自然之物的热爱,它的信徒是城市的小团体。她把坎普被屏蔽的另一个原因留到了文章接近尾声的部分,在50—53条里,她才期期艾艾地写到了坎普趣味的持有者大多是同性恋者,然而,她立刻又笔锋一转:"尽管同性恋者一直是坎普趣味的先锋,坎普趣味却不只是同性恋趣味。"①作者自己的避嫌之情和防止触雷的谨慎态度似乎不言而喻。

在"一个人应该要么成为一件艺术品,要么就穿戴一件艺术品"的警句下面,桑塔格把坎普划入唯美主义的阵营,其范围既有事物,也有人物,并信手拈来地列举了一些经典坎普的例子,这些例子非常具体,预示着同类中唯其如此,比如学院讽刺小说《祖雷卡·多布逊》(*Zuleika Dobson*,1911)、蒂凡尼的灯具、芭蕾舞剧《天鹅湖》、1933年版的电影《金刚》、位于洛杉矶日落大道一家名为布朗·德比(Brown Derby)的饭店、报纸《探询》(*Enquirer*)的标题和报道、英国新艺术插画家奥博雷·比尔兹利(Aubrey Beardsley,1872—1898)的绘画、只供男子观看的不激发欲望的色情电影、20世纪20年代配以皮毛披肩或饰以流苏和珠子的女装、古巴通俗女歌手拉·鲁普(la Lupe,1939—1992)等等。桑塔格还特意强调,过于重要、不够边缘的事物难以成为坎普,她进行了三组对比:法国作家、导演让·科克托(Jean Cocteau,1889—1963)其人其作是坎普,但获得了诺贝尔文学奖的法国作家安德烈·纪德的就不是;德国作曲家理查德·斯特劳斯(Richard Strauss,1864—1949)的歌剧是坎普,德国浪漫主

---

① 苏珊·桑塔格,《关于"坎普"的札记》,收入《反对阐释》,程巍译,上海:上海译文出版社,2018年版,第348—349页。

义音乐大师理查德·瓦格纳(Richard Wagner,1813—1883)的却不是;纽约流行音乐集中区和英国利物浦的混合风音乐是坎普,而爵士乐不是。

桑塔格列举的这些坎普代表对于中国读者来说也许全是异国情调,文化学者陈冠中则如数家珍地为我们补充了不少"国产"的坎普例子,比如武侠小说里的怪异女高手(李莫愁、灭绝师太、梅超风)、上海怀旧美女月份牌、周启邦夫妇拥有的粉红色劳斯莱斯和金色马桶、小说《蛋白质女孩》里押韵的句子等等,并由此得出了以下结论,我国"还真是坎普的沃土,我们需要做的只是敞开坎普方面的感受力"。① 这么看来,坎普并不只是一个陌生和抽象的舶来概念。

第二则警句是:"我们越是研究艺术,我们对自然就越漠不关心。"坎普的生存土壤不在自然中,而在城市里。即便是乡村坎普作品,那也是人工造就的。新艺术的作品具有最彻底的坎普风格,贯彻了坎普偏离大众惯性思维与审美的原则,桑塔格也举了一个非常有名的例子,法国建筑设计师、新艺术运动领军人物郝克托·吉玛德(Hector Guimard,1867—1942)设计的巴黎地铁入口呈现铁铸兰花茎的形状,与人们的日常感知大不相同,体现了一种对"非本来"(off)状态的热爱。此外,桑塔格还断言,在对人的趣味上,雌雄同体的气质,也就是女性化的男子或男性

---

① 陈冠中:《坎普·垃圾·刻奇——给受了过多人文教育的人》,收入陈冠中《城市九章》,上海:上海书店出版社,2008年版,第146页。

化的女子"肯定是坎普感受力最伟大的意象之一"①。坎普对物品的自然属性不感兴趣,而是将其剥离出来,带着引号去观察和感知,例如,灯不是灯,而是"灯",女人也不是女人,而是"女人"。

对坎普的历史简要地梳理了一番后,桑塔格引用了另一则警句:"做到自然,此乃万难长久保持的一种姿态。"她把坎普划分为纯粹的和蓄意的两种,前者严肃质朴,后者则牵强笨拙,为了坎普而坎普往往无法成就优秀的坎普作品。王尔德的警句本身就属于纯粹的坎普,是自发而为的。换言之,坎普热衷于非自然之物,但是要做到自然而然的坎普,并不是什么易如反掌的事。那么,如何区分好的坎普与坏的坎普?我们仿佛能看到桑塔格会心一笑,因为她马上提供了这则警句:"把人们分为好与坏,这委实荒唐。人们要么有趣,要么乏味。"我们于是也可以这么理解:坎普要么有趣,要么乏味。纯粹的坎普往往包含一种失败的严肃,但有的作品被人们视为失败之作,并不意味着是所谓的坎普,而是艺术家本人的志向过于平庸,有的作品虽然不是坎普,但达到了坎普的效果。不过,坎普的规则是变动不居的,时间会推动反转,平庸可能就会变为奇异。

桑塔格引用"生活是如此重要的一件事,以致不能严肃地谈论它"的警句,继续讨论好与坏的二元对立标准是坎普趣味不屑一顾的,反之,它要补充一个新的标准。关乎伟大的创造力的感受力除了来自传统的高级文化和当时先锋派的艺术之外,还有一种就是坎普感受力,它处于二者之间,既"拒绝传统严肃性的

---

① 苏珊·桑塔格:《关于"坎普"的札记》,收入《反对阐释》,程巍译,上海:上海译文出版社,2018年版,第334页。

那种和谐,又拒绝全然与情感极端状态认同的那种危险的做法"①。以坎普的眼光看待生活,是一种喜剧色彩的世界观,而坎普语境下的喜剧,指的是不动声色、超然物外的体验。

桑塔格论述至此,又不失时机地推出了下一则警句:"我喜爱那些简单的乐趣,它们是复杂之物最后的庇护所。"这里面的"我",打着的正是坎普鉴赏家的腔调,其乐趣植根于大众文化,其趣味既包含独一无二之物,又不排斥大量炮制的复制品。换言之,坎普代表一种民主精神,对一切物品平等视之。坎普还带着纨绔子弟的做派,只不过它掀起的是一股新的纨绔风。老派与新派纨绔子弟的区别在于对待粗俗的态度,前者持厌恶之情,后者却表示欣赏,王尔德是处于新旧纨绔派之间的过渡性人物,既钟情于精致优雅的美好事物,又宣称简单的日常物品同样具有不可小觑的审美价值。桑塔格在这一部分还指出了坎普趣味的特殊环境——它"从根本性上说只可能存在于富裕社会,存在于那些能体验到富裕的精神机能障碍的社会或者圈子"②。

也就是在谈到坎普趣味时,桑塔格引出了无法回避的同性恋问题,并借王尔德吊诡的警句——"生活中反常的东西,对艺术来说却是正常的。而生活中唯一的事,是与艺术保持正常的关系"——来缓和这个看起来可能会比较刺眼的话题。她甚至走得更远,在这里把犹太人与同性恋者进行类比:"并非所有的

---

① 苏珊·桑塔格:《关于"坎普"的札记》,收入《反对阐释》,程巍译,上海:上海译文出版社,2018年版,第344页。
② 同上,第347页。

自由主义者都是犹太人,但犹太人显示出与自由主义和改良主义事业的一种特别的契合。同理,并非所有的同性恋者都有坎普趣味。然而,总的说来,同性恋者构成了坎普的先锋——以及最清晰可辨的观众……"①也许是意识到这个说法会招致非议,她进而辩解这个类比不是随意为之,因为在当今的城市文化中,犹太人和同性恋者虽然是少数群体,但恰恰形成了两股强有力的创造力量的感受力。如果说犹太人的自由主义是自我合法化的一个姿态,那么坎普趣味也并无二致,只不过前者有赖于提升道德感,后者则看重提升审美感。

桑塔格在文章里引用的最后一则警句是:"读小耐儿之死而不发笑,一个人非得有铁石心肠不可。"这是王尔德对英国作家狄更斯的《古董店》(*The Old Curiosity Shop*,1840—1841)所作的酷评,被认为是该小说遭到的最有名的批评之一。小耐儿(Little Nell)是小说里的女主人公,集一切美好品质于一身,但在黑恶势力的摧残下悲惨夭亡。由于狄更斯的人物塑造过于扁平,道德评判过于明显,王尔德颇为不屑,因而给出了如此评论。桑塔格借此表明坎普趣味不是立足于道德评判,而是一种欣赏、品味的方式,表达了一种对人性的爱,而缺乏人性之爱的作品成不了坎普。

最后,桑塔格仍然像开头那样,以权威的口吻来结束这篇札记:"坎普的最终声明,它之所以是好的,是因为它是可怕的……当然,人们不能总这么说。只有在某些情形下,即在本札记中予

---

① 苏珊·桑塔格:《关于"坎普"的札记》,收入《反对阐释》,程巍译,上海:上海译文出版社,2018年版,第348页。

以勾勒的那些情形下,才能这么说。"①她俨然成了坎普的终极阐释者,而她凌厉霸气的文风和不容置疑的强势态度使她声名大噪,获得了"坎普女王"的称号,不过很快,她要"反对阐释"了。

《反对阐释》出现在《常青评论》(*Evergreen Review*)1964年12月第34期上,文章的标题后来成了1966年出版的文集名,文章本身也是该文集的首篇论文,可见其重要性。桑塔格沿用了《关于"坎普"的札记》的写作方式,即札记体,而且像《恩主》一样,在正文前引用了两段名人名言,一段来自——似乎不再令人意外——惯于吊诡的王尔德:"唯浅薄之人才不以外表来判断。世界之隐秘是可见之物,而非不可见之物。"另一段是美国抽象表现主义的代表画家威廉·德·库宁(Willem De Kooning,1904—1997)在采访中所说:"内容是对某物之一瞥,如刹那间之一遇。它微乎其微——微乎其微,内容。"由此,文章的基本走向已有所披露:挑战和颠覆人们的普遍认知,重新界定形式与内容的关系。

自柏拉图提出艺术模仿论以来,西方的艺术观就把内容和形式剥离开来,内容是本质,形式是附属,即艺术是通过某种形式来表现某个内容的,到了现代也依然如此,人们在思考艺术作品时,首先考虑的还是内容,执着于艺术品表达的是什么。桑塔格因此慨叹:"我们谁都无法回归到当初在理论面前的那种天真状态,那时,艺术并未感到需要去证明自己的正当性,人们也不去探问艺术作品在说什么,因为人们知道(或自认为知道)艺

---

① 苏珊·桑塔格:《关于"坎普"的札记》,收入《反对阐释》,程巍译,上海:上海译文出版社,2018年版,第350页。

作品在做什么。从现在起,一直到我们意识的终结,我们都无法摆脱为艺术辩护的责任。"①她深切地感受到了内容说对当代感受力的束缚,对内容说的强调导致了无穷无尽的阐释,而阐释最终也就演变为人们接近艺术品的目的。

　　阐释往往脱离作品整体,只是抽出其中的一些因素来进行文本转换。比如,抽取出 X、Y、Z,然后解释说,它们分别意味着 A、B、C。我们不妨接过桑塔格的抽象论述,假设一个具体的例子。这就好比我们在看达·芬奇的名画《蒙娜丽莎》时,身旁的一个人这样告诉我们:"你看,蒙娜丽莎难以捉摸的眼神实际上代表着画家本人洞悉一切的观察能力,她神秘的微笑意味着他对人生百态了然于胸的豁达与包容,而她身后背景里蜿蜒的道路又象征着曲折的人生历程……"桑塔格把这种文本转换的起因追溯到古典时代晚期(late classic antiquity),当神话的影响力和可信度被科学启蒙攻击得节节败退时,阐释便作为一种怀柔手段,赋予古代文本以符合时代审美的意义,例如斯多葛派把《荷马史诗》中描写的天神宙斯和暗夜女神勒托的通奸解释为其寓意乃是力量与智慧的结合,而拉比和基督徒则把出现在《雅歌》②中的情色语句解释为精神层面的象征意义。这种做法的实质就是在原有的文本本来清晰明了的意义和读者的要求之间预设了差距,然后通过阐释去填充。

---

　　①　苏珊·桑塔格:《反对阐释》,收入《反对阐释》,程巍译,上海:上海译文出版社,2018年版,第5页。
　　②　即 *Song of Songs*,既是希伯来《圣经》的一部分,也是基督教《圣经·旧约》的一部分。

传统的阐释只是在字面意义上建立起另一层意义,与之相比,现代风格的阐释行为更加复杂,是破坏性的挖掘。前者对文本或作品充满敬意,后者则是一种侵犯。我们应该把阐释置于人类意识的历史观中来加以考量。在不同的文化语境中,阐释的特性也会不同,有时它是一种与死去的过去决裂的解放行为,但有时却又是"反动的、荒谬的、怯懦的和僵化的"①,然而,很不幸,当今时代大多数的阐释行为恰恰属于后者。桑塔格把艺术阐释对感受力的毒害比喻为汽车和重工业的废气对城市空气的污染,她甚至有些声色俱厉地批判阐释是智力对艺术的报复,进而是对世界的报复,遮蔽了世界的本相,构建出一个虚幻的意义的影子世界,这和法国思想家居伊·德波(Guy Debord,1931—1994)在其名作《景观社会》(*The Society of the Spectacle*,1967)中表露的观点较为契合。德波认为,"在现代生产条件无所不在的社会,生活本身展现为景观的庞大堆聚。直接存在的一切全都转化为一个表象。"②

现代阐释也揭示了平庸之人对真正的艺术的拒绝。为逃避真正的艺术带来的紧张感,庸人撤去艺术作品的形式,只剩下内容,阐释任务于是变得简单起来,他们也就自以为是地——桑塔格用到了一个词——"驯服"——了艺术作品,使其符合他们的需要。文学作为一种艺术门类,遭受到了更为泛滥的平庸阐释。

---

① 苏珊·桑塔格:《反对阐释》,收入《反对阐释》,程巍译,上海:上海译文出版社,2018年版,第8页。
② 居伊·德波:《景观社会》,王昭风译,南京:南京大学出版社,2006年版,第3页。

有的作家为了避免被曲解,直接在作品里阐明自己的本意,比如托马斯·曼,这么做还产生了一种反讽的效果,但像卡夫卡这样"非预防型"的作家就成了批评家恣意阐释的对象,桑塔格称之为"大规模劫掠",在他身后还有一列长长的作家名单。桑塔格特意以伊利亚·卡赞(Elia Kazan,1909—2003)1951年执导美国剧作家田纳西·威廉斯(Tennessee Williams,1911—1983)的名剧《欲望号街车》(*A Street Car Named Desire*)为例,对卡赞事先发表的演出说明大为不满,调侃他先入为主地引导了观众对该剧的理解,在演出前观众就被告知剧中的不同角色分别代表了什么,该剧实际讲述的是西方文明的衰落,等等。也许此类阐释有时正好与艺术家本人的意图一致,但作品的价值不是由这些被强行挑明的意义所决定的,有时恰恰相反,在这些意义的暗示下,作品反而失去了魅力。

有劫掠,就会有逃避。现代绘画,如抽象画、装饰画等,尤其刻意地消除内容,因为不存在内容,阐释就无从下手。波普艺术则直接将"本来就如此"的内容彰显出来,以一种反向策略抵制了阐释。诗歌的情形也是如此,从法国席卷到美国的实验诗歌偏离传统意义上的内容,以熄灭阐释家的热情之火。桑塔格专门谈到了美国的情况,指出阐释的重灾区是实验性和先锋性占比非常小的包括小说和戏剧在内的艺术门类。但以牺牲内容为代价的形式实验并不是唯一更不是理想的解决之道,因为这会使艺术处于疲于奔命的状态,倒不如通过"创作一些其外表如此统一和明晰、其来势如此快疾、其所指如此直截了当以至于只能是……其自身的艺术作品,来躲开阐释者"①,而电影就是一个很好的例子。当然,这需要优秀的电影作品,其自由度、直率性和反象征性压制了人们的阐释欲望。不过,电影免遭阐释还有一个原因,那就是它尚未被所谓的高级文化的拥护人士所认可,还只是隶属于下里巴人的大众文化,也可以说,是被居高临下的阐释者主动忽略的艺术类型。当然,我们也应该看到,在桑塔格写作此文的时候,电影确实还未成为学院派评论家认真研究的一个目标,但随着时代的发展、学科的拓展、大众审美的变化,电影在当下所引起的学术关注已经大大不同于桑塔格写作时候的状况了。

在做完了一番厚厚实实的铺垫之后,桑塔格自然而然地提出了一个问题:那么,哪一种批评、哪一种艺术评论才是可取的呢?或者说,什么样的批评才会服务于艺术作品?这时候读者的思绪也许才会从她洋洋洒洒的论述中突然被拉回,想起文章开头就交代过的另一个重要概念:形式。桑塔格流畅自如地给出了答案:

首先,需要更多地关注艺术中的形式。如果对内容的过度强调引起了阐释的自大,那么对形式的更广泛、更透彻的描述将消除这种自大。其次,需要一套为形式配备的词汇——描述性的(descriptive)词汇,而不是规范性的(prescriptive)词汇。最好的批评,而且是不落常套的批评,便是这一类把对内容的关注转

---

① 苏珊·桑塔格:《反对阐释》,收入《反对阐释》,程巍译,上海:上海译文出版社,2018年版,第13页。

化为对形式的关注的批评。①

做到或者甚至超越了上述要求的批评家大有人在,其中就有桑塔格一直推崇的德国作家沃尔特·本雅明(Walter Benjamin,1892—1940)和法国作家罗兰·巴特(Roland Barthes,1915—1980)等人。

在艺术作品被大量复制的时代,人们的感官被一重重的阐释蒙蔽,变得越发迟钝,为了恢复感觉的敏锐度,就需要拂去附加在艺术作品上的内容,清晰地看到作品本身,而批评的功能"应该是显示它如何是这样,甚至是它本来就是这样,而不是显示它意味着什么"②。这就是桑塔格在标题中所说的"反对阐释",即反对僵化的、过度的解读。至此,桑塔格不由分说地用一句话为文章画上了句号:"为取代艺术阐释学,我们需要一门艺术色情学。"③这句话后面再无说明,就像一枚出其不意的炸弹,轰然炸响,而扔下这枚炸弹的桑塔格,并没有撤离现场,她在等待读者的反响,当然,结果毫不意外,文章掀起了又一轮的争议热潮。

1969年美国全国广播公司采访桑塔格时,主持人就《反对阐释》里内容与形式的问题提问道:"难道每个艺术作品没有内容吗?"桑塔格毫不犹豫地回答:"当然有。"她解释说时过境迁,为

---

① 苏珊·桑塔格:《反对阐释》,收入《反对阐释》,程巍译,上海:上海译文出版社,2018年版,第14—15页。
② 同上,第17页。
③ 同上。

六年前写的文章辩护让她很不自在。阅读《反对阐释》不能离开写作的语境,在她写作该文的时候,她相信形式被忽略了,而如果她当时觉得无人关注内容,她或许会写内容的重要性。① 1972年,美国作家乔·戴维·贝拉米(Joe David Bellamy,1941—2014)在与桑塔格访谈时也谈到了他对《反对阐释》的看法,这或许能帮助我们中国读者了解美国知识分子眼中的"艺术色情学"的具体内涵:"感觉你是在要求读者(或者任何类别的艺术体验的参与者)面对一件艺术品时,首先将其作为一种审美体验而非一种智性来做出反应;你抱怨将人们推向一种过于智性化的反应的批评倾向。所以,你是希望对一件艺术品的体验更具感官色彩、更愉悦,也更具美学倾向?"②桑塔格基本同意贝拉米的观点,但她否认自己把智性体验与审美体验看成对立的双方,事实上,二者是同一事物的两个部分,可以互相交融,审美体验是一种智性形式,而从某种意义上说,任何事物也都是一种审美体验。1996年,她在为《反对阐释》文集的西班牙语版写的前言里回顾了这个话题,申辩道:"在那时,呼吁'艺术的色情学',并不意味着要贬低智力的作用。称赞那时被屈尊俯就地称作'流行'文化的作品,并不意味着要合谋来否定高级文化及其复杂性。"③菲利普·洛佩特对桑塔格的这番话进行了她可能不愿意

---

① Edwin Newman,"Speaking Freely",in Leland Poague ed. ,*Conversations with Susan Sontag*,Jackson:University Press of Mississippi,1995:p. 4-5.
② 乔·戴维·贝拉米:《现代小说的风格》,收入《苏珊·桑塔格谈话录》,利兰·波格编,姚君伟译,南京:译林出版社,2015年版,第12页。
③ 苏珊·桑塔格:《后记:三十年后……》,收入《反对阐释》,程巍译,上海:上海译文出版社,2018年版,第371页。

听到的阐释,揣测她是悻悻然地出此言论的:"她就像一个淘气的青少年,朝学校的窗户扔了一个石块,想透点新鲜空气进去,却不料惊恐地看到整幢巍峨的大厦都轰然倒地。她倒不至于是流行文化压倒高雅文化的罪魁祸首——那是大势所趋——但是对于高级文化的式微,如果说她没有感到有点儿歉疚的话,她肯定也会感到窘迫不安。"①

1966 年,FSG 出版社隆重推出了桑塔格的论文集《反对阐释》,里面收录了桑塔格 1961 年到 1965 年间发表的 26 篇论文,里面影响最大的恐怕就是《关于"坎普"的札记》和《反对阐释》,但其他论文同样不容小觑,尤其是作为压轴之作的《一种文化与新感受力》("One Culture and the New Sensibility", 1965)。这篇文章的写作缘起还得说到七年前发生在英国的一件事。1959 年 5 月 7 日,英国作家、科学家 C. P. 斯诺(Charles Percy Snow, 1905—1980)在剑桥大学发表了题为《两种文化与科学革命》("Two Cultures and the Scientific Revolution")的瑞德演讲(Rede Lecture),一时引发了西方学术界和教育界的广泛关注和热烈讨论。他忧心忡忡地指出:"整个西方社会的智力生活已日益分裂为两个极端的集团……一极是文学知识分子,另一极是科学家,特别是最有代表性的物理学家。二者之间存在着互不理解的鸿沟——有时(特别是在年轻人中间)还互相憎恨和厌

---

① Phillip Lopate, *Notes on Susan Sontag*, Princeton & Oxford: Princeton University Press, 2009: p. 25.

恶。"①而两种文化，指的正是这"两个极端"所代表的人文文化和科学文化，斯诺认为它们之间存在着巨大的差异，但是西方社会的教育一直以来过多地关注了"不切实际"的人文学科，而真正促进文明发展和社会进步的是更加务实的科学文化。斯诺强调科学文化的重要性固然是想改变教育的重文轻理现象，然而过犹不及，在他的"两种文化"观受到追捧之后出现了人文学科的逐步萎缩和整个社会愈演愈烈的重理轻文现象，这同样引发了知识界的担忧。

1962年2月28日，斯诺的同事，当时即将退休的剑桥大学教授、著名文学批评家F. R. 利维斯（Frank Raymond Leavis，1895—1978）在注意到斯诺的观点带来的影响后专门发表了里士满演讲（Richmond Lecture），一一驳斥了斯诺的观点，但是由于利维斯的言语过于尖刻，在大众眼里，他对斯诺的批判不仅有失公允，而且带有强烈的个人情绪，具有人身攻击的嫌疑，反而正好为科学文化与人文文化之间的激烈冲突提供了一个生动的例证。

随着"两种文化"的争论持续发酵，大西洋彼岸的美国知识界也做出了回应，桑塔格的《一种文化与新感受力》也应运而生，她批评斯诺对"两种文化"命题的表述有失精当，因为"这一问题假定科学和技术是变化的，是变动不居的，而艺术则是静止的，满足人类的某种永恒不变的普遍功用（慰藉？教化？消遣？）。只有基于这种错误的假定，人们才会推断出艺术将面临被淘汰

---

① C. P. Snow, *The Two Cultures*, with Introduction by Stephen Collini. Cambridge: Cambridge UP, 1998: p. 3-4.

的危险的结论"①。这里说的艺术,其实是兼指文学和艺术等人文文化。桑塔格透过"两种文化"产生的社会共鸣和积极响应,敏锐地看出了其背后涌动的一股力量,一针见血地指出科学文化和人文文化之间的冲突"其实是发生深刻的、令人困惑的历史变化的时代产生的一个暂时现象……与其说是不同文化之间的一种冲突,不如说是某种新的(具有潜在一致性的)感受力的创造"②。在她看来,科学技术与文学和艺术是相辅相成的关系,当人们感觉到二者之间的裂缝时,其实恰恰标志着人们需要一种新的感受力,那就是取消区分,平等对待,同时从科学和人文知识中汲取营养。

桑塔格自己对文集里最满意的两篇文章是《关于"坎普"的札记》和《论风格》("On Style",1965)。其实,加上《反对阐释》和《一种文化和新感受力》一起,这四篇文章都指向一个共同的敌人——重内容轻形式的阐释体系,这造成了麻木的感受力。在《论风格》里,桑塔格仍然对此耿耿于怀:"只要我们拒绝放弃形式与内容之间的浅薄区分,那么看来就不会接受一种视艺术作品为意识的生动、自主的模式的说法。"③

《反对阐释》文集分为五个部分,第一部分只有《反对阐释》和《论风格》这两篇文章,第二部分的八篇文章展现了她对欧洲

---

① 苏珊·桑塔格:《一种文化与新感受力》,收入《反对阐释》,程巍译,上海:上海译文出版社,2018年版,第353页。
② 同上,第354页。
③ 苏珊·桑塔格:《论风格》,收入《反对阐释》,程巍译,上海:上海译文出版社,2018年版,第32页。

文学和哲学在宏观和微观角度的把握。她从阅读意大利作家、评论家切萨雷·帕韦哲(Ceasare Pavese,1908—1950)的日记中感悟到,作家是受难者的典范,他自己受难,又通过受难,把苦难转化成了艺术,而在基督感受力的现代阐发中,"艺术作品创作和性爱冒险是受难的两个最完美的源泉"①。这一部分还包括她对法国存在主义哲学家、文学家加缪的《日记》的评论,一上来就语出惊人:"伟大的作家要么是丈夫,要么是情人。"②丈夫型的作家可靠、讲理、大方、正派,情人型的作家则诱惑远远多于美德,而加缪正是当代文学的理想丈夫,在他那里,"既找不到最高质量的艺术,也找不到最高质量的思想。能够解释他的作品的非同寻常的吸引力的,是另一种类型的美,即道德之美,此乃20世纪大多数作家无意以求的一种品性"。③ 她还评论了存在主义的领袖人物萨特写的《圣热内》(*Saint Genet*,1952)。萨特本来是为让·热内(前文提到的《恩主》里让-雅克的最具可能性的原型人物)的作品选集写一篇导论的,下笔之后却一发不可收,后来干脆就独立成书了。桑塔格既熟悉萨特的思想,也了解热内的作品,她判断,"通过热内,萨特瞥见了某种类似美的自主性的东西。更确切地说,他重新展现了康德以非常不同的方式提

---

① 苏珊·桑塔格:《作为受难者之典范的艺术家》,收入《反对阐释》,程巍译,上海:上海译文出版社,2018年版,第57页。
② 苏珊·桑塔格:《加缪的〈日记〉》,收入《反对阐释》,程巍译,上海:上海译文出版社,2018年版,第62页。
③ 同上,第65页。

出的审美之维与自由之间的那种关系。"①法国哲学家西蒙娜·薇依(前文亦写到她是桑塔格的好友苏珊·陶布斯的研究对象)、法国人类学家和作家米歇尔·莱里斯(Michel Leiris,1901—1990)、法国人类学家克劳德·列维-斯特劳斯(Claude Levi-Strauss,1908—2009)、匈牙利哲学家和文学批评家乔治·卢卡奇(Georg Lukács,1885—1971)以及法国新小说派作家和理论家纳塔丽·萨洛特(Nathalie Sarraute,1900—1999)都在这一部分纷纷出场。

　　文集的第三部分和第四部分分别集中在现代戏剧和电影上,推介和评论了相对小众的艺术家和作品,最后一部分包括了《关于"坎普"的札记》和《一种文化与新感受力》,与第一部分的两篇文章交相辉映。这里要提一下,《反对阐释》文集是献给美国艺术家保罗·特克(Paul Thek,1933—1988)的,他是桑塔格的同龄人、朋友,虽然是同性恋者,但同时也爱着桑塔格,两人的恋情起起伏伏,不过友情倒是一直维持到他1988年因艾滋病离世。

　　桑塔格作为一个现象级文化明星的地位已经稳稳确立了,质疑和批判自然也如影随形。美国文学批评家莫里斯·迪克斯坦(Morris Dickstein,1940—　　)在《伊甸园之门:六十年代的美国文化》(Gates of Eden: American Culture in the Sixties,1977)中把桑塔格和欧文·豪(Irving Howe,1920—1993)这两位美国"目光最敏锐的文论家",新老两代左派知识分子的代表人物之

---

① 苏珊·桑塔格:《萨特的〈圣热内〉》,收入《反对阐释》,程巍译,上海:上海译文出版社,2018年版,第116页。

间的论战用来证明文化定义会如何逐步演变为政治宣言,并受到论战激情的歪曲。桑塔格把文学请下了神坛,明确表示"新感受力的首要特征,是其典范之作不是文学作品,尤其不是小说"①,因为文化并非文学的特权,除了文学知识分子,还出现了一个代表着新文化的联盟,其成员涉及的行业可谓五花八门,而能够承担起新感受力典范责任的是"那些内容要少得多、道德评判方式要冷静得多的艺术——如音乐、电影、舞蹈、建筑、绘画和雕刻。这些艺术的实践——它们全都大量地、自自然然地、不觉尴尬地吸纳科学和技术的因素——是新感受力的核心所在"②。欧文·豪1969年撰写长文《纽约知识分子》("The New York Intellectuals")驳斥新感受力思潮是对道德问题麻木不仁,其结果只能是浅薄、避世和虚无。他讽刺桑塔格一味标新立异,但也只是"一个用祖母的碎布头拼凑出华丽被子的宣传分子"③而已,其言论无外乎新瓶装老酒,故弄玄虚。他对新生的感受力思潮的反感是如此强烈,以至于作为他的学生的迪克斯坦都有些看不下去,虽然迪克斯坦也同意桑塔格的文章有缺陷,对文学的道德内容和观点内容进行了笨拙的解释,但是同时也认为自己的老师"一如某些严厉刻板的人道主义教派的卫道士……结果

---

① 苏珊·桑塔格:《一种文化与新感受力》,收入《反对阐释》,程巍译,上海:上海译文出版社,2018年版,第356页。
② 同上,第357页。
③ Irving Howe,"The New York Intellectuals", in Irving Howe, *A Voice Still Heard:Selected Essays of Irving Howe*, edited by Nina Howe and Foreward by Morris Dickstein, New Haven:Yale University Press,2014:p.118-119.

他把所有的东西都混为一谈，用同一把刷子给每一个人抹黑"①。桑塔格的发展势头没有受到此类"抹黑"的影响，她意气风发，继续攀登人生高峰。

桑塔格连发两篇重量级论文的1964年是不平凡的一年，有人把这一年看成"六十年代"②的起点，桑塔格的个人生活也发生了不少的变化，应该说是喜忧参半。戴维整理编辑她的日记出版时，把1964年作为第二卷的开始。美国艺术家、波普艺术的代表人物安迪·沃霍尔(Andy Warhol,1928—1987)在纽约曼哈顿中城成立了新的电影工作室"工厂"(The Factory)，桑塔格参与了他策划的系列电影《试镜》(Screen Tests)的拍摄。这是一个众星云集的黑白式默片，在没有任何装饰的背景下，"演员"们基本只展现脖子以上的头部，眼睛直视镜头，除了桑塔格，里面

---

① 莫里斯·迪克斯坦：《伊甸园之门：六十年代的美国文化》，方晓光译，南京：译林出版社，2007年版，第10页。

② 本书中出现的"60年代"的表述，是表示通常意义上的纪年，而非历史上被称为"The Sixties"(在本书中表述为"六十年代")的一个特定的年代。前者始于1960年，止于1969年，而后者的上下限学界仍有不少纷争，比较统一的观点是始于1960年肯尼迪总统上台，终于1974年尼克松总统辞职。具体参见戴维·斯泰格沃德：《六十年代与现代美国的终结》，周朗，新港译，北京：商务印书馆，2002年版，导言第1页，以及郑春生：《拯救与批判：马尔库塞与六十年代美国学生运动》，上海：上海三联书店，2009年版，第350—351页。德国作家丹尼尔·施赖伯在《苏珊·桑塔格：精神与魅力》一书中有另一个说法，他写道："在美国，人们普遍认为1964年是'1960年代'(即'六十年代')的开端——它并非意味整整十个年头而是指代一个反抗和社会变革的神秘时代。"他继而列举了一连串的事件：马丁·路德·金获诺贝尔和平奖，美国国会通过《民权法案》，世界和平运动和美国新左派开始成形，英国的披头士乐队漂洋过海在美国掀起热潮，"垮掉的一代"的领军人物艾伦·金斯伯格成了中产阶级的话题等。详见丹尼尔·施赖伯：《苏珊·桑塔格：精神与魅力》，郭逸豪译，北京：社会科学文献出版社，2018年版，第119—120页。

还有西班牙超现实主义绘画大师萨尔瓦多·达利(Salvador Dalí,1904—1989)、出生于法国的达达主义和超现实主义艺术家马塞尔·杜尚(Marcel Duchamp,1887—1968)、2016年获得诺贝尔文学奖的美国摇滚巨星鲍勃·迪伦(Bob Dylan,1941—　)、日裔美籍先锋艺术家小野洋子(Yoko Ono,1933—　)、艾伦·金斯伯格等等。沃霍尔给桑塔格拍摄了七次短片,她在镜头前尝试了各种表情,这或许对她后来的电影工作产生了一定的影响,也更加扩大了她的知名度,提升了她的偶像地位。

她一举成名了是不假,然而她在大学体制内的工作和她的文学事业之间的冲突有些难以调和了。按照体制内的发展模式,她应该尽快完成她的博士论文,可是她终其一生也没有实现这个目标,虽然她也下过几次决心,但都不了了之,而她的那些争议性的论文无助于保障她的教职。她的导师、朋友和同事陶布斯也因为在忙于处理回联邦德国任教的问题而无法施以援手,哥伦比亚大学哲学系似乎也无意为她提供庇护。她上完当年的夏季课程后就辞去了,或者说是失去了哥伦比亚大学的教职,正式成为一名自由作家。在出版商斯特劳斯的帮助下,她得到了洛克菲勒基金会的资助,1964—1965学年在新泽西的罗格斯大学(Rutgers University)当驻校作家,解决了生计问题。后来她又得到了美林基金会(Merrill Foundation)和古根海姆基金会(Guggenheim Foundation)的资助。在1964年的日记里,桑塔格没有透露出任何经济上的压力和窘迫,倒是絮絮叨叨地写了不少福恩斯带给她的情伤,她决定与福恩斯一刀两断:"我无法通过另一场恋爱来驱除我对艾(即福恩斯)的迷恋……但是,这一迷恋必须摆脱,以某种方式。我必须强行将其中的一部分能量转移到别处去。我要是能动笔写另一部小说就好了……"①。在文学事业的筹划方面,她言出必行。1964年11月份,她还没有着手写作,但在笔记里写下了可以作为第二部长篇小说《死亡匣子》的一句话梗概:"死亡=完全处于自己的头脑里。"②1965年初,她在思考是否要写一个画家和他作品的关系。1965年6月8日,她列出了两个后来并未实现的写作计划:第一个计划里的主人公名叫托马斯·福克(或达内尔),小说是"关于悲痛、心灵创伤和控制的东西——变得非常害怕。是他经历了单调枯燥的寄宿公寓、加利福尼亚童年生活等等"③,这个主人公在桑塔格1965年5月22日的日记里也有记录,她设定这是一个思考其艺术品的艺术家,而不是一个作家。第二个计划是关于一个化名为代号"R"的精神贵族,细节比第一个要全面:"R"是一个激情四射的画家,度过了一段无法引以为荣的童年时代,姐姐、父母的情况都有所提及……有人认为计划一和计划二里准备写的其实可能是同一个人,那就是和她过从甚密的美国著名当代艺术家、画家贾斯珀·约翰斯(Jasper Johns,1930—)。9月9日,她继续思考如何写托马斯·福克的故事,并记下了一些梗概性的内容。9月22日,她考虑用什么方式结束福克故事的第一章。10月18日,她决定让福克像希波赖特那样,以自囚

---

① 苏珊·桑塔格:《心为身役:桑塔格日记(1964—1980)》,姚君伟译,上海:上海译文出版社,2018年版,第6—7页。
② 同上,第55页。
③ 同上,第107页。

于室而告终。三天之后,她甚至把书名都想好了:《眼睛及其眼光》(The Eye and Its Eye),这也是法国超现实主义作家乔治·里伯蒙-德萨涅(Georges Ribemont-Dessaignes,1884—1974)一本书的标题。可以肯定的是,至少直到12月5日,她都还没有确定《死亡匣子》的故事情节,当天她还在想,福克痴迷的是"变态者"的角色。遗憾的是,我们再也没有机会了解她到底会如何呈现这样一个艺术家了,不过这些散乱的写作计划以后多多少少还是派上了用场,在长篇和短篇小说中都零星地得到了运用。

1965年夏天,桑塔格去巴黎待了一段时间,8月底又去了科西嘉岛,然后前往摩洛哥北部的海港古城丹吉尔(Tangier)去看望切斯特。她四个多月前就给切斯特写信了,但是丹吉尔之行使她徒增烦恼,切斯特对她的成名很不自在,还疑神疑鬼地提防她勾引自己的双性恋男友德里斯(Dris),而她悲伤又失望地发现,切斯特已经精神错乱了,二人的关系降至冰点。她在8月29日到9月9日的日记标注了写作地点是丹吉尔,林林总总地记录了她在当地的所见所闻、所思所想。与切斯特刚刚重逢,她就反省以前对他倾心并不恰当,是对自己的不尊重,不过他多少还是惹人爱怜的:"表面上,霸道,对异性有吸引力,是个说话风趣的人,智者,背叛者……其实这就是个歇斯底里、坏脾气的孩子,他都不能说完一句话,回答一个问题,或者听听别人在说些什么。"[1]可是很快切斯特的妄想症越来越严重,她记下来的情况

---

[1] 苏珊·桑塔格:《心为身役:桑塔格日记(1964—1980)》,姚君伟译,上海:上海译文出版社,2018年版,第131页。

也越来越糟糕。她清醒地、不无痛惜地看着切斯特陷落在谵妄之中,看着周围的人吸毒、酗酒,感觉这个城市就像一所疯人院,有时她自己也跟着吸食大麻、服用致幻药,但终究她不会随波逐流地过着这样浑浑噩噩的日子,从她在丹吉尔期间和之后的日记中可以看出来她一直在理清长篇小说的写作思路。或许可以打个不恰当的比方,写作事业是她坚定不移的人生道路,她有时会停下来走向分岔的小径,流连于眼花缭乱的花草蜂蝶,但她总是会挥一挥手,重新上路。

《死亡匣子》的正式创作开始于1965年年底。公众视线里光彩熠熠的桑塔格在私下里却时常心绪不宁,憔悴不堪,饱受精神折磨。双性恋似乎给她带来了更多的感情困扰,她很长时间都接受心理分析师戴安娜·凯梅尼(Diana Kemeny)的精神治疗。1965年12月17日,她自问自答:"心理(分析)损害写作吗?不——它帮助在那个疯狂的房间(人在里面写作)的隔壁造一个神智正常的房间(在里面生活)——不必拥有仅有一个房间的房子。"①换言之,她认可凯梅尼的治疗,治疗使她能在写作内外达到一种平衡。在《死亡匣子》的献词中,她真诚地写道:"献给戴安娜·凯梅尼,致以爱和感激之情。"她的真诚是能看得出来的:小说标题的首字母DK也正是凯梅尼名字的首字母。

《死亡匣子》的主人公迪迪(Diddy)名字的来历在桑塔格的回忆中具有神秘的偶然性和戏剧性,她经常向人说起这一段有若神助的经历,但直到1972年7月21日,在把这个故事讲给当

---

① 苏珊·桑塔格:《心为身役:桑塔格日记(1964—1980)》,姚君伟译,上海:上海译文出版社,2018年版,第198页。

时的好友和恋人妮科尔·斯特凡娜(Nicole Stéphane,1923—2007)后,她才在日记里写上了一笔。桑塔格觉得自己运气特别好,这部小说简直就是应了"踏破铁鞋无觅处,得来全不费工夫"那句话,像天降馅饼一样砸到了她的身上。一个午夜,她和诗人约翰·霍兰德(John Hollander,1929—2013)在一家咖啡厅会面时,霍兰德说起了"迪迪",桑塔格没听明白,他解释说自己说顺口了,"迪迪"是他们共同的朋友——诗人理查德·霍华德(Richard Howard,1929—)的小名。获悉了"迪迪"的拼法后,桑塔格激动万分,"于是一下子,《死亡匣子》就充满了我的脑海——于是,我请约翰原谅,我不能再待下去"。① 也许是难释其详,她干脆说自己在等一个电话,立刻就冲回了家,开始写小说的开头部分,从晚上 12 点半一直写到了早晨 6 点钟。

桑塔格坦言小说里的迪迪跟霍华德毫不相关,她只是被这个名字深深触动了,灵感由此一触即发,而五年之后,她豁然开朗,为什么"Diddy"这个名字打动了她:"Diddy"与"Daddy"音近形似,那股击中她心弦的电流,正是多年来一直埋藏在心中的思父之情啊! 记忆中从未出现过的生父,从未体验过的父爱,记事之初就被迫面对的生父之死在刹那间化为汩汩的灵感之泉,"这就是我这一辈子心里对死亡一直在思考的源头。迪迪 33 岁。爹爹死的时间就是这个年龄。迪-爹(Did-he)? 他死了吗(Did

---

① 苏珊·桑塔格:《心为身役:桑塔格日记(1964—1980)》,姚君伟译,上海:上海译文出版社,2018 年版,第 403 页。

he die)？"①不仅如此,桑塔格自己也刚好33岁,这种巧合似乎又是冥冥之中的必然。

就像桑塔格生活中真实的迪迪有名有姓叫理查德·霍华德那样,她也给小说里的迪迪取了大名:道尔顿·哈伦(Dalton Harron)。小说的开篇看起来平淡无奇,中规中矩地介绍了迪迪的个人背景,好像是为了匹配这个普普通通的主人公一样:

> 为人温厚,在宾夕法尼亚州一座中等城市长大,有良好的教养,上过收费昂贵的学校。性情随和,是家里的长子,双亲温文尔雅,已经不声不响地去世了……他属于这样一种人:不会虐待妇女,从不丢失信用卡,洗碗时绝不会失手打碎盘子,对工作尽心尽责,对朋友慷慨大方,不管多么累,每天半夜都要出去遛遛狗。这种人很难不讨人喜欢,连灾难也会避他三分。②

小说零星地透露出这位好好先生更多的个人信息:他读书时身强力壮,擅长体育;他曾经有过一段婚姻,三年前结束婚姻生活,离婚后一直支付前妻琼的赡养费,其间身体逐渐虚弱;他在这个世界上唯一的亲人是弟弟保罗,一个性情直率、天赋过人的音乐家,虽然只比弟弟大一岁,但他一直充当弟弟的保护人,关爱有加;他有一份体面的工作,是一家老牌显微镜公司驻纽约办事处广告部的副主任。总而言之,迪迪就是一个极度平凡的人,与他的创造者桑塔格不同,而与他的"前辈"希波赖特相似,

---

① 苏珊·桑塔格:《心为身役:桑塔格日记(1964—1980)》,姚君伟译,上海:上海译文出版社,2018年版,第404页。
② 苏珊·桑塔格:《死亡匣子》,刘国枝译,上海:上海译文出版社,2018年版,第1页。

他从小到大不用操心生计,也无父母干预甚至拖累。或许他的人生轨迹本应像他的父母那样,"不声不响"地寿终正寝,可是他另有打算。一天晚上12点半,趁着夜深人静,他平静而郑重地服下了半瓶安眠药,但在狗吠人喊的嘈杂之声中,他被送到了医院,抢救了过来,自杀的企图落空了。他只好接受现实,继续活着。

加缪在《西西弗斯神话》(*The Myth of Sisyphus*,1942)中就直奔自杀的主题:"只有一个真正严肃的哲学问题,那就是自杀。判断人值得生存与否,就是回答哲学的基本问题。"①桑塔格熟读加缪,也经常思考这个哲学问题,她自己甚至也有过自杀的念头。1965年8月,夹杂在她絮叨与福恩斯的分分合合的笔记中,有这样一句话,"有件事我知道:如果没有戴维,我去年就会自杀了。"②这着实令人意外,因为这个"去年",正是她大红大紫、几乎名满天下的1964年啊!这样一比较,迪迪的自杀反而没那么出乎意料了。

加缪认为人们自杀是源于"局外人"般彻骨的孤独感和荒诞感,在"突然被剥夺了幻觉和光明的宇宙中,人就感到自己是个局外人"③。"局外人"是存在主义代表作之一《局外人》(*The Stranger*,1942)的核心词汇,加缪在这部小说中刻画了一个时

---

① 阿尔贝·加缪:《加缪文集》,郭宏安等译,南京:译林出版社,2001年版,第624页。
② 苏珊·桑塔格:《心为身役:桑塔格日记(1964—1980)》,姚君伟译,上海:上海译文出版社,2018年版,第118页。
③ 阿尔贝·加缪:《加缪文集》,郭宏安等译,南京:译林出版社,2001年版,第626页。

年37岁名叫莫尔索(Meursault)的人,他是一名公司职员,对一切都漠然置之,还无缘无故地杀了人,即便在被处决的前夜,他也依然是一副事不关己的姿态。而当我们继续往下读《死亡匣子》时,就会发现迪迪与莫尔索之间更多的相似之处。

迪迪将自己最初的自杀企图与儿时保姆送给他的名叫安迪的布娃娃联系起来。从迪迪的回忆中可以得知,即便是父母双全、有弟弟陪伴、保姆照料的儿童时代,他也是无所适从,极其孤独。对于父母的感情,他是用"害怕"来描述的,而安迪胜过父母、弟弟和保姆,成了他最亲的伙伴。他将依恋之情交付于物,而不是人。然而令人不安的是,他视若珍宝的安迪经常会沦为他虐待的对象,每当他自己受到惩罚或侮辱,他就会对安迪施暴,或者每当他对安迪的独占权受到威胁,他也同样对安迪进行摧残。这个布娃娃变得千疮百孔,残缺不全:头发被拔掉,眼睛被剜掉,衣服被扯烂,四肢被拧断……迪迪11岁的时候,为了在其他男孩子面前逞英雄,掩饰自己对安迪的恋物癖,假装它是从一个想象出来的堂妹那儿偷来的爱物,把它扔进了万圣节的篝火,等到这些男孩子幸灾乐祸地大喊"迪迪烧了安迪!迪迪烧了安迪!"[1]他才知道他不仅自欺欺人,遭受了更大的侮辱,而且永远失去了安迪,也就是在那以后,他就把自己的心深深地封锁了起来。安迪事件的影响是如此之深,以至于迪迪成年后只要能睡着,梦见的就是那只布娃娃。更为甚者,"近来迪迪开始将它

---

[1] 苏珊·桑塔格:《死亡匣子》,刘国枝译,上海:上海译文出版社,2018年版,第69页。

视为自己第一次的自杀企图"①。人最宝贵的莫过于自己的生命,而当生命中最重要的东西被自己亲手摧毁时,那种痛彻心扉的感觉也无异于一次自杀。

孤独封闭了迪迪的心扉,使他在失去安迪之后陷入深深的追悔之中,成为他日后自杀的一个诱因,但是加快了这一行为的却是无处不在的荒诞感。"局外人"是人们的一种遭受放逐的感觉,而"这种放逐无可救药,因为人被剥夺了对故乡的回忆和对乐土的希望。这种人和生活的分离,演员和布景的分离,正是荒诞感"②。

与《恩主》的抽象信息相反,桑塔格用具体得几乎琐碎的语言,详细地讲述了迪迪自杀后的时间线索。他9月30日自杀,住了三天院后,回到家中休息了四天,又回公司上了三个星期的班。然后在第三周的周六,桑塔格精准地算出了时间——10月26日——收拾行李,把他养的名叫冉的一条狗托付给管理员照看,第二天他就出发去公司位于州北的总厂,参加为期一周的会议,登上了"私掠船号"列车的倒数第三节车厢。迪迪的生活细节被流水账一般地罗列出来,既突出了他平时过的是怎样无趣的日子,也与后面发生的事情形成了巨大的张力。

"私掠船号"是一列豪华特快专车,每节车厢都被隔成了几个可坐六个人的包厢,迪迪的包厢里一共有五个人,其他几个乘

---

① 苏珊·桑塔格:《死亡匣子》,刘国枝译,上海:上海译文出版社,2018年版,第72页。
② 阿尔贝·加缪:《加缪文集》,郭宏安等译,南京:译林出版社,2001年版,第626页。

客的身份也逐一揭晓:漂亮的盲人姑娘海丝特和她邋邋遢遢的伯母内勃恩太太,一个大腹便便的牧师,还有一个和迪迪年龄相仿的邮票贩子。在整个旅程中,出现了一个容易被忽略的叙述视角"我们",充当了包厢里诡异而隐形的第六个乘客。火车开动,前面的第三人称叙述突然被打破,"我们离开城里,朝西北方向驶去。"①这个"我们"还自问自答:"乘务员来查票了。谁的票呢?我们的票。"②但对其他乘客的观察却又是通过迪迪的视角来进行的,在这种混合式的叙述视角中,"我们"也表示出非全知视角的无力感,当牧师抬头注意到邮票贩子阅读的杂志是《集邮年鉴》时,"我们"所知有限:"我们没有看到牧师抬起头。"③牧师与邮票贩子都热衷集邮,二人立刻攀谈起来,迪迪的交谈对象就只有盲人姑娘和她的伯母了。伯母一股脑告诉了迪迪,她们此行的目的是去一家著名的医疗中心为海丝特做眼部手术。姑娘一声不吭,迪迪对她产生了好感,甚至是欲望。

  火车突然变得一团漆黑,行驶了一会后一个急刹停了下来。一名列车工作人员挨个车厢地解释,车子因故在隧道里临时停车。迪迪犹豫一番后,决定下车去看看到底发生了什么。他在火车前面发现了一个黝黑强壮的施工男子,正在挥舞斧头劈着一个横在铁轨上的障碍物。两人话不投机,迪迪竟然用一根撬棒从背后把男子砸死了,然后惊慌失措地丢下躺在铁轨上的尸

---

① 苏珊·桑塔格:《死亡匣子》,刘国枝译,上海:上海译文出版社,2018年版,第11页。
② 同上,第12页。
③ 同上,第14页。

体,摸黑返回了车厢。没人注意到他,而火车很快就重新开动了,这就意味着隧道里的男子即便没有被迪迪砸得当场气绝,在火车的碾压下也不可能有生还的机会了。

迪迪急于向人倾诉这一意外事件,最好的选择似乎只有海丝特,而她像心有灵犀似的,任由他带着走出包厢,来到车厢尾部的洗手间旁。可是当迪迪说他在火车外面干了一件可怕的事时,海丝特却说她根本就不记得他离开过包厢。迪迪一时不知孰真孰假,困惑至极。海丝特安慰他,并主动投怀送抱,迪迪情不自禁,和她进入卫生间,二人发生了性关系。事后迪迪还是没有放下内心负担,于是如实告诉海丝特,他在隧道里杀了一个人。海丝特却更加坚定地告诉他,不可能有这回事,而且以她灵敏的听觉,不可能察觉不到他离开包厢,他只是做了一场白日梦而已。

到达目的地后,迪迪先把海丝特送到医院安顿下来,自己再到公司安排的酒店住下。他焦急地搜索电视节目和报纸信息,想查证这桩真假难辨的谋杀案,但没有任何线索。他又梦到了安迪,还有一个像万圣节巫婆一样上了年纪的妇女,一头花白的头发乱蓬蓬的,牙齿尖利。虽然小说里没有任何说明,但我们或许可以把这个形象看成内勃恩太太的变形。迪迪自己注重修饰,衣冠整洁,内勃恩太太的不修边幅给他留下了很深的印象,当晚入梦也是情理之中;他本能地把年轻貌美又看起来弱小无助的海丝特看成童话里的小女孩,而内勃恩太太自然也就成了控制着小女孩的巫婆了。

迪迪整晚煎熬无比。终于,在第二天,也就是在星期一早上的地方报纸上,他看到了一则报道,证实有个名叫尹卡多纳的铁路工人葬身隧道。但是报道称,撞死工人的"私掠船号"行程未出现任何异常,在隧道里没有停车,工人有可能是自杀身亡。这个工人的年龄,恰好和《局外人》里的莫尔索一样,37岁。自杀?谋杀?或者说,是迪迪的另一个分裂的自我?读者也许一头雾水,而迪迪觉得已经澄清了事实,消除了疑虑:铁路方面是撒谎,火车在隧道里停留过,他,就是杀人凶手。迪迪左思右想,放弃了自首的念头,一则没有证据证明是自己所为,二则自首无异于自己的另一种自杀方式。再者,他心里还多了一份对海丝特的牵挂,一大早便出门到附近的花店给她买了一束昂贵的鲜花让人送到医院。

白天,迪迪和同事一起,到工厂开会,没有表现出任何异样,应付完了一天的工作。晚上,他去医院探视海丝特。内勃恩太太察觉到了什么,喋喋不休地奉承他,对他的个人情况问长问短。海丝特的伯母过分热情的态度仿佛向他暗示,只要他愿意,就会轻而易举地得到这个姑娘。当内勃恩太太识趣地离开病房,迪迪单独和海丝特在一起时,他想向她解释铁路工人的死亡确有其事,但她建议他不要再谈论这件事了,并劝他离开医院。迪迪心烦意乱,回到酒店和同事敷衍着吃过晚餐后,就回房休息了,而梦,悄然而至。这次他梦到的是火车上的另外两个人——牧师和邮票贩子,他们正在欣赏一只精美的贝壳。迪迪长篇大论地向两人发表了一通关于贝壳的演讲,把它贬低得一文不值。牧师和邮票贩子失望至极,把贝壳扔出了车窗外,迪迪却突然改变主意，跳下火车，想找回贝壳，恢复它的美丽。他掉进了一个黑暗的隧道，而要在一团漆黑中找到贝壳谈何容易！潜意识里，他把这个艰巨的任务当成了童话里小王子承担的重大使命，总会有个满头乱蓬蓬的灰白头发的老太婆施以援手。这里的象征意义就相当明显了：丢失的贝壳，正像他夺走的生命；回到隧道，也正是回到他杀害工人的场所；到隧道里寻找贝壳，既是追寻工人死亡的真相，也是希望收回他的所作所为。至于内勃恩太太，由于对他与海丝特的交往明显地表示求之不得，在梦里也变成了一股正面力量。然而，贝壳是找不回来了，因为它已经变成了隧道，迪迪正漫步其中。

按照报纸上的报道，尹卡多纳的葬礼将在周二下午两点举行。迪迪犹豫着要不要去参加，但开会时过于投入，忘记了时间，他想确认一下死者及其家人的想法也就落空了。他灵机一动，假装自己是一家铁路工会杂志的记者，从殡仪馆打听到，尹卡多纳是被火化的，而骨灰已经被送到得克萨斯他母亲那里去了。这意味着"没有身体，没有重量。没有任何东西可以挖掘。没有任何东西可以与死者的生前发生联系，没有任何东西可以检查"[①]。桑塔格写到这里的时候，也许无意中透露了她个人对于生命终止时如何处理肉身的看法。她拒绝火葬，在她去世后，儿子戴维按照她的遗愿，把她葬在巴黎的蒙帕纳斯（Montparnasse）公墓。

再说迪迪，他仍不甘心，决心不放过寻找任何蛛丝马迹的机

[①] 苏珊·桑塔格：《死亡匣子》，刘国枝译，上海：上海译文出版社，2018年版，第129页。

会。周三结束工作后,他先去医院看望海丝特,两人亲亲热热地聊天,但迪迪慢慢地变得不安起来,因为他还有一件棘手的事情要去做。告别海丝特后,他根据报纸提供的信息,找到了尹卡多纳的家,见到了他的妻儿,但是大失所望,连一张死者的照片都没看到。殡仪馆和尹卡多纳的妻子都证实他在死前留下了遗嘱,要求火化,不过这位看起来一点都不伤心的妻子极力否认丈夫会自杀。这又疑点重重了:一个教育程度不高、年纪也不大的工人为何平白无故地写遗嘱?迪迪满腹狐疑,越发感觉筋疲力尽。虽然尹卡多纳的遗孀对他百般挑逗,但是他无力应付,与她不欢而散。他失魂落魄地游荡进了一间酒吧,遇到一个和他年龄相仿的妓女,简单几个回合的打情骂俏,二人就达成了交易,前往女子的寓所行欢。迪迪睡着后,又做了一个梦,梦见自己娶了尹卡多纳的妻子,重新组成了家庭,过着肮脏凌乱的生活。然后这个女人又变成了玛丽,他儿时的保姆,曾经无微不至地照顾着他和弟弟。尹卡多纳的妻子和玛丽的共同之处都是体型丰满,两人的絮叨也不无相似,而且名字也只是字母顺序不同而已:Myra(弥拉)和 Mary(玛丽)。桑塔格在这个情节的设计上,似乎想要把她熟悉的弗洛伊德理论凸显出来:迪迪意识深处的性冲动还是源于童年时期对母爱的渴望。母亲没有给予他亲昵温柔的疼爱,只有玛丽精心地呵护着他,尽管这并不是他想要的关爱,但他只能把无处安放的恋母情结投射到玛丽身上。我们也可以说,迪迪和弟弟在保姆的陪伴下长大,不正是像极了桑塔格和她妹妹童年时的情形吗?缺场(死去)的父亲、疏离的母亲、孤独的内心世界……而在婚姻的细节方面,迪迪简直就是桑塔格本人了:都是相识一个月就草草结婚,都是八年后,婚姻破裂。哈丽雅特,即桑塔格日记里反复出现的 H,在桑塔格的少女时代激活了她的同性恋情愫,也借迪迪公司请来的一个与会嘉宾——"他的名字以 H 开头"①——被巧妙地写进了小说里。

转眼就到了周四。上午开会时迪迪有些神不守舍,脑子里都是尹卡多纳,差点就向同事坦白自己的罪行了。下午的日程安排是参观工厂,他没有去,而是溜到医院去看望海丝特。他很不屑内勃恩太太的讨好之态,把她看成一个皮条客。海丝特做好了术前的所有检查,就等着第二天的手术了。不过手术前景并不乐观,她已经预感到了,流露出了内心巨大的痛苦。迪迪的父亲是医生,自己也上过医学预科,又是从事显微镜行业的工作,于是用比较专业的眼科知识安慰她,倒也说得头头是道。他"再一次感受到两人生活的奇特相关。海丝特虽然拥有上天赐予的水灵灵的肉眼,却看不见。而他自己却致力于推销一种机器眼,这种机器眼可以承担肉眼的普通功能,并努力超越它们。对使用显微镜的人来说,他自己那双能看见的眼睛就成了摆设"②。但他的逻辑漏洞在于,能使用显微镜的人,前提必须是能看得见,眼睛并不是摆设。海丝特显然在哲理层面上胜过了迪迪,一语道破了他亲近她、迷恋她的实质:"你认为我因为失明而具有某种特别的智慧……从某种意义上说,失明反而能让一个

---

① 苏珊·桑塔格:《死亡匣子》,刘国枝译,上海:上海译文出版社,2018 年版,第 180 页。

② 同上,第 184 页。

人看得更清楚。不存在非丑即美的东西。一旦明白了这一点,就等于吹掉了蒙在思想和感情上面的许多浮渣。"① 迪迪被一击而中,忍不住失声痛哭。他不顾海丝特的挽留,仓皇地逃出了病房。

从这个时候开始,迪迪就像詹姆斯·乔伊斯(James Joyce,1882—1941)的小说《尤利西斯》(*Ulysses*,1922)里的主人公布卢姆(Bloom)一样,开始了在城市里的漫游。他思索着与海丝特的关系,到邮局给她发了一封电报,向她表明心迹。逛了一通后,他早于约定的时间到了电视台,去参与一档企业访谈节目录制前的碰头会。电视上在播报战争新闻,桑塔格故意按下战争名称不表,只说这是一场不可告人的战争,但是小骨架的黄种人、被凝固汽油弹烧焦的尸体、美国士兵审讯十几岁的俘虏等细节透露出这其实就是影射的越南战争(1961—1973)。作者通过迪迪的想法,以辛辣的讽刺表达了自己的愤怒、痛苦和反战立场:"想到自己国家的所作所为,想到它对一个无力自卫的弱小民族正在进行的大张旗鼓、旷日持久的谋杀,而这只是本世纪一系列的历史暴行、一系列难以想象的罪行中的一次,迪迪不禁觉得,自己在过去四天里因为仅仅一个人的死亡而承受的痛苦(现在)看来简直不足挂齿。"②

乏味的碰头会结束后,迪迪回到酒店,已是深夜。上床后,

---

① 苏珊·桑塔格:《死亡匣子》,刘国枝译,上海:上海译文出版社,2018年版,第185页。

② 同上,第198页。

噩梦又至。他看到了手术前的海丝特,视网膜脱落,需要卧床静养,不能随意活动,但她为什么要冒着巨大的风险在颠簸的火车上与迪迪发生肌肤之亲?她会不是尹卡多纳的同谋,引诱迪迪犯下一桩桩罪行?迪迪无比惊恐,继续梦到海丝特正在接受手术,而自己摇身一变,置身现场,成了一名专门拍摄法律和医学题材的摄影师。医生手中的激光枪,就像玩具机枪一样对着海丝特的脑袋发射。手术后的海丝特躺在病床上,但身形像一具男人的尸体。梦境场景又突然转换,海丝特变成了一群人用显微镜观察的对象,医生这次是用手术刀在给她做手术,可是就在眼球被切开之际,手术室收到通知没有角膜可用。迪迪一路狂奔,去寻找尹卡多纳的尸体,为海丝特提供角膜。他追逐着已经开动的"私掠船号"……然后大汗淋漓地醒了过来。

星期五的会议对于迪迪来说尤其难熬,会议中途他迫不及待地赶到医院,从内勃恩太太那里得知,手术真的失败了。这个可怜的妇人为住院的费用犯起愁来,迪迪不想啰嗦,直接告诉她由他来承担,因为他想娶海丝特为妻。内勃恩太太大喜过望,而迪迪已经在暗暗筹划如何摆脱这个唠叨的伯母,带着海丝特到纽约生活了。晚上他再次来到医院,见到了虚弱的海丝特,她答应离开伯母,和他在一起。迪迪无比振奋,晚上在公司为庆祝会议结束举办的宴会上,他一反以前胃口不佳甚至厌食的样子,埋头吃饭,想让自己变得强壮起来,为了他和海丝特的未来积蓄力量。

星期六和公司的高层录完节目后,迪迪退掉房间,到医院附近找了家酒店重新安顿下来,等着海丝特出院。他以身体不适、需要住院为由,给公司写了一封请假信。当他发现内勃恩太太是真心实意地爱着海丝特时,不禁为自己总是鄙视她而感到非常愧疚,两人之间消除了隔阂。迪迪请老太太到一家高档牛排餐厅吃晚饭,也算是犒劳一下一直为海丝特辛苦奔走的伯母。在迪迪的执意追问下,内勃恩太太说出了海丝特的身世:这真是个可怜的姑娘!她的失明,是一出家庭惨剧。父亲在她12岁时就离家出走,从此杳无音讯;母亲极度宠爱女儿,却精神失常,在她14岁时用碱液泼瞎了她的眼睛,此后就被关在精神病院里。海丝特一面遭受失明之痛,一面还为母求情,希望能使她免遭囚禁。内勃恩太太是海丝特的伯父的遗孀,没有孩子,这些年来充当海丝特的监护人,但海丝特和她在一起并不快乐。伯母怕迪迪反悔,强调海丝特母亲的精神病不是遗传的结果。迪迪心情沉重地回到酒店,设身处地地体会着海丝特遭受的创伤,揣摩着她的性格。他接受海丝特的一切,而且断定自己爱她,"因为他(现在)依稀可以推断出她的圣洁,尽管这种圣洁并没有以通常的善行而体现。还因为她心智的健康,这种健康从她坚韧顽强的性格中可以略见一斑。"①

  迪迪放下了所有工作,彻底放松下来,体重稳步上升,身体状况明显好转。到了海丝特术后的第十三天,内勃恩太太不知是出于放心还是无奈,把海丝特托付给迪迪,自己坐火车回家。迪迪把她送上"私掠船号"的车厢,里面熟悉的场景引发了他的恐惧,只好草草与伯母告别,惊慌失措地跑下车。他害怕会被警

---

① 苏珊·桑塔格:《死亡匣子》,刘国枝译,上海:上海译文出版社,2018年版,第246—247页。

察抓住,或者被尹卡多纳的妻儿追上。现在他能拥有的,就是海丝特了。

三天后海丝特出院了。迪迪带着她回到纽约,正式向公司提交了辞职信。他手头的积蓄能保证两人至少一年的花销,还能同时支付琼的离婚赡养费。此时已是12月了。第一个星期,他们大部分时间都在户外探索;第二个星期,范围就缩小到步行的距离;第三个星期,天气变得寒冷,他们出门的次数越来越少,后来干脆就闭门不出了。海丝特表现出了越来越强的生活能力,打扫房间,独立做饭……这对情侣的生活简单、平静、幸福,俨然已经合二为一,迪迪晚上连灯都不用开,就能像海丝特一样在黑暗中行动自如。

大概四周后的一个大半夜,弟弟保罗喝醉了酒,像以前那样,事先不打招呼就找上门来。迪迪一时难以解释清楚自己的情况,也不愿海丝特受到打扰,就强行把保罗打发走了。但保罗看出他萎靡不振,不修边幅,一副病容,迪迪不免也暗暗心惊,竟然没有注意到自己不知不觉中又回到自杀后弱不禁风的状态。他向海丝特抱怨保罗的无情无义,海丝特却不以为然,二人竟为此爆发了激烈的争吵,保罗从此以后也再无消息。迪迪与海丝特重归于好,两人继续在家里无所事事,活动越来越少。迪迪后来连狗也不遛了,把它送到了防止虐待动物协会,就这样告别了过去两年里他倾注了满腔爱意的冉。这个变化,自然与海丝特密切相关,她取代了他生活中一切重要的东西,而且,她不喜欢冉,冉对她也没有好感,一见到她就会躲到沙发底下。中国读者读到这一部分,也许会产生似曾相识之感:来历不明的美貌女子深居内室,无人能识;文质彬彬的男子日益憔悴,自己浑然不知,外人却一眼察觉;男子最亲近的宠物对女子敬而远之,甚至是恐惧害怕……这好像是一个美国现代版的《聊斋志异》或者《白蛇传》。海丝特的身份越发神秘莫测。

迪迪曾经在大学时代花了一年时间写了一部名为《狼孩的故事》的小说,他想翻出来读给海丝特听,却怎么也找不到了。他求助于反复出现的梦境,走进了《狼孩的故事》。迪迪的狼孩不是奇闻故事里那种流落荒野被野兽养大的人类小孩,而是马戏团的一对猿猴生下的,被马戏团的一对演员夫妇抚养长大,与正常人类无异。可是养父母不幸离世后,接手收养他的另一个马戏团演员残忍地告知了他真相。狼孩伤心欲绝,远离尘嚣,而等待他的是更可怕的事情:他全身长出浓密的毛发,彻底变成了狼孩。

卡尔·罗利森对狼孩的故事极感兴趣,他以对桑塔格生平的了解,更详细地论述了这个故事所包含的自传性:

桑塔格让他成了个失败的小说家,他关于狼孩的小说手稿遗失了……显然,这个故事是一种对迪迪自己隔离社会、逃离他的动物本性以及生存本能的评注……迪迪也是桑塔格的另一个替身。他记得在图森的德拉克曼街度过的童年,而这正是桑塔格的老家。迪迪有个名叫玛丽的保姆,她说话直截了当,不禁令人想起桑塔格的爱尔兰保姆——罗丝……此外,还有其他一些自传痕迹。桑塔格为迪迪塑造了一个弟弟,正如她本人有个妹妹——朱迪丝……迪迪死于33岁,该小说1966年写完的时候,桑塔格正好33岁……像迪迪一样,桑塔格也努力去观察自己,在以图森为场景的一段描写中,她把自己写成一个黑头发、瘦骨嶙峋的十二三岁的女孩,朝着狼孩——迪迪小说中的人物——所在的山上爬去……她能写个关于她自己的生平故事,她对此很得意,但它也是个非同寻常的负担。正如迪迪就关于狼孩的故事自言自语的那样:"谁也不该从一开始就担当起创造自己本性的重任。"①

随着天气越发寒冷,迪迪变得越发懒散,海丝特也不再勤于收拾,公寓越来越肮脏凌乱。两人的大部分时间都是在床上度过的,性爱成了他们关系的一致主题。慢慢地,迪迪虚弱得连床都起不来了,生活朝着他原先设想的反方向发展着:不是他照顾海丝特,而是海丝特照顾他。迪迪感觉大限已到,"他一度对生活满怀信心,希望有新的心情,却不期然走错了路。他模模糊糊地意识到,自己踏上的是通往死亡之路"。② 他必须抓住最后的机会,追寻尹卡多纳事件的真相。他说服海丝特陪他重走一遍事件发生的隧道,照着火车时刻表算好时间,以便在下一趟火车钻进隧道时能有足够的时间撤离。

迪迪不虚此行,隧道里再次出现了一个形同尹卡多纳的工人,也在拆除横在铁路上的障碍物。迪迪陷入了"薛定谔的猫"一样的悖论中:"他相信两件互为矛盾的事情。其一是尹卡多纳死了,其二是尹卡多纳还活着。这跟相信他自己——迪迪——

---

① 卡尔·罗利森,莉萨·帕多克:《苏珊·桑塔格全传》,姚君伟译,上海:上海译文出版社,2018年版,第169—171页。
② 苏珊·桑塔格:《死亡匣子》,刘国枝译,上海:上海译文出版社,2018年版,第329页。

既死了又活着并没有多大差别,或者说并不是更难。"①迪迪再一次与工人发生口角,再一次趁其不备杀死了他,而就在二人进行殊死搏斗的关头,海丝特呼喊迪迪不要杀人时,困惑不已的读者如果注意到了这个细节,就会明白桑塔格在谋篇布局上下了一盘大棋:"但是迪迪无法听见海丝特刚刚说了什么,更不用说听懂她的意思。她的喊声似乎与各种模糊混乱的叫喊、建议和命令混成了一团,如:'醒一醒!''喂!''快吸氧!'"②原来所有的这一切,全是迪迪在医院接受抢救时的梦和梦中梦。

  不过桑塔格没有就此停笔。迪迪通过重复隧道的谋杀案,向海丝特证明了自己所言非虚。谋杀刺激了他的性冲动,海丝特也并不抗拒,两人就在工人血肉模糊的尸体旁边颠鸾倒凤。海丝特疲乏之中沉沉入睡,迪迪脱下衣物给她垫上,自己赤条条地走向隧道深处,发现了一个庞大的陈尸所,里面陈列、堆砌着不同时代、不同性别和年龄的形形色色的尸体。他想象着海丝特正在这里的某个地方等着他,因为她就是拯救他的一股爱的力量。小说首尾呼应,出现了身着白衣白裤的年轻黑人,身上发出迪迪呕吐物的气味。至此,迪迪和读者都要寻找的真相彻底水落石出:"迪迪从 10 月下旬至 1 月下旬的阶段性生命与其说是平常的出差或者返家之旅,不如说是进入冬天、进入幽闭、进入黑暗、进入死亡之旅,是被延展、放慢,或高倍数放大的弥留之

---

① 苏珊·桑塔格:《死亡匣子》,刘国枝译,上海:上海译文出版社,2018 年版,第 341 页。
② 同上,第 344 页。

际的狂想之旅。"①

遗憾的是,看重小说家身份的桑塔格并未能从《死亡匣子》中获得继续创作长篇小说的信心,相反,她不得不承认,出版《死亡匣子》之后,她失去了作为小说家的自信,这个打击的直接后果就是她在此后的 25 年间没有小说问世。美国电影戏剧评论家斯坦利·考夫曼(Stanley Kauffmannn,1916—2013)将该小说的失败主要归因于桑塔格的资质,揶揄她虽然"粗通文墨,但迄今尚未展示出多少文学创作的才华"②。这似乎印证了出版方的看法:一些恶意的评论并不是针对这本书,而是针对作者。在考夫曼看来,《死亡匣子》语言枯燥,作者过度运用一些表现手法以达到"含混"(ambiguity)的效果,但是"诗性的含混远非这部小说所能及也"③;人物刻画也非常木讷、老套,最难以容忍的是这部小说意义晦暗不明,所以他不禁恼怒地质问它"到底要表达什么"④。《纽约时报》上的一篇书评也持相似的观点,认为桑塔格写写随笔尚算不错,但是其小说都让人失望,甚至委婉地建议桑塔格不妨细细思量一下人物的发展、小说的节奏、语气的真实性等问题。该文作者尤其反感文中反复用括号标示的"现在"(Now)一词,质疑它的实际效果到底是什么。最后他不无挖苦

---

① 刘国枝:《译后记》,收入苏珊·桑塔格《死亡匣子》,刘国枝译,上海:上海译文出版社,2018 年版,第 378 页。
② Stanley Kauffmann,"Interpreting Miss Sontag",in *New Republic*,Issue 10,1967:p.24.
③ 同上,p.45.
④ 同上,p.46.

地说《死亡匣子》的惊悚结尾也许是按照经典的英国恐怖电影《死亡之夜》(Dead of Night, 1945)敷衍而成的。① 12年过后,针对此类指责,拉里·麦卡弗里(Larry McCaffery)在细读了《死亡匣子》后予以了反击,指出对它所做的评论几乎清一色地表明评论者们误解了桑塔格的本意,小说中饱受诟病的表现手法,其实是桑塔格根据叙事对象而做出的选择,归根到底整个故事是发生在主人公迪迪的大脑中的,是梦叙述,所以作者采用了多种形式实验,以求用语言来表现人物思想中发生的事情。大多数评论家反对的所谓"雕虫小技"并非没有必要,桑塔格正是借此搭建起迪迪从梦境走向死亡的形式结构。②

桑塔格在《死亡匣子》里对性爱场面的描写要比在《恩主》里直接和大胆得多,再加上她在媒体上频繁亮相,姿容艳丽,这不免让文艺圈的一些登徒子心驰神荡,甚至在意淫之下造谣生事。有人就大言不惭地吹嘘迪迪和海丝特在隧道里的那一幕鱼水之欢曾经真实地发生在自己和桑塔格身上。桑塔格可没有那么无聊,也没有那么浅薄。她对比两部小说,计划着下一步的写作——"美学之书:《恩主》;道德之书:《死亡匣子》。现在呢?第三阶段?"③在1968年的一次采访中她直言不讳地解释了《死亡匣子》的写作动机:"要知道我经常考虑《死亡匣子》本来应该被

---

① Eliot Fremont-Smith, "Review of *Death Kit*", in *The New York Times*, August 18, 1967.
② Larry McCaffery, "*Death Kit*: Susan Sontag's Dream Narrative", in *Contemporary Literature*, Vol. 20, Issue 4, 1979. p 487.
③ 苏珊·桑塔格:《心为身役:桑塔格日记(1964—1980)》,姚君伟译,上海:上海译文出版社,2018年版,第288页。

称为《我们为什么在越南?》的,因为它涉及的是正在毁灭着美国的毫无意义的暴力和自我摧毁的行径。"①她这番话语出有因。熟悉美国当代作家作品的读者知道,如果《死亡匣子》真有可能改一个名字的话,那也不会是《我们为什么在越南?》,因为在它出版的同年,诺曼·梅勒(Norman Mailer,1923—2007)的一部小说也一起问世,标题恰恰就是《我们为什么在越南?》(*Why Are We in Vietnam?*),而该作品长久以来一直被文学批评家看作美国对越战争的"政治寓言"②。桑塔格在此次采访中就是要表明她与梅勒同声共气的反战立场,而她的这一用心往往被人忽视了。人们也许只注意到《死亡匣子》里一个普通人真假莫辨的自杀和谋杀,但在其后却隐藏着一个宏大的时代叙事——美国与越南之间的那场战争以及由此带来的大规模屠杀。

众所周知,美国对越战争(1961—1973)使得美越两国遭受难以估量的物质损失和无法愈合的精神创伤。戴维·斯泰格沃德(David Steigerwald)在《六十年代与现代美国社会的终结》(*The Sixties and the End of Modern America*,1995)一书中用"令人难堪"来形容这场战争,因为"一个超级大国不慎在阴沟里翻船而蒙受了暂时的苦难",但是"数不胜数的越南人在这一场非同一般的独立战争中死去,而只有大约 60000 名美国人死亡

---

① James Toback,"Whatever You'd Like Susan Sontag To Think, She Doesn't",in *Esquire*,July,1968:p.60.
② 参见谷红丽:《一曲嬉皮士的悲歌:重读诺曼·梅勒的小说〈我们为什么在越南?〉》,载《当代外国文学》2005 年第 3 期,第 129—135 页。

或失踪。对于现代战争而言,美国的伤亡情况似乎还可以接受"①。1966年夏天桑塔格在回答《党派评论》寄给她的调查问卷中对时任总统的林登·约翰逊(Lindon Johnson,1908—1973)将越南战争扩大化予以了谴责,指责他打着美国法律制度的幌子大行不义:"我不认为约翰逊现在的所作所为是'我们的制度'所迫的。比如说,他每晚都是自己决定第二天在越南的轰炸目标",不过制度的确有严重的漏洞,以致"总统可以毫不顾忌地实施一个不道德的、轻率的外交政策"②。随着战争的不断升级,美国国内的反战情绪越来越强烈,人们组织了形式多样的反战示威游行活动,桑塔格本人也在1967年年底走上街头加入历时三天的反战抗议,被捕入狱,1968年元月出庭后获释。到了2000年,桑塔格在一次采访中仍然难以释怀:

> 美国对越南的侵略战争使我不能自拔。即使到今天,美国人都还在谈论56000名战死越南的美国士兵。这是个大数目。但是,有300万越南士兵和无数平民百姓死了。而越南的生态环境被严重毁坏。扔在越南的炸弹比在第二次世界大战所扔的炸弹总数还多,与朝鲜战争中投的一样多。美国进入这些国家

---

① 戴维·斯泰格沃德:《六十年代与现代美国的终结》,周朗,新港译,北京:商务印书馆,2002年版,第137页。
② 苏珊·桑塔格:《美国现状(1966)》,收入《激进意志的样式》,何宁,周丽华、王磊等译,上海:上海译文出版社,2007年版,第211页。此处引用的文字在2018年的版本中漏译了一部分,因此仍采用2007年的版本,但其他部分采用2018年版本。

时,其军备悬殊的程度是惊人的。①

北越政府也注意到了美国国内的反战力量,于是陆陆续续邀请了 40 位左右影响力较大的反战抗议者赴河内访问。1968 年 5 月 3 日,桑塔格和《纽约时报》记者安德鲁·科普坎德(Andrew Kopkind,1935—1994)、康奈尔大学数学教授罗伯特·格林布拉德(Robert Greenblatt,1938—2009)结成三人组,几经辗转后一起抵达河内,进行了为期两周的访问。这是一次艰苦的旅行,由于各种原因,三人花了十天才从纽约途径巴黎和金边到达河内,而返程又花了接近一周的时间。这次访问对桑塔格产生了非常深远的影响,不仅是她人生中的重要转折点,"唤醒了她的政治意识"②,而且"激发出她作为作家的潜能"③。从越南回来后的两个月里,桑塔格埋头写作《河内行纪》("Trip to Hanoi")。这是桑塔格首次采用第一人称写作的文章,先是以书籍的形式由 FSG 和双日出版社(Doubleday)分别在纽约和加拿大的多伦多出版,并于 1968 年到 1969 年间被翻译成至少九种文字与其他国家的读者见面。1969 年,《河内行纪》被收入桑塔格的第二本论文集《激进意志的样式》(*Styles of Radical Will*),仍由 FSG 和双日出版社推出。

不同的人读《河内行纪》,可能会有不同的关注点。丹尼

---

① 苏珊·桑塔格,陈耀成:《苏珊·桑塔格访谈录:反对后现代主义及其他》,黄灿然译,载《南方周末》,2005 年 1 月 6 日。本次采访的时间是在 2000 年。
② 杰罗姆·博伊德·蒙塞尔:《苏珊·桑塔格传》,张昌宏译,北京:中国摄影出版社,2018 年版,第 104 页。
③ 同上,第 105 页。

尔·施赖伯认为这篇文章"以一种极其私人的方式详细说明了桑塔格身为知识分子的基本原则以及她在国家、文化和政治领域中的自我认识"①,杰罗姆·博伊德·蒙塞尔则批评《河内行纪》:

> 充斥着各种矛盾和不成熟的主张,表达了相对复杂甚至有些颓废的思想,作品表现出作为美国人的桑塔格面对越南人的优越感。但是,桑塔格在彰显自己面临的危险以及无法交流,或者说无法弄清事情原委的同时,通过验证和调整几乎所有她最初的感知,成功地把这部作品变成了有关文化错位和沟通不畅的描述,令人深感不安。②

其实要更好地理解桑塔格从亲历越南到书写越南之间的心路历程,不妨先读读同样收录进《激进意志的样式》里的《美国怎么啦(1966)》["What's Happening in America(1966)"],它一般被看成《河内行纪》的前言。《美国怎么啦(1966)》是前面提到的桑塔格针对《党派评论》1966年夏天发放的一份调查问卷所作的回答,问卷一共有七个问题,在选了具体的几个问题回答之前,桑塔格先写了数段评论。第一段伊始,她就不留情面地把美国刻画成一个无理霸道的形象:"美国是这个星球上的头号霸主,他那副金刚般的大爪子中不但攥着人类的历史未来,还攥着人

---

① 丹尼尔·施赖伯:《苏珊·桑塔格:精神与魅力》,郭逸豪译,北京:社会科学文献出版社,2018年版,第167页。
② 杰罗姆·博伊德·蒙塞尔:《苏珊·桑塔格传》,张昌宏译,北京:中国摄影出版社,2018年版,第105—106页。

类的物种未来。"①她批判美国的物质文明发展摧残着人们的感官,对于人类的发展甚至都可能是一种戕害。接下来她历数了美国的三个事实,其实也就是三桩罪行:美国是建立在种族屠杀的基础上的;美国不仅存在着现代历史上最残暴的奴隶制,而且还存在着否认奴隶是人类的司法体制;美国主要是由欧洲输出的剩余穷人加上一小部分厌倦欧洲的人创造的,他们被灌输了消灭土著文化、"征服"大自然的思想,依照庸俗的幻想来建设这个国家。正是在这篇文章中,桑塔格像扔一颗重磅炸弹一样,写下了一个爆炸性的句子:"白人种族是人类历史之癌。"②

《党派评论》的问卷上有这样一个问题:你认为我们的外交政策会将我们引向何方?桑塔格直言不讳:

> 我认为本届政府的外交政策将引发更多的战争与更广泛的战争。我们唯一的希望——同时也是对于美国的好战性与偏执狂的首要制约——就在于西欧的厌战与去政治化、在于俄国(苏联)与东欧各国对于美国和另一场世界大战的强烈恐惧,以及我们那些第三世界卫星国的腐败无能。没有盟友,想要发动一场"圣战"是很难的。但美国的疯狂程度足以驱使它霸王硬上弓。③

有了这个前期的心理和思想铺垫,桑塔格在奔赴越南这个誓死抵抗美国的亚洲小国时,想必是怀着澎湃的激情和悲壮的

---

① 苏珊·桑塔格:《美国怎么啦(1966)》,收入《激进意志的样式》,何宁等译,上海:上海译文出版社,2018年版,第200页。
② 同上,第211页。
③ 同上,第205页。

情感的。因此,一旦遇到有悖于期望的情景,内心自然而然就会产生落差了。或者说,她心中有两个越南,一个是想象中的,一个是现实中的。她本来打算结束越南之行后绝不写这趟旅行的相关文章,毕竟在她之前到访过河内的受邀者们已经写下了不少文字,其中就包括她的文坛前辈,作家玛丽·麦卡锡(Mary McCarthy,1912—1989),但她回国后还是立刻提起了笔,因为"眼下这种时候,一个美国人若是认为还值得写一写越南,唯一的原因便是能为反战的声浪推波助澜吧"①。

在桑塔格的头脑中,通过阅读和观看新闻片,已经构建起了一个越南,那里有被美国军队投掷的凝固汽油弹烧焦的尸体、骑着自行车的民众、由茅草屋组成的小村庄、被夷为平地的城市……总之,那是一个贫困落后又雪上加霜地饱受战争摧残的国家。当她踏上这片土地时,一想到就要眼睹自己的国家所犯下的暴行,既有负罪感,也悲愤交加。但是越南人民以极度的热情欢迎了她,在鲜花和礼物的包围中,她不由恍惚起来:"我对越南人民了解多少,他们对我和我的国家又了解多少?"②她把自己初到越南的感受比喻成终于见到了一个钟爱多年、总是出现在幻想里的明星,可是很失望地发现真人与想象中大不相同,至少没有那么高大。当飞机降落在河内机场时,她为自己能活着到达目的地而感到庆幸。北越政府派了四个工作人员前来陪

---

① 苏珊·桑塔格:《河内行纪》,收入《激进意志的样式》,何宁等译,上海:上海译文出版社,2018年版,第214页。
② 同上,第216页。

同,一行人乘坐三辆汽车在夜色中驶入下榻的酒店。晚上三位美国客人拖着疲乏的身体,坚持到街头稍作漫步,看到了路边帐篷里停放的卡车,它们是通宵运转的"流动车间"或"分散工厂",也许是为了躲开美国军队的袭击。他们还在一处景点停留了一会,似懂非懂地听了几个与其相关的历史故事。越南陪同人员催大家早点休息,桑塔格这才依依不舍地与大家互道晚安。酒店房间里几乎是从房顶上罩下来的高高的白色蚊帐给她留下了比较深的印象,她准确地记得自己为了把它弄好,足足花了十五分钟。这也是越南具有强烈的"异域"色彩的一个方面吧。

在越南度过的第一夜让桑塔格觉得不真实,而随后的几天,这种不真实感也没有消除。她意识到,"虽然在政治和道德上始终同越南站在一起,可如今真的来待了一小段时间(我比戈达尔幸运),不知怎的,我却无法同它建立起思想和情感上的联系"[1]。她摘录了1968年5月5日到5月9日在越南写下的日记,向读者披露了她当时的所见所感。她试图解释自己感受到的隔阂是来自文化差异,是越南人的待客或待敌之道与她所习惯的大相径庭,但真正令她不自在的是她被当成了受到严格监护的孩子,所有行程和活动都在对方的掌控和安排之中,而她竟然也不由自主地像个孩子似的想要取悦对方。她观察着四个越方陪同人员,长相脾性虽然明显不同,但是很难把他们当成是独立的个

---

[1] 苏珊·桑塔格:《河内行纪》,收入《激进意志的样式》,何宁等译,上海:上海译文出版社,2018年版,第222页。戈达尔,即让·吕克·戈达尔(Jean-Luc Godard,1930—),法国和瑞士籍导演,法国新浪潮电影的奠基者之一。他在1967年参与拍摄反映美国对越战争的纪录片,希望能到北越拍摄,但没有获得签证。

体,因为他们说话的内容和风格几乎完全一致。不仅如此,美国人所到的每一个地方,欢迎仪式和招待规格也几乎都分毫不差,就像经过了程式化的排演一样。桑塔格强调自己并不觉得后悔,可还是为自己恍如走进了一出政治剧而难以释怀:"他们饰演他们的角色,我们(我)必须演好我们(我)的。戏显得沉闷主要是因为剧本完全由他们写;同时他们也负责导演……这让我在参与一幕幕时似乎是履行职责为主,整场演出也变得有些愁苦。"①

三位美国来客的角色非常明确:支持越南人民反对帝国主义侵略的美国朋友。不管他们造访哪里,接待方的发言人开口的第一个词都是"朋友们"。越南人众口一词地声称美国人民是他们的朋友,美国政府才是他们的敌人。面对随处可见的亲切温情的微笑,桑塔格却有点恼火起来,认为越南人才是幼稚的孩童。她的配合演出不亚于是一种欺骗,因为置身在这样一个由道德童话构成的二维世界里,她心里渴望的还是美国那样的三维世界,那至少是一个成人化的、富有质感的世界,而不是处处千篇一律、毫无个性。

不过桑塔格很快就推翻了文化差异的解释。到了5月7日,她为自己感受到的困惑找到了另一个原因:她错失了越南人心理学的世界,因为他们只生活在历史的世界里。这个世界主题单一,历史本质上也只由一个情节构成,那就是不断地抵抗外

---

① 苏珊·桑塔格:《河内行纪》,收入《激进意志的样式》,何宁等译,上海:上海译文出版社,2018年版,第224页。

界的入侵,而一些历史概念也逐渐失去了独特性,模糊成统一的语言。比如,无论是曾经入侵的法国人、日本人,还是正在燃起战火的美国人,统统都是"海盗"。由于主客双方各有一套知识和话语体系,在交谈时往往答非所问,桑塔格做跨文化比较的打算落空了,不由备感失望。5月8日,她沮丧地写道:"越南人跟我们那么不一样,我败下阵来——我们不可能理解他们,他们显然也不可能理解我们。"[①]但她又反思问题是不是出在自己身上,是不是自己有失偏颇,因为"尽管我对越南人心怀崇敬,也对自己国家的所作所为深感羞耻,我还是会觉得自己像个从'大'文明来参观'小'文明的人。我那由'大'文明养育出来的观念是只长了许多器官的生物,习惯于源源不断吸收文化的毒素,还受到了嘲讽病毒的感染"[②]。

1968年3月31日,约翰逊总统宣布停止轰炸北越北纬20°以北地区,桑塔格到访期间正处于安全地带,因此不用担心被炸弹攻击,可是在北纬20°以南,美国实施的狂轰滥炸较之前有过之而无不及,几乎全天候都是炮火连天。出于安全考虑,北越政府不允许桑塔格他们探访那些正在遭受人间炼狱之苦的生灵涂炭之地。她看到的是越南人平静隐忍地面对战争的破坏,在极度的清贫和困苦中有条不紊地工作和生活着。她无助地感觉到自己像是被安放在一个玻璃箱内,看似能一眼望到越南人的生

[①] 苏珊·桑塔格:《河内行纪》,收入《激进意志的样式》,何宁等译,上海:上海译文出版社,2018年版,第235页。
[②] 同上。

活,实际上却无法真正地走近观察。她意识到在巨大的差异之下,美国的激进派并不能从越南革命中汲取到什么营养,相形之下,古巴革命能予以他们重要的启迪。1960年6月到9月,桑塔格曾经带着戴维在古巴待了三个月,考察了古巴革命和菲德尔·卡斯特罗(Fidel Castro,1926—2016)领导下的古巴,当然,这多少受到了来自古巴的福恩斯的影响。她忍不住把古巴和越南进行对比,喜欢古巴人的随性和冲动,而不是越南人的礼貌和乏味。越南是一个性冷淡的文明社会,人们对性有着严格的自律,年轻貌美的女护士和男司机导游晚上同住一室,没有任何人觉得有何不妥,但是在古巴,革命还意味着解放包括性爱在内的个人能量。古巴人展现出平等主义的风度,越南则等级森严,有的人似乎理所当然地比另外一些人占有更好的物质资源,外宾的地位也高高在上。桑塔格无法坦然接受自己和同伴享受的特权,当越南陪同人员自豪地带着他们几个美国人去专为外宾和国家政要设立的特种商店买橡胶凉鞋,量身定做越南裤子时,她感到这种做派很不"共产主义"。酒店每顿午餐和晚餐都为他们提供丰盛的大鱼大肉,可是一想到绝大多数的越南人一个月才能吃到一次鱼或肉,桑塔格就感到吃饭是一种负担。还有,再短的距离,出行时也是车接车送,她不免心生不满:"他们是不是定下了一条规矩,只留最好的给客人?但依我之见,在一个共产党领导下的社会中,这种礼节应该废止。还是说我们出行必须坐车是因为他们觉得我们外国人(西方人?美国人?)体弱无能,同时还需要别人提醒注意避暑?"①以我们今天的眼光来看,令她不适的这些方面或许恰恰是东西方待客之道的文化差异。

桑塔格自认为还发现了越南人的一个缺点:不记仇。她接触到的越南人竟然显得十分喜爱美国。一个名叫范玉石的博士,身为内阁成员,竟然毫无顾忌地表示钦佩美国的科技水平,在她看来,这岂不是咄咄怪事?因为美国正是利用其高度发达的科技制造了杀伤力强大的武器,蹂躏他的祖国啊!诗人们为美国客人们朗读沃尔特·惠特曼(Walt Whitman,1819—1892)和埃德加·爱伦·坡(桑塔格十岁前的文学之父)的诗歌;在作家协会的活动上,有人探问桑塔格是否认识剧作家阿瑟·米勒(Arthur Miller,1915—2005),当她说自己甚至可以把越南语译本的米勒名作《推销员之死》交到剧作家本人手中时,对方欣喜不已。越南人经常满怀歉意地说自己的国家非常落后,这让桑塔格感觉,他们的友好来自内心深处对美国这个全球最"先进"的国家的无限敬意。但也许这只是她一厢情愿的错觉而已,她只差没说出来越南人一边被轰炸,一边却对轰炸方恭敬有加。当两个国家处于交战状态时,一方仍然对另一方的文化、艺术、科技等保持着兴趣和敬意,并不等同于骨子里的奴颜婢膝。

就在桑塔格准备放弃努力,继续在"玻璃箱"里体验越南时,好像在突然之间,她的精神束缚被松开,不真实感逐渐散去,"越

---

① 苏珊·桑塔格:《河内行纪》,收入《激进意志的样式》,何宁等译,上海:上海译文出版社,2018年版,第242页。

南人作为一个真实的民族、北越作为一个真实的地方"①,终于进入了她的视野。她没有解释是什么契机促成了这样的峰回路转,这不免让读者满腹狐疑:她这是要先抑后扬吗?她在跟人交谈时变得更加自在起来,也发现只要集中注意力,前几天听到的重复枯燥的标准化套语现在听起来也有丰富多彩的一面。起初被处处当成"朋友"的那种尴尬也消失了,代之以真诚和灵活的反应。她主动回到文化差异上来,重新审视越南人的好客和礼貌,他们的真诚和诚实原则也与西方不同,他们奉行的美德有时就是对西方标准的公然冒犯。桑塔格很震惊地看到在河内北边和平省的乡间建造了一座庄严肃穆的坟墓,里面安葬的是一年前被当地农民击落的一架美国战机的飞行员。同行的政府工作人员告诉她,飞行员的遗体躺在一口优质木材打造的棺材里,一旦战争结束,他的家人便能来把遗体运回去。桑塔格无法想象,面对这样一个素不相识的、屠杀了他们亲人朋友的飞行员,越南人是如何做到平心静气地为他设计墓穴并精心维护着他的坟墓的?桑塔格自我解惑说,她的疑惑是"罪感文明"与"耻感文明"碰撞的反应。越南是一个建立在耻感之上的文明,而她自己是在一个建立在罪感之上的文明中长大的,所以她判断:

> 这必然是我觉得他们难以理解的一大原因。我猜想"罪感文明"往往容易形成理智上的彷徨多疑和道德上的错综复杂,所以,在奉行罪感的社会看来,一切建立于耻感之上的文明都是

---

① 苏珊·桑塔格:《河内行纪》,收入《激进意志的样式》,何宁等译,上海:上海译文出版社,2018年版,第249页。

"幼稚的"。在耻感文明中,人对自身与社会道德要求之间的关系的感觉远没有那么模棱两可,集体行动和公共范围的存在方式都有着我们这里所没有的内在合法性。①

桑塔格在越南人身上看到了克制、慎重、谦卑、积极、乐观、节俭,还有超越个人情感的集体善意。她同时也提醒读者,这并不意味着,北越就是一个正义国家的典范,政府也犯下过暴行,但这个国家的人民能拧成一股绳,无数的个体能团结成一个整体。旅行结束后,桑塔格的心绪难以平复,她获得了一种全新的情感,一种更迫切的道德责任,她眼里的世界也变得更大了。在她写作《河内行纪》期间,又发生了两件大事,一是法国的"五月风暴",二是"布拉格之春"。1968 年 7 月上旬,桑塔格逗留巴黎的时候,"五月风暴"已经过去,她见到了几位曾经走上街头参加过斗争的朋友,发现他们并不愿意承认革命已经失败,这与她从越南回来的心情倒有一些相似之处。因此,在《河内行纪》的最后一段,她写到了这件事情,认为那些"五月风暴"的参与者们和她一样,体验到了一种新的情感,人生从此便有了不同,而她也明白北越之行对她的影响将会持续终生。

施赖伯质疑桑塔格在《河内行纪》中表明自己完全是个外行的身份,既非记者,也非亚洲问题专家。他考证了 FSG 出版社的档案,说甚至还在桑塔格成行之前,出版社就计划将这篇有待完成的文章先发表到 1968 年 12 月的大众杂志《时尚先生》上,

---

① 苏珊·桑塔格:《河内行纪》,收入《激进意志的样式》,何宁等译,上海:上海译文出版社,2018 年版,第 256 页。

扩大阅读面和影响力,然后在 1969 年 1 月先推出平装版,并在 3 月收入《激进意志的样式》里,因此她诚然不是亚洲问题专家,但实际上是带着任务,以记者的身份前往越南的。出版社不遗余力地发起了一场宣传战,为了更早地占领市场,更改了原计划,当年就实现了杂志发表与单行本出版齐头并进。如期出现在《时尚先生》上的文章多了一个副标题:《河内行纪:关于敌营的札记》("Trip to Hanoi: Notes on the Enemy Camp"),有意无意地提醒读者,这篇文章可是出自写出了《关于"坎普"的札记》的作者之手啊!出版人斯特劳斯和桑塔格本人都志在必得,确信这篇散文会使风头正劲、声称自己是新激进主义者的年轻作家更加引人注目。结果也确实如此,玛丽·麦卡锡和著名左翼作家丽莲·海尔曼(Lillian Hellman,1905—1984)都写信给桑塔格夸赞《河内行纪》,而针对文章中激进的语言和论断,美国新保守主义也开始了对她长达几十年的攻击。这里需要交代一笔的是,历史经常会出现一些意想不到的反转,1975 年,曾经热情接待过桑塔格的北越政府把《河内行纪》列为禁书。

河内之行可以说是桑塔格政治旅行的真正开端。1968 年 12 月下旬,她再次起程前往古巴,中途在墨西哥城停留,并在墨西哥国立大学就河内之行发表演讲。两个月前的 10 月 2 日,墨西哥城经历了一场可怕的腥风血雨,两千多名抗议军队占领大学的示威者遭到殴打、枪杀和监禁。来听桑塔格演讲的大多是怀着反美情绪的年轻人,按照卡尔·罗利森和莉萨·帕多克书中稍带嘲讽的说法,听众将报告厅挤得水泄不通,针对美国的外交政策对她进行了连珠炮似的发问,并抨击她的观点,"她彻底崩溃,哭了起来。她很快就恢复了镇静。要知道,这个作家的自控力是令人钦佩的,她站在讲台面前可一直是沉着冷静、泰然自若的,但一谈到在越南的战争,她便再也无法保持镇静"。①

1960 年桑塔格在古巴旅居了三个月,并没有什么文字记录,连日记里也找不到相关的踪迹,但 1968 年的桑塔格已经在国内外都具有了非同小可的影响力,她自己也深知这一点,了解大众的期待。回国后,她就写下了《关于(我们)热爱古巴革命的正确方法的若干思考》("Some Thoughts on the Right Way (for us) to Love the Cuban Revolution"),1969 年 4 月发表在新左翼杂志《堡垒》(Ramparts)上。文章主要写了三个方面的对比。首先,她对比了旧左翼和新左翼,认为前者是从狭隘的政治观来构想激进活动的,其成员仍然与他们攻击的社会唇齿相依,而后者的愿景主要是一种心灵革命,毫不妥协地摒弃基本的文化规范。虽然新左翼比旧左翼更加智性和敏感,但也更加偏狭,美国化得更厉害,因为他们的目标是追求个体化的自由,而不是正义。第二个对比是美国与古巴的新左翼对待"能量""意识"和"纪律"的态度。美国人感佩古巴人生活中的能量水平十分巨大,但错误地把解放活动与个体的激情联系起来。至于意识,美国的激进分子虽对古巴人致力于改变意识最感兴趣,可是他们往往是从一种观光客的角度来看待这个改变的,就好像是从过度发展的美国出来透口气,来见识见识欠发达的古巴文化一样。军事和意识形态方面的纪律要求可能会失去美国人的信任,但他们应

---

① 卡尔·罗利森,莉萨·帕多克:《苏珊·桑塔格全传》,姚君伟译,上海:上海译文出版社,2018 年版,第 187—188 页。

该把这种不信任看成一种对美国社会特定状况的过度泛化的反应。桑塔格最后比较了美国激进主义的心灵灵性和标志着古巴革命特色的"发现新的公共价值"。当古巴人把他们的使命看成创造历史、重构意识时,美国人却认为这是废除意识,轻装上阵。桑塔格从而建议,在激进运动的下一个发展阶段,美国人需要找到一种比当前主要是文化战的运动形式更加政治化、纪律化的途径。① 有人指出,桑塔格对新左翼激进主义的批判实际上带着自指性,因为她所诘问的正是她自己也怀有的那种非常美国化的态度,怀疑一切被认可的、官方的、主流的文化。她应该也要问问自己,为何美国的激进分子几乎不能为知识分子设想出超越传统反对派的新角色。②

1969年秋,《激进意志的样式》正式出版。文集一共收入了八篇文章,分为三个部分,第一部分是关于美学和哲学的,由《静默之美学》("The Aesthetics of Silence",1967)、《色情之想象》("The Pornographic Imagination",1967)和《"自省":反思齐奥兰》("'Thinking Against Oneself': Reflections on Cioran",1967)组成。第二部分是关于电影的,也有三篇文章:《戏剧与电影》("Theatre and Film",1966)、《伯格曼的〈假面〉》("Bergman's Persona",1967)和《戈达尔》("Godard",1968)。最后一部分就是《美国怎么啦(1966)》和《河内行纪》,这个部分与前两部分所

---

① 《关于(我们)热爱古巴革命的正确方法的若干思考》的内容梳理参考自 Leland Poague, Kathy A. Parsons, *Susan Sontag: An Annotated Bibliography 1948-1992*. New York: Garland Publishing, Inc., 2000: p. 162-163。

② 详见 Liam Kennedy, *Susan Sontag: Mind as Passion*. Manchester and New York: Manchester University Press, 1995: p. 71。

探讨的问题显然格格不入,因而也引起了一些批评家的责难。这本文集是献给知名演员和戏剧导演约瑟夫·蔡金(Joseph Chaikin,1935—2003)的。蔡金1955年到纽约接受演员训练,1962年出演了布莱希特的戏剧《人就是人》(*Mann ist Mann*,1931),星途坦荡,后来成立了先锋剧院"开放剧场"(Open Theatre),担任戏剧导演。桑塔格和他结识后,把他当成了精神伴侣,倾诉自己情感生活中的种种挫折和痛苦。

《静默之美学》和《色情之想象》是桑塔格的"里程碑论文"[①],在两篇文章里作者都采用了以数字标号的札记写法。只要翻开《静默之美学》的第一页,桑塔格那股熟悉的自信而霸道的风格便夹带在第一句话里扑面而来:"每个时代都必须再创自己独特的'灵性'。"[②]她立刻解释说,这个"灵性"就是"力图解决人类生存中痛苦的结构性矛盾,力图完善人之思想,旨在超越的行为举止之策略、术语和思想"[③]。在现代社会里,"艺术"是"灵性"最活跃的隐喻之一。桑塔格用加了引号的艺术来指处于人们阐释视野中的艺术形式,可以说是引导人们回顾她的成名作之一《反对阐释》里的具体分析。关于艺术,先后有两种观点:一是艺术是人类思想的表达,思想通过艺术了解自身;二是艺术和思想的关系要复杂得多,艺术并不是思想的表达,而是体现了心灵对自我

---

① 卡尔·罗利森,莉萨·帕多克:《苏珊·桑塔格全传》,姚君伟译,上海:上海译文出版社,2018年版,第189页。
② 苏珊·桑塔格:《静默之美学》,收入《激进意志的样式》,何宁等译,上海:上海译文出版社,2018年版,第3页。
③ 同上。

疏远的需求和能力。桑塔格在第二种观点中引出了静默,按照她的论证逻辑,这种观点:

来源于后心理分析对思想的认识,它使艺术活动在追求由伟大的宗教神秘主义者们所描述的存在之绝对状态的过程中出现许多悖论。因为神秘主义者的活动最终必然是否定的神学,是上帝缺席的神学,是对无知而不是知识,对静默而不是言语的渴望,所以艺术必然是倾向于反艺术的,是对"主体"(或"客体""意象")的消解,是时机对意图的替代,以及对静默的追求。①

这时候就出现了一种更具破坏性的矛盾:艺术要表现"精神",但艺术本身却是"物质"的。对于艺术家来说,艺术就成了阻止其实现超越的敌对力量,因此,"人们想要推翻艺术。一种新的元素进入个体艺术作品,并成为它的一部分:消灭其自身,以及最终消灭艺术(或隐或现)的诉求"②。桑塔格举了三个例子。超现实主义诗歌的鼻祖兰波(Jean Nicolas Arthur Rimbaud,1854—1891)放弃诗歌创作,到阿比西尼亚去做生意,从事奴隶贸易,疯狂敛财;大哲学家维特根斯坦(Ludwig Josef Johann Wittgenstein,1889—1951)隐于乡间,当一名乡村教师,后来又去一家医院当勤杂工,干起伺候病人的工作;艺术家杜尚(Marcel Duchamp,1887—1968)晚年一心一意下象棋,1964年,法国电视台还制作了一个"和杜尚下棋"的节目,该节目获得了

---

① 苏珊·桑塔格:《静默之美学》,收入《激进意志的样式》,何宁等译,上海:上海译文出版社,2018年版,第4页。
② 同上,第5页。

电影节的大奖。三个人无一例外,都宣称自己曾经在各自的领域取得的辉煌成就不值一提。尽管如此,桑塔格犀利地指出,他们选择永久的静默丝毫无损他们的权威地位,反而越发强化了他们以前所做工作的严肃性。通过放弃艺术,他们成就了另一种艺术——解脱和苦行修炼,"艺术家由此将自身净化,并最终将自己的艺术加以净化"①。沉入静默之后,艺术家屏蔽掉了外界的一切干扰,解放了自己。静默的姿态不是平庸之辈能轻易效仿的,只有真正有天分的艺术家才会做出这种示范性的决定。

观众面对现代艺术无所适从,甚至感到愤怒,其实就是难以参与到作为当代美学主要标准的静默理想之中。现代艺术的典型目的,就是要让观众感到不可接受,而对艺术家而言,观众正是他们想要摆脱的对象。当艺术家与观众之间存在理念的冲突时,静默就成了前者的有效武器。不过,现代艺术家无法真正做到剔除观众,"最多只能修改他自己面对观众和自身时的术语。讨论艺术中的静默思想就是讨论在这基本无法改变的情境中的各种选择"②。

桑塔格自然而然地抛出这么一个问题:静默是如何具体地呈现在艺术中的呢?她列举了几种形式。其一是决绝,艺术家要么走到极端——自杀,要么就像前面的兰波、维特根斯坦和杜尚一样,放弃职业。其二是惩罚,艺术家要么精神失常,要么受

---

① 苏珊·桑塔格:《静默之美学》,收入《激进意志的样式》,何宁等译,上海:上海译文出版社,2018年版,第6页。
② 同上,第8页。

到社会的迫害,被流放、监禁等。对于观众来说,静默并不在他们的体验之中,如果有,那只能表明他们心不在焉或者误解了自己的感受。对于艺术作品来说,哪怕是在美国先锋音乐家约翰·凯奇(John Cage,1912—1992)惊世骇俗的《4分33秒》里,静默也不是真正作为一种特性而存在。1952年8月29日,凯奇在纽约举办他的新曲钢琴演奏会。慕名而来的观众看着他把钢琴家请上台,在钢琴前坐下,却一动不动。观众左等右等,也不见有何动静,不由交头接耳,窃窃私语起来。4分33秒过去了,钢琴家站起身来,告诉大家:"我已经成功演奏完了《4分33秒》,谢谢!"观众错愕不已,这次表演后来还引发了大规模的抗议,但是凯奇的石破天惊之举使该无声之曲成了另类而经典的音乐之作,强烈地震撼,或者说颠覆了人们的感受力。这件音乐作品中的寂静只是人为制造的一个隐喻,凯奇也强调根本不存在静默,就算一个人身处隔绝一切声音的房间,他仍然能听到声音:自己的心跳声和头脑中血液的流动声。

桑塔格批评在当时的艺术中有为了静默而静默的盲目跟风,如此为之的艺术家们并不了解,艺术家不可能既拥有静默,又仍然是艺术家,在静默和艺术家的身份之间,不能二者兼得。静默就是一个充满了悖论的交集。它既能确认人们缺乏或放弃思想,沉默无言,又能确认人们完成了思考,独自回味。静默与言语的关系也是既抑又扬。当言语封闭了思想,静默能为继续或拓展思想提供时间,打破言语的专制。静默同时又能帮助言语获得最大限度的完整性和严肃性,桑塔格说道:"我们都经历过这种情况,若话语中夹杂着长时间的静默,那话语就显得更有分量;几乎能让人直接感受到它的力量。或者当一个人说话不多的时候,我们就会更加充分地感受到他在特定空间里的切实存在。"①其实,这正是中国人熟谙的"此时无声胜有声"。

在文章的最后一节,桑塔格回到了"灵性"上来。"灵性"之所以必须要不断地再创造,是因为"所有精神活动本质上都会消耗自身——耗尽它们自身的意义,也就是它们赖以表达的那些术语的意义"②。艺术作为一种精神活动也不例外。当代艺术家以喧闹和温和的两种风格提倡静默,前者狂热而笼统,最终落入虚空之中,后者则更为谨慎,展现出一种反讽性的开明。实际上,"静默只有具有相当可观、近乎系统的讽刺,才能保持其在现代艺术和思想领域内的活力"③。因此,反讽(irony)可能是一个解决方案,它自苏格拉底时代开始,便发挥了对于个人的价值,是"寻求和把握个人真理的复杂而严肃的方法,也是保持个人清醒的手段"④。不过,桑塔格对于反讽到底能在艺术的发展中起多大作用也没有把握,她甚至悲观地预想到终有一天,人们的追寻会在绝望或一声苦笑中终止。

《静默之美学》有二十一小节,《色情之想象》篇幅要更长一些,但桑塔格只将其分成了六小节,脉络更清晰。在第一节,她

---

① 苏珊·桑塔格:《静默之美学》,收入《激进意志的样式》,何宁等译,上海:上海译文出版社,2018年版,第20页。
② 同上,第34页。
③ 同上。
④ 同上,第35页。

把色情作品划为三类：作为社会历史一部分的色情作品、作为心理现象的色情作品以及作为艺术中一种非主流却有趣的形式或传统的色情作品。她要讨论的就是第三种。色情作品中垃圾居多，但也有极少量可以归入严肃文学的杰作。遗憾的是，无论是要求严加审查黄色书籍的卫道士，还是担心审查制度产生的后果会远远大于所谓黄色书籍带来的危害的自由主义者，都把色情简化为需要诊断的疾病和有问题的社会商品，从而否定了严肃文学在色情作品中存在的可能性。当然也不乏开明人士，准备承认"色情之想象"，诞生于这个想象中的色情作品是对伪善压抑的社会结构的合理表达，也是其解毒剂。然而，桑塔格惊讶地发现，在英美文学界，从来没有人提出有些色情书籍是有趣而重要的艺术作品。换言之，在这个方面，她又成了提出这个观点的第一人。

人们仅仅把色情作为社会心理现象和道德关注的所在，是色情作品是否是文学这一问题没有得到真正的讨论的一个原因。在第二节，桑塔格指出了另外一个原因，那就是大多数英美评论家把色情作品排除在文学领域之外，使其成为批评的盲区。桑塔格归纳了四个相互独立的论断，它们确立了色情作品与文学的对立和排斥。第一，色情作品立意单一，只想唤起读者的性欲望，与文学的复杂功用不相容，但桑塔格争辩道，从乔叟到劳伦斯，不少经典名著都包含着让读者产生性兴奋的段落；第二，色情作品缺乏文学所特有的开头——中间——结尾这一形式，有了一个拙劣的开头之后，就没完没了地往下发展；第三，色情作品对其表现手法并不关注,语言只是扮演一种降格的、辅助性的角色,用于激起非言语的幻想;第四,色情作品不探讨完整形成的个人,只记录丧失个性的器官之间的交易活动,而文学要展现人与人之间的关系和人类复杂的感觉和情绪。按照上述观点,色情作品没有任何文学价值,但桑塔格坚称这些观点经不起推敲,她以《O 的故事》(*Story of O*)为例子逐条予以了反驳。《O 的故事》是 1954 年以半地下的形式出版的一部法语小说,装帧精美,价格不菲,被认为是虐恋文学的现代经典之作,作者署名波利娜·雷阿日(Pauline Réage)。但直到现在,由于相关的当事人守口如瓶,没人知道真正的作者到底是谁,甚至作者是男是女都无从了解。桑塔格的驳斥如下:第一,这部小说按照色情作品的标准来看,是淫秽的,读者的确会获得性刺激,但性刺激不是它唯一的功用;第二,小说的叙述结构明晰,有开头、中间和结尾;第三,小说语言优美,表现出作者对语言的重视;第四,小说中的人物有血有肉,有情感,有心理动机,与当代的非色情小说相比,人物形象的丰满程度没有什么区别。

桑塔格由此得出结论,色情作品与文学并不是对立的关系,它们完全可以属于文学,这本来就是不言自明的道理,如果一定要为其正名的话,不妨对何为艺术进行一番全面的考察。艺术和艺术创造都是一种意识形式,幻想作为一种意识形式,自然也能成为艺术的素材。色情作品对性的描写是一种超乎现实的夸张的幻想,而"作为文学的色情作品之素材,准确地说,是人类意识的一个极端形态。无疑,很多人都会同意,迷恋于性的意识可以在原则上作为一种艺术形式进入文学领域"①。以往在文学里清除色情作品的做法,只是基于精神病学和社会学的标准,并没有参照艺术的标准。如果以艺术的标准来衡量,色情作品所蕴含的思想的排他性既不反常也不反文学。桑塔格顺便提到了另一个同样依赖于幻想的文学类型——科幻小说,其与色情文学有不少共同之处。二者里的一流作品都屈指可数,都旨在探讨迷惑和精神错置。

第三节具体介绍了两本从法语翻译成英语的作品——前面提到过的《O 的故事》和另一本名叫《色像》(*The Image*)的小说,以说明色情作品也是文学。《色像》是在 1956 年出版的,比《O 的故事》只晚了两年,作者使用的也是笔名,叫让·德·贝格(Jean de Berg)。这本书不仅是献给"波利娜·雷阿日"的,而且还有"波利娜·雷阿日"写的序言,而从此以后,这个名字就永远消失了,成为文学史上的神秘事件之一。关于两本书的作者的真实身份,人们总是往法国文学界的知名人物上猜,因为很难想象业余作者能达到这样的创作水准。两本书对色情素材的运用具有显著的文学性,同时又分别体现了色情作品的两种模式,"一种相当于悲剧(如《O 的故事》),色情主体——受害者坚定冷静地走向死亡,另一种相当于喜剧(如《色像》),对性行为的执着追求最终获得满足,主角与其唯一渴望的性伴侣获得美满生

---

① 苏珊·桑塔格:《色情之想象》,收入《激进意志的样式》,何宁等译,上海:上海译文出版社,2018 年版,第 47 页。

活"①。

桑塔格继续在第四节讨论被认定为色情文本的《眼睛的故事》(*Histoire de L'Oeil*,1924)和《爱德华达夫人》(*Madame Edwarda*,1937),作者是法国小说家乔治·巴塔耶(Georges Bataille,1897—1962)。人们面对这两部主题是性追求的小说感到不安,一个原因就是巴塔耶十分清楚色情作品关乎的其实是死亡。桑塔格特意说明,不是每一部色情作品都讨论死亡,只有真正"淫秽"的作品才是这样,因为"真正的淫秽追求往往是在经历和超越性爱之后,向死亡的满足发展的"②。桑塔格认为巴塔耶的色情创作新颖独特,成就显著,盛赞其"比我所了解的一切其他作品更好地揭示出色情作品作为艺术形式潜在的美学价值,《眼睛的故事》是我所读过的色情散文小说中艺术成就最高的,而《爱德华达夫人》则是其中最具原创性和智性力量最突出的"③。

在最后两节里作者反复提到了色情想象。色情想象勾勒出一个完整的世界,就像逻辑学家的想象和宗教想象一样。每个人都曾经在色情想象的世界里有所停留,像巴塔耶这样的越界者在这个世界里获得了比别人更加丰富的体验和知识,有助于他战胜痛苦的记忆,为他提供生命活力之源。有的人反对色情想象的产物——色情作品,只是出于觉得性是肮脏下流的,这未

---

① 苏珊·桑塔格:《色情之想象》,收入《激进意志的样式》,何宁等译,上海:上海译文出版社,2018年版,第60页。
② 同上,第61页。
③ 同上,第66页。

免有些反应过度,但有的人是出于担心色情作品会成为心理不健全者的依赖,并导致品德单纯的人在接触之后变得残酷无情,这也许是值得肯定的忧思,桑塔格也表明了自己与后者相近的立场。那么,色情作品到底应该被置于一个什么样的位置?桑塔格援引美国作家保罗·古德曼(Paul Goodman,1911—1972)的话给出了答案:"问题不在于要不要色情作品,而在于色情作品的质量。"①她往前再进了一步:"问题不在于要不要意识或者要不要知识,而在于意识和知识的质量,这便带来对人类主体质量和健康程度的考量——这是最棘手的标准。"②也就是说,高质量的色情想象和孕育其中的色情作品值得推崇,因为它们体现了高质量的意识和知识。不加区别地定义和否定所有的色情作品,实际上也就相当于把所有形式的严肃艺术和知识,或者说把一切真理都当成可疑和危险之物严加防范,其结果不言而喻。

《"自省":反思齐奥兰》也是一上来就直截了当地给时代把脉:"在我们这个时代,所有的智性、艺术或道德活动都被吸纳到对意识的一种掠夺性占有中——历史化。"③历史化观点的危害在于以历史的眼光来审视当下的活动,认为较之于人类漫长的历史,这些活动只是短暂的发展,其价值和体现的真理也随之变得无足轻重。历史意识的兴起,与19世纪早期哲学体系的崩溃密切相关。此前的传统哲学在探究存在和人类知识时,所依赖

---

① 苏珊·桑塔格:《色情之想象》,收入《激进意志的样式》,何宁等译,上海:上海译文出版社,2018年版,第74页。
② 同上。
③ 苏珊·桑塔格:《"自省":反思齐奥兰》,收入《激进意志的样式》,何宁等译,上海:上海译文出版社,2018年版,第75页。此处对译文有改动。

的是永恒结构和人类经验的变化之间的特殊关系,"自然"是这个关系中的主题,但在作为分水岭的法国大革命中,"历史"取而代之,成为人类经验的决定性架构,人们开始历史性地思考其经验。传统哲学体系的崩溃迎来了两种反响:一是以各种"实证的"或描述性的人的科学("positive"or descriptive sciences of man)形式出现的反哲学思想体系,参与者的范围空前扩大,孔德(Auguste Comte,1798—1857)、马克思、弗洛伊德以及人类学、社会学和语言学领域的佼佼者们都进入了思想领域;另一种是以"个人化的(甚至是自传性的)、警句格言式的、抒情性的、反体系化形式出现的一种新的哲学化"①,其代表人物有克尔凯郭尔(Soren Kierkegaard,1813—1855)、尼采(Friedrich Nietzsche,1844—1900)和维特根斯坦,而桑塔格认为,法国思想家齐奥兰(E. M. Cioran,1911—1995)是他们在当代最杰出的继承人。

在第二种后现代哲学的传统中,不再追求系统化的哲学话语,留下的多为碎片式的论述。齐奥兰选择了随笔的形式,其支离破碎的论述方法反映了思考不断延伸,却又不断陷入僵局的过程。齐奥兰接受了尼采哲学对作为系统和连贯的"真理"的批判,思考方式和原则态度也受到了尼采的影响,气质与个人风格更是相似,桑塔格甚至说,齐奥兰几乎所有关于存在和思想的观点都能在尼采那里找到,他只是以不同的方式重复了尼采的观点,不过他与尼采最大的分歧是对待柏拉图主义的态度。尼采纠结于时间的必然流逝性和人的必然死亡性,因此对柏拉图超

---

① 苏珊·桑塔格:《"自省":反思齐奥兰》,收入《激进意志的样式》,何宁等译,上海:上海译文出版社,2018年版,第79页。

越时间和死亡的那一套豪言壮语不屑一顾,而齐奥兰则轻轻松松地运用着柏拉图的二元论,在他的作品里不难找到时间与永恒、心灵与肉体、精神与物质的对立。

桑塔格称齐奥兰是"当今思想最精细,写作最具有真正力量的人之一"①,在英美知识界从事理论研究的人之中,能与其比肩的只有约翰·凯奇。他们探索意识和精神,对历史予以激进的反对,都是善于运用格言式话语的思想家,致力于全面重估价值观。不过,只要将两人加以对比就会发现,齐奥兰强调如何在艰难的世界中站到有利的位置,凯奇则相信完全民主的精神世界,宽厚地接受一切,坚持最好的体验就在此时此地,就是此行此为。如此看来,齐奥兰"虽然渴望超越那些历史化意识的姿态,还是无可避免地继续重复它们"②。他以精英主义的姿态总结、分析、诊断西方思想的衰败,但没有提供任何解脱之道,桑塔格试探着加以补充,"要想解脱,可能我们必须放弃拥有知识和由此感受所带来的优越感——这种局部性的优越感业已让我们每个人都付出了可怕的代价"③。不过,1981年,在接受罗杰·科普兰(Roger Copeland)的采访时,她试图收回自己的观点,认为把齐奥兰和凯奇并置在一起是牵强附会的,改口说:"假如今天我来写齐奥兰,我会采用一种相当不同的方式。齐奥兰的悲观主义有一个政治维度,他悲观是因为他目睹了共产主义在东

---

① 苏珊·桑塔格:《"自省":反思齐奥兰》,收入《激进意志的样式》,何宁等译,上海:上海译文出版社,2018年版,第83页。
② 同上,第90页。
③ 同上。

欧的失败。显然,我当时把他的作品放在一个过于抽象的位置了。"①

《激进意志的样式》第二部分是电影专题。第一篇《戏剧与电影》一文如其标题所示,专门研究了戏剧与电影的关系。桑塔格提出了两个疑问:"戏剧与电影之间是否存在着不可逾越的鸿沟,甚至是不可调节的矛盾?是否真的存在着纯粹的'戏剧'元素和纯粹的'电影'元素,而两者又有本质的不同呢?"②桑塔格表明,在绝大多数人眼里,这两个问题的答案都是肯定的。萧伯纳就曾经态度坚决地表示无法接受自己的戏剧被拍成电影,在他眼里,电影毫无姿态和立场可言,其"目标群体汇集美国百万富翁和中国苦力,大城市的家庭女教师和矿区酒吧女招待,因为电影不得不到处放映,取悦于每个人"③。

电影与戏剧的对立首先体现在前者是对后者的突破上,也就是从静态转变为动态的表现方式。剧场中的观众只能从其固定的位置看到舞台上的表演,如此一来,不同座位上的观众由于视角的有限性看到的也就有所不同,而电影则借助移动的镜头,让坐在不同位置上的观众看到同样的画面。其次,电影不仅是一门艺术,还是一种媒介,可以对任何其他的表演艺术进行记

---

① 苏珊·桑塔格,罗杰·科普兰:《意识的习惯》,收入苏珊·桑塔格,《苏珊·桑塔格访谈录》,利兰·波格编,姚君伟译,南京:译林出版社,2015年版,第104页。

② 苏珊·桑塔格:《戏剧与电影》,收入《激进意志的样式》,何宁等译,上海:上海译文出版社,2018年版,第101页。

③ Bernard Shaw, "The Drama, the Theatre, and the Films", in Bert Cardullo, ed., *Theatre and Cinema: Contrasts in Media*, 1916-1966. Palo Alto: Academica Press, 2011: p. 47-48.

录、压缩,并通过自身特有的转录形式表现出来,而戏剧却无法做到这一点。此外,电影还有一个典型的非戏剧功能,就是制造幻象、虚拟幻象,而传统的戏剧舞台无法完成这种工作。德裔美国西方艺术史学家欧文·帕诺夫斯基(Erwin Panofsky,1892—1968)就是这类观点的代表人物,他反对电影与戏剧之间的相互渗透,主张二者各自为政,保持独立性。桑塔格虽然认可帕诺夫斯基在探讨电影与戏剧的关系上做出的贡献,但是批评其论断过于简单化,因为"就算一部电影对话正式、繁复,机位相对固定,或仅仅在室内拍摄,也不能说它就是戏剧化的——不管它是不是改编自戏剧;与之相反,电影公认的'本质'也不是必须大范围调动镜头或是让声音从属于影像"①。在她看来,电影与戏剧固然在呈现方式上有所不同,但是这根本就不是二者的本质区别。相反,一部电影完全可以表现出戏剧的一般特征而无损于其成为杰作,比如著名导演小津安二郎(1903—1963)就能够用几乎静止的镜头做出恰如其分的表达。桑塔格还反驳了阿拉达斯·尼柯尔(Allardyce Nicoll,1894—1976)的观点,这位评论家称电影与戏剧的区别在于使用演员的不同——电影观众会将电影演员与角色当成同一个人,从而把电影看成真实的,而剧场观众在观看表演时就已经预设了演员与角色的不一致,接受戏剧作品中各种不真实的成分,而纯粹的戏剧,只是一些传统的技巧而已。桑塔格反问道:"难道戏剧就不能将表现真实生活和尊重

---

① 苏珊·桑塔格:《戏剧与电影》,收入《激进意志的样式》,何宁等译,上海:上海译文出版社,2018年版,第108页。

传统技巧融合起来吗?"①

桑塔格不赞同武断地将电影与戏剧划分为界限分明的两个阵营,认为它们之间其实完全可以相互借鉴和相互影响,不过按照电影发展的速度和趋势,戏剧似乎处于被动地接受电影渗透的地位,例如:"表现主义电影"(expressionist film)的成功经验被表现主义戏剧所吸收,电影的"渐明"(iris-in)技术启发了戏剧舞台采用聚焦的照明手段来突出单个演员或场景,电影快速切换镜头的视觉效果催生了旋转舞台的设计,如此等等,不一而足。在与电影的竞争中,戏剧还有一个不利的因素:在观众的人数上处于下风。帕诺夫斯基宣称:"电影,而且唯有电影,公允地对世界进行唯物主义的阐释,这种阐释,不论我们喜欢与否,渗入到了当代文明之中。"②尽管如此,电影并不能取代戏剧的位置,因为后者同样也是一种包罗万象的艺术,甚至能够将电影在舞台上展示出来,而且它还是众多画家、雕塑家、建筑师和作曲家选择艺术至高形式时的首选。

电影毕竟不等同于戏剧,因此讨论二者的差别仍然是必要的。桑塔格总结道:"如果电影与戏剧之间存在着某个最简单的区别,那这个区别就是两者对空间的利用方式的不同。戏剧总是存在于一个符合逻辑的、连续的空间里;而电影(通过剪辑基

---

① 苏珊·桑塔格:《戏剧与电影》,收入《激进意志的样式》,何宁等译,上海:上海译文出版社,2018年版,第110页。
② ErvinPanofsky,"Style and Medium in the Motion Pictures", in B. Cardullo ed., *Theatre and Cinema*:*Contrasts in Media*,1916-1966. Palo Alto:Academica Press,2011:p.71.

本元素——镜头)则可以表现在非逻辑的或非连续的空间之中。"①换句话说,戏剧表演的现场性使得演员的空间定位非此即彼:要么在要么不在观众的视野中,他们的出场和退场按照情节的发展有其空间的逻辑性。相比之下,电影的空间感则可以在镜头的转换或者并置中变得多维化,演员在银幕上出现或者消失也比在舞台上要灵活得多——拍摄时摄影机的移动和剪辑时的取舍能够让电影中的人物在不同的空间里穿梭自如。不过本雅明从另一个角度看出了电影演员较之于戏剧演员的局限性,首先,"戏剧舞台上,在观众面前展现演技的终究是演员本人,而电影演员则需要依靠一整套的机械作为中介"②,其次,"电影演员不能像舞台演员那般在演出过程中依观众的反应来调整他的演出"③。本雅明的分析自然不无道理,不过我们需要注意的是,桑塔格论述的重点在于戏剧与电影其实不存在孰优孰劣的问题,二者都有各自的优势和局限,在实践中也经常会出现戏剧电影化或者电影戏剧化的情况。

第二篇《伯格曼的〈假面〉》是为瑞典导演英格玛·伯格曼(Ingmar Bergman,1918—2007)的电影《假面》(*Persona*,1966)在影评界遇冷发出的不平之鸣。桑塔格在分析《假面》被忽视的原因之一是其内容时,简直就是以澎湃的激情在赞美它:

---

① 苏珊·桑塔格:《戏剧与电影》,收入《激进意志的样式》,何宁等译,上海:上海译文出版社,2018年版,第111页。
② 瓦尔特·本雅明:《迎向灵光消逝的年代》,许绮玲、林志明译,桂林:广西师范大学出版社,2008年版,第71页。
③ 同上,第72页。

通过《假面》，我们看到了一项汇聚天才的、永不停息的、不断创新的事业；我们看到了一部精巧流畅，纯粹展示美感，却也（似乎）有些过于自我膨胀的作品；我们也看到了一种饱含创造力、不避情色又带有夸张的品位，这种品位看起来有些自命不凡，却足以让格调低下的知识分子汗颜。①

《假面》不被看好的另一个原因是其呈现个体痛苦的情感强度让观众难以接受。影评家们冷漠而谨慎的批评令桑塔格反感，她将这些装腔作势的措辞斥为陈词滥调。《假面》对桑塔格自己创作和导演的电影《卡尔兄弟》（*Brother Carl*，1971）产生了重要的影响，在后面介绍《卡尔兄弟》时我们还会回到这篇文章上来。

在阅读第三篇文章《戈达尔》时，我们还需要回顾一下《反对阐释》这本文集。1996 年，在为《反对阐释》的西班牙语译本所写的前言中，桑塔格称自己"对戈达尔和布勒松的影片印象尤为深刻"②，这并非言过其实，因为她对二者电影风格的评论组成了其电影观的重要内容。桑塔格认为在电影导演中，罗贝尔·布勒松（Robert Bresson，1901—1999）是反思形式的大师，而另一位她推崇的导演让·吕克·戈达尔（Jean-Luc Godard，1930—　）"作品的精神核心，是其中刻意反思的特质，或者更准确地说，是

---

① 苏珊·桑塔格：《伯格曼的〈假面〉》，收入《激进意志的样式》，何宁等译，上海：上海译文出版社，2018 年版，第 126 页。
② 苏珊·桑塔格：《后记：三十年后……》，收入《反对阐释》，程巍译，上海：上海译文出版社，2018 年版，第 368 页。

反身性的特质"①。

桑塔格将电影的反思性与形式密切地联系在一起,希望人们在接触艺术作品时避免不假思索地投入到其内容之中,不加选择地认同和吸收内容。她主张在电影中引入布莱希特在戏剧中采用的"间离效果"(Alienation Effect),而这也可以看成她打破电影与戏剧对立关系的一次学术尝试。布莱希特在《中国表演中的间离效果》("Alienation Effects in Chinese Acting",1936)一文中指出德国戏剧汲取了中国传统戏剧的间离效果,这样做能"阻止观众简单地认同剧中的人物。接受或者抵触表演者的行动和语言应该在观众的意识层面展开,而不是像之前那样在潜意识层面展开"②。

桑塔格发现布勒松其实也深谙间离之道,称得上是电影界的布莱希特。她同样为布勒松在评论界受到冷遇鸣不平,认为他"之所以大体上没有获得与其成就相符的地位,原因在于他的艺术所属的那种反思的或沉思的传统,并没有获得很好的理解。尤其在英国和美国,布勒松的电影经常被说成是冷漠的、超然的、太知识分子化的、抽象的"③。她呼吁人们"得去理解有关此类冷漠的美学,即发现冷漠的美感"④。我们不妨来理清一下这

---

① 苏珊·桑塔格:《戈达尔》,收入《激进意志的样式》,何宁等译,上海:上海译文出版社,2018年版,第156页。
② Bertolt Brecht, *Brecht on Theatre: The Development of an Aesthetic*, trans. & ed. John Willett, London: Eyre Methuen, 1974: p. 91.
③ 苏珊·桑塔格:《罗贝尔·布勒松电影中的宗教风格》,收入《反对阐释》,程巍译,上海:上海译文出版社,2018年版,第213页。
④ 同上,第213—214页。

几个概念——"冷漠的美学"(aesthetics of coldness)、间离效果、反思和形式——的逻辑关系:"冷漠的美学"即以布勒松的作品为主要代表所反映出的电影美学,其特征最终指向的是间离效果,其目的是激起观众的反思,而其实现方式是通过对形式持之以恒的探索和完善。可以说,冷漠的美学是桑塔格为区分电影与戏剧的批评话语而造出的一个术语,归根到底还是一种形式主义美学。

通过考察布勒松的电影,桑塔格试图为"想分析电影的人"提供一种阐释的路径。她切入的那个点正是她高调宣扬的"形式",而布勒松创造了一种完美的、表达他想表述的内容的形式。在桑塔格的笔下,布勒松的电影风格至少具有以下两个特点:

第一,将电影作为语言,实现形式的突破。在布勒松的电影里,所谓形式,并不仅仅是人们普遍认为的视觉形式,而主要是叙事形式,因为布勒松对叙事体验(narrative experience)的看重远胜于造型体验(plastic experience)。为了达到理想的叙事效果,布勒松努力打造一种属于他自己的电影语言,其中最为突出的就是多余的或者早于场景的叙事。多余的叙事是指在展现了场景之后对场景的解释和说明,目的是中断观众对情节的直接的想象性的参与;早于场景的叙述则是指在场景开始之前,先行解释了即将发生的事,其目的是消除悬念,以挑战传统的叙事方法。

第二,在表演中反对情感投入。这一点与布莱希特亦有相似之处。布莱希特希望演员能做到不与其表演的角色认同,他非常欣赏在中国的戏剧舞台上表演者会表现出自己意识到是被观看着的,会自我审视,"因此,当他在表演一片云彩时,比如在展示云彩的突然出现、柔软且强劲的增长、快速而又逐步的变化时,他会不时地看看观众,好像在说,'是这样的吧?'与此同时,他还会看看自己的胳膊和腿,比画比画,检查检查,最终也许还要示意确实如此。"①这样一来,表演者便在一定意义上与所表演的对象分离开来,观众也由此产生一种疏离感。为了达到这样的效果,布勒松起用了非专业的演员,让他们用尽可能少的表情来说出各自的台词。这些演员由于与角色气质的契合,基本上都在没有花哨的表演技巧的情况下顺利地完成了演出,倒是那些为角色所感染而按捺不住地投入情感的演员削弱了影片的表现力。

也许人们不禁会问:布勒松的电影形式尽力地节制情感,这是否意味着观众自始至终都会由于与审美对象之间的距离而保持无动于衷?桑塔格的答案是:"艺术中情感力量的最大源泉终究不在于任何特别的题材,无论这种题材如何充满激情,如何普遍。它在于形式。通过对形式保持警觉而疏离和延宕情感,最终使得情感变得更为强烈、更为强化。"②克制情感其实是为了退后一步进行反思,桑塔格期望的是人们在反思之后爆发出更大能量,而这种能量带着清醒思考后的智慧光芒,其震撼会远远大于人们在观看一部影片时仅限于现场的感动之情。

---

① Bertolt Brecht, *Brecht on Theatre: The Development of an Aesthetic*, trans. &ed. John Willett, London: Eyre Methuen, 1974; p.92.
② 苏珊·桑塔格:《罗伯尔·布勒松电影中的宗教风格》,收入《反对阐释》,程巍译,上海:上海译文出版社,2018年版,第216页。

桑塔格认为在电影中贯彻反思性的还有一位重量级的导演，那就是戈达尔。从某种程度上讲，桑塔格将戈达尔的地位置于更高之处，虽然"戈达尔与布勒松同为当今时代的重要艺术家，而让戈达尔不同于布勒松，进一步升华为文化英雄的特质正是他无尽的活力、冒险的精神以及他在驾驭电影——这样一种大众的、正在迅速商业化的艺术时，所表现出的离奇个性"[①]。她在《反对阐释》里也收入了一篇论戈达尔的文章：《戈达尔的〈随心所欲〉》("Godard's *Vivre Sa Vie*",1964)。

在桑塔格看来，戈达尔作品中最显著的特点，就是大胆地进行了杂糅(hybridization)。文学、戏剧、绘画、电视等方面已有的技巧都能被戈达尔随心所欲、灵活自如地加以运用。如果说布勒松主要是通过个性化的叙事和极力克制的表演来达到间离效果以推进电影的反思性的话，那么戈达尔为此做出的尝试要多得多，至少他试验的成果数量也要远远超过布勒松。那么，戈达尔主要在哪些方面展开了他的杂糅试验？

其一，视角的多样化。在戈达尔之前，电影的拍摄美学法则要求视角必须固定，一部影片从头到尾要么是第一人称叙述，要么就是第三人称叙述。戈达尔对这个法则不以为然，他天马行空地变换视角，在第一人称和第三人称中来回切换。戈达尔的第一人称叙述也不是局限于某一个角度，桑塔格以《阿尔法城》(*Alphaville*,1965)为例，指出该部影片在开场时就出现了三个不同角度的第一人称叙述：作为导演的戈达尔本人以及影片中

---

① 苏珊·桑塔格：《戈达尔》，收入《激进意志的样式》，何宁等译，上海：上海译文出版社，2018年版，第154页。

的两个角色。导演的干预是桑塔格比较欣赏的表现形式,她更看重的是当导演根本不是作为片中的人物而是用画外音、旁白等参与叙述时,应该成为一个既要置身于电影之外,又要对作品负责的思考者。或许只是为了突出戈达尔电影视角的创新性,也或许他的第三人称叙述相较于传统的方式而言没有太多的变化,桑塔格在特别介绍了他在第一人称叙述上的一大特色之后并没有继续讨论第三人称叙述的问题,不过她极为肯定的是,戈达尔在使用两种叙述模式时使得影片更具有层次感。

其二,电影手段与其他手段的融合。受好莱坞音乐剧的启发,戈达尔在一些影片中会用歌曲与舞蹈表演等来打断故事的进程,不过他受布莱希特的影响更为明显,具体表现有两点:一是让剧中人物直接表达对于电影艺术的主张,二是将完整的影片叙述分解为若干小片段,类似于戏剧的场景安排。不过戈达尔显然不是一个只借鉴不创新的艺术家,为了打乱影片的叙事顺序,他有时候会综合视觉和听觉的技巧将戏剧与电影的各种手段进行大杂烩式的处理,而"最能反映戈达尔导演风格的电影元素,就是招牌式的快速切换、不匹配的画面、闪动的镜头、顺光拍摄与逆光拍摄的交替,以及用(符号、绘画、广告牌、明信片、海报等)预制的视觉载体引导相应的电影情节,还有不连续的背景音乐"[1]。这样做也是抵制观众的情感投入,比如在《随心所欲》的片头,戈达尔将听与看分离,在昏暗的画面中,观众只能听到谈话声,而无法看清人物的相貌,从而无法寄托情感。

---

[1] 苏珊·桑塔格:《戈达尔》,收入《激进意志的样式》,何宁等译,上海:上海译文出版社,2018年版,第170页。

其三,雅俗共赏的文化元素。戈达尔一方面倡导平实的文学品位,喜欢将情节丰富的低俗小说作为自己电影的灵感源泉,另一方面又在电影中大量地插入文学文本和其他文化形式,比如马雅可夫斯基的诗歌、莎士比亚戏剧的台词、毛泽东语录、某些学术著作的段落等,还有其他导演的电影也会在戈达尔的"引用"之列。这仍然是戈达尔控制情感强度拉开观众与情节之间的距离的一个措施,因为"视觉元素易于直接地表现情感,而通过语言元素(包括符号、文本、故事、话语、诵读、采访在内)所表现的情感在强度上则要弱得多,所以戈达尔在影片中安排了大量的或看得见,或听得见的语言元素;这样一来,当观众被电影画面带入情节的同时,批判性的语言又让他们清醒地置身事外"①。在戈达尔的《随心所欲》中,桑塔格观察到该片十二个插曲中就有十个使用了这样的方式,有时候剧中人言谈的深度甚至超出了他们自身应有的水平。

不难看出,布勒松的"间离"也好,戈达尔的"杂糅"也罢,这两个在桑塔格眼中非常伟大的电影导演都在贯彻电影的形式主义美学,他们殊途同归的那个终点就是去推动接触电影的人(包括他们自己)从内容的羁绊中抽身而出,站在较高处进行反思,电影的地位也能由此拔高,成为一个更具智性的大众化媒介。

1969年的桑塔格,背后有实力雄厚的出版社支持,手握两部小说和两本文集,身影频现世界各地,与10年前寂寂无闻地闯入纽约的时候相比真可谓发生了翻天覆地的变化。年初,她从

---

① 苏珊·桑塔格:《戈达尔》,收入《激进意志的样式》,何宁等译,上海:上海译文出版社,2018年版,第192页。

格林尼治村一个极其狭小的公寓搬到了河滨大道340号的一个顶层公寓里,前房客是她的画家朋友贾斯珀·约翰斯,她是从他手中转租过来的。新的公寓空间大了不少,还可以俯瞰哈得孙河的风光。不过,她仍然没有稳定的收入,生活条件谈不上得到了多大的改善,况且金钱和奢华的生活本来也就不是她的人生目标。她也没有医保,这为她后来罹患重疾带来了一些麻烦。她不断接到演讲的邀请,得到的报酬比较可观,但是她还是尽量减少这样的出行,因为这会干扰她的创作。在她的公寓里,数不胜数的书籍才是主角,家具、装饰简单到了极致,像个苦行僧的住处。她总是以刚毅的形象示人,不过,她内心里还是保留着一点从未流露出过的少女心。1968年8月7日,她自我剖析了一番:

我现在明白,我与男同性恋者的交往模式还有一个比我已经明白的更重要的含义[去性化(de-sexualizing)我自己;有男伴——这是我渴望的——这样仍然安全,不构成威胁等等]。它也意味着我的女性特质的迂回恢复或保留!一切"女性的"东西,"基本上"都被我母亲毒害抑制了。即使是她愿意……做什么,我也不想做。假如她喜欢,我现在也不能喜欢。一切都包括在内,从男人到香水,漂亮的家具,有品位的衣服、化妆品、漂亮的或考究的东西,柔和的线条、曲线,花儿、色彩,去美容院,以及阳光假日!

更别提喝酒、打牌+看电视。感谢上帝,我母亲不喜欢孩子、食物、电影、书籍和学问!

可怜的我。但是,我相当聪明,通过接近一系列羡慕和模仿

"女性的"东西的男人，找到了通往这些东西的秘密途径。我接受他们身上的这些元素。（他们——不是女人，不是我母亲——对此做出了验证。）因此，我能接受我自己身上的这一特质。因此，在过去的10年里，我已经逐渐地在我的生活中增加了许多"女性的"东西、品位＋活动。我能爱"新艺术"（所有的曲线，乳白色的玻璃、疯狂的花朵）。我能欣赏花。我爱跳舞。我爱漂亮的衣服。我想要（嗯，心里这么想，不过实际上我没这么干）参加和举办聚会。我想要一套漂亮的公寓，里面有漂亮家具。我（爱）穿色彩艳丽的衣服。

此时已经35岁的桑塔格，还无法摆脱原生家庭的阴影和对母亲的叛逆反感。凡是母亲所喜所做的，她都刻意敬而远之，她庆幸母亲不喜欢孩子、食物、电影、书籍和学问，而她在这些方面就能尽情施展了。可她毕竟也有小女孩的粉红梦想，所以在结交一些具有"女性化"装扮和品位的男同性恋朋友时，她间接地说服自己接受了这些母亲也喜爱的方面，但拒绝接受这是对母亲的认同。

母亲喜欢男人，桑塔格大唱反调，最得其心的都是女人，尤其是福恩斯。与福恩斯闹掰后，她身边并不缺乏情人，男性和女性都有，可是她心里已经留下了一个无法填满的空洞。1968年她的日记写得少之又少，她于是抱怨自己的思想被禁锢了，觉得可能跟心理分析师戴安娜·凯梅尼离开她的生活有关。这或许是对自己过于苛刻吧，毕竟，1968年，她过的是怎样风光无限的生活啊！1969年，她的日记写得更少，戴维整理出来的不过两页，这并不是她有所懈怠，而是她正在全力以赴尝试一个全新的领域。

第六章

光影浮动中的银屏新手(1969—1974)

电影是桑塔格终生热爱的艺术。她是一个从不餍足的观影者,一个乐此不疲的影评人,也在影片里客串过或成为过主要的拍摄对象之一,但这些还远远不够,对于电影,她有更高的目标。时间回到 1967 年,桑塔格在威尼斯电影节和纽约电影节上都担任评委,这表明了电影界对她的肯定,也增强了她开展电影实践的信心。1968 年,瑞典桑德鲁影视公司(Sandrew Film & Theatre)的制片人戈兰·林格伦(Göran Lindgren,1927—2012)看中了桑塔格的才华和声名,还有她对电影的百科全书式的了解以及敏锐的当代感受力,决定投资拍摄她的电影处女作《食人生番二重奏》(Duet for Cannibals)。卡尔·罗利森和莉萨·帕多克写的桑塔格传记里说 5 月 29 日,双方签署了一份合约,但是桑塔格在与林格伦合作的第二部电影《卡尔兄弟》的电影脚本前言里写,当年 7 月,她出乎意料地收到林格伦的邀请,让她到斯德哥尔摩商讨拍片事宜,她于是欣然前往,似乎说明了此前双方并无接触,与两位传记作者的说法有出入。在没有标明具体日期,只是说明是"1968 年 7 月巴黎"的日记里,她写下了一句有关拍片计划的话:"拍关于语言的电影——每个人说他自己的语言。"①她分别写于 8 月和 9 月的两则日记都注明了她当时正在斯德哥尔摩,其实她在那里一待就是五个月,高效地完成了脚本创作和导演工作。她在《卡尔兄弟》前言里同时还写道,《食人生番二重奏》拍摄结束后,林格伦口头许诺她继续拍摄《卡尔兄弟》,他们没有签署合同,没有任何书面证明材料,完全是在互信的基础上约定了相关事项。无论如何,我们能够看出投资方用人不疑,明知以桑塔格的风格,不可能拍摄出叫座的商业片,但仍以文化传播为己任,不贪图商业利益;受资方则慨然应允,诚信敬业,同样不唯利是图。双方的合作成就了电影界的一段佳话。

桑塔格虽然笑言如果美国有人出资,她犯不着跑到瑞典去,但欧洲显然是更合适的土壤。与好莱坞的大制作一统美国的形势相比,欧洲电影的成本低,演职员规模小,产业化程度不高,对外来者要友好得多。还有一点,美国似乎不太适合展现她的电影观念,她为电影作为严肃艺术的地位所作的辩护恰恰表明,当时美国人把电影还仅仅看成一种流行文化。她对纽约的地下电影(underground cinema)感兴趣,称美国电影导演、演员、地下电影的先驱人物杰克·史密斯(Jack Smith,1932—1989)的《淫奴》(*Flaming Creatures*,1963)是一种罕见的现代艺术品。然而《淫奴》的支持者数量极少,仅限于电影制片人、诗人和年轻的格林

---

① 苏珊·桑塔格:《心为身役:桑塔格日记(1964—1980)》,姚君伟译,上海:上海译文出版社,2018 年版,第 309 页。

尼治村"村民们"的小圈子。令桑塔格失望的是,"一向处事明智的知识、艺术界,几乎每一个人都对这部电影表现出冷淡、刻板的态度以及十足的敌意"①。这样一来,桑塔格把欧洲作为其电影事业的大本营便在情理之中了。瑞典的大环境尤其适宜,这个国家正在积极推动电影业的发展,1963年试点政策改革,扶持新导演,并成立了瑞典电影学院。林格伦在20世纪60年代制作的几部影片在国际上口碑不错。更何况,对于桑塔格来说,这里还是电影大师伯格曼的故乡。能到瑞典拍片,真的算得上是意外之喜了。

作为桑塔格执导的第一部电影,《食人生番二重奏》的拍摄过程出乎意料地顺利。桑塔格本以为在实际拍摄时会与脚本发生偏离,因为她本人、摄影师和演员可能都会有一些即兴的想法或改动,不过最后完成的电影几乎是原封不动地按照脚本来运作的,只是删掉了对剧情发展无关紧要的11幕,从原计划的75幕压缩成了64幕。还有就是剪辑的时候,桑塔格本来只计划95分钟的片长,最后多出了9分钟。她后来还后悔没有严格按照计划行事,显得拖泥带水。总之,对于初次从作家转换到电影导演的桑塔格来说,这是个好的开始。然而在上映之后,桑塔格就必须要面对和接受该片遭到各种苛评的现实了。

1968年12月,《食人生番二重奏》的毛片拍摄结束,如前文所述,下旬她去了墨西哥和古巴。1969年2月,她开始剪辑电影,3月完成了正片。5月,《食人生番二重奏》在戛纳电影节上

---

① 苏珊·桑塔格:《杰克·史密斯的〈淫奴〉》,收入《反对阐释》,程巍译,上海:上海译文出版社,2018年版,第272页。

作为非参赛作品展出,9月在纽约电影节上演,最后在卡耐基大厅上映一周。虽然林格伦非常喜欢这部电影,但是观众和评论家主要都是负面的反应。有人认为桑塔格在模仿伯格曼,更有人毫不留情地指责这部影片是把布勒松、伯格曼和戈达尔逐一生吞活剥制作而成的,它以混乱取代叙事,以含混取代思想,它就是那种陷先锋艺术于恶名的电影。当然,也有人为桑塔格辩护,表示在影片里固然能看出欧洲电影大师的手法特征,但更多的是桑塔格的个人风格,带着她对电影这个媒体的独特的、简洁的感受力。

1970年,《食人生番二重奏》的电影脚本由FSG出版,桑塔格把它献给了苏珊·陶布斯。大家应该还记得,桑塔格在哈佛大学攻读硕士学位期间,与当时在那里任教的犹太学者雅各布·陶布斯和他的第一任妻子苏珊·陶布斯关系非常亲密,20世纪60年代初期他们还在哥伦比亚大学宗教系共事。在桑塔格全神贯注拍摄《食人生番二重奏》时,苏珊·陶布斯已经与丈夫离婚,雅各布回到了联邦德国,而她一个人带着两个孩子在纽约生活,一边写作,一边遭受着抑郁症的痛苦。1969年她的第一部也是最后一部小说《离婚》(*Divorcing*)出版。11月2日,《纽约时报图书评论》上出现了一篇书评,把这部小说批得一无是处。六天后,苏珊·陶布斯离家出走,乘坐火车去了长岛,然后打车到达海滩,决绝地走向大海,自溺身亡。桑塔格亲自去辨认尸体,眼睁睁地确认了最要好的一个朋友真的香消玉殒,她浑身颤抖,痛苦万分。除了把《食人生番二重奏》的脚本献给芳魂已逝的好友外,她还把这段伤痛的记忆写进了1973年的短篇小说

《心问》里。

所谓的"食人生番",指的是鲍尔夫妇。一篇电影短评的概括很有代表性:"来自德国的鲍尔是一名失败的革命家,现在已经退休了。他的意大利妻子比他年轻很多,是一个沮丧但又欲望强烈的女人。他们互相'咀嚼'得太久,需要从外界寻找营养……但是托马斯和女朋友英格丽德送上门去,服务于这对有着变态胃口的夫妇,却是不太令人能够接受的。"[1]托马斯在为鲍尔工作期间,工作场所是在鲍尔的家里,所以接触到的不仅有按照鲍尔的要求需要整理的信函和日记等资料,而且还有鲍尔夫妇及其管家,这就使得他的工作缺乏明显的界限,经常与鲍尔的家庭生活交错在一起。原本只是想专注于文书工作的托马斯不由自主地卷入这对夫妇复杂的关系之中,而他的女朋友也受到影响,走进了"食人生番"的世界。

影片开始,伴随着锤子发出的有节奏的声音,画面定格在演职员表上,历时一分钟才切换到英格丽德举起的一只手上,她正往墙上钉鲍尔的海报。电影脚本在场景开始前有一段说明,描述了英格丽德和托马斯居住的单间公寓的情况,而根据墙上贴的海报、照片和报纸头版的信息(墨西哥奥运会、苏联入侵捷克斯洛伐克等)可以推断出故事发生的时间是1968年。这对青年情侣的身份都是二十多岁的"前学生"(ex-student),这不得不使人联想到1968年那场被称为"五月风暴"的席卷欧美的学生运动,桑塔格从越南回来后在巴黎也听到了亲历者的讲述,还在

---

[1] Robert Hatch, "Films", in *The Nation*, November 10, Vol. 209, Issue 16, 1969: p. 517.

《河内行纪》的最后一段有所指涉。对于英格丽德和托马斯这两个热衷于激进的革命活动的年轻人来说，革命家鲍尔是一个难得一见和高高在上的偶像，将其海报钉在墙上既有供奉的意味，也有英格丽德所说的为托马斯即将与其近距离接触做好准备的意思。桑塔格结合时代背景，在电影的起始部分把观众带进一个毫无特色但又合情合理的情节之中，这就与随后出现的各种异乎寻常之处形成了极大的张力。

托马斯与鲍尔在初次见面时就发生了戏剧性的冲突。鲍尔在书房里居高临下地安排工作，态度冷漠而倨傲。正当托马斯局促不安时，弗朗西斯卡出现了，黑发黑衣，在阴影中靠墙而立。鲍尔把托马斯介绍给妻子，但阻止了二者之间的进一步交流，没有给妻子发言的机会，并当着她的面告诉托马斯："最好别理她。她需要时间来习惯生人。"[①]弗朗西斯卡一声不响地拿起一本书，砸碎了一扇玻璃窗后就快速地离开了。这个反常的举动使托马斯怀疑她有什么疾病，但鲍尔的回答却是："不完全是。这一点很难解释。你必须得有耐心。"[②]鲍尔的话值得推敲，可以看成桑塔格对观众的忠告：如果要对一部令人费解的作品予以评论，仅凭第一印象或者初步的了解是远远不够的，需要耐心地去欣赏和体会。在接下来的晚餐场景中，托马斯再次遭遇震惊的一幕：文质彬彬的鲍尔原来是一个狼吞虎咽的饕餮之徒，就餐时

[①] Susan Sontag, *Duet for Cannibals*, New York: Farrar, Straus and Giroux, 1970: p.16.

[②] 同上，p.18.

斯文扫地,大吃之后不顾他人的感受便是一番呕吐,接着又大吃一通。弗朗西斯卡此时却非常冷静,友好地安抚托马斯。这对夫妇的状态发生了互换,如果说在书房里弗朗西斯卡是怪异反常的,那么在餐厅里鲍尔看起来才是不正常的那个,而对于托马斯来说,与这对夫妇的初次接触便充满了无尽的未知性和不确定性,吸引着他进一步走进他们的生活,这也是他答应鲍尔以工作为名在其书房里住上几周的原因。但是在鲍尔夫妇互相矛盾的双重影响下,托马斯越陷越深,几乎迷失了自己。

托马斯住在鲍府的第一个晚上,弗朗西斯卡进了他兼做卧室的书房,把他弄醒,但是此时他的画外音不确定地说道:"我觉得那天晚上弗朗西斯卡来到了书房。"[1]弗朗西斯卡掏出一把钥匙,打开墙上的一个柜子,向托马斯展示里面的一台录音机,然后把钥匙交给他,就离开了。托马斯后来打开柜子,拿出录音机,犹豫了一会按下播放键,听到一段录音,那是在枪炮声中鲍尔的声音,讲述自己身患不治之症,担忧妻子在自己死后无人照料。就在此时,鲍尔来找托马斯,说自己要出门几个小时,让他陪伴一下弗朗西斯卡。此时的托马斯既惊讶又如释重负。他的惊讶来自两个方面,一是他半梦半醒间未能完全确定的事得到了确定,弗朗西斯卡的确到过他的房间;二是鲍尔的出现与他听到的录音内容衔接得如此巧妙,使他顺理成章地接受对方的安排。至于他的如释重负,则主要是出于认为自己已经理解了鲍尔的古怪行为。但是事情并没有这么简单,就在他按照鲍尔的

---

[1] Susan Sontag, *Duet for Cannibals*, New York: Farrar, Straus and Giroux, 1970: p.21.

安排陪伴弗朗西斯卡,二人相处融洽的时候,鲍尔突然回到家中,指责他因为与弗朗西斯卡卿卿我我而错过了一个重要的电话。在托马斯的愤怒注视中,这种短暂的平衡关系被迅速打破。

一天晚上,鲍府来了四个西装革履的男人,一起在客厅里密谋着什么。弗朗西斯卡招呼托马斯和她开车出去,不要打扰这些人。两人走到房子外面时,鲍尔喊叫弗朗西斯卡,她便撇下托马斯跑了回去。当天深夜,鲍尔急匆匆地把托马斯从睡梦中喊起来,让他赶到车库去。原来弗朗西斯卡把自己锁在汽车里面,还发动汽车险些撞倒了鲍尔。但是当托马斯担心万分地劝说她打开车门时,鲍尔却说没什么事了,然后进了汽车,并当着托马斯的面开始爱抚妻子。弗朗西斯卡则一边盯着托马斯,一边慢慢地用泡沫喷剂把挡风玻璃遮住。托马斯的反应看似冷漠,背部微驼,双手插在裤子口袋里,但是影片还是间接地描述了这件事在他心底留下的痕迹。鲍尔有一次让托马斯戴上自己的帽子,与人秘密接头,传递一份文件。托马斯完成任务后,还是这样装扮着到了英格丽德的住处。英格丽德本来就觉得托马斯为鲍尔夫妇工作后冷落了自己,很不高兴,又看到托马斯戴着以前没戴过的帽子,样子古里古怪的,更是生气。两人一番冷言冷语后闷闷地入睡了。托马斯突然被尖锐的汽车刹车声惊醒,等他从窗户查看一通再回到床上时,躺在那里的英格丽德却变成了赤身裸体的弗朗西斯卡,在亦真亦幻的梦境中,托马斯接受了她的诱惑,这就为他参与下一场性爱游戏埋下了伏笔。

托马斯不顾英格丽德的劝阻,回到了鲍府。弗兰西斯卡正在生闷气,鲍尔先让托马斯去劝劝,一看没有什么效果,就干脆让托马斯见识一下他的解决方法,上去扇了妻子几个耳光,然后转身就走了。托马斯诧异不已,可是弗朗西斯卡神色轻松,满不在乎,竟然还说丈夫是世界上最可亲、最和善的人。托马斯为了安慰弗朗西斯卡,留下来陪她,但本应处于弱者地位的女主人却立刻控制住了局面,让托马斯与她玩"过家家",假想她是一位公主,身处被施了魔法的城堡。托马斯立刻一厢情愿地响应,并询问他是不是扮演前来拯救她的王子,得到的却是"别傻啦"的答复。弗朗西斯卡先是给托马斯贴上鲍尔一样的假络腮胡,觉得不满意后干脆用纱布把他的头和脸一层层地包裹起来。托马斯一反拘谨的常态,兴高采烈地玩起了捉迷藏的游戏,像无头苍蝇一样循声追逐弗朗西斯卡,直到后来鲍尔出现才打断了这场荒唐的嬉闹。这一幕以弗朗西斯卡为托马斯戴上鲍尔的墨镜结束,托马斯似乎不知不觉地成了这对夫妇扮装游戏的玩偶。

当天大概傍晚时分,托马斯在书房里打开录音机,听到鲍尔表示要除掉弗朗西斯卡,因为他认为留着她没有意义,只能增加痛苦。再次让托马斯惊讶的是,弗朗西斯卡似乎对他所听的内容了如指掌,第二天在两人外出的路上她塞给托马斯一把枪,要求他杀掉鲍尔。

这时候镜头转向英格丽德,她独自在公寓里阅读鲍尔关于革命的著作,书里面有一幅鲍尔的全幅照片。接下来的一幕则是鲍尔的独角戏,时间是在晚上,他在房间里踱步,不停地对着墙上的镜子打量自己,开口说道:"在一个革命的时代,唯一恰当的职业是革命者的职业。"①当他坐下来继续对着镜子时,他又说道:"想想这个社会的两个典型的原则。商品和景观。"②随后他取出一个假发套,戴在头上,皱皱眉头,又取了下来,对着镜子做了几个鬼脸,接着面无表情地说道:"在我的职业中,时常有必要伪装自己。"③这是整部影片里鲍尔唯一一个独处和独白的场景,其独特性和重要性不言自明,但也会令人觉得不知所云。人物语言与情节似乎是毫无意义随机地组合在一起,有时候会让观众极不耐烦。西格丽德·努涅斯提到桑塔格为此受到的轻侮,"在《食人生番二重奏》的一次放映会上,一个年轻人问道:'桑塔格小姐,你为什么要制作这么一部无聊的电影?'一半的观众都跟着赞同地窃笑起来。"④

英格丽德再次恳求托马斯辞去这份工作,他让她再等五天,许诺干到周末就结束,而英格丽德根本就不相信。紧接着就是电影里的一个魔幻场景。托马斯一个人在鲍尔的书房里,若有所思。他取出录音机,关掉鲍尔的声音,按下录音键,录下自己的话,表达了对鲍尔处境的看法:"你不会杀死弗朗西斯卡,你自己也不会死。"⑤出乎意料的是,鲍尔在录音机里与托马斯展开了对话,由于意见不合,二人发生了争执,托马斯一怒之下关掉

---

① Susan Sontag, *Duet for Cannibals*, New York:Farrar, Straus and Giroux, 1970:p.70.
② 同上。
③ 同上。
④ Sigrid Nunez,"Sontag Laughs", *Salmagundi*, Fall 2006:p.15.
⑤ Susan Sontag, *Duet for Cannibals*, New York:Farrar, Straus and Giroux, 1970:p.70.

了录音机,这时候鲍尔本人走进房间,继续与之对话。话不投机时,托马斯冲动地去拿弗朗西斯卡给他的枪,但是鲍尔也掏出了一把一模一样的枪,声称这也是弗朗西斯卡给他的,以防受到托马斯的伤害。

第二个魔幻场景也是影片中的第二场性爱游戏。托马斯的画外音讲述自己听到从鲍尔夫妇的卧室里发出了激烈的争吵声,紧接着影片里便传来鲍尔威胁杀掉弗朗西斯卡的话语以及扇耳光和哭泣的声音,但是当托马斯破门而入时,里面却是一副祥和的画面:这对夫妇穿着睡衣,正在安静地团着毛线。不过随着托马斯的出现,房间里的格局立刻发生了改变。弗朗西斯卡把鲍尔锁进衣橱,然后在鲍尔有节奏地敲打衣橱的声音中与托马斯发生了关系。如果观众此时感到目瞪口呆的话,那未免有些操之过急,因为接下来的情节更加出人意料。托马斯担心锁在衣橱里的鲍尔的安全,弗朗西斯卡却告诉他说鲍尔随时都可以出来,因为他手里有钥匙。托马斯不相信,来到衣橱前求证,鲍尔果然打开了门,穿戴整齐,换上了外出的行头,与床上的弗朗西斯卡打招呼。这对夫妇有问有答,似乎什么都没有发生,只是再普通不过的出门前的对话而已。临走时,鲍尔还特意回过头来与托马斯握手,似乎是表示感谢。

其实当晚鲍尔是出门去单独约见英格丽德。他闪烁其词地暗示托马斯与弗朗西斯卡之间存在暧昧关系,英格丽德决定与鲍尔"结盟",也参与到他们的生活中。第二天晚上,随着英格丽德来到鲍府做客,影片中的第三场性爱游戏增加到了四个人,或者说,这场游戏完成了两对伴侣之间的互换。在四人就餐时,鲍尔找了个借口现场解雇了管家,并让托马斯立刻送她离开。可是等托马斯回来时,却发现英格丽德正与鲍尔在起居室里大享鱼水之欢,弗朗西斯卡则坐在一旁静静地观看。她示意托马斯不要声张,并近乎强制性地把他的头转向英格丽德和鲍尔的方向,使他成为另一个观看者。影片中的性爱游戏可以视为是桑塔格对《淫奴》的一种克制的致敬,但即便是在今天,《淫奴》也依然只是一部地下电影的经典之作,影评界也依旧保持讳莫如深的谨慎姿态。桑塔格对性爱场景的使用带有一定的刻意性,以一种无动于衷的电影语言来疏远观众,这与她推崇布勒松的间离之道也有一定的关系。在这些场景中,人物的语言简化到了极致,有的则几乎是一言不发,加上黑白色彩的效果,其呈现方式非常接近默影片。

英格丽德虽然正面接触鲍尔夫妇的时间不及托马斯长,但她卷入得更为彻底。她本来是带着报复心理接近鲍尔夫妇,可是才进入鲍府,一顿晚餐的时间就使她臣服于他们,唯命是从。鲍尔在用餐时尽量克制自己不雅的吃相,把风度翩翩的一面充分地展现了出来。桑塔格采用了虚化的手法省略了英格丽德在就餐后被鲍尔夫妇"俘获"成为性玩物的具体过程,但突出了他们所"食"对象的转换——从食"物"(吃饭)发展到食"人"(合力玩弄英格丽德)。对于英格丽德这个新的猎物,鲍尔首先完成了肉体的侵占,弗朗西斯卡实施的则是形象与精神的改造。影片中有一幕是弗兰西斯卡正在化妆,英格丽德侍立一旁,神情迷醉。弗朗西斯卡招呼她一起坐下,给她化妆,像对一个牙牙学语的幼儿那样教她说意大利语,并给她戴上了和自己发型一样的假发,让她穿上了自己的衣服。一番装扮之后,英格丽德告诉弗朗西斯卡:"现在我看起来就像是你了。"①从外貌到语言,英格丽德已经完全失去了自己的主见,任由弗朗西斯卡摆布。在下一幕中,在鲍尔夫妇卧室的大床上,打扮得酷似弗朗西斯卡的英格丽德羞涩地躺在鲍尔夫妇中间,似乎在期待什么。夫妇二人放下手中的读物,一起扑向了英格丽德,这是整部电影中把"食人"的片名体现得最直接的一个场景。

英格丽德简直就是被鲍尔夫妇洗了脑,端茶送水,殷勤伺候。托马斯一气之下,任由她留在鲍府,自己驾船流浪了一段时间。经过一番深思熟虑,他与鲍尔交涉,要求用自己换出英格丽德,鲍尔表现得喜不自胜,正中下怀。英格丽德并不领情,反而恼恨托马斯多管闲事,被鲍尔赶走后就另觅新欢了。而当托马斯再次踏进鲍府时,却发现这对夫妻的卧室被布置成灵堂模样,弗朗西斯卡身着寿衣,一动不动地躺在床上,一个木匠正在旁边钉棺材。鲍尔先说妻子是自杀的,后来又改口说是他杀的,并说他是真心实意地爱妻子的。托马斯自然不信,为表心迹,鲍尔掏出手枪,朝自己胸口开了一枪,倒在床脚边。就在托马斯大惊失色,要逃离房间时,弗朗西斯卡却像个没事人似的坐了起来。她听了听鲍尔的胸口,叹息说其实鲍尔一直想死,苦于不知道怎么个死法,这下可算是得偿所愿了。托马斯若有所思,仿佛意识到他只是被夫妇二人利用,成全了鲍尔的求死之心。弗兰西斯卡

---

① Susan Sontag, *Duet for Cannibals*, New York: Farrar, Straus and Giroux, 1970: p. 70.

和托马斯在院子里生起了一堆篝火,焚烧鲍尔的手稿和文件,两人像孩子一样欢声笑语,拥抱亲吻。

次日清晨,醒悟过来的英格丽德心生悔意,返回鲍府,看到托马斯似乎还沉浸在扮装游戏中,木讷呆滞,头上绑着一圈圈的绷带,在听鲍尔的录音。英格丽德帮助托马斯解开绷带,带着他几乎是奔跑着离开了房子,上了一辆停在路边的汽车,驾车驶向广阔的道路。镜头转向了鲍府起居室的窗户,只见鲍尔夫妇神态自若,在玻璃窗后面高高在上地目送他们离开。影片最后,用了一个长镜头,呈现一片白色的结冰的大海。

杰罗姆·博伊德·蒙塞尔在传记里写到这部影片时,产生了一种代入感,并认为鲍尔和托马斯之间的关系与里夫和桑塔格当年的关系颇为相似:

> 托马斯整理鲍尔文章的工作就像是一位传记作者深陷传主的生活。由此,《食人生番二重奏》也是对传记写作中权力关系的戏剧化表现……从桑塔格开始,这可能是只有传记圈内人士才明白的笑话了。托马斯在书房里整理成堆的鲍尔的笔记本,他发现从1953年开始日记出现了空白。这与桑塔格的笔记本何其相似。她的笔记也是她在嫁给菲利普·里夫后的一段时期里沉寂下来的。也许,鲍尔和里夫的潜意识是相似的。桑塔格在日记中说,结识了比她年纪大的里夫,而且得到帮他"做一些研究工作"的机会,她高兴得晕头转向。最初,桑塔格所做的略带奴役性的文字工作也映射在托马斯和年长的鲍尔博士之间的关系中……实际上,许多年来桑塔格都被里夫所吞噬;就像托马斯一样,当她终于获得了新生,从自己的遭遇中变得强大的时

候,里夫可就受苦了。①

蒙塞尔的解读只是猜测而已,他试图把自己的写作经验代入桑塔格的创作心理中去,未免有失客观。如今两位当事人都已无法开口,难以求证。桑塔格在急行军式的工作安排中,哪还能够顾得上小肚鸡肠,像蒙塞尔说的那样在电影脚本里不忘暗讽一把里夫,而她笔下流淌出的大气磅礴的文字,也可以看成默不作声的反击吧。蒙塞尔的猜度对里夫也不公平,如果他能看到这段话,不知该做何感想。

1969年夏天,完成《食人生番二重奏》的工作后,桑塔格几乎是无缝衔接地开始构思《卡尔兄弟》的剧情。17岁的戴维已经习惯了母亲的漂泊不定,他独立能力很强,也经常独自出国远游,足迹遍布欧洲、非洲、南美、阿富汗等地。桑塔格在纽约的朋友也帮她时不时地盯一盯戴维,约瑟夫·蔡金和罗杰·斯特劳斯等人会给她写信汇报戴维的情况,她至少不用为了儿子的事分神。不过,这个时候还是出现了让她分神的人,这就是意大利的一位贵族小姐卡洛塔·德尔·佩佐(Carlotta del Pezzo),是那种最能打动桑塔格的类型:智慧、美貌、优雅……也许是过于急切地想抚平福恩斯留下的情伤,桑塔格对这段新的恋情期望甚高,全情投入,两人也度过了一段快乐的时光。

在桑塔格1970年的日记里,卡洛塔是绝对的主角,但日记也记载了两人恩爱渐衰的过程。2月10日,桑塔格回顾了两人

---

① 杰罗姆·博伊德·蒙塞尔:《苏珊·桑塔格传》,张昌宏译,北京:中国摄影出版社,2018年版,第118—119页。

的相处,发现自己面临两个选择:要么与卡洛塔一刀两断,要么遵守游戏规则,她选择后者,可是具体的游戏规则是什么,她没有说。既然不是一刀两断,我们也能推断得出,就是继续保持关系,只是难以回到热恋状态了。桑塔格总结了两人交往的三个阶段:第一阶段是1969年7月到8月,她坠入爱河,用了三个词来概括——激情、希望、渴望;第二阶段是1969年9月2日她回到纽约到1970年2月初她到达巴黎,这是魂牵梦绕的爱恋——"强烈渴望、摆脱不了的念想、折磨、无法工作、不可思议的贞洁、天真(依旧)、感觉被爱、耐心地等待我们共同生活时的开心"[1];短短一周后就到了第三阶段——"卡洛塔不可能是我生活的中心,只(可能)是包括工作、朋友和其他事情的多元中心的一部分。我必须允许:她想和我在一起,还是离开我,来去自由。我必须学会使用,并真正地享受这一情形给予我的自由。"[2] 桑塔格没有任何始乱终弃的意思,卡洛塔是福恩斯之后她第一个真正爱上的人,可她害怕被抛弃,害怕再次落入爱之愈深、伤之愈痛的魔咒,于是试图冷静地思考与卡洛塔的关系,并头头是道地分析卡洛塔的性格和心理。那些在极度的情感迷恋中写下的与卡洛塔有关的大量文字,可以媲美一篇精彩绝伦的短篇心理小说。她不断给自己打气,努力成为一个爱情的强者,可是当她感觉到卡洛塔不爱她的时候,完全失控了。

---

[1] 苏珊·桑塔格:《心为身役:桑塔格日记(1964—1980)》,姚君伟译,上海:上海译文出版社,2018年版,第318页。
[2] 同上。

我一直大哭——我的胸口、喉咙、眼睛、我脸上的皮肤都沾满了泪水,我有哮喘:我要氧气,我要空气来滋养我——而它不……现在,我痛恨我自己软弱。我无法相信我在这个情形中显得如此彻底的无能。我挣扎着和卡(洛塔)取得一些联系——教她或引诱她和我有一些爱的联系——可一切都是白搭。①

一个虽然泛舟情场、久经考验但每次都是仿若初恋的恋爱者形象跃然纸上。尤其是当桑塔格赌气地在描写自己如何痛不欲生的文字旁边写下"我不想从这次爱的失败中吸取任何教训"时,谁能想到,公众视野里酷酷的、桀骜不驯的那个桑塔格,私下里还有这样的稚气和任性,让人在为她难过时还真有点忍俊不禁。桑塔格是认真的,她甚至还和几个朋友召开了一次研讨会,讨论和卡洛塔恋爱的问题。四年后,卡洛塔的名字出现在《卡尔兄弟》电影脚本的献词里,这应该是爱的纪念吧。六年后,卡洛塔还到纽约探望生病的桑塔格,在她家里住了一些日子。努涅斯记得卡洛塔是一个性格随和、好相处的人,只是动不动就陷入抑郁,桑塔格为此很是烦恼。

桑塔格把自己对卡洛塔的迷恋归因于戴维的长大。凡是她的母亲所没能给予她的,她都希望能成倍地给戴维,他想要什么她都尽量满足,为他营造最大限度的安全感。可是随着他开始步入成年阶段,有能力规划自己的生活,她那满腔的母爱无处安置,而卡洛塔正好在恋爱关系中又像一个孩子,让她有了发挥的

---

① 苏珊·桑塔格,《心为身役:桑塔格日记(1964—1980)》,姚君伟译,上海:上海译文出版社,2018年版,第368页。

余地。戴维是桑塔格万分痛苦时的精神支柱,一想起戴维她就会重新振作起来,无比珍惜两人的母子缘分。

戴维在我生命中巨大的价值:

——一个我能够无条件地、信赖地去爱的人——因为我知道这个关系靠得住(社会保证这个关系＋我创造了这个关系)——因为我选择了他,因为他爱我(这一点)我从未怀疑过——我对爱、对慷慨、对关心唯一的全心全意的体验

——我的成人状态的保证:即使在我表现出孩子气的时候,我也知道我是个成年人,因为我是个母亲。(当老师,当作家等从未明确地带给我这一认识)

——条理,一种安排,对任何自毁倾向的一个限制

——有他相伴无比快乐——有一个伴儿,一个朋友,一个兄弟(不好的一面:一个陪伴监督人,一块抵挡世界的盾牌)

——他所教给我的东西,因为他哲学上洞察力敏锐,而且非常了解我

——平息我是男孩的种种幻想。我认为我和戴维是一样的,他是那个我曾想做的男孩——因为他的存在,我就无须成为男孩了(这一糟糕的后果:如果他成为同性恋者,我会感到不安。我相信他不会。但是,我不应该无意识地禁止这种事情发生)[1]

可以看出,哪怕是所谓不好的一面,其实都是好的一面。有了戴维,她不可能做出像苏珊·陶布斯那样的自毁行为。

---

[1] 苏珊·桑塔格:《心为身役:桑塔格日记(1964—1980)》,姚君伟译,上海:上海译文出版社,2018年版,第356—357页。

魂不守舍的恋爱状态使桑塔格备受煎熬,但没有影响她的工作热情。或许桑塔格的过人之处就在于此吧,能够在个人情感与公共事务中保持平衡。1970年1月,《卡尔兄弟》剧本完成后,桑塔格开始选外景地,7月—12月完成拍摄和剪辑工作。与《食人生番二重奏》相比,《卡尔兄弟》的筹备和拍摄波折要多一些。首先在脚本的写作上,她意识到第一部影片的制作经验为她提出了很多"关于电影叙事和建构的棘手的问题"①,构思的时间更长,进展也相对比较缓慢。其次,《卡尔兄弟》的拍摄进行了46天,而《食人生番二重奏》是34天,在后期制作上《卡尔兄弟》也花费了更多的时间。最后,从投资方的干预性来说,《食人生番二重奏》完全是由桑塔格自己把握影片的所有方面,她享有最大限度的自主权,而《卡尔兄弟》最终的拍摄风格则是她与林格伦漫长而艰难的谈判结果。林格伦的犹豫确实情有可原,因为桑塔格要在彩色影片大行其道的时候坚持继续拍黑白片,这似乎有悖于时代潮流。桑塔格解释说:"我不能想象《卡尔兄弟》——一个冬天的故事,要在遥远的北方的夏末拍摄成——一部彩色影片。因为在我脑中所见,它应该是一部黑白影片,更准确地说,是由黑到白的影像,其所展现的是现在困扰于一种难以言明的发生在过去的'黑色'的堕落行为,又惊惶于将在未来出现的一种无所裨益的'白色'的治愈行为。"②无论是桑塔格本人

---

① Susan Sontag, *Brother Carl*, New York: Farrar, Straus and Giroux, 1974: p. viii.

② 同上, p. viii-ix.

还是影评家们都认为《卡尔兄弟》较之于《食人生番二重奏》更成熟。这两部电影的关系很像桑塔格的第一部小说《恩主》和第二部小说《死亡匣子》的关系，后者都是对前者的推进。桑塔格自己也说："《卡尔兄弟》(就像《死亡匣子》那样)的目标更为高远，承担的风险更大，结果也更不平衡和不和谐。《卡尔兄弟》中起作用的那些段落超越了我在《食人生番二重奏》中能够做到的一切。"①

《卡尔兄弟》在1971年和1972年连续在戛纳、旧金山、芝加哥和伦敦的电影节上展出，可是同样遭遇滑铁卢。桑塔格的好友丹尼尔·塔尔博特(Daniel Talbot)买进了《卡尔兄弟》的美国版权，但是由于门可罗雀，电影在他的纽约剧院上映一周后就草草下线了。尽管出师不利，桑塔格却不以为意，感觉虽败犹荣。她倔强地自我安慰道："生活中唯一有趣的行动就是去实现一个奇迹，或者实现奇迹时失败……在罗马，影片杀青一星期后，我得知自己失败了。失败没有摧毁我对奇迹的信仰。"②蒙塞尔把这里说的奇迹解读为桑塔格企图赢得卡洛塔的芳心，这就似乎有些牵强了。

《卡尔兄弟》中一共有六个人物：曾经红极一时的舞蹈演员卡尔、已经离异的莉娜和马丁、夫妻关系冷淡的卡伦和彼得以及他们的女儿安娜。卡尔看上去精神失常，马丁照顾着他，二人生

---

① Susan Sontag, *Brother Carl*, New York: Farrar, Straus and Giroux, 1974: p. xv.
② 同上，p. xv-xvi.

活在一座小岛上。卡伦把丈夫和患有自闭症的女儿留在家里,和莉娜一起来到小岛看望马丁。莉娜试图修复与马丁的关系,但是后者态度冷淡,而且还与卡伦关系暧昧。莉娜转而想通过肉体的接触来摧毁卡尔在马丁心目中作为一个"神圣的傻瓜"的形象,而马丁对此无动于衷,于是她的挫败感愈发强烈,最后觉得生无可恋,自溺于大海中。莉娜死后,卡尔似乎回到了正常的精神状态,并在与安娜的相处中治愈了她的自闭症,使她终于能够开口说话。《卡尔兄弟》里的人物形象,尤其是卡尔,其实在桑塔格的脑海里酝酿很久,"代表着在我的生活、小说以及电影里反复出现的静默(或者自发性的缄默)的主题"[1]。静默,是卡尔辉煌之后的自我选择,是安娜与生俱来的"缺陷",也是莉娜内心的痛苦状态。莉娜的死亡和安娜的发声是影片的两个重要事件,具有一定的因果关系。静默会导致极端的自我否定,并带来死亡的威胁,但也能成为救赎的契机,从而打开封闭的心灵。

在《卡尔兄弟》中,桑塔格摈弃了《食人生番二重奏》中用英文字幕来对应演员所讲的瑞典语的做法,直接让演员说英语,目的是"想把他们在讲英语时有时会遇到的那些困难——难以把握的语音、他们的迟疑、错置的音节、僵硬的语调等——作为一个形式的元素融合进电影里"[2]。桑塔格不仅为影片中的人物安排了语言的障碍,而且还在电影的表现手法上强化了这种沟

---

[1] Susan Sontag, *Brother Carl*, New York: Farrar, Straus and Giroux, 1974: p, x.

[2] 同上,p. xi.

通不畅的困境,把她的问题意识到扩散到银幕之外,使观众也卷入焦虑之中。《食人生番二重奏》通过瑞典语与英文字幕的差距导致观众(包括瑞典观众和英语国家观众)在观看的过程中无法保持听与看一致,从而削弱了情感共鸣程度,达到了间离的效果,而在《卡尔兄弟》中,观众听到的和看到的是一致的,困难重重的交流场景在不标准的英语对话中愈发沉闷。桑塔格以伯格曼的《假面》为参照,在第二部影片里尝试着另一种表达方式,从布莱希特的疏远转向伯格曼的投入。

桑塔格在回顾《食人生番二重奏》和《卡尔兄弟》时注意到这两部影片有很多相似之处。《食人生番二重奏》里的弗朗西斯卡出场时悄然无声,拒绝说话,在《卡尔兄弟》里,这个人物再度出现,而且还是"加倍"出现——"既是几乎失语的卡尔,又是患自闭症的那个孩子"[1]。除了弗朗西斯卡化身为两个角色之外,鲍尔也附体于马丁身上,"马丁是已经过气的鲍尔,是已经造成了最高的毁灭程度的鲍尔,是在疲惫、厌恶和无能为力的犬儒主义状态中失去了游戏的胃口,甚至希望能堂堂正正行动的鲍尔"[2]。有人分析,弗朗西斯卡自发性的缄默(voluntary mutism)是游戏的一部分,"而卡尔(还有安娜)的缄默,就像伯格曼的伊丽莎白那样,却是一种对深层创伤的反应。卡尔的创伤来自一个可怕的人实施的心理虐待,而安娜的创伤可能是出于

---

[1] Susan Sontag, *Brother Carl*, New York: Farrar, Straus and Giroux, 1974: p. x.
[2] 同上。

其父母之间的难以弥合的裂痕"①。伊丽莎白是《假面》里的两位女主人公之一,一位名噪一时的女演员,在演出的过程中突然无法说话,被当成精神病人予以治疗。卡尔和伊丽莎白确实有不少共同点,都是知名的表演艺术家,都陷入缄默之中,都仓促地结束了演艺生涯,都有一个关系变得错综复杂的陪护者(陪伴伊丽莎白的是另一名主人公——年轻的女护士艾尔玛)。

无论是伯格曼的伊丽莎白还是桑塔格的卡尔,心理创伤是他们缄默的一个原因,但他们的艺术家身份更是值得考量的方面。失语之前他们都是已经取得了辉煌成就的艺术家,而就在巅峰状态,他们都选择了突如其来的缄默,不同的是,伊丽莎白重返舞台②,卡尔则与表演生涯进行了永久性的决裂。

卡伦夫妇则与艺术几乎没有什么关联:彼得是一名律师,卡伦因为需要照料安娜,成了一名家庭主妇。影片没有交代卡伦之前从事的工作,也没有说明她如何与舞台导演莉娜及其前夫马丁相识。卡伦年长于彼得和莉娜,与马丁年纪相当。卡伦乍一露面,就表现出疲惫不堪和闷闷不乐的样子,无助地面对着躲进橱子里的安娜。安娜只对一些重复的、单调的声音感兴趣,比如闹钟的滴答声、电话的拨号声等。卡伦把自己怨天尤人的负面情绪直接发泄到彼得身上,她酒后驾车,被警察盘问,回到家里对彼得冷嘲热讽,摆出一副要与他争吵的架势。彼得央求她

---

① E. Ann Kaplan, "Sontag, Modernity, and Cinema: Women and an Aesthetics of Silence", in Barbara Ching and Jennifer A. Wagner-Lawlor eds., *The Scandal of Susan Sontag*, New York: Columbia University Press, 2009: p. 117.

② 这在最后上映的影片中没有明确展示出来,但在手片中有她回到舞台的镜头,详见桑塔格在《伯格曼的〈假面〉》中的相关论述。

不要在孩子面前如此失态,不愿孩子受到伤害,但是卡伦急于暂时摆脱对她而言没有什么乐趣的生活,不顾彼得的挽留,也不顾及和怜惜懵懂的安娜,执意抛开他们随莉娜前往马丁和卡尔所在的小岛。

桑塔格自己对卡伦这个人物较为反感,对莉娜寄予了无限的同情,认为"坚强、正派的莉娜值得活下去,可是她犯下了一个错误,把自己的生活投入到重获爱情的斗争中,一败涂地。软弱自私的卡伦几乎无益于一切,却得到了奖赏"①。卡伦走到哪里,哪里就失去平衡。从阴云密布的家里出来后,卡伦到莉娜工作的剧院,要求同行。卡伦羡慕莉娜自由自在、与艺术为伴的生活。她把自己的苦闷归咎于安娜的存在,并扩散及本来是至亲至爱的人:"我恨每个人。彼得。孩子。我母亲。还有你……是不是接下来得说我恨我自个儿?我不。我为自己感到难过。"②她表示自己缺乏爱的能力,而慷慨大方的莉娜毫不犹豫地愿意助其一臂之力。此时的莉娜年轻漂亮,乐观自信,工作热情高涨,但随着与卡伦交往的深入,她变得越来越狭隘和猜忌,最后投身大海,结束了自己的生命,而卡伦不仅收获了安娜恢复语言能力的喜悦,而且还与彼得重归于好。这个正负能量的转换也很接近《假面》——活力四射、唠唠叨叨的女护士艾尔玛变得神情恍惚、语无伦次,紧张不安、颓废无语的伊丽莎白则越来越

---

① Susan Sontag, *Brother Carl*, New York: Farrar, Straus and Giroux, 1974: p. xiv.

② 同上, p. 22.

强大。

莉娜信心满满地来到马丁身边,希望再续前缘,但马丁却把注意力放在随行的卡伦身上,对莉娜的热情与期待视而不见。这对已经离异多年的夫妻一冷一热,一见面就体现出了二者之间对待彼此感情的强烈反差:莉娜一看见马丁就喜不自胜,容光焕发,而马丁不是懒得回答就是语出伤人,当着卡伦的面,对于她的到来毫无欢迎之意。莉娜的希望之火逐渐黯淡,但她还是努力争取,影片中也的确出现了似乎峰回路转的一幕:莉娜与马丁单独相处,两人相互依偎,情意绵绵,莉娜的表情满足而又自信。然而随着卡伦的出现,这难得的温馨氛围被瞬间打破,马丁立刻又恢复到玩世不恭的状态。当莉娜要梳理他乱成一团的头发时,他竟然从壁炉里抽出一根燃烧着的木棍,挑衅味十足地放火烧自己的头发。马丁的行为很像是向卡伦表白他完全不在乎莉娜的爱,而在与卡伦相处时,他变得细心和体贴,卡伦则也享受着马丁的殷勤,二人甚至发展到差点发生肉体关系的程度。

莉娜曾向卡伦倾吐她对卡尔没有好感,而对于原因她却欲言又止。我们只能从她与卡伦的另一次谈话中隐隐约约地得知马丁不仅与一个剧院的女孩传出绯闻,而且人们还把卡尔牵扯其中。莉娜没有想到马丁会把卡尔带到岛上,言语之间不免有些刻薄,一针见血地指出马丁让卡尔不离左右的原因不是出于治疗而是出于要从卡尔那得到宽恕,其实是自私而又残忍的举措。她在苦求马丁回心转意无果后,去卡尔的小屋诱惑从未有过性体验的卡尔。卡尔被动地接受莉娜的摆布,笨拙地与其亲近,但无法有实质性的接触。马丁在这个难堪的时刻闯入,但对所发生的事情漠不关心,莉娜由此经受了双重的失败:卡尔的无能和马丁的冷漠。

影片中莉娜自杀的场景也比较特别,桑塔格采用了对比的手法来展现这一过程。清晨,太阳初升,海天一色,在音乐声中,镜头特写莉娜走入水中的一双赤脚,这一切看起来是美好的,不会使人联想到死亡,而且在此之前,卡尔也有同样的举动,在马丁的介入下,他安然无恙。可是随着莉娜从海里回到海滩,反复踱步,镜头渐渐拉远,她显得渺小而无助,看起来又冷又疲惫,在举目四望中似乎期待有人前来阻止或搭救,然而没有人前来,死亡和绝望的气息渐渐弥漫开来。莉娜返回水中,越走越远,直到海水没过她的头顶,将她吞噬,这与卡尔走向大海是完全不同的结局。影片以莉娜无人相伴的外部空间的孤独感突显了她内心的彷徨无依,令人不由得联想起苏珊·陶布斯自尽时该是怎样的凄楚,桑塔格在写作和拍摄这一幕时又该是如何的感同身受。

当卡尔发现莉娜时,他已经无力回天,无论他怎么呼唤莉娜醒来,无论卡伦怎么梦到莉娜活生生地出现在面前,她都不可能再次睁开双眼了。莉娜之死是桑塔格为哀悼苏珊·陶布斯而执意为之,她写道:"莉娜未能复活,因为苏珊确实死了。她死亡的方式——以及卡伦梦到她的复活——都来自那次悲痛的经历。(我的电影不是以真正的自杀结尾,而是掐断了梦!)我做过卡伦的那个梦。"[1]卡尔在莉娜死后,一趟趟地从小屋里搬出里面的物品,悉数埋进自己挖好的一个洞里,此举的象征意义非常明

---

[1] 苏珊·桑塔格:《心为身役:桑塔格日记(1964—1980)》,姚君伟译,上海:上海译文出版社,2018年版,第405页。

显,表明了他埋葬过去的决心,既要卸下内心的重负,又要开始新的征程。他在面对莉娜的尸体和参加葬礼的两个场景中都执意不肯相信莉娜真的离世,希望能出现奇迹。尽管马丁竭力劝说,卡伦也冷冰冰地告诉他世间根本不存在奇迹,他还是一连说了五个"有(奇迹)",其实这是个预言,只不过不是应验在莉娜身上,而是在安娜那里。

桑塔格没有用明线叙述卡尔与安娜的关联,按照故事表面的逻辑,卡尔根本不知道卡伦有个自闭症的女儿,唯一的可能就是卡伦向他披露了实情,向他求助。卡尔的症状与安娜极为相似,因此极为讽刺的是,只有卡伦真正听懂了卡尔的话语,而她要做的就是期待卡尔或许能走进安娜心里那个空无一人的世界,以实现一个奇迹。卡尔果然一反常态,频频拜访卡伦一家,带着安娜玩耍,安娜也认可了他的陪伴,这两个在别人眼中不正常的沉默者成了好朋友,以他们独特的方式交流着。卡尔带着安娜进入一个锈迹斑斑的铁门,两人在里面说了什么或做了什么,我们一无所知。桑塔格通过在片尾重复这个场景,达到了首尾呼应的效果,使观众又联想起影片开头卡尔和安娜在一起的镜头。奇迹发生前两人躲进一个逼仄的空间,经历着黑暗、禁锢和自我约束,等他们再度出现时,宛如破茧重生,安娜发出了快乐的笑声。卡尔曾向卡伦传授与安娜相处的秘诀就是给予她更多的爱,这样才能创造奇迹。他用爱唤醒安娜沉睡的心灵,却以受难者的形象倒地,陷入强直性昏厥之中。他以牺牲自己的神智和健康为代价,完成了对安娜和卡伦夫妇的救赎。

《卡尔兄弟》完成后,桑塔格与桑德鲁公司的合作也结束了。

1971年1月初的一天,《卡尔兄弟》的第一份拷贝交到了林格伦的手上,还是老规矩:林格伦独自一人在公司的放映室里观看,桑塔格则故意迟到,在走廊里等待。影片放完了,林格伦走了出来,礼貌地聊了聊片子,又问桑塔格何时前往法国,然后握手道别。他没有询问桑塔格下一步的拍片计划,这也在她的意料之中,因为已经有传言说林格伦要暂时搁置所有的电影制作。林格伦返回办公室,桑塔格下楼走向大街。对方没有挽留,让她有些如释重负。此时的斯德哥尔摩,虽然在时间上算是白天,但即便是正午,她也看不到太阳。寒冷、沉闷、黑暗的北欧的冬天,也给了她离开的理由。

  刚起步的电影事业没有给桑塔格带来什么财富,恰恰相反,除了投入巨大的精力之外,她在经济上也举步维艰,她如此描述拍电影时的困顿:"我不仅没能通过拍电影赚到一分钱,而且在拍摄过程中,我还不得不举债度日。"①这样的困难可吓不倒桑塔格,她还是一样的斗志昂扬,把自己的时间表安排得满满当当的,只不过工作的主要场所从斯德哥尔摩转移到了巴黎。她很少待在纽约,也不愿为了挣些出场费抛头露面,"实际上,桑塔格中断散文写作,以及几乎处于移居的状态,已然标志着她开始了一场同自己声名之间的深刻抗争"。② 她的心态非常矛盾,对自己的声名既欲拒还迎,又欲迎还拒,以至于有人给她冠以"患文

---

 ① Charles Ruas,"Susan Sotag:Me,Etcetera...", in Leand Poague ed., *Conversations with Susan Sontag* ,Jackson:University Press of Mississippi,1995:p.175.

 ② 丹尼尔·施赖伯:《苏珊·桑塔格:精神与魅力》,郭逸豪译,北京:社会科学文献出版社,2018年版,第193页。

化精神分裂症的童话公主"之名,批评她一方面与自己的名人地位公开保持距离,另一方面却又通过推出作品和发表意见来获得媒体的关注。施赖伯说得还是比较中肯的:"桑塔格希望公众因为她的智识和艺术作品而严肃对待她,同时也要接受她作为一个人,如同她在个人发展的每个时刻所自我理解的那样。她想掌控自己的形象,但这在持续扩张的媒体界无法实现。"①

从1971年1月离开瑞典后,桑塔格就经常到巴黎长住。她遇到了妮科尔·斯特凡娜(Nicole Stéphane,1923—2007,又名妮科尔·罗斯柴尔德 Nicole Rothschild),又一段恋情起航了。斯特凡娜美貌聪慧,比桑塔格大10岁,经历却要复杂得多。她和桑塔格一样是犹太裔,出身显赫,来自罗斯柴尔德家族(Rothschild Family),一个在欧洲乃至世界久负盛名的金融家族,在第二次世界大战期间为了逃避纳粹的迫害离开巴黎到达西班牙,后来又前往英国,在伦敦加入了法国抵抗阵线。二战结束后,斯特凡娜回到法国,上了戏剧学校,显露了过人的表演才华。导演让-皮埃尔·梅尔维尔(Jean-Pierre Melville,1917—1973)发现了这颗新星,邀请她参演自己的首部影片《海的沉默》(*Le Silence de la mer*,1949)。1950年,斯特凡娜在梅尔维尔的第二部影片《可怕的孩子们》(*Les Enfants terribles*)中担纲主演,一举成名。《可怕的孩子们》改编自法国全才型艺术家让·科克托(Jean Cocteau,1889—1963)1929年的同名小说,编剧就是科克托本人,他也是该片的另一位导演。斯特凡娜本来星途

---

① 丹尼尔·施赖伯:《苏珊·桑塔格:精神与魅力》,郭逸豪译,北京:社会科学文献出版社,2018年版,第194页。

不可限量，但在 20 世纪 60 年代初，她遭遇了一场差点危及性命的严重车祸，同时也可能因为性格原因，放弃了表演艺术，成了一名电影制作人。1963 年她制作了第一部影片《牺牲在马德里》(*Mourir à Madrid*)，这是一部反映西班牙内战的纪录片，为她赢得了 1966 年的奥斯卡金像奖提名。1969 年她把法国小说家玛格丽特·杜拉斯（Marguerite Duras，1914—1996）的小说《毁灭，她说》(*Détruire, dit-elle*, 1969)搬上了银幕，这部电影和桑塔格的《食人生番二重奏》一起在当年的戛纳电影节放映，所以二人有可能就是在那时初识于戛纳。斯特凡娜也参加了 1971 年的戛纳电影节，其间《卡尔兄弟》上映。

斯特凡娜就像一个引路人，为桑塔格打开了一扇进入巴黎知识分子圈的大门。桑塔格一度还搬进了巴黎圣日耳曼德佩区波拿巴大街 42 号，萨特 1942 年到 1962 年间就住在那里。也就是说，桑塔格 1958 年求学巴黎之时，她虽然也住在这个区，但还只能和美国的朋友们一起，想象着法国的存在主义大师们的精彩对谈，而如今，这一切触手可及了。桑塔格的自豪之心可想而知，她激动地给罗杰·斯特劳斯写信说到这件事，尽管只是从别人手上短期租住下来而已。桑塔格入住过萨特旧居这件事，后来还引发了外界关于她与萨特的一些不实传言，这实属空穴来风，不过她确实与波伏瓦有过交往。斯特凡娜深得圈内名士的认可，有她的支持和引荐，桑塔格赢得了波伏瓦的好感和信任，无偿地取得了波伏瓦的小说处女作《女宾》(*L'Invitée*, 1943)的电影拍摄权。1971 年 2 月 2 日，桑塔格写下了这样一段话，思考波伏瓦的影响，间接地证明了她为与波伏瓦接触做了功课：

我是不是可能把第二次解放归功于西蒙娜·德·波伏瓦呢？20 年前,我看了《第二性》。昨天晚上,我看了《女宾》。当然不可能。我仍然需要许多历练才能解放自己。然而,第一次,我能够大笑……我从外面看到了诱人的圈套(自我牺牲、基督教的爱,以及与情欲一起被激起的那种方式),我不为自己感到难受,我不那么鄙视自己了。有点儿更加地,我不再希望——而且我觉得轻松一些了。我能够大笑了,温柔地,笑我自己。①

遗憾的是,虽然桑塔格创作了电影剧本,但拍片计划最终还是流产了,人们猜测可能是斯特凡娜不看好这个计划,因为那个阶段她在桑塔格心中的地位是至高无上的,每个决定都分量十足。从 1972 年 5 月 1 日发表的一篇桑塔格访谈可以略知一二。桑塔格称斯特凡娜是法国的两位女制片人之一,言下之意,法国真正能称得上制片人的女性只有两位,而斯特凡娜当之无愧,就是其中之一。她还说第三部影片大部分会在法国拍摄,主要是讲美国人和英国人的故事。法语是桑塔格除了英语之外说得最好的语言,她很自信地表示,在法国拍片能让她有归家之感。她甚至不无得意地告诉记者,巴黎是世界上最难与人打交道的城市之一,但她很幸运,能融入这里的法国人之中,是里面唯一的美国人,而法国已经成了她的第二祖国,这当然是她十多年来努力的结果,终于能突破那道可怕的障碍,进入一个真正的法国人

---

① 苏珊·桑塔格:《心为身役·桑塔格日记(1964—1980)》,姚君伟译,上海:上海译文出版社,2018 年版,第 378 页。

的世界。① 不过,她无限憧憬地说到的这部影片,终究也没有拍成。

1969年夏天到1972年初夏,桑塔格似乎陷入创作瓶颈期,不仅许诺过要写的文章没有动笔,甚至连与人签订的写作合同都迟迟难以履行,最后干脆直言不写了,可是预支的稿费已经花光,无力赔偿。罗杰·斯特劳斯只好像个给闯祸的孩子善后的家长那样,不停地出面息事宁人,有时也逼着她回国做讲座,赚点费用。在巴黎,她后来实在无力支付居住和生活开销了,就搬到了斯特凡娜家里。斯特凡娜有一个相处了16年的情人,桑塔格卷入这个三角关系中,仿佛重演了当年和哈丽雅特之间的感情戏,爱得卑微而纠结。她忍不住问自己:"我能不能爱某个人[妮(科尔)]同时仍然能思考/飞?"②

1972年7月20日,在桑塔格的想象中出现过无数次的中国,向她发出了邀请,访问从8月25日开始,为期三周。不过这只是初步计划而已,到了10月28日,桑塔格被告知,行程被推迟到来年的2月15日。12月,她又去了一趟越南,但这次没有写什么。她的中国之行真正成行比原计划提前了一个月,时间也多了一周。这个机会是中美建交带来的福利。1972年2月21日,发生了一件国际大事:美国总统尼克松抵达北京,一周后中美发表上海联合公报,宣布两国关系走向正常化。FSG出版

---

① Victoria Schultz, "Susan Sontag on Film", in Leland Poague ed., *Conversations with Susan Sontag*, Jackson: University Press of Mississippi, 1995: p.30.

② 苏珊·桑塔格:《心为身役:桑塔格日记(1964—1980)》,姚君伟译,上海:上海译文出版社,2018年版,第421页。

社和《女士》(Ms.)杂志资助了桑塔格的中国之行,期望她能写一篇带有女性视角的旅行报道发表到《女士》上,桑塔格却另有想法。她在出发前,就写下了《中国旅行计划》,这被认为是她写的第一部短篇小说,1973年4月发表在《大西洋月刊》(The Atlantic Monthly)上。《女士》是一家自由女权主义杂志,1972年组织了"废除堕胎法"请愿活动,为妇女争取堕胎的权利。桑塔格承认堕过胎,并在请愿书上签了名,声援了《女士》的立场。她还写下了《衰老的双重标准》("The Double Standard of Aging",1972)和《妇女的第三世界》("The Third World of Women",1973),以激进的姿态表达了对女权主义运动的支持。除了波伏瓦的《第二性》外,她还阅读了几乎所有女权主义运动中出现的书籍,乐于见到它们掀起的风暴。

斯特凡娜就是一个自由女性的典范,她果敢坚毅、眼光独到,桑塔格与她合作,实现了一个梦想,也是一次壮举——1973年10月,这两位勇敢的电影人前往以色列,在第四次中东战争①中交火最激烈的戈兰高地和苏伊士拍摄《希望之乡》(Promised Lands)。戴维作为助理导演也一同前往。由于拍摄初期交战双方尚未停火,危险不言而喻,而即便在停火之后,危险也仍然无处不在,桑塔格自己也承认,"在整个拍摄阶段,战争正在进行,或随时爆发或步步逼近,(给我们的工作)设置了一种堂·吉诃德

---

① 第四次中东战争(1973年10月6日—10月26日),因为是在犹太人的假日赎罪日这一天发动的,因此也称为赎罪日战争(Yom Kippur War)。

式的基调"。① 在西奈沙漠(Sinai Desert),摄制组的成员在雷区穿行,时刻面临着踩响埋在脚下的地雷的巨大风险。当罗杰·斯特劳斯得知此事时,给同事写信惊呼:"你不会相信的——扶牢椅子哦。苏珊此刻在以色列,正在西奈沙漠和一帮人拍纪录片……"②

桑塔格认为《希望之乡》是她拍的最私人的电影,她解释道:

> 这种私人性不是指我出现在电影里(我没有),或像在大多数纪录片里那样担任"画外音"的叙述者(该片没有解说)。之所以说是私人的,是因为我同电影素材的关系——是为我所发现,而不是为我所策划——也因为那些素材同我的写作以及其他电影的主题神奇地不谋而合。③

其言下之意是,这部影片依然渗透着她的个人风格,严肃冷峻,就像有篇评论所说的那样:"既不尖刻批判,也不曲意逢迎,在分析阿以关系方面沉思默想,画面生动。"④当然,论及私人性,其实还有另一个方面。桑塔格的祖父母是来自奥地利的犹太人,外祖父母是来自波兰的犹太人,而她一生中唯一一次结婚的对象菲利普·里夫也是犹太人,现在,还有一个她爱的人——犹

---

① Susan Sontag, "Susan Sontag Tells How It Feels to Make a Movie", in *Vogue*, July 1974: p. 118.

② 卡尔·罗利森,莉萨·帕多克:《苏珊·桑塔格全传》,姚君伟译,上海:上海译文出版社,2018年版,第228页。

③ Susan Sontag, "Susan Sontag Tells How It Feels to Make a Movie", in *Vogue*, July 1974: p. 118 & continued in p. 84.

④ Michael Chaiken, "Promised Lands", in *Film Comment*, January-February, 2011: p. 76.

太人斯特凡娜——陪伴左右。亲赴以色列,记录在这个犹太国家的见闻也许一直就是她的夙愿。后来,桑塔格又否认《希望之乡》是纪录片,称它是"非虚构电影"。

人们指望桑塔格在《希望之乡》里旗帜鲜明地表达一种立场,即在阿拉伯国家和以色列的流血冲突中,她应该选择站在其中的一方。然而,自始至终,"遗憾的是,桑塔格小姐从未旗帜鲜明地表明她的态度。她最终的感情倾向有很多难以捉摸的暗示,但是几乎没有明确的指向。在《希望之乡》里我们完全看不到那个在其散文里态度鲜明、表现力强的桑塔格。"[1]施赖伯认为桑塔格其实还是有所偏向的,她没有从客观的角度去审视阿以冲突,而是在大部分的时间里,"让灰心失望的以色列人谈论这场战争,其结果就是让它变成了一部极度个人化的电影,展现的是以色列的犹太人的情绪低落、无所适从和茫然无助,或者说变成了一篇散文,即便不曾承认以色列人是对的,但依然极具这样的倾向性"[2]。这个说法或许有一定道理,不过至少以色列人并未看出这部影片的倾向性,将它列为禁片,其情形与《河内行纪》如出一辙。

时隔40多年后,当我们再度在桑塔格的镜头里观看那一段历史的影像时,时空交错的距离感让我们有了更大的批评空间。桑塔格是众所周知的反战人士,她对阿以双方中的哪一方是否

---

[1] Andrew Sarris, "From Holocaust to Hegira", in *Village Voice*, July 18, 1974: p.61.
[2] 丹尼尔·施赖伯,《苏珊·桑塔格:精神与魅力》,郭逸豪译,北京:社会科学文献出版社,2018年版,第206页。此处翻译笔者依照原文做了改动。

有倾向不应该成为评论的重点,因为她要表现的,是战争的荒谬和残忍。桑塔格巾帼不让须眉的勇气确实令人敬佩,而她趁着硝烟未散,迫切地到达战场,镜头里捕捉的并不是血雨腥风的战斗场景,而是战争余威尚存时一幅幅已然静止的画面:暴尸荒野的参战士兵、千疮百孔的军车和坦克、散落一地的带着血迹的钢笔、笔记和钥匙。无论战争是否还会继续,死亡——这种无法挽回的结果已经成为事实,那些曾经鲜活的生命已经变为荒凉土地上无处安葬的尸骸。

关于赎罪日战争,以色列突然受敌的"悲剧开场和其他情况已有大量的研究,这些研究把这场战争界定为以色列的民族创伤"[①],而对于战争的全貌,许多研究者、新闻记者和政治家说法不一,观点不一。桑塔格应该深知以一己之力无法还原战争的真相,也无法轻率地得出孰是孰非的结论,但她把自己的所见所闻转化为图像和声音,作为一个记录者,而非义愤填膺的选择立场者。似乎是为了做出呼应,她的影片里有两位观点相左的被采访对象,一位是作家尤拉姆·卡纽克(Yoram Kaniuk,1930—2013),另一位是物理学家尤瓦尔·尼曼(Yuval Ne'eman,1925—2006)。卡纽克批评以色列建国否定了阿拉伯人的权利,尼曼则为以色列政府辩护,称在阿拉伯人眼里,以色列人是入侵者,暗示阿拉伯人想和纳粹一样,要把以色列人赶尽杀绝。这两种不同的声音在影片里交织,形成了一种争辩性的对话,影评家

---

① Udi Lebel and Eyal Lewin eds, *The 1973 Yom Kippur War and the Reshaping of Israeli Civil-Military Relations*, Lanham: Lexington Books, 2015: p.3.

斯坦利·考夫曼认为这是该片唯一的可取之处,虽然没有什么新意,但他在此之前"还从未听过一个以色列人谈论过此事"①。桑塔格能够做到这一点,证明她为了更客观地让人们了解这一场战争确实做出了努力。不过由于条件所限,影片中没有来自阿拉伯一方的声音,这也正是有人以此为证据,说明桑塔格实质上是偏袒以色列的另一个理由,导致"与她许多的新左派同仁极为亲阿拉伯的情绪相左"②。然而情况并非如此,桑塔格针对的是战争本身。2003年3月30日,在一个大会的主题发言中,桑塔格表示:

> 作为一个饱受创伤和恐惧的国家,以色列正在走出其动荡不安的历史中最大的危机,这是通过持续不断地加强在1967年的阿以战争中赢得的边界的定居点的政策实现的。随后以色列的一任任政府都决定对(约旦河)西岸和加沙地带加以控制,从而否定了其巴勒斯坦邻居也拥有自己的国家的权利,这个决定是一大灾难——道德上、人性上和政治上——对双方人民来说都是。③

不难看出,桑塔格力争做到就事论事,这个发言后来成了《拒服兵役者:以色列士兵的良心》(*Refusenik! Israel's*

---

① Stanley Kauffmann, "Stanley Kauffmann on Films: Promised Lands", in *The New Republic*, June 29, 1974: p. 18.
② Carl Rollyson, *Reading Susan Sontag: A Critical Introduction to Her Work*, Chicago: Ivan R. Dee, Publisher, 2001: p. 23.
③ Susan Sontag, "Foreword", in Peretz Kidron compiled and edited, *Refusenik! Israel's Soldiers of Conscience*, London and New York: Zed Books, 2004: p. xiii.

Soldiers of Conscience，2004)①一书的前言，以声援那些拒绝到占领区服兵役的以色列年轻人。

无论参战的士兵是战死疆场还是九死一生，战争带来的都是难以抚平的伤痛。影片中既有痛失亲人的阵亡士兵家属或捶胸顿足、呼天抢地或默默流泪的画面，也有遭受弹震症(shell shock)之苦的士兵战场归来后接受治疗的场景，尤其是后者，桑塔格给了更多的镜头和时间。桑塔格用冷冰冰的医院取代血淋淋的战场，把这名士兵的遭遇展现出来，突出的正是战争的残酷无情和持久的伤害，也符合桑塔格一贯的反战立场。赎罪日战争背后是美国和苏联这两个当时的超级大国之间的较量和博弈，正如在战争的第二年，英国《星期日时报》(Sunday Times)的记者团队在合作而成的《赎罪日战争》(The Yom Kippur War)一书中所写的那样："中东一个定居点的强制建立……看起来取决于超级大国，尤其是美国的意志和努力。从短期来看，那也许是唯一的道路。可是对于未来来说，只要阿拉伯人和犹太人甘于接受作为一场归根到底和他们'毫不相干'的争斗中的傀儡角色，那么很难相信在中东会出现长久的和平。"②时至今日，在美国的干涉和介入之下，中东的严峻局势被他们不幸言中，和平依然可望而不可即。

《希望之乡》不是轻松的风景纪录片或旅游宣传片，因此影

---

① 根据该书的说法，2003年夏天，有500多名接到服役通知的以色列人拒绝服役，还有600多名同样已到服兵役年龄的以色列人正式宣布即便接到了通知也不会服兵役。

② The Insight Team of the London *Sunday Times*，*The Yom Kippur War*，Garden City:Doubleday & Company,INC.,1974:p.492-493.

片里呈现的地理景观是与人的活动紧密地联系在一起的。影片伊始,随着耶路撒冷城里的钟声响起,分别代表着基督教、伊斯兰教和犹太教的十字架、星月架和大卫星交替或同时出现,随后就是一大片不毛之地,镜头由远及近,逐渐聚焦到一个戴着头巾的阿拉伯牧羊人身上。荒凉的山坡上遍布土块和砾石,只有零星的、枯黄的草,羊群似乎难以找到值得驻足的地方,因此极不安分地跑来跑去,牧羊人不得不到处跑动,以聚拢他的羊群,影片中有一个他回首的镜头,无奈而茫然。在这个场景里,没有一句说明或解释的话语,但羊群在这个环境里的骚动不安以及牧羊人手足无措的东奔西跑似乎传递出了这样的"画外之音":于人于动物,这片土地意味着与环境艰难的斗争。

影片另一处用移动镜头扫视的地理景观,依然是坎坷不平、了无生机的荒漠景象。而在此之前,桑塔格做了如下的铺垫:在一所被炮火轰炸过的残破的、废弃的阿拉伯学校里,一名以色列军官坐在教室里,翻阅着散落在地上的文件和课本,对着一个话筒读出这些材料上的文字,其内容无非都是反犹太人、激发仇恨情绪的。就在这位军官平淡乏味的诵读声中,画面先是切换到教室之外,几具焦黑的尸体一一出现,分辨不清是哪一方的阵亡士兵,有的衣着全无,开膛破肚,仰面朝天,像是向苍天呼吁,有的穿戴尚在,但肢体残缺,扭曲变形。紧接着这些士兵丧生之处的地貌地形渐次展开,影片开头的钟声再次响起,单调的地理景观与尸体和钟声交织在一起,使人不免会想起海明威那部名作的标题——《丧钟为谁而鸣》(*For Whom the Bell Tolls*,1940)。与第一处衬托人在恶劣的自然条件下艰难地谋求生计的地理环境不同,此处地理景象的呈现是通过平静得近乎冷酷的电影语言,婉转地表达了以色列人和阿拉伯人之间的敌对带来的毁灭和破坏。

《希望之乡》的英文名是"Promised Lands",令人自然而然地想到《圣经·旧约》里的"应许之地"(Promised Land)。所谓的"应许之地",从广义来说,根据《圣经》的记载,是犹太人的先祖亚伯拉罕依照上帝的旨意,于公元前 1900 年带领族人前往之处,称为迦南,位于约旦河以西,包括加利利海以南和死海以北地区。从狭义来说,它指的是基督教、伊斯兰教和犹太教的圣城耶路撒冷。在犹太复国主义运动中,"应许之地"是犹太民族的奋斗目标。然而,显而易见的是,在桑塔格的镜头下,这块被许诺流淌着蜜和奶的土地流淌的却是汗水和鲜血。值得注意的是,桑塔格的片名使用了复数,这就使得二者之间产生了不对称性,警示人们不可简单地把这两个概念完全等同起来,因为她想要表现的,尽管是以一个特定的场域为依托,但并不仅仅局限于此,而是指向更广的范围。《希望之乡》的拍摄是利用有限的时间和财力最大限度地将镜头拉远,将景观深化,关涉的不是以色列这一个国家的状况,而是在一片土地上共同生活的不同国家、不同民族、不同信仰的人们的状况。战争加剧了这片土地上的贫瘠感和死亡的恐怖气息,或许观众会情不自禁地发问:"'应许之地'应许了什么?'希望之乡'的希望何在?"

以色列的建国固然有其人民故园情结和宗教力量的驱动,但也离不开国外势力,尤其是英国和美国的大力支持。英国在管辖巴勒斯坦期间,将其一分为二,分别作为阿拉伯人和犹太人的居住地，但随着双方矛盾的升级，和平遥遥无望，英国于是抽身而出，将这个问题交由联合国处理。联合国大会1947年通过决议，认可了犹太人的建国权，然而阿拉伯联盟回应的是对以色列平民区为期三天的猛烈轰炸，由此引发了1948年的以色列独立战争。从阿拉伯人的角度来看，巴勒斯坦也的确是他们世世代代的栖居之所，因此当联合国大会在1947年的决议中将巴勒斯坦55％的土地划分给以色列时，阿拉伯世界立刻炸开了锅。卡纽克所说的以色列建国也意味着对阿拉伯人权利的否定也有一定的道理，影片中还有一处地理景观就是在他的评论声中展开的，而与布满沙砾的戈壁、风化的大块岩石、黄沙堆积的山丘同时出现的还有一段带着浓郁的阿拉伯风情的电台音乐，如泣如诉，似乎在咏叹这个地区历经的沧桑。其后的画面也用意颇深：在苍茫的天地之间，镜头越拉越远，直到出现一群羊，由于颜色与大地接近，羊群与周围的环境几乎融为一体。此处的牧羊人与第一个出现的不同，完全是远景拍摄，他带领着羊群，不疾不徐地骑行在黄土地上，似乎在宣告，他的生活方式乃是世代相袭的，他的存在亦是这片土地赋予的与生俱来的权利。

阿拉伯人和以色列人的冲突不只是血淋淋地发生在战场上，他们之间还存在一种隐形的冲突。影片拍摄了一段以色列的市井生活，街道上井然有序：男人们衣冠楚楚，不苟言笑，步态沉稳；女人们或驻足聊天，或在阳台上悠闲地张望，或从晾衣绳上轻松自在地收取衣物；孩子们在玩耍，一张张肉嘟嘟的小脸，衣着干净整洁。一个稚嫩的声音在愉快地高声唱着儿歌，一片祥和之气。可是突然之间，一个老年阿拉伯人出现在镜头里，他裹着头巾,佝偻着身子背着一个袋子,与街上的犹太人匆匆擦肩而过,与此同时,作为背景的儿歌声变成了孩子的哭闹声,和谐似乎被瞬间打破。随后就是卡纽克关于阿以关系的评论,镜头切换到以色列的一个集市上,画面的选择和剪辑也有一定的对比性:首先是犹太人,镜头用了很多全景和中景,市场上货源充足,人们在挑选和购买各式蔬菜水果;接着画面里出现了阿拉伯人,基本都是近景和面部特写,除了一个阿拉伯人举起小杯子喝咖啡的动作外,其他人在做什么根本看不出来。无论是衣着还是表情,犹太人和阿拉伯人区别很大,前者服装多样化,神情悠闲,而后者的装束则千篇一律,面容也都是饱经风霜的模样。他们看上去是两个截然不同的群体,没有交流,更谈不上融合。

在生活条件和方式上,阿拉伯人和以色列人也几乎完全不同。在繁华的以色列商业区,高楼林立,供应各种食品和用品的超级市场、贴着驻唱歌手广告的酒吧、五颜六色的电影海报、闪烁的霓虹灯、旅行社、租车行、服装店、冰淇淋店……各种画面一幅幅密集地出现,令人目不暇接。与现代化和资本主义化程度极高的以色列城市风貌并存的,是传统的阿拉伯人的生活:简陋的帐篷、在地上玩耍的儿童、身着黑袍的妇女、骑着骆驼的男子……其中有一个镜头令人印象深刻:两个牧民在户外准备做饭,除了一个面盆和一个水壶外别无他物。一个人坐在地上娴熟地揉着面团,另一个人在一旁根据揉面的情况往面盆里加水,二人配合默契,很快就完成了工作。这种需求被降低到最低限度的生活与城里应有尽有的情况形成了鲜明的对比。

影片里还有一个片段完整地记录了阿拉伯人在边界接受检

查的情景。一辆巴士驶过持枪士兵把守的大桥,阿拉伯人鱼贯而出,集中到一个地方由以色列士兵逐一进行人身安全检查,拿到一张表格后再将携带的物品送到另一处检查。四十多年后的今天,每天仍有成千上万的阿拉伯人通过位于加沙地带和以色列之间的边境检查站进入以色列打工,桑塔格镜头下的场景每天也仍在上演。无论是定居于以色列的阿拉伯人,还是穿越加沙地带到以色列谋生的阿拉伯人,他们与以色列人相处的画面不是互不沟通就是枪械相对,在动荡不安的复杂局势之下,双方的和平共处的确难以企及。桑塔格一言不发,但又说出了很多。影片的最后,一辆辆满载着以色列士兵的坦克驶向沙漠,枪炮声慢慢变成一个男子的哀哭声,镜头特写了一个年轻士兵的脸,他腼腆地露出了笑容,和同伴一起,驶向不可知的命运,留在他身后的是漫天的黄沙。桑塔格的冷观察,此刻在这样的镜头里也慢慢化为了深深的遗憾和无奈。

  桑塔格的努力得到了回报。《希望之乡》在芝加哥电影节上获得了评论界的好评,1974年6月在纽约首映,被很多人认为是桑塔格最好的电影。不过她自己最满意的,还不是《希望之乡》。1982年,桑塔格受意大利电视台第三频道的委托,在意大利将其1977年发表的短篇小说《没有向导的旅行》("Unguided Tour",又名"Letter From Venice")拍成了电影,由她极为欣赏的舞蹈家露辛达·蔡尔兹(Lucinda Childs, 1940—)担纲主演,是她自认为最好的电影。当然,听到她这么说,了解她私生活的人也许会付之一笑:那时,她正迷恋着美丽而灵气十足的蔡尔兹。

  就在《希望之乡》在纽约首映的那一年,桑塔格遭遇了"里芬斯塔尔"事件,围绕电影界的一位传奇女性打了一场笔仗。施赖伯觉得这件事的意义非同小可,标志着桑塔格"与20世纪60年代以及20世纪70年代初的激进运动的最后道别。她一生都没有追寻某种党派路线或者服从于某种特定的意识形态"①。

美国的《时代》周刊曾经评选过20世纪一百位最重要的艺术家,其中只有一名女性,那就是莱妮·里芬斯塔尔(Leni Riefenstahl,1902—2003)。里芬斯塔尔出生于德国柏林一个富商家庭,少年时代开始学习油画和芭蕾,对艺术的美感有独到的见解。在父亲的资助下,她21岁时在柏林举行了舞蹈晚会,展现了过人的舞蹈才华,几乎是一夜成名,可是次年在演出中膝盖受伤,不得不放弃舞蹈事业。一个偶然的机会,里芬斯塔尔在地铁站看到了一张电影海报,宣传的是德国著名高山片导演阿诺德·范克(Arnold Fanck,1889—1974)的作品《命运之山》(*Der Berg des Schicksals*,1924)。海报画面透露出的那种庄严、强大的生命力像闪电一样击中了她,使她下定决心,要做命运的强者,既然不能实现成为一名舞蹈家的梦想,那就成为一名电影演员! 毫无表演经验的她毛遂自荐,出演范克的《圣山》(*Der Heilige Berg*,1926),并且为了银幕形象,冒着终身残疾的风险接受了膝盖手术,范克被这个倔强的姑娘说服了。拍摄期间,范克因为被召回柏林述职,需要离开剧组数日,里芬斯塔尔于是临时接替了他的导演工作,拍出的片段竟然得到了电影公司的认可,这让她意识到了自己的导演天分,而她出色的表演也征服了

---

① 丹尼尔·施赖伯:《苏珊·桑塔格:精神与魅力》,郭逸豪译,北京:社会科学文献出版社,2018年版,第213页。

观众，成了家喻户晓的电影明星。1932年，里芬斯塔尔自编、自导、自演了《蓝光》(Das blaue licht)，正式成为专职导演。

这位集美貌与才华于一身的女人在德国被视为全民偶像，她的崇拜者中有一个特别的粉丝——希特勒，她的命运轨迹可以说是因为他而发生了改变。在希特勒的大力支持下，她拍摄了一系列的纪录片，其中最有名的便是《意志的胜利》(Triumpf des Willens, 1935)和《奥林匹亚》(Olympia, 1938)，前者展现的是希特勒上台后召开的第二次党代会，后者记录的是1936年的柏林奥运会。从拍摄的技巧而言，这两部影片的确标志着一个天才女导演的巅峰时刻，但是由于影片题材的特殊性，里芬斯塔尔在纳粹德国倒台后数度入狱，罪名主要是参与了纳粹活动，为纳粹摇旗呐喊，极力美化希特勒和他的纳粹统治。

桑塔格在1965年发表的《论风格》一文中，为里芬斯塔尔的《意志的胜利》和《奥林匹亚》辩护道：

> 把莱妮·里芬斯塔尔的《意志的胜利》和《奥林匹亚》称为杰作，并不是在以美学的宽容来掩盖纳粹的宣传。其中存在着纳粹宣传，但也存在着我们难以割舍的别的东西。这是因为，里芬斯塔尔这两部影片（在纳粹艺术家的作品中别具一格）展现了灵气、优美和感性的复杂动态，超越了宣传甚至报道的范畴……通过作为电影制作人的里芬斯塔尔的天才，"内容"已——我们即便假设这违背了她的意图——开始扮演起纯粹形式的角色。①

---

① 苏珊·桑塔格,《论风格》,收入《反对阐释》,程巍译,上海：上海译文出版社,2018年版,第30页。

这段话的字里行间透露出桑塔格在20世纪60年代颇具标志性的形式主义美学思想，她几乎是急切地、一厢情愿地把里芬斯塔尔归类为形式主义者。在这样的逻辑之下，内容自然也可以转化为形式，成为形式的表现方式。当然，我们也应该看到，桑塔格在褒扬里芬斯塔尔时措辞还是相当谨慎的，并没有否认其作品的纳粹宣传成分，只是提醒人们要看到纳粹之外的东西，也就是里芬斯塔尔对电影美学所做出的贡献。她特意强调人们在里芬斯塔尔的电影里看到的带着引号的希特勒和1936年的奥运会，是作为艺术呈现出来的形象。

然而，令人意想不到的是，在写于1974年、发表于1975年2月6日《纽约书评》上的《迷人的法西斯主义》（"Fascinating Fascism"）中，桑塔格话锋一转，称尽管《意志的胜利》和《奥林匹亚》"无疑是一流的影片（它们或许是迄今为止两部最伟大的纪录片），但是，作为一种艺术形式，它们在电影史上并非真正重要"[①]。其实，这样仍然包含着正面词汇的表述在《迷人的法西斯主义》里并不多见，该文更多的是对里芬斯塔尔所言所行毫不留情的揭露和批判，比如在第一段桑塔格就直截了当地斥责里芬斯塔尔的摄影集《最后的努巴人》（*The Last of the Nuba*, 1974）的介绍文字与事实出入太大，里面充斥着令人感到不安的谎言。里芬斯塔尔为纳粹所累，其电影生涯遭到了重创。1984年，在

[①] 苏珊·桑塔格:《迷人的法西斯主义》，收入《土星照命》，姚君伟译，上海：上海译文出版社，2018年版，第94页。

82岁的时候,她开始撰写回忆录,"目的是想澄清误会,消除成见"①,极力解释自己与纳粹不存在同路人或同情者的关系,她所关注的不是政治因素或意识形态,而是纯粹的美感和对艺术的不懈追求。在回忆录里里芬斯塔尔写到了自己如何勇敢地突破戈培尔设置的种种障碍,又如何大无畏地在希特勒面前坚持自己的艺术主张,不屈服于后者的政治意图。桑塔格通过细致的文献工作和考证,驳斥了这位德国导演力图撇清与纳粹关系的种种不实之词。在桑塔格写作《迷人的法西斯主义》之前,里芬斯塔尔就已经在很多场合表述了类似的观点,但是桑塔格一一予以了反驳。

桑塔格不惜冒着自相矛盾和思想摇摆不定的指责对里芬斯塔尔大加鞭挞,这种"反常"的举动其实在时间节点上有一个导火索。在女权主义的第二次浪潮中,女权主义者就开始把里芬斯塔尔树立为一个文化偶像。1973年的纽约电影节上出现了一幅将里芬斯塔尔作为主角之一的宣传画;1974年,在科罗拉多州的特柳赖德镇(Telluride)举办了第一届特柳赖德电影节,里芬斯塔尔作为特邀嘉宾出席,受到了影迷的追捧;也正是这一年,她的摄影集《最后的努巴人》出版,她似乎一跃而成为一座文化丰碑。在愈演愈烈的里芬斯塔尔热中,桑塔格按捺不住,发出了不一样的声音。她敏锐地观察到在里芬斯塔尔声誉日隆的背后释放出一个危险的信号:人们在认可那些反映着法西斯主义美

---

① 莱妮·里芬斯塔尔:《里芬斯塔尔回忆录》,丁伟祥等译,上海:学林出版社,2007年版,第599页。

学的作品时所产生的对法西斯主义的迷恋之情。桑塔格承认里芬斯塔尔未必是有意地宣扬法西斯美学,但是当她和她的拥护者们打着美的旗号进行辩护时,他们没有料到人们心底燃烧的法西斯欲望远远超过了预想的程度,也就是说,在追捧者中间,并非人人都是冲着她的作品给予人的美感,相反,更大一部分人是为其中的法西斯主义特质所吸引。桑塔格认为,如果把里芬斯塔尔置于高雅文化的圈子,其艺术表现力仅为少数人所理解和欣赏,那也无可厚非,但是当她走向大众,情况就变得复杂起来了。桑塔格担忧地看到,人们对法西斯主义愈来愈浓厚的兴趣中一部分是好奇心使然,还有一部分是年轻人对于恐怖和非理性的着迷,而连接这两种兴趣动因的是法西斯主义明显的性吸引,它满足了人们的性幻想,尤其是男同性恋者和施虐受虐狂的性幻想。与纳粹党卫军的装备相似或一致的皮鞭、皮靴、重型摩托车等已经成为追求离经叛道的性体验的人们心醉神迷的性意象和炙手可热的性用品。

桑塔格对里芬斯塔尔的批判令著名诗人、同性恋女权主义者艾德丽安·里奇(Andrienne Rich,1929—2012)大为不满,因为她并不认为里芬斯塔尔的"复出"是女权主义对其认同和赞赏的结果,她给《纽约书评》写了一封读者来信,纠正桑塔格的说法,并要求桑塔格表明自己对女权主义的立场。桑塔格毫无怯色,立马回信反击,指责里奇那些煽动性的言辞简直就是幼稚的左派风格,而她接下来的用词可比里奇要激烈得多,她甚至表示,女权主义运动线性的意识形态化和智识上的平庸化就是"法西斯主义的根源"①。这个说法可能有些口不择言,但真正激怒了桑塔格的,是法西斯主义抬头的可能性。作为一个犹太人,她无法容忍,虽然她也许并没意识到在她的愤怒背后,有这样一重永远带着创伤记忆的族裔身份。那么里芬斯塔尔是如何看待桑塔格的批评的呢?这可是在100岁高龄还拍摄介绍海洋动植物的水下纪录片的硬核女性啊!在1992年出版的回忆录里她不忘回击桑塔格,指责她缺乏客观性。对照桑塔格的另一篇论文,我们或许会了解得更为全面。

与《迷人的法西斯主义》一起出现在《土星照命》这本文集里的还有一篇《西贝尔贝格的希特勒》("Syberberg's Hitler",1980)。桑塔格如此安排大有深意。汉斯-尤尔根·西贝尔贝格(Hans-Jürgen Syberberg,1935—)也是一位著名的德国导演,《希特勒:一部德国电影》(*Hitler: A Film from Germany*,1977)为其带来了巨大的声誉。桑塔格称赞该片是一部当之无愧的杰作,在庸作频现的20世纪70年代,看到这样的巨制"使我们无法容忍别人的电影"②。桑塔格对里芬斯塔尔的批判出自对纳粹主义在其作品中强烈的蛊惑力的警觉,而在西贝尔贝格的电影中,他所说的希特勒"并非仅仅是指真实历史上的那个恶魔,那个造成上千万死难者的恶魔。他要引起我们关注的是希特勒死后不灭的希特勒-物质(Hitler-substance),一种现代文化中出

---

① 丹尼尔·施赖伯:《苏珊·桑塔格:精神与魅力》,郭逸豪译,北京:社会科学文献出版社,2018年版,第213页。
② 苏珊·桑塔格:《西贝尔贝格的希特勒》,收入《土星照命》,姚君伟译,上海:上海译文出版社,2018年版,第161页。

现的幽灵,弥漫于现在并重构过去的一种变化多端的恶之原则"①。纳粹的邪恶不是一个人或者一群人独有的,纳粹之所以能出现并带来如此空前的灾难,其背后必然存在着支撑性的力量:被蛊惑的民众释放出了意识深处的恶。希特勒就好比一部规模巨大的电影的导演,可悲的是的确有人愿意加入他的演出阵营。与里芬斯塔尔神化希特勒完全不同,西贝尔贝格运用了包括戏仿和科幻在内的各种手法将希特勒世俗化,"用其影片,他也许已经'击败'了希特勒——驱除希特勒身上的恶魔"②,这正是桑塔格理想的效果。

里芬斯塔尔和西贝尔贝格虽然同为德国人,但是从其33年的年龄差异来看,二者毕竟是在截然不同的社会和政治环境下成长起来的。桑塔格如果希望里芬斯塔尔能够超越其时代背景拍摄出类似于西贝尔贝格那样的影片,那对于里芬斯塔尔来说未免有失公允——这个与纳粹并肩工作过的女导演虽然才华过人,但也是纳粹时代被"希特勒物质"所掌控和征服的普通的一员。也正是鉴于此,有人直言不讳地指出,桑塔格未能"向西贝尔贝格提出她向里芬斯塔尔提出的历史和政治问题"③,这种选择性的回避确实是桑塔格论述的一个硬伤。

1995年,里芬斯塔尔收到参加旧金山电影节的邀请,这也是桑塔格经常会出席的一个活动,这个邀请果然遭到了桑塔格的

---

① 苏珊・桑塔格:《西贝尔贝格的希特勒》,收入《土星照命》,姚君伟译,上海:上海译文出版社,2018年版,第146页。
② 同上,第155页。
③ Liam Kennedy, *Susan Sontag: Mind as Passion*, Manchester: Manchester University Press, 1995: p.185.

激烈反对,而里芬斯塔尔确实也没法参加——时年93岁的老太太玩潜水时不小心受了伤。一场面对面的"战争"得以避免。2003年9月8日,里芬斯塔尔去世,享年101岁。一年后的年底,桑塔格也告别人世。或许我们应该说,这两位年龄相差了31岁的非凡女性,都以各自的方式活出了自己的精彩吧。

第七章

思考影像的抗癌斗士(1975—1978)

继苏珊·陶布斯自杀后,桑塔格又面对了两起死亡事件。1971年7月,曾经给桑塔格拍摄过照片的摄影家迪安娜·阿布斯(Diane Arbus,1923—1971)自杀身亡;8月,与桑塔格曾经非常亲密、后来反目的阿尔弗雷德·切斯特被发现死在耶路撒冷的一间公寓里,室内的种种迹象显示也是自杀。他们的死,反而让桑塔格更加坚强——"我现在不受自杀的诱惑——而且从来没有"。① 其实如前文提到的,1965年8月,她就说过如果没有戴维,她在头一年就会自杀了。只是现在,她变得更加稳重了。斯特凡娜这个情人谈不上专一,即便是桑塔格和她在一起时,她也还会经常出去单独活动,一到星期六上午11点钟就准时出门——用桑塔格的话说——"打猎"②,直到第二天凌晨才会回来,留下桑塔格在家里不知所措。这样的情形在桑塔格这些年

---

① 苏珊·桑塔格:《心为身役:桑塔格日记(1964—1980)》,姚君伟译,上海:上海译文出版社,2018年版,第421页。
② 同上,第462页。

的情感生活中屡见不鲜,虽然她一样会感到痛苦和孤独,但是不会有结束生命的冲动想法了。然而,在1974年一则未标明日期的日记里,桑塔格突然鬼使神差般写起死亡来,而且还是她自己的死亡:

前几天思考我自己的死,我经常这样,我发现了一件事。我意识到到目前为止,我思考的方式既太抽象又太具象。

太抽象:死。

太具象:我。

因为有一个中间措辞,既抽象又具象:女人。我是一个女人。因而,一个死亡的新世界在我的眼前升起。

我不是在试图掌控我的死。

……

一生中我一直都在思考死,+这个问题我现在开始有点厌倦了。我认为,不是因为我离自己的死期近一些了——而是因为死最终变得真实了。>苏珊(·陶布斯)之死。①

她或许根本就没有料到,很快,她就要真的认真思考"自己的死"了。戴维在编辑桑塔格的日记时两次提到了母亲是1974年查出患病并动手术的,但与他的回忆录以及其他人的记录有出入②,确切的情形是,1975年秋天,戴维执意要求母亲进行一次全面的身体检查,否则,他就不会去做普林斯顿大学的入学体

---

① 苏珊·桑塔格:《心为身役:桑塔格日记(1964—1980)》,姚君伟译,上海:上海译文出版社,2018年版,第450页。

② 同上,第491页和494页。

检。戴维在回忆录里没有说他为何坚持让母亲体检,但桑塔格那些年的奔波和疲乏他是看在眼里的,也许他已经感觉到了母亲健康状况不佳。检查结果出来了:乳腺癌,第四期,扩散到了17个淋巴结。这个结果有多严重呢?简单地说,就是:以当时的医疗水平,这基本上意味着死亡。桑塔格的主治医生是纽约斯隆-凯特林纪念癌症中心(Memorial Sloan-Kettering Cancer Centre)的威廉·卡恩(William Cahan),按照当时对待癌症病人的惯例,他没有跟桑塔格说病情有多么可怕,而是悄悄地告诉了戴维。23岁的戴维一下子蒙了,头脑一片空白,恐惧揪住了他的心。他这样写道:"我记得自己在纪念医院的乳腺癌科那层楼的过道里踱来踱去,我在想该对我母亲讲什么、不该讲什么。讲吧,有点像虐待狂;不讲吧,又像是背叛她。最后,我什么都没有讲。"①戴维告诉读者他和母亲在癌症袭来时在心理上经历了什么,但只字未提一个没有医疗保险的人面对重疾时无法回避的问题——医疗费,当然,还有另一个问题——病人需要得到的照料。桑塔格那些能活着读到他的回忆录的朋友,不知道会不会心寒。桑塔格一生可是经历了三次癌症啊!

为治疗乳腺癌,桑塔格需要自行担负十几万美元的费用。她在经济上本来就不宽裕,还要支付戴维的学费,这简直就是一笔天文数字。《纽约书评》的编辑罗伯特·西尔维斯(Robert Silvers,1929—2017)和芭芭拉·爱泼斯坦(Barbara Epstein,

---

① 戴维·里夫:《死海搏击:母亲桑塔格最后的岁月》,姚君伟译,上海:上海译文出版社,2011年版,第17页。

1928—2006)二话不说就发起了捐助倡议书,文艺界的知名人士纷纷在上面签名并慷慨解囊。《新共和》(*The New Republic*)杂志的出版人马丁·佩雷茨(Martin Peretz,1938—)捐了 1.5 万美元。约瑟夫·蔡金赶紧给剧作家阿瑟·米勒和时任美国笔会(PEN America)主席的诗人穆里尔·鲁凯泽(Muriel Rukeyser,1913—1980)写信,告诉他们桑塔格患病需要一大笔钱,希望能得到笔会的帮助,因为桑塔格也是笔会的成员。米勒在笔会的一次会议上提出了这个问题,但笔会成员表示资助额度会非常小,只能出 300 美元,而且即便是这个数目,相关的管理人员还有些出言不逊,米勒气得当即离席。在西尔维斯的奔走和呼吁下,一笔 15 万美元的捐款交到了桑塔格手中,为挽救她的生命起到了不可估量的作用。到了康复阶段,桑塔格便开始继续写作,支付自己的后续治疗费用。

桑塔格积极配合治疗,同时认真钻研乳腺癌相关的医疗知识和技术。尽管另一家癌症中心推荐了一种不用切除乳房的方案,可是为了最大限度地清除那些可能攻击她机体的癌症细胞,1975 年 10 月,她选择了霍尔斯德(Halstead)根治性乳房切除术。这个手术始于 19 世纪末,不仅要把患者的乳房切除掉,而且还要清理掉胸壁的大部分肌肉和腋窝的淋巴结,是一种极端而残忍的医疗方式。术后需要化疗——又是一种令人痛苦不堪的治疗手段。在医学要发达得多的今天,我们还会经常听到有病人无法撑过化疗,撒手人寰,何况在 1975 年。但桑塔格挺过来了,创造了一个奇迹。她还需要感谢一个人——斯特凡娜。在她患病期间,斯特凡娜为她多方打听,尤其是在巴黎治疗期

间,无微不至地照顾着她,不过戴维只提了她帮忙联系医生:

全亏得她,我母亲才与巴黎一个肿瘤学家卢西安·伊斯拉埃尔(Lucien Israël)联系上;后者当时正在研究免疫疗法,希望以此作为化疗的辅助治疗……伊斯拉埃尔看了妮科尔带给他的片子,写信给我母亲,只说了一句话:"我认为你的病情不是没有希望。"这句话成了我母亲生命中的转折点。这赋予她继续活下去的力量。她日后把她幸存下来基本归功于伊斯拉埃尔医生的关心。①

其实,戴维心里清楚,医生所说的"希望",是虚假的,因为当时像桑塔格那样的乳腺癌四期病人,绝大部分在确诊后没多久都死了,桑塔格只是一个例外。桑塔格以极端方案对待非常疾病,毫不犹豫地选择乳房切除术,这是很多前来咨询的病友所不敢尝试的,因为除了风险之外,这毕竟还意味着牺牲女性特征。我们不禁会想起,小时候的桑塔格嫌乳房麻烦,孩子气地说希望能把它们切掉。一语成谶。

1976年的一个春日,25岁的西格丽德·努涅斯经《纽约书评》的编辑介绍,来到了河滨大道340号桑塔格的顶层公寓,见到了正处于术后恢复期的桑塔格。努涅斯在读本科和硕士期间,曾在《纽约书评》兼职做过编辑助理,一年前刚从哥伦比亚大学拿到小说写作方向的硕士学位。桑塔格生病的时候积累了大量的书信,需要雇个人用打字机打回信,而努涅斯那时正想找个

---

① 戴维·里夫:《死海搏击:母亲桑塔格最后的岁月》,姚君伟译,上海:上海译文出版社,2011年版,第21页。

零工,又住在附近,还会打字,实在是再理想不过的人选。在《永远的苏珊:回忆苏珊·桑塔格》(*Sempre Susan: A Memoir of Susan Sontag*,2011)这本书里,她从一个亲历者的视角,向我们讲述了桑塔格从鬼门关里闯出来后私底下的生活情况。那天天气晴朗,明媚的阳光把桑塔格的公寓照得格外亮堂。出现在努涅斯面前的是一个看上去比实际年龄要苍老得多的中年妇女,不修边幅、大大咧咧:"她穿一件宽松的高领衬衫,一条牛仔裤,一双胡志明牌人字胶拖鞋,我相信是她某次去北越时带回来的……她吃下去一整罐的玉米粒,一边从一个带柄的塑料水壶里大口大口地喝水把玉米吞下去。"①桑塔格的一头浓密的黑发在化疗中脱落得厉害,后来虽然又长出来了,但都是灰色或者白色的。头发长长后,她就开始以满头黑发中留出一大缕白发的独家经典形象示人,很多人误以为那缕白发是她故意染的,其实恰恰相反,只有那缕头发没染。桑塔格身体日益好转后,就显得越来越年轻了。

努涅斯披露了桑塔格一些鲜为人知的生活细节。比如:她出门不拿手包,一条牛仔裤、一双平底鞋或运动鞋是她的标配,钥匙、钱夹、香烟通通塞进衣服的大口袋里就完事了,但在重要场合会打扮得再淑女不过;她有时候会认可人们对她外表的赞美,也觉得自己漂亮,但更喜欢被夸为拥有"最智慧的脸";她经期完全没有什么不适感,无法理解许多女人抱怨的痛经问题,觉得那是她们夸大其词;她动身旅行前会在书架上找一本没有看

---

① 西格丽德·努涅斯:《永远的苏珊:回忆苏珊·桑塔格》,阿垚(姚君伟)译,上海:上海译文出版社,2012年版,第4页。

过的书,带着上路;她无法忍受一个人,总是希望能有人陪伴;她对自然界的美经常无动于衷,好奇心似乎都留给了知识;她私下里不化妆,用男性的古龙香水;她胃口很好,对吃感兴趣;她从不锻炼,但是会散步;她认为从图书馆借书而不是自己买一本的想法是丢脸的,而乘公交车就更丢脸了,所以经济再紧张,她出行都要乘坐出租车⋯⋯

努涅斯在桑塔格的住处还见到了前来小住一阵子的米尔德丽德。女儿生此大病,这位心宽的母亲也担心起来了。米尔德丽德比桑塔格身材要娇小得多,头发染得乌黑,"看上去像是一个上了岁数的浪荡女子——像是老年版的路易斯·布鲁克斯。红唇膏,长长的红指甲。"①桑塔格毫不讳言自己对母亲的反感,尽管与努涅斯当时还不熟悉,还是一五一十地把自己与母亲之间的情感隔阂告诉了她。

由于努涅斯为罗伯特·西尔维斯、芭芭拉·爱泼斯坦工作过,又受教于伊丽莎白·哈德威克(Elizabeth Hardwick,1916—2007),桑塔格对此非常感兴趣,询问她对这三位《纽约书评》创始人的感觉如何。努涅斯后来得知,桑塔格极其看重这三个人与她之间的友谊和对她的认可。西尔维斯和爱泼斯坦认真扎实的工作风格赢得了桑塔格的尊重,而哈德威克是桑塔格的前辈,也是一位文坛老将,在为1982年出版的《苏珊·桑塔格读本》(*A Susan Sontag Reader*)写的序言中,她毫不掩饰自己对桑塔格的

---

① 西格丽德·努涅斯:《永远的苏珊:回忆苏珊·桑塔格》,阿垚(姚君伟)译,上海:上海译文出版社,2012年版,第14页。路易斯·布鲁克斯(Louise Brooks,1906—1985)是美国女影星,以扮演荡妇而闻名。

欣赏之情:"桑塔格,这个名字本身就代表着高品质。当我们看到她的名字,就仿佛看到她表达思想的方式、她的谋篇布局以及她借古喻今的意识。"①

桑塔格的书信工作几天就可以完成,因此努涅斯本来与她只有一个短暂的交集,但是桑塔格对这个姑娘很有好感,变得八卦起来。她从别人那里打听到努涅斯当时交往的男朋友满肚子花花肠子,努涅斯正要和他分手,就让戴维从普林斯顿大学赶回家来,介绍他们俩认识。两个年轻人彼此看着也都顺眼,就这样被撮合到了一起。努涅斯搬进了桑塔格的公寓里,住了大约一年时间,从而得以近距离地观察到了桑塔格的生活。也就在此时,根据努涅斯的回忆,桑塔格生命里另一段感情开始了,她有了新的迷恋对象——约瑟夫·布罗茨基(Joseph Brodsky,1940—1996)。

布罗茨基比桑塔格小7岁,可是散发出的才气和思想的深度一点也不逊于桑塔格。他来自一个犹太知识分子家庭,出生地是苏联时期的列宁格勒(即圣彼得堡),15岁时辍学自谋生路,从事过水手、司炉、车工、太平间运尸工等不下13种工作,同时开始发表诗歌,显露出过人的诗歌才华,成了一名少年诗人,有的诗歌甚至传到了国外,刊登在知名刊物上,而他毫不知情。1962年布罗茨基受到监视,并且两次被关进监狱的精神病院,遭受了非人的折磨。1963年,布罗茨基被捕入狱,第二年以"社会

---

① Elizabeth Hardwick,"Introduction",in Susan Sontag,*A Susan Sontag Reader*,New York:Farrar,Straus and Giroux,1982:p. ix.

寄生虫"(social parasitism)的罪名被判服苦役5年。在苏联国内文艺界人士和西方作家的强烈抗议和呼吁下,布罗茨基服役一年半后被释放。1972年6月,布罗茨基被剥夺苏联国籍,当局把他塞进了一架飞机,将他驱逐出境。他要求被遣送到维也纳,投奔当时正居住在那里的奥登,他的偶像诗人。奥登热情地接待了年轻的诗人,引荐他进入作家圈,为他筹款。很快布罗茨基就在美国密歇根大学安娜堡分校(University of Michigan, Ann Arbor)得到了一个教职,1972年到1980年间在该校担任驻校诗人。奥登在1973年秋天突发心脏病辞世,这位与诺贝尔文学奖失之交臂的诗坛巨擘如果知道布罗茨基于1987年喜获诺贝尔文学奖,一定会含笑九泉吧。

桑塔格与布罗茨基一度是情人,后来是朋友。他们之间的友情一直持续到布罗茨基1996年因为心脏病发作去世。1976年努涅斯见到布罗茨基时,他才36岁,但曾经艰苦的生活在他的外貌上留下了痕迹。

他几乎全秃了,牙也一颗颗在掉,肚子很大。他每天都穿那同一件脏兮兮、又肥又大的衣服。但在苏珊看来,他非常浪漫多情。这是一直持续到1996年他去世的一段友谊的开始,一开始那些日子,她深深地迷恋上了他。有一些美国文人——苏珊即其中之一——对他们而言,欧洲作家总比本土的优秀,对他们而言,俄国作家,尤其是俄国诗人,他们身上有特别高贵和富有魅力的东西。约瑟夫·布罗茨基……是一名英雄。甚至是一名殉道者:一位为了自己的艺术而蒙受犯人般折磨的作家。人人都清楚他会获得诺贝尔奖。苏珊为之倾倒。①

努涅斯钦佩布罗茨基的才华,但看不出他作为一个朋友有什么好,对身体虚弱的桑塔格谈不上有什么关爱,桑塔格却实实在在地被他迷住了。在她的爱人和朋友里,也许难得有人像布罗茨基那样,"他有一种迷人的、闭着嘴的、近乎呜咽的笑,而且他经常笑。他曾是残暴行径的受害者,但是他依然心地善良……他慷慨大方,天生多情,他喜欢开心——开心的时候要是人多就更加开心——他有那种恶作剧的、男孩似的幽默感。"②桑塔格这个时候,就是想要开心。在她1976年到1980年的日记里,布罗茨基的名字反复出现,尤其是在1977年,桑塔格几乎是言必称约瑟夫。1976年秋天,桑塔格再次住院动手术,斯特凡娜在手术前几天就从巴黎赶到了纽约,一直到桑塔格出院才离开。努涅斯目睹了斯特凡娜像母亲一样照料着桑塔格,为她尽心尽力地亲手烹饪美味可口的菜肴,保障她的营养,离开的时候,还担心她今后吃什么。桑塔格、戴维和努涅斯都是凑合着吃饭的人,斯特凡娜为此恼怒不已。斯特凡娜走后没多久,卡洛塔也大老远地从意大利赶了过来。按道理桑塔格应该高兴才是,毕竟被人牵挂着是幸福的,但她在两位过去的爱人的挂念下却变得有些消沉起来。因为,她们曾经狂热相爱过,而如今,浪漫和激情都已退去,她们只是——朋友。

---

① 西格丽德·努涅斯:《永远的苏珊:回忆苏珊·桑塔格》,阿垚(姚君伟)译,上海:上海译文出版社,2012年版,第4页。
② 同上,第20页。

桑塔格是那种恋爱、工作两不误的人，现在，她是恋爱、治病、工作三不误。从1973年开始，她就在写与摄影有关的论文。生病只是暂时打断了她的写作进程而已，她有一种只要写不死，就往死里写的劲头。1976年春天和夏天，她完成了论摄影系列的最后两篇论文。1977年，这些论文合成了论著《论摄影》，由FSG出版社重磅推出，于是，一部被奉为摄影界《圣经》的杰作诞生了，而它的作者，是一个从来没有拿起过相机拍摄过照片的人。

桑塔格把这本书献给了斯特凡娜。有人说桑塔格薄情寡义，对斯特凡娜的付出毫不领情，可能是忽略了桑塔格借书传情的用心之举吧。在《论摄影》出版前几个月的一个晚上，桑塔格接到了斯特凡娜的一个电话，还心有不甘地写道："让它伤害吧，让它伤害吧……在某种意义上——在一种意义上——这过去的三年我和妮科尔在一起是在浪费我的时间啊。我知道——可还想那么做。既然对我而言可能性已不再存在，可是……"①在前言部分，桑塔格解释了这本书的来龙去脉：她先是为《纽约书评》写了一篇文章，讨论摄影影像无处不在引起的一些美学问题和道德问题。但是随着思考的深入，摄影牵涉的问题似乎越来越多，她也就一篇接一篇地写。她还衷心地感谢了西尔维斯和爱泼斯坦的鼓励以及另一个朋友唐·埃立克·莱文（Don Eric Levine）的建议和帮助。

---

① 苏珊·桑塔格：《心为身役：桑塔格日记（1964—1980）》，姚君伟译，上海：上海译文出版社，2018年版，第513—514页。

《论摄影》里共有六篇文章和一篇与摄影有关的引语选编，讨论了照片的意义和历程。六篇文章的标题分别是《在柏拉图的洞穴里》("In Plato's Cave")、《透过照片看美国，昏暗地》("America, Seen Through Photography, Darkly")、《忧伤的物件》("Melancholy Objects")、《视域的英雄主义》("The Heroism of Vision")、摄影信条("Photographic Evangels")和《影像世界》("The Image World")，它们凝聚着桑塔格的心血，"是桑塔格在原有的文章基础之上精雕细刻的结果，作品甚至具有音乐之美。六篇文章处处有新颖的格言美句，各章主题彼此呼应。这是桑塔格出版的所有批评文集中结构最为紧凑、讨论浑然一体、论述铿锵有力的一本专著"[1]。

1839 年 8 月 19 日，法国科学院和艺术学院正式发表和承认了"达盖尔银版法"，摄影由此开始为公众所知。180 多年来，随着科学技术和大众传媒的飞速发展，摄影器材、冲印技术、摄影载体等都在不断地更新或拓展，影像充斥着我们生活的方方面面。在桑塔格看来，"人类无可救赎地留在柏拉图的洞穴里，老习惯未改，依然在并非真实而仅是真实的影像中陶醉。"[2]"柏拉图的洞穴"是指柏拉图在《理想国》第七章中假想的一个洞穴，"它有一长长通道通向外面，可让和洞穴一样宽的一路亮光照进来。有一些人从小就住在这洞穴里，头颈和腿脚都绑着，不能走

---

[1] 杰罗姆·博伊德·蒙塞尔：《苏珊·桑塔格传》，张昌宏译，北京：中国摄影出版社，2018 年版，第 143 页。
[2] 苏珊·桑塔格：《在柏拉图的洞穴里》，收入《论摄影》，黄灿然译，上海：上海译文出版社，2018 年版，第 1 页。

动也不能转头,只能向前看着洞穴后壁。"①在这些囚禁者身后有燃烧的火光,洞穴外面人们活动的影子便借着这亮光投射在洞壁上,洞穴中的囚徒由于从未见过真实的形象,便以为这些晃动的影子才是真实的。桑塔格借用了这个典故,形象地说明摄影术的发明加剧了人们对影像世界的痴迷,就好像生活在柏拉图的洞穴里一样,尤其令她难以忍受的是,"工业社会使其公民患上影像癖,这是最难以抗拒的精神污染形式"②。摄影是施加这种精神污染的直接方式,也就顺理成章地成为桑塔格批判的一个对象。

桑塔格认为在拍摄者与被拍摄对象之间存在着对立的关系,"拍摄就是占有被拍摄的东西。它意味着把你自己置于与世界的某种关系中,这是一种让人觉得像知识,因而也像权力的关系"。③ 在这种不平等的情形下,"相机的每次使用,都包含一种侵略性"④。桑塔格的这个观点遭到了不少诟病,以至于她不得不在一次采访中特别加以说明:

> 当我说某东西具有侵略性的时候,其本身并没有什么不好的意思。我以为大家也能这么理解,但是现在我意识到这是一个人们非常虚伪地当成贬义来用的词。我之所以说虚伪,是因

---

① 柏拉图:《理想国》,郭斌和、张竹明译,北京:商务印书馆,1986年版,第272页。
② 苏珊·桑塔格:《在柏拉图的洞穴里》,收入《论摄影》,黄灿然译,上海:上海译文出版社,2018年版,第22页。
③ 同上,第2页。
④ 同上,第5页。

为这个社会本来就涉及大量的侵略性——针对自然,针对存在的各种秩序。我的意思是,活着就是一种侵略。当你走向某个人说"站着别动",然后拍下这个人的照片时,我认为一种具有典型的现代形式的侵略性尤其得到强化,这种强化就体现在相机的使用上。①

从表面来看,她似乎是要阐明在她的文本中,"侵略"只是一个中性词,但她的论证强调的却是在人类的活动中侵略行为实则无所不在,只不过在现代社会里摄影由于其获取图片的方式比较特别并且有着更为明显的隐喻性而更吸引她的批评眼光而已。

桑塔格把矛头指向旅游活动中的摄影行为。旅游是与摄影并肩发展的最典型的现代活动,我们很难想象或者说很少看到人们在旅游的时候不拍照片。在工业社会的背景中,现代人的生存压力和荒原意识与日俱增,旅游活动是人们离开熟悉的生活和工作环境,在一个新奇和陌生的地方暂时放下各种负累的体验方式,这样我们就不难理解"旅行变成累积照片的一种战略。拍照这一活动本身足以带来安慰,况且一般可能会因旅行而加深的那种迷失感,也会得到缓解……这种方法尤其吸引那些饱受无情的职业道德摧残的人——德国人、日本人和美国

---

① Jonathan Cott,"Susan Sontag: The *Rolling Stone* Interview", in Leland Poague, ed., *Conversations with Susan Sontag*, Jackson: University Press of Mississippi,1995:p.132.

人"①。对于实现了旅游目的的人而言,拍照能缓解工作中机械麻木的物化感,并能证明他们曾经短暂地占有过有别于日常生活的时空,而对于凭借观看照片而获取间接旅游经验的人来说,摄影帮助他们足不出户便能遍览各地美景,这样的双重效应该是摄影带来的正面影响,但是桑塔格看到的却是"拍照是核实经验的一种方式,也是拒绝经验的一种方式——也即仅仅把经验局限于寻找适合拍摄的对象,把经验转化为一个影像、一个纪念品"②。人们按下快门,选取某个拍摄之物,只不过是在泛滥的景观中做出的视觉选择而已。这里的确存在一个悖论:时间的流动性驱使人们拍照留念,以此来保留稍纵即逝的时间在自己身上留下的印痕,但与此同时,专注于这一想法又将人们推向了以影像代替经验的境地,旅行本身蜕变为在形形色色的景观中不断物色和搜罗的过程。

在《忧伤的物件》里,桑塔格依旧以旅游为考察对象,批判"摄影捕食性的一面,则构成摄影与旅游结盟的核心,这在美国比在任何地方都更早地显露"③。桑塔格之所以说美国是摄影与旅游共谋的较早的场所,是因为她追溯了美国的一段历史,那就是在美国的"西部大开发"时期,尤其是1869年5月10日随着第一条横贯北美大陆的太平洋铁路的开通,"紧接着便是透过

---

① 苏珊・桑塔格:《在柏拉图的洞穴里》,收入《论摄影》,黄灿然译,上海:上海译文出版社,2018年版,第8页。
② 同上,第8页。
③ 苏珊・桑塔格:《忧伤的物件》,收入《论摄影》,黄灿然译,上海:上海译文出版社,2018年版,第63页。

摄影进行的殖民化"①。印第安人的悲惨遭遇已然成为公开的秘密,而更可悲的是在铁路交通的协助之下,大批的游客得以近距离地接触他们,将他们当成满足自己猎奇心理的观赏之物。游客们以照相机为武器,攫取印第安人生活的隐私,"拍摄神圣的物件和受尊崇的舞蹈和场所,必要时甚至付钱给印第安人,让他们摆姿势,让他们修改他们的仪式,以提供更适合拍照的素材"②。这样的拍照行为无疑是游客对印第安人施加的二次侵犯,自然激起了桑塔格强烈的不满。英文里的"拍摄"和"射击"都可以用同一个词"shoot"。桑塔格对相机和枪支的关联性颇感兴趣,她宣称尽管相机不会杀人,"因此那个不祥的隐喻似乎只是虚张声势罢了……不过,拍照的行为仍有某种捕食意味"③。她还以东非的摄影游猎取代枪支游猎为例,说明"人们可能学会多用相机而少用枪支来发泄他们的侵略欲,代价是使世界更加影像泛滥"④。摄影与旅游的结合拓展了摄影的捕食性,其结果是将无以计数的图片呈现给公众,在业已纷乱不堪的景观中加入更多的材料,令人无所适从。人类仍然在柏拉图的洞穴里自我迷醉,而借助摄影,其视觉的捕食欲望愈发强烈,直至膨胀到社会生活的每一个角落。

---

① 苏珊·桑塔格:《忧伤的物件》,收入《论摄影》,黄灿然译,上海:上海译文出版社,2018年版,第63页。
② 同上。
③ 苏珊·桑塔格:《在柏拉图的洞穴里》,收入《论摄影》,黄灿然译,上海:上海译文出版社,2018年版,第13页。
④ 同上,第8页。

桑塔格还批判了摄影的不干预性，在别人的生死瞬间，拍照者的两难处境是，如果干预就无法记录，而如果记录就无法干预。她举了两个当代新闻摄影著名的例子，一个画面是一名越南和尚伸手去拿汽油罐自焚，另一个画面是一名孟加拉游击队员用刺刀刺向一名被五花大绑的通敌者。和尚和通敌者在快门被按下后的下一秒都迎来了他们悲惨的死亡，而让人觉得恐怖的"一部分原因在于我们意识到这样一个事实，就是在摄影师有机会在一张照片与一个生命之间做出选择的情况下，选择照片竟已变得貌似有理"①。这不禁会让我们想起摄影史上距离我们更近的一个悲剧性事件。1993年3月26日，《纽约时报》(*The New York Times*)独家刊登了南非摄影师凯文·卡特(Kevin Carter, 1960—1994)的作品《饥饿的苏丹》(*The Starving Sudan*)。照片上一个瘦骨嶙峋、奄奄一息的苏丹儿童(人们一开始都以为那是一个女孩，后来证实是男孩)跪倒在干旱荒芜的土地上，饿得再也无力前行一步，而在孩子的身后是一只虎视眈眈的秃鹫，等待着一顿即将到口的美餐。这张照片获得了1994年的普利策奖，引起了人们对苏丹大饥荒的关注，但更多的是对卡特的谴责和攻击，质问他为什么没有放下相机去救小孩。事实上，卡特只是恰好选取了一个看似只有他本人和孩子、秃鹫在场的角度。孩子手上戴着手环，这是受到人道主义组织救援的标记，而他的母亲正在旁边排队领取救济粮。卡特在普利策奖颁

---

① 苏珊·桑塔格：《在柏拉图的洞穴里》，收入《论摄影》，黄灿然译，上海：上海译文出版社，2018年版，第10页。

奖的两个月后自杀身亡,人们又都推断他是内疚而死的,这个推断也不属实,因为他放下相机后就驱赶走了秃鹫,而且忍不住为苦难的苏丹放声痛哭,应该也没有什么可内疚的。其实是舆论的压力再加上个人生活的不顺把卡特逼向了绝境,所以摄影师的干预与否有时也不是能够根据照片来判断的,但不可否认,在当下几乎全民都能成为拍摄者的条件下,有人的确会像桑塔格所写的那样,在一张照片与一个生命之间选择照片。例如,面对一个站在楼顶企图轻生的年轻女孩,楼下围观的人们纷纷举起手机拍摄,还有人催促女孩赶紧跳下来,好用镜头记录下这不可挽回的一幕,用来发布到朋友圈或微博,以博取点击率。这才是真正捕食性的、嗜血的摄影。

以旅游摄影为代表的摄影的捕食性是桑塔格抽丝剥茧的第一步,而在捕食性的基础上,她更深入摄影的内部,挖掘其在观看方式上对人们产生的影响。桑塔格提出了一个独创性的概念"摄影式观看",这种观看方式"意味着倾向于在因太普通而为大家视而不见的事物中发现美"[1]。这本来是无可厚非的、民主化的观看之道,但作为思想者的桑塔格比常人思考得更为透彻,她不无担忧地看出"摄影式观看的习惯——也即把现实当作一大堆潜在的照片来观看——制造了与自然的疏离而不是结合"[2],而造成这种局面的乃是超现实主义的美学观,因为"原则上,摄

---

[1] 苏珊·桑塔格:《视域的英雄主义》,收入《论摄影》,黄灿然译,上海:上海译文出版社,2018年版,第87页。
[2] 同上,第95页。

影是执行超现实主义的授权,对题材采取一种绝无妥协余地的平等主义态度"①。人们在放眼四顾的时候,无异于淹没在庞大的景观之中。桑塔格在20世纪60年代大声呼吁要拆除高级文化与通俗文化之间的壁垒,奉行的也是抹平差异的做法,但是她反对完全不加甄别的所谓平等主义,因为过多的选择等于没有选择,反而会带来视觉的麻木,需要不断的刺激来维持视觉的感受力。

桑塔格并非第一个认为摄影具有超现实主义特质的人,本雅明早在1931年的《摄影小史》("A Short History of Photography")一文中就称法国摄影师尤金·阿特热(Eugene Atget,1857—1927)拍摄的巴黎影像"预示了超现实主义摄影的来临,为超现实主义有效布阵的唯一重要部队开了先路"②。本雅明赞赏阿特热以高超的技术破除了"灵光"(aura),通过复制让实物脱壳而出,"标示了一种感知方式,能充分发挥平等的意义,而这种感知方式借着复制术也施用在独一存在的事物上"③。本雅明认可超现实主义感性、倡导事物平等的一面。桑塔格也宣称"没有任何活动比摄影更适合于运用超现实主义手法,我们最终也从超现实主义角度看所有照片"④,但是她不同

---

① 苏珊·桑塔格:《忧伤的物件》,收入《论摄影》,黄灿然译,上海:上海译文出版社,2018年版,第78页。
② 瓦尔特·本雅明:《迎向灵光消逝的年代》,许绮玲,林志明译,桂林:广西师范大学出版社,2008年版,第34页。
③ 同上,第35页。
④ 苏珊·桑塔格:《忧伤的物件》,收入《论摄影》,黄灿然译,上海:上海译文出版社,2018年版,第75页。

意本雅明关于在技术复制时代灵光消失的说法,反而觉得在阿特热保存至今的照片中,时间的痕迹使其具有了某种灵光。她与本雅明最大的分歧在于对超现实主义的态度。在她看来,阿特热专门捕捉边缘事物的美感,是一个拾荒者(ragpicker)的形象,这代表着"主流超现实主义的品位……对废物、碍眼之物、无用之物、表层剥落之物、奇形怪状之物和矫揉造作之物表现出一种积习难改的嗜好"①。她委婉地批评"超现实主义在宣称对现实的基本不满之余,也表明一种疏离的姿态,这种姿态现已成为世界上那些有政治势力的、工业化的、人人拿着相机的国家和地区的普遍态度"②。身处现实而疏离现实,以摄影式观看将生活碎片化,这是一直主张知识分子应该介入社会生活、切实融入现实的桑塔格所无法赞同的。

  桑塔格担忧地看到,在超现实主义的影响之下,人们走向了一个极端,习惯于认为摄影式观看要在非常规的或琐碎的题材中才最清晰,被拍摄对象是因为无聊或平庸才被选择。她在《透过照片看美国,昏暗地》里,以美国摄影师迪安娜·阿布斯为例进行了个案研究。阿布斯被称为"摄影界的凡·高",特别喜爱边缘题材。1972年在她自杀一年后,纽约现代艺术博物馆举办了她的摄影作品回顾展,人们络绎不绝地去参观,桑塔格也是其中的一员。2011年为纪念她逝世四十周年,洛杉矶古根海姆博

---

① 苏珊·桑塔格:《忧伤的物件》,收入《论摄影》,黄灿然译,上海:上海译文出版社,2018年版,第78页。
② 同上,第80页。

物馆特意举办了有史以来规模最大的一次她的摄影作品回顾展。

然而,在桑塔格眼里,"阿布斯的照片中那些乍看像新闻摄影、甚至像耸人听闻的东西,反而使它们置身于超现实主义艺术的主流传统——嗜好古怪、公开承认对题材不带喜恶、宣称一切题材无非是信手拈来"①。阿布斯几乎不讲究任何拍摄技巧,她的镜头对准的是畸形人、精神病人、异装癖者等看上去稀奇古怪、格格不入的人。这些人物基本上不做任何修饰,直视镜头,突兀地呈现在公众面前。遗憾的是,阿布斯完全无意于要唤起人们对这些边缘群体的同情和怜悯之心,她只是"要侵犯她自己的无辜、要破坏她自己的特权感、要发泄她对自己的安逸的不满"②。桑塔格认为这不过是中产阶级子弟的无病呻吟,与惠特曼对文化远景民主化的理想背道而驰。惠特曼主张在琐碎平凡的事物中发现美,其目的是"把读者提升至能够认同过去和认同美国共同愿望的高度"③。虽然桑塔格经常不遗余力地揭露美国社会的黑暗之处,但是她对这片土地的热爱没有因此而有所减退,她对美国的认同感使她支持惠特曼积极乐观地为扩大美的感受力而发出的呼吁,可是她不得不面对这样一个现实:"自摄影摆脱惠特曼式的肯定以来——自摄影停止相信照片可以追求有文化修养、权威、超越以来——最好的美国摄影(还有美国

---

① 苏珊·桑塔格:《透过照片看美国,昏暗地》,收入《论摄影》,黄灿然译,上海:上海译文出版社,2018年版,第44—45页。
② 同上,第41页。
③ 同上,第30页。

文化的其他很多方面)已沉溺于超现实主义的安慰,而美国也被发现是典型的超现实主义国度。"①阿布斯死后受到推崇,恰恰表明了人们已然心甘情愿地认可了阿布斯展现的那个畸形怪诞的国度就是自己生活其中的美国。桑塔格无奈地看到,"阿布斯镜头下的人物,无非是同一个家族的成员,同一个村子的居民。只是,碰巧这个白痴村是美国。她不是展示不同事物之间的同一性(惠特曼的民主远景),而是每一个人都看上去一样。"②也就是说,阿布斯的作品进一步诱使人们相信他们从中所看到的乃是普遍存在的美国社会的景观。

有人颇不同意桑塔格对阿布斯的评论,甚至不惜挖掘一段陈年旧事来证明桑塔格的观点有睚眦必报之嫌。1965年阿布斯为桑塔格母子拍摄了一张照片,照片中的桑塔格神情疲惫,衣着颇为随意,照片的背景也显得阴冷、灰暗。该照片本来是要与一篇介绍桑塔格母子的文章同时刊登于《时尚先生》杂志上的,最后却不了了之,1972年阿布斯回顾展上也没有展出这张照片,而桑塔格在文章中对自己与阿布斯的交往只字不提。据此,该研究者就"不禁怀疑桑塔格是否觉得这张照片刻画不当,使得照片中的人物看上去古里古怪,而这根本没有必要"③。如果果真如此,那么桑塔格对那些从未谋面过的文艺界人物的种种评论又

---

① 苏珊·桑塔格:《透过照片看美国,昏暗地》,收入《论摄影》,黄灿然译,上海:上海译文出版社,2018年版,第47页。
② 同上,第46页。
③ Sarah Parsons, "Sontag's Lament: Emotion, Ethics, and Photography", in *Photography & Culture*, Vol. 2, Issue 3, November 2009: p.296.

做何解释呢？其实桑塔格针对的不是阿布斯本人，而是其作品中传达出的那种悲观情绪。

诚然，阿布斯处理边缘题材的那种冷漠淡然的风格令桑塔格忍不住加以讨伐，但是倘若换一个角度来看，阿布斯又何尝不是突破题材的界限，置边缘于观看的范畴，将其作为理所当然的存在之物，与所谓"正常"题材一样享有观看与被观看的权利。阿布斯所受的拥戴至少可以表明，原本只是她个人所见的东西业已为大众所见，引起了大众的注意，而在这些人中，也总会有人去思考乃至会去行动，为与照片中相似的群体去做些什么。边缘也是现实中的边缘，其本质依然是现实的存在。

桑塔格是一个坚定的反战主义者，战争作为摄影的一个重大题材，自然也在她的考察之列。在粉饰现状和揭露真相的斗争中，摄影最终都听命于主流的意识形态，同样的照片，如果不同的人在不同的场合观看或者配上不同的说明文字，其意义便大相径庭。在《视域的英雄主义》中，桑塔格提及了美国著名反战影星简·芳达（Jane Fonda,1937—）1972年访问北越时的一张照片。这张照片是北越当局发布的系列照片中的一张，后来被刊登在法国图片杂志《快报》（$L'Express$）上。照片上的芳达满脸同情地倾听着一名越南人讲述美国的轰炸给他们造成的深重灾难。北越政府旨在向外界透露他们遭受的痛苦，希望有更多的芳达前去了解他们的境况，期望能够获得国际社会更多的同情和支持，但是对于接触到这一系列照片的美国人来说却又是完全不同的观看体验。他们的目光掠过芳达和越南人，聚焦到照片上的高射炮上,这架冰冷凶狠的武器击落过美国的战机,杀死过美国的士兵,而当他们的目光再回到芳达身上时,后者便成了杀害同胞的帮凶、同谋和鼓动者。时至今日,将芳达牵涉其中的这组照片引起的声讨仍未结束,各大网站不断出现讨伐之声,芳达也不得不在个人网站予以澄清和进一步的说明。

芳达的北越照片乃是侧面的战争影像,由于其背后意识形态的不同而具有了不同的道德意味,那么对于直接展示战争场面及后果的照片是否也是如此呢?后来在《关于他人的痛苦》(*Regarding the Pain of Others*, 2003)中,桑塔格举了一个令人啼笑皆非的例子:"在塞尔维亚人与克罗地亚人战斗期间,一个村子遭炮击,死于炮火的儿童的同一批照片,被双方各自拿到宣传简报会上传阅。只要把说明文字改一改,儿童的死亡就可以一再被利用。"①

《论摄影》最后一部分的《引语选粹》("A Brief Anthology of Quotations")是向本雅明致敬的,里面收集了各种与摄影相关的名人名言、相机广告词、新闻报道、摄影师日记、小说节选等。在桑塔格一条条写下这些珍贵的引文时,没有网络,没有数据库,她全是凭着大量的阅读摘录下来的,可以看出来为了写《论摄影》里的文章,她看了多少书。当然,这不仅仅限于《论摄影》,她写作每一篇文章都是如此。在努涅斯的记忆里,桑塔格"看上一

---

① 苏珊·桑塔格:《关于他人的痛苦》,黄灿然译,上海:上海译文出版社,2018年版,第8页。

架子的书就为研究一篇 20 页的随笔,花数月时间写了再写"①。她投入工作的样子是极其忘我的,为了能刺激自己保持亢奋状态,她会服用肾上腺素药物,"昼夜不停连续工作,一步也不离开公寓,很少离开她的书桌"②。努涅斯记得在晚上入睡的时候,听到的是桑塔格的打字声;在早上醒来的时候,听到的还是她的打字声。

1977 年桑塔格逐渐缓过神来,既埋头写作,也参加丰富多彩的文化和社会活动。12 月 4 日,她和布罗茨基一起去了威尼斯,参加主题为"异见"(dissent)的国际艺术双年展,她的意大利作家朋友阿尔贝托·莫拉维亚(Alberto Moravia,1907—1990)到机场去接她。晚上 9 点到 11 点,布罗茨基在雅典娜剧院(Theatro Atheneo)举办了朗诵会,他在桑塔格心目中的独特魅力显露了出来:"他站起来朗读他的诗的时候,我一阵阵颤抖。他吟诵,他啜泣;他看上去华贵。"③第二天,桑塔格遇到了匈牙利作家哲尔吉·康拉德(György Konrád,1933—),发现他长得很像雅各布·陶布斯,这让她想起了好友苏珊·陶布斯之死,对康拉德立刻反感起来,随后她意识到这位作家正是苏珊·陶布斯 1969 年 8 月,也就是自杀前,在布达佩斯时的情人。但斯人已逝,桑塔格又有布罗茨基陪伴在侧,心情没有受到多大影响,

---

① 西格丽德·努涅斯:《永远的苏珊:回忆苏珊·桑塔格》,阿垚(姚君伟)译,上海:上海译文出版社,2012 年版,第 62 页。
② 同上,第 64 页。
③ 苏珊·桑塔格:《心为身役:桑塔格日记(1964—1980)》,姚君伟译,上海:上海译文出版社,2018 年版,第 523 页。

反而觉得威尼斯的美前所未见,忍不住一番抒情,"凌晨两点,从蒙廷酒店步行去艺术学院,经过那座桥,穿过圣斯特凡诺广场,回到酒店:——飘着小雪、静谧、街上空无一人、有雾、寒气逼人——真美。就像呼吸纯氧。"①读桑塔格在她和布罗茨基逗留威尼斯期间写的日记,我们会发现,她的文字里多了几笔诗情画意,除了上面那一段优美的引文外,还有另外几处,如果把它们串起来,就颇像一首意象派诗歌:

湿石头的味道

雨

拍打着……河水

平和的汽笛声

雾

脚步声

七条像黑乌鸦一样的平底船

停泊在狭窄的运河中

摇摇摆摆

懒懒散散

涨潮

圣马可广场的木板

水比运河的更绿、更清澈

---

① 苏珊·桑塔格:《心为身役:桑塔格日记(1964—1980)》,姚君伟译,上海:上海译文出版社,2018年版,第526页。

水下浮动平台

水倾斜着

翻滚着

层层叠叠

晃动着

拍打着石头

在桑塔格眼里,还有一个意象是美得令人心碎的:流亡诗人布罗茨基凌晨两点独自走在空旷的威尼斯大街上,想起自己的出生地列宁格勒。桑塔格确实也想过要像布罗茨基一样去写诗,不过终未兑现。12月9日他们一起去拜访了埃兹拉·庞德的伴侣奥尔加·拉奇(Olga Rudge,1895—1996),倾听这位与意象派的巨擘诗人共度了五十载春秋的国际知名小提琴家絮絮叨叨地讲述她和诗人的故事。布罗茨基在他与俄裔美国作家所罗门·沃尔科夫(Solomon Volkov,1944—　)著名的《布罗茨基谈话录》中,回忆了这件事。桑塔格告诉他,她在街上碰到了拉奇,拉奇邀请她去家中做客,可是她不想一个人去,希望他能陪着一起去。

在这次会面中,桑塔格的"唐突"把布罗茨基吓得不轻。在桑塔格心中,有几个作家被其划入法西斯作家的行列,其中一个就是庞德。① 拉奇竭力要撇清庞德与法西斯的关系,布罗茨基被她说得动了心,快要相信庞德是清白的,心里想:"归根结底,

---

① 苏珊·桑塔格:《心为身役:桑塔格日记(1964—1980)》,姚君伟译,上海:上海译文出版社,2018年版,第384页。

谁都没有过错。大家全都是一些硕大的、不幸的狗崽子,是不是?我们大家都应该被原谅,让我们的灵魂去忏悔。"①但桑塔格突然说美国人反感庞德,倒不是因为他曾经在第二次世界大战时,通过罗马广播电台发表了数百次广播讲话,抨击美国的战争行动,攻击罗斯福的作战政策,赞扬墨索里尼。她说如果是那样的话,那他不过是又一朵"东京玫瑰"("Tokyo Rose")而已。布罗茨基真是惊讶得差点从椅子上跌坐在地,他万万没想到,桑塔格会把这么一位大诗人比喻为二战期间东京电台的日裔女性英语广播员,她们专门向美军进行广播宣传,蛊惑动摇军心,所以被称为"东京玫瑰",其中最有名的是美籍女子户栗郁子(Iva Toguri,1916—2006),曾被美国以叛国罪逮捕,剥夺美国国籍。布罗茨基赞叹拉奇的肚量,她把这个非常不恰当的比喻咽了下去,不动声色地追问那么美国人厌恶庞德的原因是什么,桑塔格回答说是他的反犹太主义。拉奇马上辩护说这个罪名庞德可不能背,理由是他的名字 Ezra 就是个犹太名字,而他从来没有改过名。桑塔格在日记里记下了她自己对这个说法的回应:"所以,如果埃兹拉是反犹太人的,像人们说的那样,他就不会保留那个犹太人名字了,是不是?"②也许让布罗茨基舒了口气的是,两个女人没有发生任何冲突,拉奇也没有不高兴,到了告别的时候,还站在门口拉着他们又聊了一刻多钟。

---

① 约瑟夫·布罗茨基,所罗门·沃尔科夫:《布罗茨基谈话录》,马海甸,刘文飞,陈方译,北京:作家出版社,2019年版,第186页。原著 *Conversations with Brodsky* 出版于1998年。

② 苏珊·桑塔格:《心为身役:桑塔格日记(1964—1980)》,姚君伟译,上海:上海译文出版社,2018年版,第535页。

从威尼斯回来后,巨大的成功在等着桑塔格,她已经攀登上了人生的第二个高峰。《论摄影》被《纽约时报书评》(*New York Times Book Review*)评为年度二十大图书,不仅如此,1978年1月19日,它还赢得了全美书评界评论奖(National Book Critics Circle Award),并被授予美国艺术与文学院奖(Award of the American Academy of Arts and Letters),至今仍是美国很多高校学生的指定读物,成为"摄影史和摄影理论的奠基之作,也是学院派艺术、文化和摄影批评的范本"①,正所谓一分耕耘,一分收获。疾病带给桑塔格多少折磨,她就要迸发数倍于此的智性思考。她还有一个丰硕的成果:完成《论摄影》后,她又马不停蹄把自己在生病、治病的过程中所经历的一切转化成发人深省的思辨性文字,写下了《作为隐喻的疾病》("Illness as Metaphor")、《疾病的图像》("Images of Illness")和《作为政治隐喻的疾病》("Disease as Political Metaphor")这三篇文章,分别在《纽约书评》的1978年1月26日、2月9日和2月23日见刊,修改后以《作为隐喻的疾病》为书名,于同年由FSG出版社结集出版。1988年,桑塔格发表了另一篇关于疾病的长文——《艾滋病及其隐喻》(*AIDS and Its Metaphors*),1989年在欧美很多国家推出了单行本。1990年,《作为隐喻的疾病》和《艾滋病及其隐喻》合为一体,由双日出版社出版,书名是 *Illness as Metaphor and AIDS and Its Metaphors*,目前国内的中文译本依据的就是这个版本,并将其译为《疾病的隐喻》。由于原来两

---

① 丹尼尔·施赖伯:《苏珊·桑塔格:精神与魅力》,郭逸豪译,北京:社会科学文献出版社,2018年版,第222页。

个单行本写作和发表的时间跨度大,本书为了行文方便,还是以《作为隐喻的疾病》和《艾滋病及其隐喻》之名分开论述,但在引用时依据的是合并本的译本。

《作为隐喻的疾病》是献给罗伯特·西尔维斯的,他不仅为桑塔格筹款治病出力最多,而且对她的论文写作和发表一直支持有加。这本书很难得地打动了卡尔·罗利森和莉萨·帕多克这两位传记作者,他们很罕见地用了这样的措辞:"在桑塔格的著作中,没有一本写得像《作为隐喻的疾病》这样直截了当,这是一本干净的书,一本净化心灵的读物……"①他们注意到桑塔格标题里的"疾病"一词使用了"illness"而不是"disease",第一段的第一句出现的"疾病",用的也是"illness","disease"要到第三页才出现,而这正是桑塔格的高明之处。"illness"的意思侧重于身体上的病,而"disease"除此之外,还指精神、道德上的不健全等,所以桑塔格的意图在两位作者看来就很明显了:"我们都生病;但并非所有人变得不健全——至少,我们许多人都不愿意那样讲。"②

在"引子"里,桑塔格通过直言不讳地描述疾病引出话题:"疾病是生命的阴面,是一重更麻烦的公民身份。"③为什么说是更麻烦的公民身份呢?这是因为她把每个尘世过客都看成拥有

---

① 卡尔·罗利森,莉萨·帕多克:《苏珊·桑塔格全传》,姚君伟译,上海:上海译文出版社,2018年版,第266页。
② 同上。
③ 苏珊·桑塔格:《作为隐喻的疾病》,收入《疾病的隐喻》,程巍译,上海:上海译文出版社,2018年版,第5页。

双重公民身份的人——一个属于健康王国,还有一个属于疾病王国。人们当然只希望生活在健康王国里,但是人生在世,不可能不生病,所以对于另一个疾病王国,我们即便抵触,也不得不承认和面对。桑塔格开宗明义,亮出了写作此书的主题、观点和目的:

> 我的主题不是身体疾病本身,而是疾病被当作修辞手法或隐喻加以使用的情形。我的观点是,疾病并非隐喻,而看待疾病的最真诚的方式——同时也是患者对待疾病的最健康的方式——是尽可能消除或抵制隐喻性思考。然而,要居住在由阴森恐怖的隐喻构成道道风景的疾病王国而不蒙受隐喻之偏见,几乎是不可能的。我写作此文,是为了揭示这些隐喻,并借此摆脱这些隐喻。①

桑塔格首先考证了结核病和癌症这两种最常见的被隐喻化的疾病。结核病是一个有着漫长历史的传染病,在医学无法找到其病因前,医生也就无从下手治疗病人,因此在它身上就笼罩了一层神秘的色彩,被认为是对生命偷偷摸摸、毫不留情的盗窃,直到人们找到病因,这种病也不再是不治之症,施加其上的隐喻才被破除,但癌症又取而代之,"成为这种不通报一声就潜入身体的疾病,充当那种被认为是冷酷、秘密的侵入者的疾病角色"②。

---

① 苏珊·桑塔格:《作为隐喻的疾病》,收入《疾病的隐喻》,程巍译,上海:上海译文出版社,2018年版,第5页。
② 同上,第7页。

疾病被神秘化之后,人们对其产生的是难以名状的恐惧,即便不具备传染性的疾病,也会使人感到在道德上具有传染性。桑塔格自己经历了乳腺癌之苦,也看到和听说了病友的遭遇,她痛切地了解到,为数众多的癌症病人都发现,不仅亲戚朋友回避自己,连家人都谨慎地把他们当作消毒的对象。医生们的普遍做法是隐瞒病情,以免病人无法接受与恶疾如影随形的恶名,加重病情。这个举措看似慈悲怜悯,却强化了疾病的神秘性和医学的权威性,其恶果是病人一旦得知真相,就会产生羞耻感,觉得在道德上有所亏欠。桑塔格于是果断地提出:"解决之道并非对癌症患者隐瞒实情,而是纠正有关这种疾病的看法,瓦解其神秘性。"①

在法国和意大利,隐瞒癌症病情已经是一个惯例,往往只有患者家属才知道实情。美国的情况有所不同,但实质是一样的。医生对患者相对比较坦率,部分原因是担心出现医患纠纷,但肿瘤医院在给病人寄通知和账单时,只有收信人的姓名、地址,却不注明寄信方是谁,这样做的理由是病人可能不想让别人,甚至家人知道自己患上了癌症,因为如果被人知晓,就可能会给病人的生活带来极大的干扰。桑塔格特地查了美国 1966 年通过的《知情权法案》,里面列出的唯一一种不得公之于众的疾病就是癌症。

无论是医生、家属,还是患者本人,隐瞒癌症这一行为反映的是在发达工业社会里人们无法正视死亡,但这还不足以解释

---

① 苏珊·桑塔格:《作为隐喻的疾病》,收入《疾病的隐喻》,程巍译,上海:上海译文出版社,2018 年版,第 7 页。

人们为何就癌症这一疾病撒谎。心脏病也可能会随时夺走患者的性命,但没有人会对心脏病人隐瞒病情。桑塔格分析说,这是因为心脏病没有被附加什么不好的隐喻,得了心脏病不是什么丢脸的事,只是说明身体机能出现了问题,而癌症就不一样,病死率极高只是问题的一方面,主要还是因为"就这个词原初的意义而言——令人感到厌恶;对感官来说,它显得不祥、可恶、令人反感"①。

桑塔格研究了结核病和癌症的隐喻,发现它们之间具有交叉性和重叠性。结核病(一般是指肺结核)被认为是一种"消耗"(consumption),癌症一开始也是如此。人们最早把癌症定义为一种瘤子、疙瘩或者肿块,它的词源是希腊语的"karkinos"和拉丁语的"cancer",意思都是"蟹",因为肿瘤暴露在外的肿大的血管像蟹的爪子。结核病的词源是拉丁语的"tuberculum",也有肿块、瘤子的意思。1882年3月24日,德国细菌学家罗伯特·科赫(Robert Koch,1843—1910)在柏林生理学大会上宣布他找到了结核病的病原体——结核分枝杆菌,结核病才被确认是一种细菌感染,与癌症区分开来,其隐喻也发生了变化。结核病人的症状是冲突性的,脸色有时苍白,有时潮红;精神有时亢奋,有时疲乏。癌症病人则是一贯的苍白、持续地衰弱。结核病不仅在X光下可见,而且症状也是可见的:消瘦、咳嗽、发烧等。癌症症状则是不可见的,只有到了晚期,才会显露,但往往为时已晚。结核病人可以自己保存X光片,癌症病人则一般都看不到切片

---

① 苏珊·桑塔格:《作为隐喻的疾病》,收入《疾病的隐喻》,程巍译,上海:上海译文出版社,2018年版,第9页。

检查的结果,因为知情的医生和家属大都会觉得有义务隐瞒实情。

结核病能使病人"情绪高涨、胃口大增、性欲旺盛"①。在托马斯·曼的《魔山》里,结核病患者接受一种食物疗法,一天吃两顿早餐,病人们还真有这样的好胃口。这可不是曼虚构的治疗方案,而是当时的真实做法,可是癌症病人就没有这样的口福,他们食欲不振,面对食物难以下咽。结核病和癌症都会导致病人身体消瘦,但前者被认为是消耗掉的,而后者是被外来细胞"侵入"的。桑塔格举了19世纪一位名门女性爱丽丝·詹姆斯(Alice James,1848—1892)②的例子,她是美国小说家亨利·詹姆斯(Henry James,1843—1916)和心理学家及伦理学家威廉·詹姆斯(William James,1842—1910)的妹妹。爱丽丝死于乳腺癌,她在死前一年写的日记里,以"枯萎"来形容自己的状态。人们读到这里未免会有一点疑惑:既然都谈到乳腺癌了,桑塔格为什么不以自己的亲身经历为例?她在《艾滋病及其隐喻》里说明了原因:

我不认为,在那些描写某人怎样获悉自己得了癌症、怎样哭泣、怎样抗争、怎样被安慰、怎样受苦,又怎样鼓起勇气等等的故事之外,再增添一篇以第一人称写作的故事,会有什么用处,而

---

① 苏珊·桑塔格:《作为隐喻的疾病》,收入《疾病的隐喻》,程巍译,上海:上海译文出版社,2018年版,第9页。
② 本书参照的桑塔格剧作 *Alice in Bed* 的第一部也是目前为止唯一的一部中文译本把 Alice 翻译成"爱丽斯",但中国读者习惯使用"爱丽丝"这个译名。本书遵照大众习惯,在正文中涉及这个名字时,统一写为"爱丽丝",但引用的中文译本仍按照出版信息写为《床上的爱丽斯》。

我写作此书却想有所用处——尽管我的不外乎也是这么一个故事。在我看来,一种叙事似乎比一种思想的用处要小。若是为了那种叙事的快感的话,我宁可从其他作家那里去寻找……①

桑塔格不愿意在已有的众多的疾病叙事中添加一篇个人的患病经历,那样起不到多大的作用,她要做的是用理性的思考对抗疾病的恶名,帮助患者摆脱恐惧和绝望。她还继续关注爱丽丝的故事,并以此为蓝本创作了剧本《床上的爱丽丝》(*Alice in Bed*,1993)②。蒙塞尔很理解桑塔格在《作为隐喻的疾病》里提剔除个人患病的细节,认为"在她的讨论中,机遇和命运的成分被抽除掉,即使是最终找到的实验性的治疗方法也未必一定能挽救她的生命。当然,我们可以理解她的这种做法,因为这不是她想要讨论的问题"③。

再回到结核病和癌症的对比。结核病"是一种时间病,它加速了生命,照亮了生命,使生命超凡脱俗"④,但癌症给人以缓慢的感觉,所以最初就被当成隐喻来使用。早在1382年,就出现了这样的句子:"他们的话如同癌瘤一样扩散。"这句话不是来自别处,而是基督徒们耳熟能详的《新约全书》,其无形中产生的影

---

① 苏珊·桑塔格:《艾滋病及其隐喻》,收入《疾病的隐喻》,程巍译,上海:上海译文出版社,2018年版,第96—97页。
② 这个剧本的德语版和意大利语版在1991年就已经问世了,1993年是英文版的出版年份。
③ 杰罗姆·博伊德·蒙塞尔:《苏珊·桑塔格传》,张昌宏译,北京:中国摄影出版社,2018年版,第148页。
④ 苏珊·桑塔格:《作为隐喻的疾病》,收入《疾病的隐喻》,程巍译,上海:上海译文出版社,2018年版,第14页。

响范围之广,可想而知。人们对结核病与癌症的想象还与经济状况产生了关联。结核病被认为是贫困所致,而癌症是一种与富裕有关的病,越富裕的国家,癌症的患病率越高。结核病人换一种环境可能会得到康复,但癌症病人由于是从身体内部被攻击的,改变环境无济于事。此外,人们以为结核病不会带来特别大的痛苦,而癌症则会让人生不如死。19世纪的文学作品里经常会出现描写结核病人死亡的场景,他们死得平静、优雅,可是癌症患者死亡时就显得卑贱、难堪。

桑塔格对上述有关结核病与癌症的隐喻和想象进行了反驳:"许多结核病人死得非常痛苦,而许多癌症患者直到生命终结也很少感到或几乎没有感到痛苦;患结核病和癌症的人中既有穷人,也有富人,而且也不见得每一个患结核病的人都咳嗽。"①那么这些成见缘何盛行呢?桑塔格指出这与患处所在的位置不无关系。人们直接把结核病和肺结核画上等号,患处是位于身体上半部的、精神化的肺部,癌症却是全身撒网,攻击一些难以启齿的部位:膀胱、结肠、直肠、乳房、子宫颈、前列腺、睾丸等。器官也有等级,比如肺癌唤起的羞愧感就比直肠癌要小得多。有无肿瘤也是一个等级标准,有肿瘤意味着耻辱,而以非肿瘤形式出现的白血病在商业电影里取代了19世纪文学里的结核病,成了夺走主人公生命的疾病,被浪漫化和悲情化了。桑塔格举例说,1970年的美国故事片《爱情故事》(*Love Story*)里的女主人公就是如此。她当时还不知道,电视普及后,亚洲国家

---

① 苏珊·桑塔格:《作为隐喻的疾病》,收入《疾病的隐喻》,程巍译,上海:上海译文出版社,2018年版,第17页。

的爱情悲剧片尤其钟爱白血病。白血病成为风靡一时的日本电视连续剧《血疑》、韩国电视连续剧《蓝色生死恋》等已经成了不少编剧在准备致年轻貌美、善良可爱的女主人公于死地时的必备参考。

结核病和癌症都曾被理解为热情病。在浪漫派之前,从结核病派生出来的意象被用来作为描绘爱情的隐喻,而从浪漫派之后,结核病被想象成爱情病的一种变相表现。慢慢地,人们开始相信,结核病人的激情必定是受挫的激情,是失意导致的恶果,包括但不限于爱情。癌症也被认为是源自遭受压抑的情感,桑塔格引用了发生在自己身边的一个例子,以说明癌症的隐喻性如何被人加以利用。1960 年 11 月 21 日,美国著名作家诺曼·梅勒挥刀刺向第二任妻子,差点致其死亡,但妻子放弃了起诉,梅勒于是得以逃脱法律的制裁。桑塔格谈及梅勒是个谈癌色变的人,"他最近自辩道,要是他不捅上妻子一刀(和发泄'满腔的怒火'),那他兴许已经患上了癌症,'兴许在数年里就一命呜呼了'。"[①]这个说法让桑塔格感到特别恶心,因为梅勒的这番辩白等于是说,他杀妻一事有利无害,正是通过暴力伤害配偶,他才排解了压抑的愤怒,使自己远离了癌症。

桑塔格接下来用了一小节专门梳理 19 世纪中叶结核病被浪漫化的情况。英国浪漫主义诗人雪莱(Percy Shelley,1792—1822)和济慈(John Keats,1795—1821)都是结核病患者。雪莱在写给济慈的信中,说他获悉对方还是带着那副肺痨病人的病

[①] 苏珊·桑塔格:《作为隐喻的疾病》,收入《疾病的隐喻》,程巍译,上海:上海译文出版社,2018 年版,第 23 页。

容。在今天看来这简直就是恶语相向了,但在当时的语境下,这如果算不上是夸赞的话,至少也是一种恭维,因为肺痨病容标志着风度和礼仪,不健康成了一种时尚,苍白和消瘦反倒是特有的贵族气质,社会上甚至出现了滑稽的效仿风尚:"柔弱的、气息很浅的年轻女子与苍白的、佝偻着身躯的年轻男子争先恐后,唯恐没有染上这种(那时)几乎无药可治的、使人丧失行动能力的、非常可怕的疾病。"① 浪漫主义另一个著名代表人物、英国诗人拜伦(George Gordon Byron,1788—1824)的一则小故事则说明了浪漫主义把生病看成实现趣味性的一个途径。1810 年 10 月间拜伦的一个朋友到雅典拜访他。拜伦揽镜自照,说自己看上去病了,如果是,他宁愿死于痨病(肺结核)。朋友追问缘由,拜伦的回答别出心裁:"因为女士们全都会说,'看看可怜的拜伦吧,他弥留之际显得多有趣啊。'"② 悲伤也成了结核病的同义词,由此,结核病被认为是艺术家的病,因为只有敏感的、有创造力的人才能感受到这样的悲伤。桑塔格几乎是哭笑不得地写道:"把结核病与创造性联系起来的这种成见是如此根深蒂固,以致 19 世纪末的一位批评家把文学艺术在当时的衰落归因于结核病的逐渐消失。"③

疾病最初被视为上天的惩罚,到了 19 世纪,这个观点被疾

---

① 苏珊·桑塔格:《作为隐喻的疾病》,收入《疾病的隐喻》,程巍译,上海:上海译文出版社,2018 年版,第 29 页。
② 同上,第 31—32 页。
③ 同上,第 33 页。

病乃是人格之显现的观点所取代,人们之所以患病,都是咎由自取,是自己对自己的惩罚。桑塔格在写作《作为隐喻的疾病》时,仍然有医生在发表类似的言论,即患者对待世界和对待自己的方式是患病的主要诱因。桑塔格认为这种观点荒谬而又危险,"试图把患病的责任归之于患者本人,不仅削弱了患者对可能行之有效的医疗知识的理解力,而且暗中误导了患者,使其不去接受这种治疗"①。新西兰短篇小说家凯瑟琳·曼斯菲尔德(Katherine Manthfield,1888—1923)就是这样一位患者,当她相信自己的肺结核是因为精神状况不佳、情绪控制不当之后,就放弃了医学治疗,一心追求治疗灵魂的方法,结果英年早逝。

在描述癌症时,人们使用战争语言,以"侵犯性""入侵""殖民化"等军事术语来喻指癌症在身体里的表现,而癌症的治疗过程同样也涉及军事风格的隐喻,比如病人在接受放射疗法时,是被放射线"轰击",采用化学疗法时,是化学战。在癌症的军事化修辞中,有两种孪生的变体。一是政府官方的癌症机构的乐观表达,欢呼癌症这个敌人即将被打垮,抗癌战争胜利在望。桑塔格忍不住挖苦说这种盲目乐观的辞令就好像美国在陷入越南战争泥潭前的战争乐观主义一样。二是众多癌症专家在抗癌前线一筹莫展,对能否治愈癌症持相当悲观的态度,而他们的言谈风

---

① 苏珊·桑塔格:《作为隐喻的疾病》,收入《疾病的隐喻》,程巍译,上海:上海译文出版社,2018年版,第46页。

格,又像"那些陷入漫长的殖民泥潭中的充满厌战情绪的军官们"①。

疾病的隐喻范围不断被扩大,现代极权主义运动尤其擅长在政治上使用疾病意象。纳粹党徒们找到了癌症这个得心应手的隐喻工具,用来攻击欧洲的犹太人,叫嚣着要像治疗癌症一样,切除犹太人这个癌瘤,这是癌症隐喻里最恶劣的一种,因为它暗示了种族大屠杀。癌症还是不同政治势力和持不同政见者相互攻讦的常用词汇,桑塔格自己在《美国怎么啦(1966)》里也激愤地写下过"白人种族是人类历史之癌"的话语,表示对美国一意孤行地发动越南战争的深刻绝望,因为"对那些希望发泄愤怒的人来说,癌症隐喻的诱惑似乎是难以抵御的"②。

桑塔格相信,当癌症的治愈率大幅升高时,癌症的隐喻必定会发生重大的改变。她看到在某些医学圈子里,改变其实已经发生了,原来的一套军事话语已经被"免疫能力"这样完全没有军事色彩的词语取代。虽然桑塔格论述的是疾病的隐喻,但在抽丝剥茧、层层分析之后,她以气势恢宏、落地有声的排比句总结了癌症隐喻反映出的问题,并以乐观的态度展望着未来。

到那时,也许再也没有人想把可怕之物比作癌症,因为癌症隐喻的趣味恰好在于,它指涉的是一种负载了太多神秘感、塞满了太多在劫难逃幻象的疾病。我们关于癌症的看法,以及我们

---

① 苏珊·桑塔格:《作为隐喻的疾病》,收入《疾病的隐喻》,程巍译,上海:上海译文出版社,2018年版,第64页。
② 同上,第80页。

加诸癌症之上的那些隐喻,不过反映了我们这种文化的巨大缺陷,反映了我们对死亡的阴郁态度,反映了我们有关情感的焦虑,反映了我们对真正的"增长问题"的鲁莽的、草率的反应,反映了我们在构造一个适当节制消费的发达工业社会时的无力,也反映了我们对历史进程与日俱增的暴力倾向的并非无根无据的恐惧。我宁可这样预言:远在癌症隐喻以如此生动的方式反映出来的那些问题获得解决之前,癌症隐喻就已经被淘汰了。①

《作为隐喻的疾病》引起了一些评论家和医生的异议,这当然是在意料之中,因为"假使不引起争论,那苏珊·桑塔格还有什么强项呢?"②质疑归质疑,但桑塔格对这个问题的探讨就像一股清新的风,既吹去了很多病人的疑惑和忧虑,也刷新了身处"健康王国"的人对疾病的认识。人们或许对书中的观点有所保留,但对从死亡线上走回来的桑塔格发出的高亢争鸣之声都激动不已。1992年,妇女全国图书协会列出了"其著作改变了世界的女性"的75本书,《疾病的隐喻》(包含了《作为隐喻的疾病》和《艾滋病及其隐喻》)就在其中。

---

① 苏珊·桑塔格:《作为隐喻的疾病》,收入《疾病的隐喻》,程巍译,上海:上海译文出版社,2018年版,第80页。
② 卡尔·罗利森,莉萨·帕多克:《苏珊·桑塔格全传》,姚君伟译,上海:上海译文出版社,2018年版,第266页。

第八章

土星气质的短篇小说家(1978—1989)

1978年春天,桑塔格河滨大道的公寓租约到期了,因为种种原因无法续签。离开自己很喜欢的、住了将近10年的房子,还要费心劳神地寻找新的住处,桑塔格情绪低落,甚至做起噩梦来,梦见自己需要住到一个没有屋顶的房子里去。戴维和她一起找房子,母子二人都心情不好,有时关系紧张得连话都不说。最后他们租下了47街的一套公寓,搬好家后,戴维却不愿意和母亲住在一起,搬出去另住了。桑塔格大为光火,感觉被嫌弃、被抛弃了。努涅斯与戴维的感情也快走到了尽头,她在此前就离开了,而她对离开时的一个细节的描写,让我们感觉似曾相识:"苏珊说我可以带走任何我想带走的东西。我拿走了我从戴维的衣帽间最里边发现的两个玩具,一个'破烂娃娃'安迪和一个缺了一只眼睛的棕色小熊。"[①]这不就是《死亡匣子》里迪迪念念不忘的童年玩具的原型吗?桑塔格把它们合二为一,变成了

---

① 西格丽德·努涅斯:《永远的苏珊:回忆苏珊·桑塔格》,阿垚(姚君伟)译,上海,上海译文出版社,2012年版,第82页。

迪迪的布娃娃安迪。

努涅斯搬离桑塔格的住所时,竟然还收到了一封匿名的祝贺信,恭喜她做了一件勇敢、聪明,也许还是救命的事。这件事让她感到很气愤,很明显这是桑塔格的朋友或熟人干的,连他们都相信在河滨大道340号经常上演传言中母子乱伦的荒诞剧,她当初住进去简直就是羊入虎口,不知死活,就好像那里正是《食人生番二重奏》的现实发生地一样。多年后,桑塔格的一个朋友跟努涅斯说到了这件事,仍然强调当时大家都为她捏了把汗,这使她又添怒火。努涅斯曾经亲身参与到桑塔格母子的生活中,她比谁都更有发言权,可是她不愿迎合任何人的好奇心而口无遮拦,更不愿为了蹭热度而添油加醋。她的愤怒,还有她与戴维分手后一直与桑塔格保持的联系,其实都说明了一切。在她眼里,桑塔格并不是一个完美的母亲,也谈不上是一个好相处的人,有时会言行不一致,但她从不后悔生命中有这样一段相遇。2011年她为回忆录的中文版所作的序言里,仍然这样写道:"作为一个梦想着成为作家的女青年,我把遇上桑塔格视为能够发生在我身上的最幸运的事情之一——这个观点在接下来的35年当中,以及再后来麻烦不断的日子里,始终都没有改变。"①

桑塔格经常得罪人或使人抓狂而不自知,所以在她的朋友圈里不乏面和心不和的人。她在出版界也不知不觉地树敌不少。有人曾经告诉她,《纽约客》的一位编辑立下誓言,只要自己还在该杂志社工作,就绝不会让桑塔格在《纽约客》上面发表作

---

① 西格丽德·努涅斯:《永远的苏珊:回忆苏珊·桑塔格》,阿垚(姚君伟)译,上海:上海译文出版社,2012年版,中文版序第2页。

品。努涅斯推测这个故事是真的,以她的了解,桑塔格是"有能力"把人惹毛到那样的程度的。努涅斯也确实看到当《纽约客》1977年刊出桑塔格的《没有向导的旅行》时,这位早就功成名就的作者高兴得忘乎所以,就好像发表的是处女作一样,其实1973年5月她还在《纽约客》发表了《走近阿尔托》,也可能是在那一次之后惹恼了那位编辑,也可能这位编辑说的是不发表她的虚构作品。

无论如何,勤奋而勇敢的桑塔格是值得人敬重的。继《论摄影》和《作为隐喻的疾病》大获成功后,1978年11月,桑塔格的短篇小说集《我,及其他》(I, Etcetera)面世了,里面收录了她在1963年至1977年间写下的八篇作品,按照书中排列的顺序,它们依次是:《中国旅行计划》(1973)、《心问》(1973)、《美国魂》("American Spirits",1965)、《假人》(1963)、《旧怨重提》("Old Complaints Revisited",1974)、《宝贝》("Baby",1974)、《杰基尔医生》(1974)和《没有向导的旅行》(1977)。她要把书献给谁时,都会写下被献者的全名,而在这本书的献词处,她打哑谜似的写下了:"for you, M."读者如果想要知道这个"M."是谁,可能还要颇费一番思量。不过只要翻开桑塔格的日记,就会找到蛛丝马迹。1964年8月29日,她记录道:"我小时候,M.不理我。最大的惩罚——也是最沮丧的。她总是'离开'——甚至在她不生气的时候。"①戴维在"M."后面注上了"母亲"。桑塔格在1973年7月31日记下的一堆零星的片段里,写到她的中国之行时,

---

① 苏珊·桑塔格:《心为身役:桑塔格日记(1964—1980)》,姚君伟译,上海:上海译文出版社,2018年版,第29—30页。

她在页边空白处插了一句话:"因为对这次旅行的期待激起了对老爸、M.、我的童年的回忆。"①戴维在"M."旁边也加了一个注释:SS(即 Susan Sontag)的母亲。这样谜底就解开了:"M."既是 Mother/Mum/Mom 的简写,也是米尔德丽德名字的第一个字母。桑塔格以这样的方式,五味杂陈地把这本书献给了把她带到这个世上来的人。《中国旅行计划》里的一句话,似乎能够说明点什么:"如果我原谅了母亲,我便解脱了我自己。"②桑塔格曾经拟写过一个名为《超速》(*Overdrive*)的故事,描写一辆小轿车里的人驾驶着车,在世界各处无聊乏味的地方旅行,这个故事没写成,但她打算以《超速》作为短篇小说集的书名,因为她觉得"《我,及其他》太理性了"③,不过最后定下的还是《我,及其他》。

2005 年 8 月南海出版社在国内第一个推出了桑塔格的短篇小说集中文版,以《中国旅行计划——苏珊·桑塔格短篇小说选》为标题,按照桑塔格生前的建议,添加了《我们现在的生活方式》("The Way We Live Now",1986)和《朝圣》(1987),不过删掉了《旧怨重提》和《杰基尔医生》。2009 年 8 月上海译文出版社也出版了桑塔格的短篇小说集,既包括了原著里的八篇作品,也包括了南海出版社补充的两篇。2017 年戴维编辑出版了《心问:桑塔格短篇小说集》(*Debriefing: Collected Stories*),除了上面所

---

① 苏珊·桑塔格:《心为身役:桑塔格日记(1964—1980)》,姚君伟译,上海:上海译文出版社,2018 年版,第 433 页。
② 苏珊·桑塔格:《中国旅行计划》,收入《心问:桑塔格短篇小说集》,徐天池,申慧辉等译,上海:上海译文出版社,2018 年版,第 59 页。
③ 苏珊·桑塔格:《心为身役:桑塔格日记(1964—1980)》,姚君伟译,上海:上海译文出版社,2018 年版,第 432 页。

有的十篇之外,还加上了一篇《书信场景》("The Letter Scene",1986),上海译文出版社根据这一版本在2018年再度推出中译本。本书在引用这些短篇小说时,为方便起见,统一采用上海译文出版社2018年的版本。

按时间顺序来看,最早的是《假人》,这个故事的主人公就是叙述者"我"。《假人》的第一句话就是:"因为我过的日子实在令人难以忍受,所以我决定采取行动来解决这个问题。"①这种突兀的开篇方式有效地制造了两个悬念:"我"过的是什么样的日子? 采取的是什么样的行动? 作者首先公布了第二个问题的答案:利用先进的科技手段和高仿真的进口材料,制造一个和"我"一模一样的假人,完全取代"我",进入"我"的生活,而这个假人要代替"我"做的事反映的正是"我"过的是什么样的日子:上班时,面对老板恭恭敬敬,唯唯诺诺,兢兢业业;下班后,"要在星期二和星期六的晚上和她(妻子)做爱,每天晚上陪她看电视,吃她做的有益健康的饭菜,在怎样抚育孩子的问题上与她吵架……在星期一的晚上和同事们一起玩保龄球,在星期五的晚上去看望我的母亲,每天早晨读报纸"②。如此看来,"我"的生活可以说平淡至极,每天要做的事几乎都是固定的,因而感觉被困其中,急于脱身,获得自由。

"我"是一个较为典型的城市中产阶层,是一家公司的管理

---

① 苏珊·桑塔格:《假人》,收入《心问:桑塔格短篇小说集》,徐天池,申慧辉等译,上海:上海译文出版社,2018年版,第127页。
② 同上,第128页。

人员,还配有一名秘书。如果说"我"的生活确实有缺陷的话,那也是大多数中产阶层面临的共同问题:生活的刻板化和程式化形成了最大的压力。在描写人在现实生活的重压下所发生的变化时,文学作品中有很多深入人心的经典形象,比如在卡夫卡的《变形记》中异化为一只大甲虫的推销员,但这只为大家所厌弃的甲虫只能从自己的有限视角来感知自己悲惨的命运,而《假人》的主人公没有像化身为甲虫的推销员那样关在斗室之中,失去行动的可能性,相反,他掌握着主动权,既将自己的替身打造成一个有着完全行为能力的人,又在窥视假人的一举一动中享有全知视角,几乎是高高在上地观赏着与假人有关的一切情况,从一个普通人一跃而成为一个无所不知的上帝般的存在者。

假人第一天进入"我"的生活中,毫无破绽地完成了上班前的家庭生活部分,然后走出家门,进了电梯去上班。此时括号里看似轻描淡写的一句说明——"我不知道机器人们是否能够互相辨识"[①]——泄露了天机:在匆匆奔走于居住之所和上班之地的人们中,又有多少像假人一样的"假人"啊!桑塔格将假人的出现置于正当其时的"丰裕社会"[②]中,可谓寓意不浅。一个手头宽裕、职位不低、妻女俱全的城市中产阶层却无法面对这个物质文明高度发达的社会,宁愿舍弃自己拥有的一切来换取自由,如果只是简单地以逃避家庭和社会责任来解释其缘由,那未免不

---

① 苏珊·桑塔格:《假人》,收入《心问:桑塔格短篇小说集》,徐天池,申慧辉等译,上海:上海译文出版社,2018年版,第129页。
② 哈佛大学的经济学家约翰·肯尼斯·加尔布雷斯(John Kenneth Galbraith,1908—2006)在1958年的《丰裕社会》(*The Affluent Society*)一书中将二战后经济飞速发展的欧洲与美国纳入丰裕社会的范围。

合情理:他大可抛妻弃女,一走了之,完全无须大费周章精心复制一个自己出来。因此需要追问的是这样一个问题:如果说四平八稳的中产阶层生活令他如陷囹圄,那么他向往的自由究竟是什么?

当假人刚开始接替"我"所有的工作时,"我"紧张不安而又十分乐意地扮演一个全知全觉的观察者,假人的一切行动尽在掌握之中,可是随着时间的推移,当假人的表现滴水不漏,"我"再也无须担心假冒事件被戳穿时,这个观察的乐趣也荡然无存了。"我"开始了自我放逐式的生存状态,"我已滑到了这个世界的底层。我现在到处都可以睡觉:廉价旅馆里,地铁火车上(我在夜里很晚才上车),小巷和门道里。我也不再劳神费力去向假人要工资支票,因为我并不想买什么东西。我很少刮胡子,衣服也是又破又脏。"①这多少是一个令人愕然的选择:逃脱灯红酒绿的都市繁华,奔向颠沛流离、衣食无着的底层流浪汉生活,这就是他需要的自由。他对生活质量的无限降低近似一个犬儒主义者,不过却不见他有愤世嫉俗的言论,只有当假人与他摊牌,不愿继续顶替他时,他才道出了自己无法忍受的到底是什么:"我发现自己厌倦了做人,不只是不想做我自己这个人,而且是根本不想做人了……我累了。我想做山,做树,做石头。如果我继续做人的话,我只能忍受孤独的社会弃儿所过的生活。"②这

---

① 苏珊·桑塔格:《假人》,收入《心问:桑塔格短篇小说集》,徐天池,申慧辉等译,上海:上海译文出版社,2018年版,第133页。
② 同上,第134页。

里至少透露出两条信息:其一,在原来生活的压力之下,这位身兼公司职员、丈夫、父亲、儿子的角色于一身的中年男子看不到人生的意义;其二,无论是在职场还是在家里,他在与人交往时却感受不到密切的人际关系,在尽心尽力地为完成各种角色的任务而忙碌的过程中,他看到的只是孤独的自己。

具有人工智能的假人对自己来到这个世界的使命非常清楚,起初尚能接受强加于身的责任,然而随着在工作中与秘书"爱小姐"(Miss Love)的接触,他无可救药地堕入了情网。一番隐忍之后,果断地找到自己的原型要求退出这荒唐的替身计划,如果不能得到"爱小姐"的爱,他毋宁死,毁灭自己,要么跳楼,要么撞墙,要么将自己身体里的精密机械拆毁。这是打着如意算盘的叙述者万万没有料到的,他有工作,有家庭,但在他的个人词典中唯独没有"爱",躯体的疲惫或许可以很快恢复,可是精神的倦怠令他无所归依,缺乏一个以爱营造的精神港湾。

在假人的坚决要求下,"我"只好造出了第二个假人,于是第一个假人携着"爱小姐"离开了本不属于他的生活,为了证明自己的生存价值,他勤奋工作,认真学习,成了一名大有可为的建筑师,"爱小姐"也在继续读完大学课程后取得了教师资格证书,当上了一名中学英语教师。他们也生了两个孩子,日子过得非常幸福美满。第一个假人的结局可谓圆满,那么第二个假人的情况又如何呢?第二个假人工作顺利,升职加薪,搬了居所,家里又新添了一个男孩,两个女儿也长大了。日子依旧平凡、平淡,但这不就是芸芸众生的生活本相吗?桑塔格写作《假人》时,她的第一部长篇小说《恩主》也呼之欲出,当时这位无所依靠的年轻女性带着年幼的儿子寄身于喧闹繁华的国际大都会纽约,其艰难不难想象,但她没有否定生活的意义和乐趣,而是同第一个假人奔向新生活那样,锐意进取,蓄势待发。

《假人》科幻化地戏说了现代城市人"强说愁"式的精神困惑,当生活看似一成不变而每个人都有自主选择的权利时,如何做出选择,从小处说能决定人们生活的质量,从大处说,能决定人类未来的发展。如果每个人都像叙述者那样选择复制自我,自己完全无所作为,一天天等待着生命的终结,而假人们则认真地履行着自己的职责,这该是多么不可思议的场景!

《假人》讲述了一个美国中产阶级男性从家庭出走的故事,似乎是为了与之对称,两年后的《美国魂》中则讲述了一个美国中产阶级女性离家出走的种种经历。自认为缺乏女性魅力的弗拉特法斯小姐(英文名"Miss Flatface",字面意思为"扁脸小姐")抛弃婚姻和家庭,投入奥布辛尼迪先生(英文名 Mr. Obscenity,字面意思是淫秽先生)的怀抱,过着无异于性奴的生活,后来她逃脱了奥布辛尼迪的淫窝,自愿选择走上流浪之路,以卖淫为生,她"自由"的足迹踏遍美国。当奥布辛尼迪的爪牙朱格(英文名 Jug,常见的意思是"壶",但也有"监牢"的意思,此处的寓意显然是后者)督察一路追踪找到弗拉特法斯小姐时,她义正词严地告诉他:"难道你不知道这是一个自由的国家吗?你是自由的,我也是。我要好好使用上帝和宪法赋予我的自由。"[①]

桑塔格不满于人们对性和色情遮遮掩掩、避而不谈的态度,

---

① 苏珊·桑塔格:《美国魂》,收入《心问:桑塔格短篇小说集》,徐天池,申慧辉等译,上海:上海译文出版社,2018年版,第89页。

因此,她在《美国魂》中先声夺人,寥寥数语交代一下故事发生的地点(含含糊糊的"一处很拥挤的地方")和主人公("主要人物是一个勇敢无畏的女人")之后就直奔主题"由于看够了呆板的眼光,弗拉特法斯小姐决定开始从事一种色情职业"①。作为一个没有吸引力的"扁脸"女人,弗拉特法斯小姐饱受无动于衷的眼神之苦,为了证明她的身体还生动地存在着,她在他人的注视中试图扭转主客体的关系,勇敢地"注视注视",即注视他人的注视,从而击溃和抵消了被动性,企图像一个经验丰富的猎手,一次次地攫取性对象的自由,但这个自由一旦获得就消亡了,因为她又置身于新的注视中,需要重新猎取新的主动性,卖淫就成了她从认识自己的身体到认识自己的内心的一种选择。

她刚下定决心,两个美国魂就出现了——她听到了本杰明·富兰克林(Benjamin Franklin,1706—1790)和托马斯·潘恩(Tomas Paine,1737—1809)的灵魂在小声说话,"在召唤她,也在禁止她"②。这是《美国魂》的一个特点,每当弗拉特法斯小姐准备有所行动的时候,美国魂往往是召唤与禁止并举,也就等于既没有召唤也没有禁止,这些名人之魂成了空洞的象征,不能向她提供任何有价值的建议或指出一条理想的出路,她所能做的,就是完全按自己的本能一步步走下去,而这个本能,在完全摒弃原有生活的情况下,蜕变为性本能,使她任由情欲的指引走

---

① 苏珊·桑塔格:《美国魂》,收入《心问:桑塔格短篇小说集》,徐天池,申慧辉等译,上海:上海译文出版社,2018年版,第67页。
② 同上。

上色情之路,所以她从家里出走后所做的第一件事就是在公众场合出卖色相,恳求围观的人群"试试我吧"①。

《美国魂》最初名为《意志与道路》("The Will and the Way"),从情节发展而言,这个标题更符合弗拉特法斯小姐的生命历程,她按自己的意志行事,从"淫秽先生"那里获得了丰富的情色体验后,她离开了"淫秽先生"封闭的色情场,踏上漫游之旅,跑遍了美国,将整个美国当成了她的色情基地。在一次次的情色交易中,她得心应手,游刃有余,认为这就是标榜为自由国度的美国应许给她的自由。这条道路行至不久,在遇到一个长相酷似前夫的青年水手后,她又重回小鸟依人式的主妇生活,步入了婚姻的殿堂,放弃了以情欲来换取自由感的生活方式,再度变身为出走前的那个循规蹈矩的妇女,在年轻的丈夫外出工作期间,她把自己打扮得笨拙难看,以此表示对他的忠贞。这样的日子同样好景不长,正值盛年的弗拉特法斯小姐由于食物中毒而一病不起,最后离开人世。就在她吃下有毒食物的时候,又有两个美国魂灵出现了。与以往含混的示意不同,这次的魂灵是在尖声警告她,这也是她从美国魂灵中接收到的最直接的信号,可是她没有听见。即便是在生死攸关的危急时刻,美国魂也未能给弗拉特法斯小姐提供切实的帮助。在弥留之际口述的遗嘱中,她终于认识了美国的真相:"美国——我向你致敬,特别是你那些不美的方面……我一直竭力想看到你和你的人民的最好的方面,这些人在外表上显得很友好并富有幽默感,然而他们内心

---

① 苏珊·桑塔格:《美国魂》,收入《心问:桑塔格短篇小说集》,徐天池,申慧辉等译,上海:上海译文出版社,2018年版,第67页。

里却常常很卑鄙。"①这段控诉式的语言凸显了"美国魂"标题的含义——死去的那些魂灵无力为国人浇筑强有力的精神支柱,这个国家缺乏的是鲜活的精神指导。弗拉特法斯小姐误把色情当成自由,这是《美国魂》里警醒人们的伪自由,正如桑塔格在《美国怎么啦(1966)》质问的那样,"'性自由'只是一句浅薄、过时的口号。是什么,又是谁需要解放?"②

《中国旅行计划》前面已经介绍到,是1972年桑塔格接到中国政府的访问邀请后开始构思,1973年1月成行前就已经完成的一个短篇小说,也被认为是她的第一个短篇小说,1973年4月发表在《大西洋月刊》上。一接到邀请,桑塔格就在日记里洋洋洒洒地写下了万千思绪:写一本中国的书?写什么呢?《关于"文化大革命"的定义的札记》?对比研究转向东方非政治的、寻求东方智慧的人和转向政治的、追随伟人的人?左思右想,她想到了父亲,想到了儿时脑海里想象的中国,想到了小学四年级的时候写的、自己制作的论中国的"书",想到纽约家中的中式家具,还有父亲的生意伙伴,一位陈先生。她连开头都想好了:

> 据我所知,我母亲是在中国怀上我的(1932年天津),不过,由于我父母回到美国生了我(1933年纽约),因此,我最初的几年是在美国度过的——为了弥补他们令人失望的智慧,我告诉同学我生在中国。我在纽约出生后不久,他们就回到了中国,我五

---

① 苏珊·桑塔格:《美国魂》,收入《心问:桑塔格短篇小说集》,徐天池,申慧辉等译,上海:上海译文出版社,2018年版,第98页。
② 苏珊·桑塔格:《美国怎么啦(1966)》,收入《激进意志的样式》,何宁等译,上海:上海译文出版社,2018年版,第208页。

岁前他们大都待在中国。我父亲是个皮货商;他在纽约有家公司,在皮货区(西 31 街 231 号)。他让他的弟弟阿伦担任公司的负责人——而他自己则在天津经营公司的大本营,1930 年他和我母亲婚后大多数时间都在天津生活。1938 年 10 月 19 日,我父亲在天津去世,当时这座城市正遭受炮火的轰炸(时值日本侵略),不过,他是死于肺结核。他 1906 年 3 月 6 日出生在纽约下东城一个贫穷的移民家庭,在五个孩子中排行老四——1912 年,六岁时开始上公立学校,1916 年辍学,十岁时开始打工,在皮货区当报童,1932 年第一次到中国,这个时候,他已经是他 16 岁就为之工作的那家皮毛公司的代理人。他骑着骆驼进入戈壁沙漠,从蒙古的游牧民手里收购皮毛。他 18 岁时第一次患上肺结核。①

她要把这本书献给父亲,不过,几个月后,她又决定"把中国的书献给 D:献给戴维——爱子、朋友、战友"②。就这个草拟的开头来看,桑塔格曾经尽过一切努力搜寻与父亲相关的所有信息。不过,最后她写下的开头,也就是十三节中的第一节,完全不是这样如数家珍、娓娓道来的记录,而是她一贯不容分辩的风格:

---

① 苏珊·桑塔格:《心为身役:桑塔格日记(1964—1980)》,姚君伟译,上海:上海译文出版社,2018 年版,第 396 页,在译文的基础上略有改动。按 2019 年 9 月 17 日经戴维·里夫授权出版的美国作家本杰明·莫泽(Benjamin Moser, 1976—)写的最新桑塔格传记《桑塔格:她的人生和作品》(*Sontag: Her Life and Work*),杰克·罗森布拉特出生于 1905 年 2 月 1 日。
② 苏珊·桑塔格:《心为身役:桑塔格日记(1964—1980)》,姚君伟译,上海:上海译文出版社,2018 年版,第 420 页。

我打算到中国去。

我将穿越中国香港与内地之间深圳河上的罗湖桥。

在中国待上一段之后,不久我还将再度走过中国内地与香港之间深圳河上的罗湖桥。

……

我从未去过中国。

我一直希望到中国去。一直。①

这样写,就符合了她的题目,因为这只是"计划"而已。在最后结尾的一句话里,她再度点题:"或许,我要在走之前写一本关于中国之行的书。"②桑塔格也在思考应该采用什么样的形式来写这个旅行计划,主题是什么,如何设计书的外观、排版等。她还列出了许多中国特色的事物:麻将、中国神话中机灵而现实的猴子形象(应该是指美猴王孙悟空)、梅兰芳的戏……

最后成形的《中国旅行计划》从形式上来看,没有故事情节,没有虚构的内容,并不是严格意义上的短篇小说,更像作者的独白,里面有对真实事件的回忆,有对听到的事情的场景勾勒,也有对即将开始的行程的想象。可以看出,就像竭尽所能地收集与父亲有关的信息一样,桑塔格也一直在事无巨细地关注与中国的有关的消息,时刻做好了写中国的准备,并且做足了功课。她看过美国影星玛娜·洛伊(Myrna Loy,1905—1993)扮演的表

---

① 苏珊·桑塔格:《中国旅行计划》,收入《心问:桑塔格短篇小说集》,徐天池,申慧辉等译,上海:上海译文出版社,2018年版,第36页。

② 同上,第66页。

现东方尤其是中国风情的角色,熟悉意大利作曲家普契尼歌剧里的中国公主图兰朵,知道在威斯利(Wellesley)学院和威斯里安(Wesleyan)大学上过学的宋氏三姐妹。对于在她之前去过中国的西方人的名字,她能够信手拈来。她熟读《毛主席语录》,了解毛主席在延安文艺座谈会上的讲话。她急切地等待着即将开始的旅行,因为对她来说,"旅行就是阐释。旅行就是解除重负……无论某些中国物品形状多么美,也不管纪念品多么撩动人心,我希望能抑制把它们带回去的诱惑。我的脑海里已经有了那么多的中国东西"。①

《中国旅行计划》无疑担负了桑塔格想卸去幼年丧父之痛的使命,而1973年9月刊载于《美国评论》(*American Review*)上的《心问》则是桑塔格对好友苏珊·陶布斯之死的释负式书写,只不过里面虚构的成分要多得多。苏珊·陶布斯化为一个名叫朱莉的女人,感情受挫,百无聊赖,宅在家里,对一切都提不起兴致。叙述者"我"是她的好朋友,千方百计鼓励她走出家门,参加丰富多彩的活动,可她总是拒绝。好不容易两人一起去看了一场德彪西的歌剧《佩利亚与梅丽桑》(*Pelléas et Mélisande*),朱莉却被剧情吓得瑟瑟发抖。朱莉对自己的孩子不管不顾,与丈夫离婚后,两个孩子被送到了寄宿学校。"我"替代了她的职责,关心和鼓励着她那个19岁的、桀骜不驯的儿子莱尔,可是这并没有什么用,莱尔后来还是辍学,追随一位从事巫术的所谓黑人艺术皇后。(现实生活中,陶布斯自杀后,桑塔格也照顾着她的

---

① 苏珊·桑塔格:《中国旅行计划》,收入《心问:桑塔格短篇小说集》,徐天池,申慧辉等译,上海:上海译文出版社,2018年版,第64页。

两个孩子。)"我"对朱莉的家庭感到烦恼,发现"人人都疯狂——比如,莱尔和他的父母。发现耳边充斥着狂人之语"①。朱莉也曾经受到一位灵异研究者的蛊惑,当她所跟从的白人巫师为了给她驱邪,让她匍匐在地上朝着圆月像狗一样号叫时,"我"无法坐视不理了,劝说她要理性处事。然而,朱莉的心理情况没有任何好转,所以"我"也自问:"让她脱离巫术,我这样做对吗?"②

有一天朱莉在电话里声音有些不对,"我"赶紧赶到她的住处,她却表现得一切正常,"我"照例劝她不要有什么傻念头,她也赞同,可两天之后,她就投河自尽了。"我"只能在梦中试图把她拖出水面,然而就像《卡尔兄弟》里卡尔从水里拖出莉娜一样,结局都无法改变。桑塔格写到这里,有些不能自已了,她倾诉道:"我在友情的重负下那样呻吟。但你的死比这更沉重。为什么你死了,别人活得同样空虚,却活了下来,对我来说,这是一个不解之谜……假如我们都沉睡不醒。我们愿意醒来吗?……可是没有你,我不愿醒来。"③可谓至哀至恸。

桑塔格在《心问》里还写到了一个五十多岁的黑人妇女,在出租车上默默地伤心流泪。她可能是朱莉的女佣多丽丝,她的两个孩子10年前双双死于一场大火。但这个女人也可能不是朱莉的女佣,桑塔格又给她命名多丽丝第二,也是一个女佣。她的女儿大学毕业后,和朱莉的儿子莱尔一样受到女巫师的蛊惑,

---

① 苏珊·桑塔格:《心问》,收入《心问:桑塔格短篇小说集》,徐天池,申慧辉等译,上海:上海译文出版社,2018年版,第306页。
② 同上,第308页。
③ 同上,第313页。

七年杳无音讯。还有一个多丽丝第三,向人打听女子拘留所怎么走,她的独生女儿已经是第三次服拘役了。这三个凄苦的多丽丝在罪恶滋生的城市里依然活着,她们代表的就是无论遭遇什么样的痛苦,都坚强地面对生活的平凡女人。桑塔格鼓励自己也要在平凡琐碎的生活中勇敢地活下去,哪怕有时会遭遇巨大的痛苦和不幸。在这个故事的结尾,她自比为永不放弃的西西弗斯(Sisyphus),这是希腊神话里的一个悲剧人物,因为触犯众神,被惩罚推巨石上山,但每次快到山顶,巨石就会滚落,他就必须继续推,如此周而复始地做着无用功。桑塔格决定与生活较劲,她写道:"我是西西弗斯。我紧紧托住我的石头,你不必缠住我。闪开!我把石头推上去,上去……我们又跌了下来。我知道会这样。看,我又站起来了。看。我又开始往上推。不要劝阻我。没有什么能把我从这块石头上扯开。"①

1974年的《宝贝》在罗杰·斯特劳斯的安排下,由《花花公子》买下了出版权,桑塔格获得了大约2500美元的报酬,当时她是真的急需用钱,所以也顾不上是什么类型的刊物了。《宝贝》被认为"在心理的层次上,更为具体而深刻地反映了美国社会中价值观的混乱,及其对教育下一代造成的直接后果"②。一对夫妇一连三周除了周日以外,不间断地轮流去看心理医生,故事的

---

① 苏珊·桑塔格:《心问》,收入《心问:桑塔格短篇小说集》,徐天池、申慧辉等译,上海:上海译文出版社,2018年版,第314页。
② 申慧辉:《迎风飞扬的自由精神——苏珊·桑塔格及其短篇小说》,收入苏珊·桑塔格:《心问:桑塔格短篇小说集》,徐天池、申慧辉等译,上海:上海译文出版社,2018年版,第8页。

小标题就是按照一周的日期来写的,从星期一到星期六。前面两周都是一周写了六次,到了第三周,星期一、星期二和星期三都出现了两次,说明他们咨询的频率越来越高了。《宝贝》叙述的独特之处在于,通篇都是这对夫妇在说话,或倾诉,或回应医生的问话,而医生是不出声的,只有通过他们的回应或重复才能推断得出他说了什么。第一个星期一能看得出是夫妇二人一同前往的,他们确定了咨询的时间安排,一个是星期一三五,一个是星期二四六,以便于医生能听到两方面的观点。咨询费用是非常昂贵的,所以他们也特意说明了能够负担得起,经济上没有问题。

他们一直在说自己的儿子,以宝贝来称呼他。第一周的前三天,似乎还一切正常,到了周四就出现了蹊跷。在周二,讲述者说到去年春天去野营,宝贝要准备考试,不愿意去,他自己能做饭,在家里没问题,按道理应该是到了法律规定的可以独自在家的年龄了;但在周四,还是说到去年春天去野营,宝贝却和他们睡在一个帐篷里,并且梦到了拿破仑坐在一辆驶向厄尔巴岛的密封火车里,在梦里大声笑了,把他们弄醒了,但是他们很骄傲:"笑。特棒吧,您说是不是?这孩子就连做梦也做得棒。"①这前后不一致的叙述,让人无法判断宝贝到底有多大。越到后面,叙述就越混乱了,宝贝一会是儿童,还尿床,一会又在他的抽屉里发现了他的避孕套,还吸毒,酗酒,偷偷制作化学毒药,有时又互相矛盾,难辨真假,但话里话外,都是对宝贝满满的爱。到了

---

① 苏珊·桑塔格:《宝贝》,收入《心问:桑塔格短篇小说集》,徐天池,申慧辉等译,上海:上海译文出版社,2018年版,第212页。

第三周的星期四,说出来的话就情形大变了:"我们不得不砍掉宝贝的右手。这是唯一的办法。他总是自慰……我们不得不砍掉他的左脚,因为他又想出走。"① 当然,他们不可能真的砍掉了宝贝的手脚,但这一切疯癫混乱的叙述到底是因何而起?最后一句话揭晓了答案:"噢上帝,医生,我们的宝贝为什么非死不可?"② 布罗茨基认为这句话没有必要,桑塔格虽然一直看重他的想法,但这次不以为然:"我认为他错了。"③

这对夫妻一直自欺欺人,自以为是,婚姻并不幸福却遮遮掩掩,教育失败却不愿面对,最后在宝贝儿子自杀的打击下精神崩溃。他们过的是一种虚假的生活,而宝贝就是他们虚伪的牺牲品。1994 年,《宝贝》在面世 20 年后被改编成戏剧,在汉堡的塔利亚剧院(Thalia Theatre)上演。

《旧怨重提》发表在 1974 年 10 月刊的《美国评论》上,叙述者"我"是一名翻译,没有透露姓名,其配偶叫李,是一名医生,两人有个女儿,一家人过着简朴的生活。"我"是一个组织的会员,领导者是一名老者,也是"我"的老师。会员们都住在城里,桑塔格毕生都钟爱城市生活,当她写到这里的时候,我们也能看出她本人热爱城市生活的原因:

我们在城市里可以做最多的好事。城市是事件发生的地

---

① 苏珊·桑塔格:《宝贝》,收入《心问:桑塔格短篇小说集》,徐天池,申慧辉等译,上海:上海译文出版社,2018 年版,第 236 页。
② 同上,第 241 页。
③ 苏珊·桑塔格:《心为身役:桑塔格日记(1964—1980)》,姚君伟译,上海:上海译文出版社,2018 年版,第 560 页。

方,(我们觉得)城市需要我们。艺术在城市里创造,权利在城市里行使。关系到每一个人各种各样的决定,不管是有好处的还是有坏处的,都是在城市里做出的。对我们来说,乡村似乎是很美好的,但乡村在道德方面又似乎是一片空虚。乡村是检验体力而不是道德意志的地方,那里不利于道德的培育。乡村是不管什么道德不道德的,而城市则既说不上道德,也说不上不道德。①

不过,"我"在道德上是有瑕疵的,曾经欺骗配偶说是出门与人会面,实则是与人偷情通奸,但对于性别,"我"有些故弄玄虚,这也正是这个短篇小说的一个创新点。通过前面的叙述,读者几乎都会想当然地以为"我"是个女性,首先可能是因为其配偶李的名字即便不是男性化的也是偏中性的,其次是里面提到了一些大众认知里的女性属性,比如为了要出国,"我"准备在李不同意的时候发脾气,哭闹;还有李快下班回来时,我要准备做饭等。桑塔格在欧洲求学期间,曾写过一个短篇小说的草稿,里面女主人公的名字正是李。《旧怨重提》很明显地脱胎于那个草稿里的构想。但是"我"特意说明,如果大家关注其性别,就会以性别来讨论其行为特征,忽略问题的普遍性。"我"可男可女,如果"我"是男的,就可能是一个普普通通三十来岁的男子,而李和"我"的情人都是女人;如果"我"是女的,就可能是一个三十来岁肤白貌美的女人,李和情人都是男人。"我"作为一名翻译,精通

---

① 苏珊·桑塔格:《旧怨重提》,收入《心问:桑塔格短篇小说集》,徐天池,申慧辉等译,上海:上海译文出版社,2018年版,第184页。

的恰恰是"世界上唯一能模糊讲述的人物的性别的语言"①。桑塔格大概也是借机讽刺一下所谓男性和女性的叙事风格不一样的观点吧。

发表在《党派评论》1974年冬季号上的《杰基尔医生》是对英国小说家罗伯特·路易斯·史蒂文森(Robert Louis Stevenson, 1850—1894)的名作《杰基尔医生与海德先生》(即《化身博士》，*Strange Case of Dr. Jekyll and Mr. Hyde*, 1886)的改写。桑塔格将故事移到现代的美国，杰基尔是一个体面的医生，相貌堂堂，教育背景良好，拥有令人称羡的家庭，但是他特别希望变成海德那样的人，甚至希望能与海德交换身体。海德是杰基尔彻头彻尾的反面：外形猥琐，出身卑微，在阴暗处出没，总是做些伤天害理的事。

在史蒂文森的《化身博士》中，阿特森(Utterson)是一个不可或缺的人物。他是杰基尔的律师，一个严守职业操守的可靠人士，接受杰基尔的委托保管其内容稀奇古怪的遗嘱。他控制了整个故事的叙事节奏，因为故事就是从他对海德的寻找逐步展开的；他还掌控着故事的情节发展过程，因为是他还原了杰基尔与海德原来是同一个人的真相，迫使杰基尔在他破门而入发现这个秘密之前服毒身亡。在桑塔格笔下，阿特森摇身一变，经营和管理着一所"人类潜能开发学院"，他似乎具有特异功能，能以人体通电的方式向别人传输能量，吸引了不少信徒。他的身份虽然发生了天翻地覆的变化，但是他的控制性丝毫没有减弱，

---

① 苏珊·桑塔格:《旧怨重提》，收入《心问:桑塔格短篇小说集》，徐天池，申慧辉等译，上海:上海译文出版社，2018年版，第186页。

这表现为两点:其一,从叙事过程来看,他是一个贯穿全文的"在场",既有直接的与杰基尔的接触,又有间接的感应式的交互。——杰基尔在一举一动中都会想到他,幻想两人之间即便处于完全不同的时空之中仍有一种看不见的联系;其二,从故事情节来看,也是他宣告了杰基尔的结局——在杰基尔企图了结海德性命的关键时刻,根本就不在现场的阿特森拨通了警察局的电话,杰基尔于是身陷囹圄。一个内科医生何以与一个近似于江湖术士的人有着密切的联系?主要是因为杰基尔对自己要求极高,自认为活力不够并且缺少创新精神,他就像浮士德那样,试图掌握无穷的知识和力量。浮士德不惜与魔鬼签订契约,以灵魂相许,杰基尔也在寻找他的墨菲斯托(Mephistopheles),当他得知阿特森正在致力于所谓的人类潜能开发时,他就立刻心动并且行动了。

阿特森的学员们甘于在学院里清心寡欲,从事粗重的体力劳动,进行禁欲式的修行,心怀敬仰地围绕在阿特森周围。杰基尔也在学院里积极训练,得到了阿特森的青睐,成为他的得意门生。尽管阿特森能向杰基尔输入能量,但杰基尔的期望远非如此,他希望自己能像阿特森一样拥有源源不断的能量,在这个希望越来越渺茫之际,他想到了邪恶的暴徒海德。为了能复原海德,杰基尔煞费苦心地在自己的实验室里研制变身药丸,但一无所得,只好向掌握了最先进的基因破译技术的姐姐寻求帮助,但后者的科研团队根本无暇从事这项研发工作,因为国防部向他们下达了更为重要的任务。这个任务是什么,文中没有正面的解答,但是联系其后的叙述,可以了解到这是为美国的对外战争研制化学武器,从而揭示出桑塔格在《死亡匣子》之后依然念念不忘的那件耗时耗力、造成巨大伤亡的时代大事件——越南战争。当然,桑塔格执意提及这个话题不是特意地回顾这场战争,而是在《杰基尔医生》诞生的过程中,它还没有结束,依旧像一个巨大的阴影笼罩在美国人的心头。战争的背景突出了杰基尔在个人处境中的挣扎和痛苦,在他专心致志地做手术拯救了一个病人的生命后,脑子里想的却是"与此同时,在世界的某个地方,一场战争正在进行,炸弹在下落,血肉在横飞"①。作为一名救死扶伤的医生,在战争的大规模杀戮面前,无论他如何努力地挽救垂死的生命都显得杯水车薪,微不足道,这足以令他怀疑悬壶济世的意义,陷入痛苦之中,感到身心俱疲。作为杰基尔精神导师的阿特森对他低落的情绪不以为意。杰基尔是一个面对人类的蠢行而无法置若罔闻的人,但他从阿特森那里得不到真正的精神慰藉。

桑塔格原封不动地保留了《化身博士》里所有人物的姓名,但这些人物的职业和彼此间的关系基本上都被改写了。阿特森的变化前文已经谈及,再比如兰杨(Lanyon)从杰基尔的好友和同行变成了杰基尔的病人和律师,普尔从杰基尔的贴身仆人变成阿特森的学生和男佣,英菲尔德(Enfield)从阿特森的表弟则变成了杰基尔的妻子的表弟,如此等等,不一而足。杰基尔的个人情况也有了很大的不同:从一个五十岁上下的单身贵族变为一个家有娇妻、幼子绕膝的"准中年人"。不过在海德的外形塑

---

① 苏珊·桑塔格:《杰基尔医生》,收入《心问:桑塔格短篇小说集》,徐天池、中慧辉等译,上海:上海译文出版社,2018年版,第268页。

造上,她是忠于原著的。海德是《杰基尔医生》中带着明显的"穿越"痕迹的奇特角色,他从史蒂文森的小说走进桑塔格的小说,从伦敦来到纽约,外貌却不曾变化,身材瘦小、面目可憎却永葆青春。史蒂文森的杰基尔抵制不住诱惑,一再化身为年轻的、精力充沛的海德,桑塔格的杰基尔也是为海德的过人精力所动。

《化身博士》里的海德自始至终都是个十恶不赦的恶徒,但在《杰基尔医生》里,曾经犯下累累罪行的他成了阿特森的一名学员,被阿特森驯服之后似乎改变了凶恶的本性,而后远离城市生活,搬到了乡下的贫民窟里与母亲一起居住,偶尔溜到城里也是行色匆匆,逗留片刻而已。杰基尔想要变成的不是经过阿特森调教的海德,而是那个一度作恶多端的恶棍。杰基尔出师不利,阿特森提供不了他需要的活力,他姐姐也拒绝帮他研制化身为海德的药方,不过他仍然没有终止突破处境的努力,终于决定剑走偏锋,直接与海德见面,想着即使自己不能变成海德,也可以去寻求他的帮助。

杰基尔去乡下寻找海德这一举措彻底地改变了他的生活轨迹。他找到蛰居家中的海德,表达了自己想变成对方的样子,却遭到了对方的嘲笑。杰基尔邀请海德重返城市,恢复其残忍暴力的本性,他也似乎毫无兴趣,断然回绝。一个曾经恶贯满盈的人竟然失去了作恶的念头,杰基尔也实在无计可施。由于赶不上回程的火车,杰基尔在海德的家里度过了一晚,也就是这个晚上,经过思考之后,两个人的想法都发生了改变。从杰基尔这一方来看,在真正与海德面对面后,他的善良又占了上风。这时他想到了自己亲眼所见的一次暴行:一个温和的老者在向一个矮个子年轻人问路时无缘无故地遭到对方的一顿暴打,直至气绝身亡,而他眼睁睁地看着这个可怕的罪行发生却选择无动于衷,袖手旁观。在海德的家中,他突然明白了自己当时无动于衷的原因。一是受到时代悲观情绪的影响,二是如同阿特森评价他那样,在他内心里也藏着一个恶魔,只是他的美德压制住了这个时刻蠢蠢欲动的恶魔。再说海德,他也在一晚的思索中"醒悟"过来,决定接受杰基尔的邀请,随其回到城市,继续从事邪恶的勾当。杰基尔不得不为自己寻找海德的行为付出代价,为了避免海德凶性大发而致更多无辜的人受到伤害,他必须阻止重新燃起了罪恶之火的海德。杰基尔与海德搏斗是一个两败俱伤的结果:前者在阿特森未卜先知的举报中以故意伤害罪锒铛入狱,后者从此一蹶不振,自杀而亡。

桑塔格把《化身博士》里的杰基尔(海德)一分为二,分解为两个本来毫不相干的两个人,由于共同的导师(阿特森)而略有耳闻,又由于职业的缘故(杰基尔在一个朋友的介绍下为海德看病)而有所了解。桑塔格将善与恶附着在两个不同的身体上,一个仪表堂堂,一个丑恶猥琐。《化身博士》的结局无可挽回:在杰基尔与自己的另一半进行殊死搏斗时,无论是杰基尔死还是海德亡,结果只有一个——世间再无杰基尔,也再无海德。桑塔格的处理手法避免了这种绝对的终结,尽管杰基尔必须经受牢狱之灾,可是海德的自我灭亡宣告了他的胜利——善恶相持得以以邪不压正收场。

《没有向导的旅行》是桑塔格在《纽约客》上发表的第一篇虚构作品,用第一人称叙述、两人对话等方式,"讲述美好事物的毁灭,欧洲古老城市无法阻拦的变迁和衰落,以及对'它们可能不久便不再存在'的感触"①,同时也"代表了她自己及笔下人物的不懈追求,他们周游世界,寻找自我,击退死亡、厄运和忧郁,而这些正是桑塔格年轻时在爱伦·坡的作品中发现的引人入胜之处"②。里面的感情描写,也被认为是桑塔格对她与斯特凡娜恋爱关系谱写的哀婉终曲。当然,不仅仅只有斯特凡娜的痕迹。她写作这个故事时,脑中的场景就是威尼斯,那里见证过她和卡洛塔、斯特凡娜,还有布罗茨基的情缘。这篇小说获得了普遍的好评,在形式和思想深度上都吸引了读者的关注。1982年桑塔格着手把它在威尼斯拍摄成电影时,尽量在画面中体现了一种忧思之情和沉郁之美,扮演女主角的舞蹈家露辛达·蔡尔兹在银幕上的气质完美吻合影片的主题风格,桑塔格给了她足够的展示空间,让她在影片里跳了一段舞蹈。男主角由意大利演员克劳迪奥·卡西内利(Claudio Cassinelli,1938—1985)扮演。

在桑塔格一度低迷的写作期,她曾考虑过是否要拿短篇小说练手,为长篇小说做准备。1973年7月31日,她在巴黎,有些犹豫不决:"也许我应该再写两年短篇小说——15、20个短篇小说——真正做好准备,探索新的声音——然后动笔创作第三部长篇小说。可以在接下来的两三年内出版两部短篇小说集,重新确立(确立?!)自己作为小说家的地位,并且激发起对下面这

---

① 丹尼尔·施赖伯:《苏珊·桑塔格:精神与魅力》,郭逸豪译,北京:社会科学文献出版社,2018年版,第229页。
② 卡尔·罗利森,莉萨·帕多克:《苏珊·桑塔格全传》,姚君伟译,上海:上海译文出版社,2018年版,第297—298页。

部长篇小说的兴趣——期待。"①她总是在规划下一步该做些什么,从不停歇。

《我,及其他》顺利出版,这是她继1967年《死亡匣子》之后沉寂十余年才重磅推出的虚构作品集。封底采用了精心摄制的桑塔格的个人照片,展现了一个魅力四射的知识女性形象。桑塔格的外表再次成为人们讨论的一个焦点,不少人总是有意无意地认为她的个人形象与她受到的关注成正比。桑塔格对这一类的看法比较反感,也担心人们会重其貌而略其才,但她又确确实实是个美女作家,人们在采访中谈到她时,"几乎所有人正式开讲前都要说到她那俊俏的模样。她将女知识分子形象从穿花呢服装与平跟鞋转变到围飘逸围巾、脚蹬黑色高帮靴上。她那性感的屁股和时尚的气息引诱着读过或没读过她的作品的男男女女"。②

1978年12月初,布罗茨基接受了心脏手术,月底,桑塔格再次去了意大利。虽然没有了布罗茨基的陪伴,但威尼斯的美丽与上一年的冬天相比没减少分毫,她看到的那些迷人而深邃的光影和线条都在电影《没有向导的旅行》里一一得以重现。她接下来继续在欧洲旅行,先后到了巴黎、伦敦、罗马等地,活动频繁,精力旺盛。就在到处周游时,1979年2月18日,她从母亲的电话里得知(她依然是用M来指米尔德丽德),带大了她和戴维

---

① 苏珊·桑塔格:《心为身役:桑塔格日记(1964—1980)》,姚君伟译,上海:上海译文出版社,2018年版,第432—433页。
② 卡尔·罗利森,莉萨·帕多克:《苏珊·桑塔格全传》,姚君伟译,上海:上海译文出版社,2010年版,第205页。

两代人的老保姆罗丝在1978年9月30日因心脏病发作,驾鹤西去。母亲的态度让她有所感悟:"我对她这么感动很惊讶,也很有触动;我没想到她对事情还能有这么多的想法。"①这似乎表明,她隐隐约约感觉到自己对母亲可能存在根深蒂固的偏见和误解。

1979年4月13日,桑塔格登上了从洛杉矶到东京的航班,前往东京进行为期三周的讲学。她此前已经去过几次日本,头一年在威尼斯的时候就计划写一个关于日本印象的小册子,称日本是一个"已经现代化的封建社会。充满了西方的'标记',这些标记除了表示现代性,没有任何特别的意思"②。她在日本还看到过"大受欢迎的同性恋文化,1000个同性恋酒吧……在歌舞伎剧院绿色的房间里——令人羡慕的事就是认识易装的男演员——就像19世纪的芭蕾舞演员或歌剧演员一样"③。这个写作计划未能实现,不过她还是匆匆几笔就像画速写一样,记下了此次日本之行里捕捉到的一些浮光掠影:日本人的鞠躬、奈良公园里乞食的鹿、站在大街上拿着红色公用电话说再见的人、大百货公司里带着白手套开电梯的女人等等。这有点像她和布罗茨基在威尼斯时记下的那些街景片段,或许,如果她转而写诗,也会是别有洞天。

结束日本的学术交流后,桑塔格于5月8日飞回美国,中途

---

① 苏珊·桑塔格:《心为身役:桑塔格日记(1964—1980)》,姚君伟译,上海:上海译文出版社,2018年版,第583页。
② 同上,第573页。
③ 同上,第574页。

在夏威夷落脚,看望母亲和继父纳特。纳特为这个大名鼎鼎的女儿感到非常自豪,而桑塔格在夏威夷也比较自在,收起了很多人觉得咄咄逼人的锋芒,待人亲切友好,面对记者随性自然。她顺道接受夏威夷大学英文系主任马克·威尔逊(Mark Wilson)的邀请为师生做了一场演讲,并朗诵了《假人》和《没有向导的旅行》。同年夏天,桑塔格前往意大利,在都灵用了六周的时间导演和排练她的第一出戏剧——意大利小说家、戏剧家、1934年诺贝尔文学奖得主路易吉·皮兰德娄(Luigi Porandello,1867—1936)创作于1930年的《悉听尊便》(*As You Desire Me*),主演正是《食人生番二重奏》里扮演弗朗西斯卡的意大利演员阿德里安娜·阿斯蒂(Adriana Asti,1931—   )。这个剧本曾经于1932年被搬上银幕,由艳冠一时、名动四方的葛丽泰·嘉宝领衔主演,桑塔格在《关于"坎普"的札记》里就提到过她独特的魅力。1980年12月,《悉听尊便》在佛罗伦萨和罗马首演,1981年5月,在都灵上演了第二季。在一次访谈中,桑塔格谈到了这出戏:

皮兰德娄这出戏让我着迷的是"心理上的同类相食"(psychological cannibalism)这一主题。所以,我把葛丽泰·嘉宝在电影里演的人物放到了我的作品的中心位置,把她塑造成一个给其他人物下套的社交界女王,但最后她还是栽在他们的手里。当然,为了这样做我不得不删去许多内容。但我认为,在某些意义上,我已经把它改编成了一部比原作优秀的戏剧。通过在其中找到某种也算得上是我自己幻想宝库的一部分的东西,我能够从中获得一种非常强烈的体验——但同时也是一种非常有限的、独特的体验。①

桑塔格本来打算在这出戏里体现出女人的绝望,但在实际表演的时候,变化的因素很多,并不是她真正想要的效果。不过她没有放弃这个想法,一部属于自己的、关于女性的戏剧作品《床上的爱丽丝》也许在《作为隐喻的疾病》之后再次进入了她的规划之中。同时,她还在冲刺完成将要收录进《土星照命》文集里的几篇论文,每天都忙忙碌碌,当然,也非常充实,不停地收获成功的喜悦。1979年11月,桑塔格收到了德国美因茨科学与文学研究院(Mainzer Akademie der Wissenschaften und Literatur)授予她的威廉海因泽奖章(Wilhelm-Heinse-Medaille),这意味着德国文化界对她的散文创作的肯定和嘉奖。也就是这一年,她入选了美国艺术和文学学院,还获得了纽约市市长艺术与文化荣誉奖。

桑塔格丝毫没有歇脚的念头。1980年5月,在美国新闻署的赞助下,她和一群美国作家参加了一趟东欧旅行,终于踏上了波兰的土地,访问了华沙和克拉科夫。大家也许还记得,米尔德丽德的娘家来自波兰,桑塔格在《中国旅行计划》里写到过母亲乘坐火车途经波兰,想下车看看却不能的辛酸场景。和桑塔格同行的有诗人约翰·阿什伯里(John Ashbery,1927—2017)、小说家、剧作家威廉·萨洛扬(William Saroyan,1908—1981)、小说家乔伊斯·卡萝尔·欧茨(Joyce Carol Oates,1938—)和她

---

① 苏珊·桑塔格:《苏珊·桑塔格谈话录》,利兰·波格编,姚君伟译,南京:译林出版社,2015年版,第112页。

的第一任丈夫——作家、教育家、出版人雷蒙德·史密斯（Raymond Smith,1930—2008）。

在华沙,桑塔格接受了一次采访,采访人莫妮卡·拜尔（Monica Beyer）提到桑塔格说:"我觉得自己不像美国作家。从国籍和语言来说,我是美国人。但我喜欢作为外国人、漂泊者的感觉,我喜欢孤独。我在这个国家感觉像个外国人,而这不是我的错。"①桑塔格立刻解释说,她的出身给了她这种感觉,她把自己描述为一个漂泊的犹太人。拜尔随即讲起了欧茨在华沙大学的演讲中对自己的定位——"文化意义上的世界公民",桑塔格接过话茬说道:"对啊,你看——她和我的背景完全不同,但她也有同样的感觉。我也认为,对一个美国人而言,做国际性的公民也许更容易。我并不爱美国,但是我很高兴美国能够存在。但我也感觉做美国人有着太多局限,我推崇的是欧洲文化。"②插一句题外话,其实,桑塔格和欧茨是有共同点的,不要说桑塔格了,当时连欧茨自己都不知道,她有四分之一的犹太血统。直到在构思《文身女孩》（*The Tattooed Girl*,2003）前不久,欧茨才意外地得知自己的犹太身份,从此在写作中也开始更多地关注犹太题材了。

桑塔格表示对波兰文学很感兴趣,已经阅读了能够读到的所有翻译成英文的波兰作品。无论是去世的还是在世的作家,

---

① 苏珊·桑塔格:《苏珊·桑塔格谈话录》,利兰·波格编,姚君伟译,南京:译林出版社,2015年版,第83页。
② 同上。

她都能如数家珍。这些知识的积累将来都会在她的小说《在美国》里发挥作用。而欧茨,为她的波兰之行写下了短篇小说《我的华沙:1980》("My Warszawa:1980"),收录进1984年出版的《最后的时光》(Last Days)里,她把桑塔格和自己融合进了里面的一个人物朱迪丝·霍恩(Judith Horne)身上。桑塔格在公开发表的作品里好像没有把欧茨写进去过,倒是在1980年1月,也就是波兰之行的大约四个月前,她记录了和欧茨夫妇以及另一个朋友共进午餐的事。欧茨的多产众所周知,桑塔格说欧茨一直在写,"她可以边写边沉思。她说她没有情感。觉得焦虑有什么用啊?"①桑塔格觉得有趣,因为这和她的风格完全不同,她马上想到欧茨就是一个很好的写作对象,人们可以写写她。

1980年,桑塔格的第三部批评文集《土星照命》出版了,里面收录了她写于1972年到1980年间的七篇重要的文章。在1979年12月15日,她还在思考着土星星象和自己的渊源,"我并不是无缘无故地在土星的照临下诞生:难以预料,我知道。"②换言之,她自己出生时,天空中正值土星照临,所以,她就是一位土星照命之人,而这部文集的名称取自里面一篇文章的标题,文章的主角是她无比崇敬的本雅明——同样出生在土星照临之时的一位伟大的哲学家、文化批评家。桑塔格承认,《土星照命》这本书带有自传色彩:"我写的人都与我自身的某一部分很相像;这差

---

① 苏珊·桑塔格:《心为身役:桑塔格日记(1964—1980)》,姚君伟译,上海:上海译文出版社,2018年版,第601页。
② 同上,第600页。

不多就好像他们是我创造出来的,好像他们是我的一部分幻想的投射。"①她也担心人们会误会她自视太高,毕竟这些文章的主人公都是顶尖级的大师,所以她马上补充说:"请你理解,其实我并不是试图把自己放在和这些人相同的高度上。"②

桑塔格把《土星照命》献给了布罗茨基。布罗茨基大约是想投桃报李,把1988年的诗集《致乌拉尼亚》(*To Urania*)里面的《威尼斯诗章第一首》献给了桑塔格,不过这本诗集里得到献词的人可实在不少,似乎间接地印证了努涅斯所说的两人之间感情付出不对等的说法。

在《土星照命》收录的文章里,最早的一篇要算发表在1972年9月《纽约书评》上的《论保罗·古德曼》("On Paul Goodman")了。桑塔格很少论及美国的作家,这篇悼念美国作家保罗·古德曼(1911—1972)的不长的文章被置于文集之首,其重要性"不仅在于该文对于我们重估古德曼的意义具有导引的作用,而且在于它让我们更多地看到了桑塔格本人当时的心境和情形,同时,还在于它能够帮助我们读者初步把握《土星照命》的主旨"③。古德曼于1972年8月2日去世,而桑塔格那时正在巴黎过着几乎足不出户、每天守在打字机旁的日子,了解外界的窗口基本上只是每天早上送来的巴黎《先驱论坛报》

---

① 苏珊·桑塔格:《苏珊·桑塔格谈话录》,利兰·波格编,姚君伟译,南京:译林出版社,2015年版,第99页。

② 同上。

③ 姚君伟:《译者卷首语》,收入苏珊·桑塔格:《土星照命》,姚君伟译,上海:上海译文出版社,2018年版,第6页。

(*Herald Tribune*),正是在这份报纸上,她得知了古德曼去世的消息。

桑塔格立刻提笔写作,先交代了自己写作时的环境:"此刻,我身处巴黎的一间斗室,写这篇文章。我坐在临窗打字桌前的柳条椅里,窗外是花园;我背后是小床和床头柜;地板上、桌底下全是手稿、笔记本,还有两三本平装本书。在这么一个逼仄、空荡荡的住处,我已经生活、工作一年有余。"[1]在这样一个远离美国本土的狭小空间里,故人的离世把桑塔格的思绪拉回到了18年前。她记得她在哈佛读研究生(应该是正在旁听,第二年才正式注册),正向往着纽约的知识界。她有个熟人,这个人是古德曼的朋友,一个周末带着她去纽约参加古德曼的生日派对。她还记得那是在23街的一个顶层公寓,古德曼已经喝得醉醺醺的了,见到桑塔格没聊两句就开始讲荤段子,不过并没有很过分。四年后,他们在河滨大道的一次聚会上又见过一次,古德曼表现得比上次克制,但对桑塔格不算热情友好。

桑塔格离婚后带着戴维搬到纽约居住,就经常能在公开场合碰到古德曼了。桑塔格对古德曼的崇敬由来已久。她在17岁时就读到了古德曼的短篇小说集《我们阵营的分裂》(*The Break-up of Our Camp*, 1949),一年之内,她找来他出版的所有作品,读了个遍。桑塔格称,此后只要是古德曼出书,"他出一本,我看一本,他写的任何题材的任何作品,我都怀着同样纯粹的好奇心一口气读完;在世的美国作家里面,尚未有第二位作家

---

[1] 苏珊·桑塔格:《论保罗·古德曼》,收入《土星照命》,姚君伟译,上海:上海译文出版社,2018年版,第1页。

能够如此吸引我。"①古德曼表现出来的对女性的轻慢让桑塔格敬而远之,但他作品里发出的声音让她倾倒,她用了很多词汇来形容:直接的、一惊一乍的、自负的、慷慨的、货真价实的、令人信服的、自然的、独特的、强有力的、有趣的、熟悉的、惹人怜爱的、令人恼怒的……她恍然大悟:"是他的声音,即他的才智及其体现出的诗意使我成为他的一个死心塌地的读者,看他的书看得上了瘾。作为作家,他并非经常是优雅的,然而,他的写作、他的思想却风姿绰约。"②

古德曼涉猎领域之庞杂,令以博学多才而著称的桑塔格都叹为观止。他几乎是一个全面出击、全线大捷型的文人,不仅写诗歌、剧本、小说、社会评论,而且精通城市规划、教育事业、文学批评、精神病学等,并写出了一本本相当严谨的相关专业著作,还是格式塔心理疗法(Gestalt therapy)的创始人之一,是个精神病专家。桑塔格认为古德曼曾经因才遭妒,不被认可,他自己也满腔委屈,在写于 1955 年至 1960 年间的日记里发泄过痛苦的情绪,这些日记后来以《五年时光》(*Five Years*,1966)之名出版。直到 1960 年他才拨云见日,以《荒唐的成长》(*Growing up Absurd*)征服了读者。这本书是古德曼的成名作,被"六十年代"的美国青年奉为圭臬。桑塔格尤其钦佩他敢于出柜的勇气,他在《五年时光》里就坦承自己是个同性恋者,这在他纽约知识圈

---

① 苏珊·桑塔格:《论保罗·古德曼》,收入《土星照命》,姚君伟译,上海:上海译文出版社,2018 年版,第 4 页。
② 同上,第 5 页。

的异性恋朋友中引起了轩然大波,因为那时同性恋仍是一个极为禁忌的话题。可以说,古德曼做了桑塔格毕生都不敢做的事,她"爱听他谈自己,也喜欢看到他将自己悲哀的性欲与他对有组织的体制的渴望纠结在一起"①,看他的书,她能获得自由、快乐和享乐的体验。

桑塔格把生活中的古德曼和文字里的古德曼分开了。她不喜欢生活中的那个古德曼,尽量不与他打照面,因为她觉得他对她没有什么好感,只要知道他还健康地活着,就够了。在文章的结尾,她写到就在她把手伸到桌子底下,想取纸打字写这篇文章时,无意发现自己开头提到的堆在手稿、笔记下面的那两三本书里,其中一本就是古德曼的《新改革》(*New Reformation*,1970)。即便是在控制自己不读书、只潜心思考和写作的日子里,她也还是会不由自主地带上古德曼的书。在她所有的住处,古德曼的著作是不可或缺的存在。她悲伤地意识到,此生再也见不到这位个性独特的作家了,再也听不到他在书中发出新的声音了,这该是何等巨大的损失:

这下,没有了他的盛气凌人,没有了他对一切事情所做的不厌其烦、迂回曲折的解释,没有了他这份榜样的恩赐,我们大家只好自己继续勉力探索,互相帮扶,说真话,发表我们创作的诗篇,尊重彼此的疯狂以及出错的权利,培养我们的公民意识。每

---

① 苏珊·桑塔格:《论保罗·古德曼》,收入《土星照命》,姚君伟译,上海:上海译文出版社,2018年版,第9页。

念及此,不禁黯然神伤。①

　　《土星照命》的第二篇文章是《走近阿尔托》,这篇文章还作为序言出现在她 1976 年编辑出版的《阿尔托文选》(*Antonin Artaud : Selected Writings*)里。桑塔格将 20 世纪的西方现代戏剧分为"阿尔托前"和"阿尔托后",由此可见她对阿尔托的敬意,而在她评论戏剧的其他文章里,阿尔托的名字更是反复出现,其戏剧主张也一再被提及,几乎成了她对各种戏剧表现形式的一个关键的评判标准。与此对应的一个有趣的现象是,在桑塔格之后对阿尔托其人其作加以评述的不少论文里,无论研究者们是赞成还是反对,她对阿尔托和残酷戏剧的看法都成了一个难以回避的重要参考。

　　安托南·阿尔托是一位极具悲剧色彩的法国诗人、导演、演员和戏剧理论家。他生前饱受身体的病痛和精神失常的不幸,在演艺事业和理论构建方面均未获得认可,最后孤独凄凉地死去。但是 1958 年,当他的《戏剧及其重影》(*Theatre and Its Double*)的英译本出现在美国时,其鲜明独特的戏剧观深深触动了正在探索如何在商业化演出的侵蚀中保持戏剧的本真面貌的戏剧界人士。在美国戏剧家们的推介下,阿尔托的戏剧理论重新引起了法国乃至欧洲戏剧界的关注,在 20 世纪 60 年代风行一时。从某种程度上来说,阿尔托的"残酷戏剧"(Theatre of Cruelty)的概念"似乎可以用来涵盖在 20 世纪 50 年代末开始崛

---

① 苏珊·桑塔格:《论保罗·古德曼》,收入《土星照命》,姚君伟译,上海:上海译文出版社,2018 年版,第 10 页。

起的西方实验戏剧演出的总体风格特征和美学倾向……那些在20世纪六七十年代席卷欧美剧坛的实验戏剧浪潮中的每个演出活动,几乎无一不是在实践着阿尔托提出的'残酷戏剧'的理论主张"①。

《走近阿尔托》被菲利普·洛佩特评为是"桑塔格最有知识抱负"②的一篇文章。桑塔格坦言即便是通读了阿尔托所有的作品也无法准确地把握他的思想深度,但是她依然竭尽所能,让自己"走近"阿尔托,也让更多的人通过她的解读去更好地了解阿尔托。

阿尔托终其一生追求一种"整体艺术形式"(total art form),即融合一切可用的视觉和听觉元素来达到最佳的呈现效果。在面对电影和戏剧这两个"整体艺术形式"可能的载体时,阿尔托选择了戏剧。桑塔格分析认为,这是由于阿尔托在电影界遭遇挫折,同时受时代的限制,未能对电影的发展趋势进行深入的思考。她把阿尔托的这种艺术理想称作对"终极艺术"(definitive art)的追求,在她看来,"一种艺术,如果是完全严密的或是最基本的,则可以被称为是终极的……一种艺术,如果能在最大限度上做到包罗万象,则也可以被称为是终极的……"③她也认可戏剧的经典地位,承认尽管电影同样具备"终极艺术"的潜质,但在

---

① 谷亦安:《阿尔托式戏剧的演出形式及风格特征》,载《戏剧艺术》1989年第1期,第87页。
② Phillip Lopate, *Notes on Susan Sontag*, Princeton & Oxford: Princeton University Press, 2009: p.117.
③ 苏珊·桑塔格:《戏剧与电影》,收入《激进意志的样式》,何宁等译,上海:上海译文出版社,2018年版,第122—123页。

戏剧面前依然落了下风。其实从阿尔托的艺术观来看,戏剧之所以比电影更适合于践行"总体艺术",还有一个很重要的原因,那就是戏剧作为一门源远流长的古老艺术,打破其常规更能体现出他所提倡的与杰作和传统决裂的反叛姿态,而电影在当时的短暂发展史尚不足以提供一个具有如此颠覆性的空间。阿尔托将其颠覆性的戏剧命名为"残酷戏剧",目的是把"从来就属于它的东西从电影、杂耍歌舞、杂技甚至生活中夺回来"①。

阿尔托所期望的戏剧应该是与生活融为一体的,人们在戏剧里看到的不是令人难以信服的各种幻象,而应该是生活本身,所以戏剧的本来面貌就是"既不针对观众的心灵,也不针对他们的感觉,而是针对他们的'整个存在'"②。其实更准确地说,戏剧要在精神和肉体上同时打动观众,因此阿尔托宣称"我们想使戏剧变成一种人们可以相信的现实,它引起心灵和感官的真正感觉,仿佛是真实的咬噬"③。桑塔格再次祭出了《论摄影》中的柏拉图洞穴之喻,精彩地对比了柏拉图与阿尔托观点的差异:

> 柏拉图的观点建立在一种假设上,即生活与艺术之间、现实与再现之间存在着不可克服的差异……柏拉图将无知比作生活在一个灯光设计巧妙的洞穴里,对洞中人来讲,生活是一种景象——一种仅由真实事件的阴影构成的景象。这个洞穴即是戏

---

① 阿尔托:《残酷戏剧:戏剧及其重影》,桂裕芳译,北京:中国戏剧出版社,1993年版,第76页。
② 苏珊·桑塔格:《走近阿尔托》,收入《土星照命》,姚君伟译,上海:上海译文出版社,2018年版,第35页。
③ 阿尔托:《残酷戏剧:戏剧及其重影》,桂裕芳译,北京:中国戏剧出版社,1993年版,第75页。

剧。真理(现实)沐浴在洞外的阳光里。在《戏剧及其重影》柏拉图式的比喻中,阿尔托采取了一种更为宽厚的影子和景象观。他认为有真实的阴影,也有虚假的阴影(景象也一样),人们能学会将它们区别开来。阿尔托根本不把走出洞穴、凝望现实的正午当作智慧来看待,他认为现代意识苦于没有阴影。弥补的办法是留在洞里,但要设计出更好看的景致。①

桑塔格对于阿尔托的这个观点似乎难以完全赞同,认为他"否认了艺术与生活之间存在鸿沟后产生的对整体艺术的向往,一个结果就是倡导艺术作为革命的一个工具的理念。另一个结果是艺术和生活均等同于无所为而为的、纯粹的游戏"②。桑塔格虽然对戏剧的未来也极为担忧,但还是相信戏剧作为一种艺术形式,是可以在生活的基础之上进行拔高和抽象化的。

桑塔格早年在亦师亦友的雅各布·陶布斯那里接触到了诺斯替教,这为她"走近"阿尔托开辟了一条小径。她认为阿尔托在诺斯替教感受力的迷宫里徘徊,其思想复制了诺斯替教的大部分教义。诺斯替教原本是古希腊罗马世界的一个秘传宗教,公元1至3世纪流行于地中海东部地区,基督教诞生后成为其中的一个教派,后被视为异教,其教徒受到迫害,但其思想仍得以流传。诺斯替教强调只有领悟神秘的"诺斯"(Gnosis),即真知,人的灵魂才能得救,同时"强调二元主义(身体—灵魂、物

---

① 苏珊·桑塔格:《走近阿尔托》,收入《土星照命》,姚君伟译,上海:上海译文出版社,2018年版,第36页。
② 同上,第44页。

质—精神、善—恶、黑暗—光明),并在此基础上,许诺对所有二元论的摈弃"①,也就是超越这些二元对立。该教教徒追求自由有两种途径:彻底的禁欲和绝对的纵欲,他们能获得的"唯一可能的自由就是非人的、绝望的自由"②。在桑塔格看来,"诺斯替教思想最后的避难所(历史上和心理上讲)就是精神病院"③,阿尔托在诺斯替教义的迷宫中疯癫而亡,其"非人的、绝望的自由"来得太残酷。

早在1962年桑塔格就在《事件剧:一种极端并置的艺术》("Happenings: An Art of Radical Juxtaposition")里用到了阿尔托"残酷戏剧"的概念。事件剧(Happenings)是"一种(20世纪)50年代末的艺术形式,在该形式中,各种各样的材料、颜色、声音、气味以及普通的物品和事件以近似于现代日常生活的景观的方式编排出来"④。诚然,事件剧并非桑塔格写作之时才开始出现的,但是桑塔格善于敏锐地把握各类文化艺术事件的动态,并且能够及时地写下所见所思,因此往往会获得读者的热捧,被认为总是处于感受力的最前沿,是一个引领趣味的人。

桑塔格把事件剧当成超现实主义的一种表征形态,而确定事件剧与超现实主义的亲缘性为她论述事件剧与"残酷戏剧"的

---

① 苏珊·桑塔格:《走近阿尔托》,收入《土星照命》,姚君伟译,上海:上海译文出版社,2018年版,第53页。
② 同上。
③ 同上,第59页。
④ Jeff Kelley, "Introduction", in Allan Kaprow, *Essays on the Blurring of Art and Life*, ed. Jeff Kelley, Berkeley and Los Angeles: University of California Press, 1993: p. xii.

关联性铺平了道路。她虽然对于超现实主义者对琐碎之物和废弃之物的拼装利用不以为然,但认为超现实主义的原则"还可以被用来服务于恐怖(terror)的目的",而"对被用于恐怖目的的超现实主义所作的最好理解,见于安托南·阿尔托的著作"①。这个看似突兀的说法其实在于她提取了超现实主义对日常生活的逻辑背后的梦的非逻辑的发现,而"与梦的关联必然导致阿尔托所说的'残酷戏剧'"②。阿尔托正是基于梦来构建他的"残酷戏剧":"戏剧要恢复本来面目,也就是说,成为真正的幻觉手段,就必须向观众提供梦幻的真正沉淀物,使观众的犯罪倾向、色情顽念、野蛮习性、虚幻妄想、对生活及事物的空想,甚至同类相食的残忍都倾泻出来,不是在假想的、虚构的范畴,而是在内心范畴。"③阿尔托的戏剧拒绝粉饰人们内心的欲望,毫不留情地摧毁表面上的温文尔雅,以决绝的姿态直击"黑暗的心脏",如同超现实主义的感受力一样,"通过极端并置的技巧来震惊观众"④。阿尔托反复宣称他所谓的"残酷"绝非精神的反常和行为的暴虐,而是在面对严峻的生活考验时个体表现出的坚毅的直面精神。在阿尔托那里,戏剧是脱去了外衣的生活,其反映的恰恰是生活本身的状态。这样做无非出于"我们的敏感性已经磨损到

---

① 苏珊·桑塔格:《事件剧:一种极端并置的艺术》,收入《反对阐释》,程巍译,上海:上海译文出版社,2018年版,第325页。
② 同上。
③ 阿尔托:《残酷戏剧:戏剧及其重影》,桂裕芳译,北京:中国戏剧出版社,1993年版,第81页。
④ 苏珊·桑塔格:《事件剧:一种极端并置的艺术》,收入《反对阐释》,程巍译,上海:上海译文出版社,2018年版,第322页。

如此地步,以致我们迫切需要一种戏剧来使我们——神经和心灵——猛醒"①。超现实主义的"震惊"和阿尔托所说的"猛醒"实则有一个殊途同归的指向,那就是磨砺民众的感受力,使之具有一定的敏锐度,而不是浑浑噩噩的同化和盲从。

此外,在《马拉/萨德/阿尔托》("Marat/ Sade/ Artaud",1965)一文中,桑塔格通过细致详尽的剖析,试图让她自己,也让读者更加近距离地了解阿尔托的戏剧观以及其对先锋戏剧产生的深远影响。该文的标题就很有特点,《马拉/萨德》正是桑塔格要在文中分析的那部戏剧的简称,她把"阿尔托"加入进去,既戏仿了剧名,又直截了当地提示了阿尔托在文中的分量。《马拉/萨德》的全称是《让-保罗·马拉的受害与遇刺,由夏仁顿疯人院的疯子们表演,萨德侯爵执导》(*The Persecution and Assassination of Jean-Paul Marat as Performed by the Inmates of the Asylum of Charenton Under the Direction of the Marquis de Sade*),被认为是瑞典剧作家皮特·韦斯(Peter Weiss,1916—1982)的扛鼎之作,于 1964 年 4 月 29 日在柏林的席勒剧院首演,观者甚众,其英语版也于同年 8 月在伦敦上演,由皮特·布鲁克(Peter Brook,1925—)担任导演,轰动一时。桑塔格写作《马拉/萨德/阿尔托》依据的正是布鲁克的版本,后者被公认为深得韦斯剧作精髓,甚至超出了剧本的水平。

韦斯的剧作展现的是一部戏中戏,有真实的历史事件和人

---

① 阿尔托:《残酷戏剧:戏剧及其重影》,桂裕芳译,北京:中国戏剧出版社,1993 年版,第 74 页。

物,也有虚构的成分。1801年至1814年,饱受争议的萨德侯爵(Marquis de Sade,1740—1814)在夏仁顿疯人院度过了生命的最后十几年,当时的院长非常开明,鼓励他继续创作,还准许他和病友们把创作的戏剧表演出来,公众可以前去观赏。韦斯依据这段史实,展开了大胆的想象。剧中,疯人院的院长携妻女观看萨德关于马拉之死的作品上演,萨德在舞台的一侧对整部戏进行指导和筹划,演员们都是与他同囚一处的疯子,在戏中戏演出的尾声,他们突然如同群魔乱舞,向院长一家展开了攻击,舞台上一片狼藉,于是整部戏剧就在喧闹、嘈杂和疯狂中结束。

桑塔格认为《马拉/萨德》比她所知道的任何其他现代戏剧都更接近阿尔托戏剧的眼界和意图。如剧情所示,疯狂是整部剧作的基调:故事发生的场所是疯人院,担任戏中戏导演的是其言其行惊世骇俗的萨德,所有演员都是神志不清、随时可能失控的精神病人。这样的构思先声夺人,大戏尚未上演便已经营造了非同一般的戏剧氛围。在疯狂中爆发的戏剧冲突无可避免,观众时刻处于紧张的期待之中,难以揣测接下来的每一段表演演员会出现什么惊人之举。也正是根据这个切入点,桑塔格把阿尔托的"残酷戏剧"理论与韦斯的这部作品结合起来。

阿尔托的整个一生都被视为疯子,他追求的"残酷"对精神而言"意味着严格、专注、铁面无情的决心,绝对的、不可更改的意志"①,可是社会未能提供空间来包容他的极端求索,所以桑

---

① 阿尔托:《残酷戏剧:戏剧及其重影》,桂裕芳译,北京:中国戏剧出版社,1993年版,第91—92页。

塔格感叹道："对个性的专注一旦推向极致,疯狂就是其必然的结果。"①与一般的疯癫之人不同的是,阿尔托知道自己精神失常,他对疯狂的理解也与众不同,相信它"是一种深深的精神放逐的外在标志"②。阿尔托是一座文化丰碑,但即便是桑塔格这样的仰慕者,也不得不承认,"通读阿尔托不啻一种精神折磨。读者通过简化和改写他的作品来保护自己,这是可以理解的。要正确地解读阿尔托需要一种特别的精力、感悟力和技巧"③。不妨说,其实不存在什么正确与否的解读,因为阿尔托无意于使自己的思想变成僵化的理论术语,不同的人可以在不同的时间从不同的角度去理解他留给我们的精神遗产,而"将他的思想当作便携式知识商品恰恰是这一思想明确禁止的。它是一次事件,而非一个物体"④。或许桑塔格就是这样一个读者,她甘愿接受阿尔托的挑战和由此带来的精神折磨,在与阿尔托的每次"相遇"中都能获得灵感,并诉诸文字。

第三篇是《迷人的法西斯主义》,前面已经介绍过,不再赘述。据说桑塔格为悼念古德曼而写的文章,是她在悲痛的驱使下,一气呵成,只用了一个上午写成的,但接下来要说到的第四篇,也就是这部文集的标题文章《土星照命》("Under the Sign of Saturn",1978),无论如何也不会写得那么快。这倒不是说她对

---

① 苏珊·桑塔格:《走近阿尔托》,收入《土星照命》,姚君伟译,上海:上海译文出版社,2018年版,第65页。
② 同上。
③ 同上,第66页。
④ 同上,第07页。

文章的主角本雅明没有多少感情,相反,她的笔调无比温情和依恋。在通常情形下,她都写得很慢,尤其是当她写到本雅明的时候,她更是要字斟句酌,因为她不只是在写一个被迫自杀的杰出学者,她也是在写自己,"几乎每一句关于本雅明的话都构成了一幅桑塔格的自画像——包括她说他的所有句子念起来既像开头,又像结尾的方式"①。

本雅明1892年出生于柏林一个富裕的犹太家庭,父亲是巴黎的一个银行家,后来到了柏林,经营古董生意。1933年,本雅明被纳粹驱逐出德国,在巴黎落脚。1940年,德军占领了巴黎,本雅明想经由西班牙乘船逃往美国。他的德国犹太人朋友、法兰克福学派(Frankfurt School)的核心人物西奥多·阿多诺(Theodor W. Adorno,1903—1969)已经到了纽约,为他申请了签证。9月26日,当本雅明历尽千辛万苦到达比利牛斯山脉的一个西班牙边境小镇时,当地的警察局长通知他,要把他押送回法国,移交给盖世太保。当晚10点,本雅明吞下了随身携带的大量吗啡,含恨离开了那个荒唐残酷的乱世。

要写这样一位有着稀世才华却颠沛流离、饱经磨难、无法逃出黑暗之网的人物,桑塔格落笔和写阿尔托时一样沉重,或许更甚,但她以描写本雅明的几张肖像照来开题,巧妙地化解了那份令人窒息的沉痛之情。本雅明的经典拍照姿势是低头俯视,右手托腮。在桑塔格描写的第一幅照片里,他35岁,显得年轻,相

---

① 卡尔·罗利森,莉萨·帕多克:《苏珊·桑塔格全传》,姚君伟译,上海:上海译文出版社,2018年版,第306页。

貌堂堂,眼神是"一个近视者温柔的、白日梦者般的那种凝视"①。第二幅照片摄于 20 世纪 30 年代末,本雅明的相貌发生了明显的变化,已经没有了年轻或英俊的样子,"神情迷离,若有所思;他可能在思考,或者在聆听"②。第三张照片是本雅明拜访流亡于丹麦的布莱希特时拍下的,当时 46 岁,即将走向他那宿命般悲剧的终点,"略显老态了……一副松弛、肥胖的样子,恶狠狠地瞪着镜头"③。最后一张照片拍于 1937 年,本雅明在巴黎的国家图书馆里,坐在一张桌子旁查阅资料。桑塔格推测他可能是在为他正在写的著作做笔记。

镜头捕捉到的本雅明,无一例外,没有一丝笑容,严肃而忧郁。他从青年时代开始,就表现出一种深刻的悲伤。他认为自己是一个忧郁症患者,并按照占星术定位自己的星象是土星,其特点是迂回曲折、缓慢停滞。在本雅明的作品中,他个人的性情决定了他讨论的对象。他从 17 世纪的巴洛克戏剧和欧洲的文学大家如波德莱尔、普鲁斯特、卡夫卡、卡尔·克劳斯(Karl Kraus,1874—1936)——甚至歌德——等人身上都发现了土星气质的特征,而"由于土星气质的特征是迟缓,有犹豫不决的倾向,因此,具有这一气质的人有时不得不举刀砍出一条道来。有

---

① 苏珊·桑塔格:《土星照命》,收入《土星照命》,姚君伟译,上海:上海译文出版社,2018 年版,第 105 页。
② 同上。
③ 同上,第 106 页。

时,他也会以举刀砍向自己而告终"①。但本雅明的悲剧在于,他被迫举起了那把无形的刀。

本雅明的忧郁症使他迟钝、言行笨拙、顽固。他方向感差,看不懂路牌,经常迷路,但热衷于漫游,把迷路变成了一门艺术,"他的目标是成为一个知道如何迷路的合格的街道路牌读者,而且能借助想象的地图,确定自己的方位"②。他还喜欢玩假名,这也是忧郁症的一个特点——装腔作势、遮遮掩掩。在人际关系上,他体现出了多面性和矛盾性,既彬彬有礼、情深义重,也抛弃朋友、奉承拍马,所以桑塔格评论道:"知识生活的王子也可能是一个弄臣。"③这个满腹学问的弄臣形象,将在她自己的小说《火山情人:一个传奇》(*The Volcano Lover: A Romance*, 1992)里出现,而且这个形象还将融合本雅明作为收藏家的特点。本雅明热爱藏书,淘书增加了他漫游的乐趣和激情。他还特别喜欢各种微缩品,而"喜欢小玩意儿是孩子的情感所在,这是超现实主义开拓的情感"④。超现实主义的感受力能给忧郁的人带去快乐,使其于细微琐碎之物中发现惊喜。

土星气质的人——通常也是忧郁的人——会努力强化意志的力量,往往会成为工作狂,本雅明正是如此。孤独也是忧郁者的一个标签,"人要做成一件事情,就必须独处,或至少不能让永

---

① 苏珊·桑塔格:《土星照命》,收入《土星照命》,姚君伟译,上海:上海译文出版社,2018年版,第114页。
② 同上,第109页。
③ 同上,第115页。
④ 同上,第121页。

久性关系束缚住手脚"①,桑塔格这么写本雅明的婚姻和家庭关系的时候,我们是不是觉得非常熟悉? 尤其是下面的话:"对忧郁的人来讲,以家庭纽带形式出现的自然情感引入的只是伪主观的、多愁善感的东西;这是对意志、对独立性的压榨,它们剥夺了他们集中精力去工作的自由。"②这不也正是她本人的写照吗?

本雅明是一个时运不济的人。在他死后,他的另一位德国犹太人朋友、著名思想家汉娜·阿伦特(Hannah Arendt,1906—1975)悲痛地了解到,以当时的局势,他无论是早一天还是晚一天到达那个西班牙小镇,都会顺利地通过边境,如果那样,他的人生将会是另一种结局。历史没有如果,生命不会重来。他的悲剧固然是时代的悲剧,是纳粹罪行的见证,但他犹豫缓慢的土星气质也或多或少地使他招致了命运的苛待。1938 年阿多诺计划流亡美国时,他本可以一起走,可是他宣称要留在巴黎,继续捍卫他那些关于神学、超现实主义、美学、共产主义等等方面的立场。桑塔格怀着敬爱与痛惜交织的情感为这篇文章收尾:

在末日审判时,这位最后的知识分子——现代文化的具有土星气质的英雄,带着他的断简残篇、他的睥睨一切的神色、他的沉思,还有他那无法克服的忧郁和他俯视的目光——会解释说,他占据了许多"立场",并会以他所能拥有的正义的、超人的

---

① 苏珊·桑塔格:《土星照命》,收入《土星照命》,姚君伟译,上海:上海译文出版社,2018 年版,第 124 页。
② 同上,第 125 页。

方式捍卫精神生活,直到永远。①

紧随《土星照命》之后的是《西贝尔贝格的希特勒》。《迷人的法西斯主义》里的里芬斯塔尔、《土星照命》里的本雅明和《西贝尔贝格的希特勒》里的西贝尔贝格,都是德国人,他们几乎占了整本文集篇幅的一半。德国的文学、哲学、美学思想早就流淌于桑塔格的血液里,她甚至认为,"德国文化是西方文化最高的表现……在德国,艺术的任务是由哲学来规划的……它们是欧洲最先进、最深刻的文化(哲学、学问＋音乐)"②。在她的师长和朋友中,就有不少的德国精英知识分子。前文比较过里芬斯塔尔和西贝尔贝格在电影中对纳粹的不同呈现,桑塔格讨伐里芬斯塔尔,盛赞西贝尔贝格,但忽略了二者成长的时代背景。这里再补充一点桑塔格对西贝尔贝格的评论。西贝尔贝格以别出心裁地在电影中刻画希特勒而为人称道,他摒弃现实主义的表现手法,不是借助文献、图片资料等尝试去模拟和重现希特勒的暴行,而是通过考察人们与希特勒的关系来描写希特勒,激发人们的自省。桑塔格称西贝尔贝格为"坚定的反现实主义美学家"③,并指出他运用了本雅明的积极的忧郁观(对历史的真实——即公正——的理解始于忧郁),采用了"忧郁症患者的标志性工

---

① 苏珊·桑塔格:《土星照命》,收入《土星照命》,姚君伟译,上海:上海译文出版社,2018年版,第125页。
② 苏珊·桑塔格:《心为身役:桑塔格日记(1964—1980)》,姚君伟译,上海:上海译文出版社,2018年版,第607页。
③ 苏珊·桑塔格:《西贝尔贝格的希特勒》,收入《土星照命》,姚君伟译,上海:上海译文出版社,2018年版,第134页。

具——讽喻道具、护身符、秘密的自我指涉"①来加强影片的效果。不过,他本人不是像本雅明那样的忧郁症患者,"不具有土星气质的那种犹豫、缓慢、复杂、紧张"②,而是微笑着用他在"愤慨与热情方面所具有的横溢的才华"③,表达着他对一个复杂、疯狂的时代的悲悼。

桑塔格在写关于西贝尔贝格的这篇随笔的时候,感到笔头阻滞,因为"每一项描述一定都低声地叙述着自己的想法"④,似乎写作对象在不停地给作者制造麻烦,抵制她的描述,但是桑塔格反而在试图抓住西贝尔贝格的特质中触动了灵感的机关,这位不认输的作者写道:"努力穿过西贝尔贝格的迷宫,我有了一部长篇小说的想法。一个很棒的想法——我的意思是一部雄心勃勃的大书的想法……关于忧郁的小说。毕竟,这是我的主题。因此,我此刻条理清晰。而且对此事我能够热情奔放＋激情满怀。"⑤她可能有点过于乐观了,这部大书要等到13年后才会问世。桑塔格写完了《西贝尔贝格的希特勒》后,还反复在日记里提到他的名字,并记下了有一次两人通电话,西贝尔贝格谈他的拍片计划。

1980年2月25日,巴黎发生了一起交通事故,法国作家罗

---

① 苏珊·桑塔格:《西贝尔贝格的希特勒》,收入《土星照命》,姚君伟译,上海:上海译文出版社,2018年版,第160页。
② 同上。
③ 同上。
④ 苏珊·桑塔格:《心为身役:桑塔格日记(1964—1980)》,姚君伟译,上海:上海译文出版社,2018年版,第598页。
⑤ 同上,第598页。

兰·巴特被一辆卡车撞伤,在死亡线上苦苦挣扎了一个月后,这颗巨星黯然陨落。桑塔格在3月26日记下了这个文坛大事件,没有任何修辞,只有主语和谓语:"巴特死了。"① 她把更多的文字交给了打字机,写下了《土星照命》文集的第六篇文章,标题直抒胸臆——《纪念巴特》("Remembering Barthes",1980)。桑塔格笔下的巴特,大器晚成,厚积薄发,论题广泛,文笔生动。他读书求精不求多,不通外语,不看外国文学,可能德国文学是个例外,因为他对布莱希特的作品颇有兴趣,也喜爱歌德的书信体小说《少年维特之烦恼》和19世纪的德国抒情歌曲。他乐于出现在公众视野,享受成为名人名家的感觉,但不是追名逐利的那种油腻俗气,而是一种天真的快乐。巴特比古德曼要随和可爱得多。桑塔格还记得他们上一次见面时,巴特充满爱意地和她打招呼。只要谁对他感兴趣,关注他,他也就会对谁感兴趣,关注谁。巴特是个同性恋者,在摩洛哥和日本等地纵享同性爱欲后,"他利用上了像有他这样的性趣味和名人效应的人能够享有的巨大的性特权。他身上有些孩子气,黏人,身体胖胖的,声音柔和,皮肤漂亮,自我陶醉"。② 这样的巴特,很容易成为妇女之友,何况,他还是一位思想的巨人。巴特一直与母亲生活在一起,直到母亲离世。与母亲天人永隔是他人生中最悲痛的事情,直到三年后那辆夺命卡车撞向他,才以一种更加悲剧的方式结束了他的悲

---

① 苏珊·桑塔格:《心为身役:桑塔格日记(1964—1980)》,姚君伟译,上海:上海译文出版社,2018年版,第607页。

② 苏珊·桑塔格:《纪念巴特》,收入《土星照命》,姚君伟译,上海:上海译文出版社,2018年版,第169页。

痛。在巴特曾经显露的快乐里，涌动着一股无名的忧伤，而他的意外死亡，把这股哀伤带给了桑塔格。1982年，《巴特读本》(*A Barthes Reader*)在美国出版，桑塔格是这本书的编辑，并为其撰写了《写作本身：论罗兰·巴特》("Writing Itself: On Roland Barthes")，文章也作为单篇论文发表在4月26日的《纽约客》上，进一步有力地扩大了巴特在美国的接受程度。

在努涅斯看来，桑塔格对巴特的认同还在于他对母子关系的看法上。桑塔格希望戴维和她住在一起，并且曾经因为戴维搬出去住而大动肝火。保罗·特克1978年春天与桑塔格大闹了一场，起因就是这件事。他写信给桑塔格指责她的失态之举，并且引申到她对待其他人的态度上：

> （戴维）搬走那个周末你改变了你在我心目中的形象；从原先那个宽宏大量、非常人性、温柔的形象变为霸道、泼妇一般，就因为她儿子（最后终于）想过他自己的生活，这把她吓疯了；而且你似乎变得愿意用所有令人极为不快的处理方式，来强迫人们进入他们被要求的位置，一点不尊重或不理解他们自身的需求，不管他们来自哪里……①

努涅斯和桑塔格母子住在一起时，桑塔格不仅毫不介意三个人住在同一个屋檐下，而且还非常乐意如此，甚至表示如果这对年轻人生了孩子，一家人也要住在一起。不过，她也认为，戴

---

① 卡尔·罗利森，莉萨·帕多克：《苏珊·桑塔格全传》，姚君伟译，上海：上海译文出版社，2018年版，第273页。

维不适合当父亲。努涅斯还记得桑塔格曾经拿出一张自己很喜欢的照片给她看,里面是儿童时代的巴特和他的母亲。巴特已经是个大孩子了,但还是被妈妈抱在怀里,"高高地杵在那儿,看上去有点儿滑稽,两条长长的腿荡在下面"①。戴维也许不愿意像巴特那样黏着母亲,但桑塔格去世后,他的悲痛一点也不比巴特的丧母之痛少。在回忆录里,他痛不欲生地写下了这样一句话:"有时候,我真希望我能代她去死。"②

《土星照命》的收尾之作是《作为激情的思想》("Mind as Passion",1980),主人公是英籍犹太作家艾利亚斯·卡内蒂(Elias Canetti,1905—1994)。卡内蒂善于赞赏,并且"一门心思,希望自己成为他可以赞赏的那种人"③。桑塔格何尝不是如此?她的一位研究者利亚姆·肯尼迪(Liam Kennedy)干脆就把这篇文章的标题拿来,作为他的桑塔格研究专著的题目:《苏珊·桑塔格:作为激情的思想》(*Susan Sontag:Mind as Passion*)。

卡内蒂也是一个几经颠沛流离的背井离乡者,复杂的流亡经历使他能说好几种语言,但只有德语才是他的心灵语言。他一直保持着对德国文化的忠诚,即便在二战中,当德军猛烈地轰炸他藏身的伦敦时,他也没有把作为战争机器的德国和作为他

---

① 西格丽德·努涅斯:《永远的苏珊:回忆苏珊·桑塔格》,阿垚(姚君伟)译,上海:上海译文出版社,2012年版,第72页。
② 戴维·里夫:《死海搏击:母亲桑塔格最后的岁月》,姚君伟译,上海:上海译文出版社,2011年版,第103页。
③ 苏珊·桑塔格:《作为激情的思想》,收入《土星照命》,姚君伟译,上海:上海译文出版社,2018年版,第172页。

精神营养的德国合二为一,而是感激地在笔记本上写着歌德如何赋予了他灵感。纳粹对犹太人惨绝人寰的迫害没有让他因此仇恨德国文化,相反,他决定继续用德语写作。他"决意不让仇恨玷污自己,他是心怀感激之情的德国文化之子,他希望帮助德国文化成为人们所赞赏的文化。他这样希望,也这样行动"①。这与同样身为犹太人而完全不排斥德国文化的桑塔格心意相通。

《迷惘》(*Auto-da-Fé*,1935)是卡内蒂创作的唯一的一部长篇小说,也可以说是他的小说处女作。桑塔格在写《作为激情的思想》时,梳理卡内蒂的著述情况,注意到他发表《迷惘》时的年龄,忍不住惊呼一声:"他30岁!"②她为什么惊讶呢?因为她也是在30岁时发表小说处女作《恩主》啊!《迷惘》的主人公更是让桑塔格惊讶得简直说不出话来:"著名汉学家基恩教授是个平静的单身汉,他舒舒服服地住在顶层公寓,伴其左右的是他收藏的二万五千册图书,这些书涉及多门学科,满足了一个酷爱知识的灵魂。"③这个场景,对她来说不能再熟悉了。越往下读,桑塔格越觉得卡内蒂写出了她自己的人生,所以她把基恩称为"我的基恩"。卡内蒂声称在听与看之间,他会选择听。在他的小说

---

① 苏珊·桑塔格:《作为激情的思想》,收入《土星照命》,姚君伟译,上海:上海译文出版社,2018年版,第174—175页。
② 苏珊·桑塔格:《心为身役:桑塔格日记(1964—1980)》,姚君伟译,上海:上海译文出版社,2018年版,第616页。
③ 苏珊·桑塔格:《作为激情的思想》,收入《土星照命》,姚君伟译,上海:上海译文出版社,2018年版,第176页。

中,基恩教授练习如何成为一个盲人,因为他发现,"瞎是对付时空的一种武器,我们的生存就是一种巨大的瞎。"①桑塔格笔下的人物也能讲出这样的话。如果《死亡匣子》里的盲女海丝特这么说的话,人们一定不会觉得有什么违和感。

桑塔格最早对"瞎"的哲理性探讨也是出现在处女作里。《恩主》里希波赖特自编了一个叫《隐身丈夫》的童话,故事说的是视力很差的公主嫁给喜马拉雅山的王子,王子一袭白衣,与周围的冰雪世界浑然一体,所以公主几乎看不见王子。有一天一头黑山熊来到公主家里,由于公主只能分辨出它是个黑色的庞然大物,并不能清楚地看见它的容貌,它便假冒王子,说自己在一个山洞捡到了一件黑色的皮衣,它是为了让公主能看到自己才穿上别人的衣服的,但它非常讨厌这么做,所以不允许公主跟任何人,包括它自己提起衣服的事。狡猾的熊总是白天来找公主,而当真正的白衣王子晚上回家时,受骗的公主也就信守诺言,从不提及黑衣服的事。然而,她起初因为由所看见而得到的喜悦逐渐地消逝了,她不能忍受丈夫在白天和黑夜竟会如此千差万别,于是冒着生命危险出门,摸索着寻找存放所谓黑色皮衣的山洞。三天三夜后,她终于摸到了一扇石门,以为找到了山洞。她刺破自己的皮肤,以血为墨,留下了一封信,请求这个子虚乌有的山洞的主人不要再把衣服搁在洞里了,之后又摸索着回到家里,大病一场。毫不知情的王子精心照料她恢复健康,虽

---

① 苏珊·桑塔格:《作为激情的思想》,收入《土星照命》,姚君伟译,上海:上海译文出版社,2018年版,第186页。

然她眼睛因病全看不见了，但是她感到非常幸福，因为从此以后她再也不用为选白衣丈夫还是黑衣丈夫而犯难了。公主深受"黑丈夫"和"白丈夫"之间的差异带来的困扰和痛苦，她的解决之道是消除差异，尽管付出了完全失明的代价，但获得了安宁和平静，所以她完全也可以像基恩一样，说："瞎是对付时空的一种武器，我们的生存就是一种巨大的瞎。"

除了《迷惘》，卡内蒂的《马拉喀什之声》(*The Voices of Marrakesh*,1967)、《耳闻录》(*Earwitness*,1974)、《得救的舌头》(*The Tongue Set Free*,1977)等作品也都强调了耳朵，贬低了眼睛。耳朵是道德家的器官，眼睛则是美学家的器官。美学家器官重视觉，肯定表面的快乐和智慧，而卡内蒂背道而驰，赋予耳朵至高无上的权力，"他这是在间接地重申希伯来文化与希腊文化、耳文化与眼文化、道德与美学之间自古以来就存在的鸿沟"。① 卡内蒂在研究奥地利德语作家、格言式写作大师卡尔·克劳斯的文章中，把他刻画成既是一个理想的听者又是一种理想的声音，不过，桑塔格也指出，卡内蒂这样可能会削弱自己想要表达的那种力量，因为"将作家描写成一个声音已经成为一种陈词滥调"②，她也许是想起了自己1972年在写古德曼时对这位已逝作家声音的痴迷。

桑塔格还介绍和评论了卡内蒂的笔记集锦《人之疆域》(*The*

---

① 苏珊·桑塔格：《作为激情的思想》，收入《土星照命》，姚君伟译，上海：上海译文出版社，2018年版，第187页。
② 同上。

Human Province,1978)、卡夫卡传记《卡夫卡的另一次审判》(*Kafka's Other Trial*,1974)和历史与心理学巨著《群众与权力》(*Crowds and Power*,1960)等。卡内蒂的以下特点,没有哪条不适合她自己。

养成了终身学习和记笔记的习惯:"对一个永远都是学生的人来说,笔记本是从事写作职业的完美形式;这样的学生没有科目,或确切地讲,他的科目是'一切'。笔记本里能记下的条目可以是任何长度、任何形状、任何程度的不耐烦和粗略,但最理想的条目则是格言。"①

永远不与死亡妥协,认为人应该活到100岁:"死亡是真正不可接受的;无法消受的,因为它是生命之外的东西;死亡也不公正,因为它限制雄心、侮辱雄心……在死亡这件事上,卡内蒂是个顽固的人,是受惊的唯物主义者,是不屈不挠的堂·吉诃德式人物。"②

从被仰慕者的思想中汲取写作的激情,但收放自如:"这位认真的赞许者所取得的最后的成绩就是立即停止让被赞许的人或物激发起的能量马上发挥作用、填满被赞许的人或物打开的空间。借此,有才华的赞许者允许自己呼吸、更深地呼吸。"③

……

《作为激情的思想》写得正是时候,就在文章发表的第二年,

---

① 苏珊·桑塔格:《作为激情的思想》,收入《土星照命》,姚君伟译,上海:上海译文出版社,2018年版,第181页。
② 同上,第183页。
③ 同上,第194页。

卡内蒂获得了诺贝尔文学奖。《土星照命》文集出版后,阿尔托、本雅明、巴特等人在美国也开始变得有名起来,成为美国文学系研讨课上的热门论题,桑塔格的敏锐度和说服力可见一斑。罗杰·斯特劳斯很相信她的判断,在她的推荐下出版了不少欧洲作家的书籍,但她也有失手的时候。有一次 FSG 出版社因为经费预算的限制,需要在两位意大利作家的两部作品里做出取舍。一部是萨尔瓦托雷·萨塔(Salvatore Satta,1902—1975)的小说《审判日》(*The Day of Judgment*,1977),另一部是翁贝托·埃科(Umberto Eco,1932—2016)的《玫瑰的名字》(*The Name of the Rose*,1980)。桑塔格和她的朋友理查德·霍华德一起说服斯特劳斯买下了《审判日》的版权,他们一致认为埃科和萨塔完全不是一个级别的作家,而事实是,后来《玫瑰的名字》在美国成了风靡一时的畅销书,而《审判日》并没有激起太大的波澜。斯特劳斯为此还经常打趣这两位"热心"的推荐者,使他蒙受了经济损失。

《土星照命》是桑塔格的心理自传,她觉得其实还可以再写出第八篇来,主角就是自己,内容是关于"知识分子热诚的伤感力,收集者(作为一切的思想),忧郁和历史,裁定道德上对唯美主义的诉求等等"①。桑塔格似乎逐渐改变了她 20 世纪 60 年代的文化民主立场,在为这些文艺精英立传的同时,她自己也开始走向了带着保守主义的精英知识分子立场。《土星照命》的出

---

① 苏珊·桑塔格:《心为身役:桑塔格日记(1964—1980)》,姚君伟译,上海:上海译文出版社,2018 年版,第 627 页。

版,使她感觉好像了了一桩心愿,偿还了一笔文债,到达了随笔写作的极限之处,是时候该放一放手,做点别的了。

1980年秋季学期,布罗茨基和来自西印度群岛圣卢西亚(Saint Lucia)的诗人、剧作家德里克·沃尔科特(Derek Walcott,1930—2017)在纽约大学的纽约人文学院(New York Institute of Humanities)共同开设了一门诗歌课程。这个学院是1976年由著名社会学家理查德·森尼特(Richard Sennett, 1943—　)牵头成立的,他从哈佛初来乍到纽约,自然而然地找到他在纽约的朋友促成此事。他的好友,作家唐纳德·巴塞尔姆(Donald Barthelme,1931—1989)当时在城市学院教书,介绍他认识了桑塔格。桑塔格刚到纽约的时候,也曾经在城市学院教过书,和巴塞尔姆共过事,非常欣赏他的后现代风格的小说。桑塔格很乐意加入森尼特的团队,并把他介绍给她知识圈的朋友,第一个就是布罗茨基。在桑塔格和布罗茨基的主导下,人文学院的活动大多是与文学和欧洲文化有关的。巴特到访美国时,这里就是他的第一站。西贝尔贝格也曾经被桑塔格请过来成为座上宾。桑塔格为学院带来了生机勃勃的明星阵容:布罗茨基、沃尔科特、她的一些知名的作家朋友、纽约大学和哥伦比亚大学的教授们、《纽约书评》的编辑罗伯特·西尔维斯和该刊的几个撰稿人。她还把在社交界处处都能风生水起的斯特劳斯拉了进来,帮助学院组织活动、寻找赞助。

在布罗茨基和沃尔科特的课上,桑塔格经常加入讨论。这个时候,往往是布罗茨基和桑塔格两个人在高谈阔论,沃尔科特则坐在一旁,很少开口。面对这个场景,即一个女人随随便便地闯进教室,两个老师不仅不觉得被冒犯,反而还敬重有加,班上的学生们也许觉得莫名其妙,但当时在场的所有人,可能都没有意识到,这应该是他们终生难忘的画面:1987年的诺贝尔文学奖得主布罗茨基、1992年的诺贝尔文学奖得主沃尔科特与美国"非正式的文坛女盟主"桑塔格,现身在同一个教室里。

这样戏剧化,甚至有些喜剧化的"名场面"努涅斯也经历过一次,那还是她和戴维、桑塔格住在一起的时候,有一天她心目中的大神,著名文学理论家与批评家爱德华·萨义德(Edward Said,1935—2003)来访。她在哥伦比亚大学读研究生的时候,选了萨义德的当代英国文学课,和她的大多数同学一样,她对这位年轻博学、英俊潇洒的教授佩服得五体投地。偶像驾到,努涅斯完全懵了,但好像萨义德比她还要懵。她生动地描写了这次会面:

我从未搞懂那天发生的事情。我记得我们四个人在客厅,那儿只有一张坐得舒服的椅子。我记得萨义德坐在那张椅子上,外套没脱,他还带了把伞,他就把伞放在椅子边的地板上。从头到尾,他不停地俯下身伸手把伞拿起来,然后又随即放下去。

我记得我什么也没说,戴维什么也没说,虽然苏珊尽其可能让他讲话,萨义德也没讲多少话。他穿着外套坐在那儿,紧张地玩着那把伞,没说多少话,等到他真正开口时,也是咕咕哝哝含含糊糊。他坐在那张舒服的椅子上,整个公寓里唯一一张舒服的椅子,看上去却不舒服,如坐针毡,拿起伞又放下,苏珊说什么他都点头,不过,显然心不在焉,不是真在听……整个逗留期间,虽然时间不长,但很折磨人,他走的时候,大家都如释重负。①

桑塔格对这种"尬聊"的场面却习以为常了。她可是在小小年纪就见过文学大师托马斯·曼的啊!她后来见过的文坛名流更是数不胜数,可谓是身经百战,能理解努涅斯与偶像面对面时的那种落差感。

布罗茨基加入纽约人文学院后,在他的影响下,学院承担了一项重要的使命,那就是支持东欧和苏联的异见人士。桑塔格也参与到解救这些被迫害的作家的工作中,通过与他们的接触,尤其是通过布罗茨基的亲身经历,她的政治思想开始发生了转向。还有一个影响来自桑塔格一直密切关注并保持着联系的法国知识界。从20世纪70年代中期开始,法国知识界经常批评东欧的政权。1980年9月,桑塔格结束波兰之行四个月后,波兰成立了团结工会,这为桑塔格后来被讽刺为"改变信仰者"埋下了一个伏笔。团结工会当时是整个社会主义阵营里唯一一个独立于共产党领导之外的工会,成立后组织了一场全社会的反抗运动,政府当局立刻行动,逮捕了工会的领袖和有名的成员。事态急剧恶化,"媒体、大学、学校经历了一场大清洗,彻查在校人员的立场是亲波兰政府还是亲团结工会……官方成立军事法庭,将团结工会的同情者处以长期监禁。煤矿工人处在军事监

---

① 西格丽德·努涅斯:《永远的苏珊:回忆苏珊·桑塔格》,阿垚(姚君伟)译,上海:上海译文出版社,2012年版,第100—101页。

管之下,一周六个工作日和媒体的全面审查制度被重新恢复"。① 1981年夏,PATCO(Professional Air Traffic Controllers Organization,职业空管员工会)领导航空管制员发起了罢工,希望争取更合理的薪资和更舒适的工作环境。里根总统按照事先发出的警告,开除了所有参与罢工的航管人员,而这个工会是1980年大选中为数极少的支持里根的工会之一,他刚一上台就采取了这样的措施,令工会成员难以接受。此外,里根政府还延续了卡特政府的政策,扶持萨尔瓦多亲美的军政府,镇压该国由游击队、工人、农民和共产党人等联合组建的民族解放阵线。即便在1980年12月2日,发生了四名美国修女被萨尔瓦多军政府武装人员绑架、强奸并残忍杀害的惨案之后,美国政府的立场也没有丝毫动摇,继续为萨尔瓦多军政府提供源源不断的经济和军事支持,使得这个中美洲小国在内战的蹂躏下如同人间炼狱。

在此背景下,1982年2月6日,大约1500人在纽约市政厅集会,里面不仅有文艺界人士和社会活动家,还有来自PATCO和UAW(United Automobile Workers,联合汽车工会)的代表。集会有两个诉求,一是支持波兰的团结工会运动,二是抗议里根政府在萨尔瓦多的军事干涉政策。这是一个吊诡的处境:支持团结工会意味着反对共产党,抗议里根意味着支持共产党。

到场的知名人士发表了各种演讲,有些不痛不痒地批评了里根政府,但没有一个是真正意义上的政治演说,只有桑塔格认

---

① 丹尼尔·施赖伯:《苏珊·桑塔格:精神与魅力》,郭逸豪译,北京:社会科学文献出版社,2018年版,第248页。

真地准备了一份演讲稿。她的注意力在波兰的时局上。她从纽约人文学院来自波兰的异见人士那里,了解到波兰严峻的局势。她激烈地批评了新左派,认为他们和她以前一样,误解了共产主义政权,他们对于东欧出现的镇压异见人士的行为,还没有足够的认识,未能加以强烈的谴责。桑塔格的那套说辞在很多人听起来似曾相识——老一辈的左派人士就是那样痛悔他们的亲苏行为的——"吐露出一副改变信仰者、前共产党人或同路人的腔调"①,而她,曾经也没有真正成为他们中的一员。用施赖伯的话说:

> 桑塔格的谈话以最尖锐的方式打破了某种未明确表达的观点,它将市政厅集会和大部分纽约政治辩论结合在一起。她甚至用一种亵渎的方式向她的辩论者解释,人们几十年来都将共产主义和社会主义当作资本主义的替代希望,并因此为许多来自这些国家的令人不安的消息辩解,如今希望破灭了。桑塔格挑衅的话语遭到了强烈的嘘声,以至于她无法结束演讲。②

桑塔格的演讲引起了轩然大波。《索霍新闻》(*Soho News*)在未征得她同意的情况下,掐头去尾地发表了她的演讲稿,桑塔格为此状告其侵权,1982年3月15日《索霍新闻》宣布歇业,桑塔格随后也就撤诉了。这篇演讲稿经过修改后以《波兰及其他问题:共产主义与左派》("Poland and Other Questions:

---

① 卡尔·罗利森、莉萨·帕多克:《苏珊·桑塔格全传》,姚君伟译,上海:上海译文出版社,2018年版,第310页。
② 丹尼尔·施赖伯:《苏珊·桑塔格:精神与魅力》,郭逸豪译,北京:社会科学文献出版社,2018年版,第248—249页。

Communism and the Left")为题发表在《国家》(*The Nation*) 1982 年 2 月 27 日刊上,同时出现的还有一些名望之士的来信。舆论几乎是一边倒地痛批桑塔格,左派和右派,桑塔格一时两边都不沾,不过布罗茨基支持她,在《新共和》(*The New Republic*)上发文声援这位敢冒天下之大不韪的朋友。

更大的争议往往也会带来更大的名气,作为一个商业头脑发达的出版商,斯特劳斯抓住了这一点。这年秋天,FSG 推出了《苏珊·桑塔格读本》(*A Susan Sontag Reader*),伊丽莎白·哈德威克热情洋溢地写了序言,赞誉这位小辈:"想起如日中天的苏珊·桑塔格就是感受一种更多、更多的快乐,从不终止……在她近期的作品中她强调艺术的愉悦性,思考的愉悦性。只有严肃(如她)者才能带给我们那样稀有的、温暖的、心地澄明的幸福。"[①]戴维已经在 FSG 从事编辑工作了,由他来编辑母亲的书,母子二人都没有觉得有何不妥。桑塔格把这个读本献给了有知遇之恩的斯特劳斯,满怀爱意地写上:"献给罗杰,当之无愧。"

《苏珊·桑塔格读本》相当于对桑塔格已出版作品的一次回顾。里面收录了小说《恩主》和《死亡匣子》的节选,选取了《反对阐释》文集里的《西蒙娜·薇依》《反对阐释》《关于"坎普"的札记》《罗贝尔·布勒松电影中的宗教风格》《论风格》,《激进意志的样式》里的《静默之美学》《色情之想象》《戈达尔》,《我,及其他》里的《中国旅行计划》《心问》《没有向导的旅行》,《土星照命》里的《迷人的法西斯主义》《土星照命》《西贝尔贝格的希特勒》,

---

① Elizabeth Hardwick, "Introduction", in Susan Sontag, *A Susan Sontag Reader*, New York, Farrar, Straus and Giroux, 1982, p xv

还有《集萃》(*Salmagundi*)期刊1975年的一期采访,《论摄影》里的《影像世界》("The Image-World"),以及为《巴特读本》写的《写作本身:论罗兰·巴特》。一个作家尚在写作生涯的半程就出版其作品选读,并不多见。桑塔格一开始也反对这个做法,但还是妥协了。果然,有人冷嘲热讽地评论说哈德威克的溢美之词就仿佛把桑塔格供上了神坛似的,使其进入了那些辞世而不朽的名家之列。

桑塔格没有心思去理会这样的评论,戴维和斯特劳斯会帮她把这些事情摆平。她和新的迷恋对象露辛达·蔡尔兹在威尼斯忙着拍摄《没有向导的旅行》。蔡尔兹容貌姣好,动作干净利落,身体线条充满了张力,整个人散发出一种难以捉摸的神秘韵味。桑塔格对舞蹈演员的身体之美惊叹不已,两人的恋爱使得她更深入地了解了舞蹈这一艺术形式,写下了论舞蹈的几篇文章。其实,认真说起来,两人在20世纪60年代就有交集,都在安迪·沃霍尔的《试镜》里出现过。1983年《没有向导的旅行》正式播出,而导演桑塔格也开始频频走上荧屏。她在鬼才导演伍迪·艾伦(Woody Allen,1935—)伪纪录片形式的影片《西力传》(*Zelig*,1983)里,过了一把演自己的瘾,1984年又参演了西班牙导演纳斯托·艾尔孟德罗斯(Nestor Almendros,1930—1992)和奥兰多·希门尼斯·里尔(Orlando Jeménez Leal,1941—)的《不当行为》(*Improper Conduct*),并于11月到法国电视台参与拍摄一个与波伏瓦的《第二性》有关的系列节目。

桑塔格写作的节奏放慢了下来,放弃了几个写作计划。1984年秋季,她重回讲台,到布朗大学(Brown University)教过一门课。1985年1月,她在马萨诸塞州剑桥市的美国保留剧目剧院(American Repertory Theatre)把捷克裔法国作家米兰·昆德拉(Milan Kundera,1929—)的剧作《雅克和他的主人》(*Jacques and His Master*,1971)搬上了舞台,但是反响不大。这一年的春季学期,她又到费城的天普大学(Temple University)上了一门课。不过,她的教书热情并没有持续多久,因为她有更忙、更大的事要做,那就是张罗1986年1月12日开始在纽约举办的为期一周的国际笔会第48届年会。1月5日,她在《纽约时报图书评论》上发表了《当作家们彼此交谈时》("When Writers Talk among Themselves"),为即将召开的笔会做了一波宣传。笔会的前身是1932年诺贝尔文学奖得主、英国小说家约翰·高尔斯华绥(John Galsworthy,1867—1933)在1921年创办的一个文学俱乐部,成员包括诗人、剧作家、散文家、编辑和小说家,缩写为P. E. N,恰好又是"笔"的意思。笔会规模不断扩大,在50个国家建立了80多个分会。桑塔格是1964年加入美国分会的,1985年的时候她是笔会的组委会成员,主席是诺曼·梅勒。由于有超过600多名的国内外作家前来参会,梅勒多方奔走,四处筹款,得到了商界人士的支持,不少商业大亨慷慨解囊,其中就有当时的纽约地产大鳄、现任美国总统唐纳德·特朗普(Donald Trump,1946—)。

印裔英国作家萨尔曼·拉什迪(Salman Rushdie,1947—)参加了这次年会。2011年6月13日他在美国笔会网站上发了一篇文章,回忆了这件事,称其真是"一场大秀"。与会者人数众多,群英荟萃,里面有50多位世界顶尖级作家和大约100名最出类拔萃的美国本土作家。大会有个令人振奋的主题——"作家的想象与国家的想象",但刚一开始就剑拔弩张。一个富有争议的安排是梅勒邀请了时任美国国务卿乔治·舒尔茨(George Shultz,1920—)在开幕式上发表讲话,这遭到了南非作家纳丁·戈迪默(Nadine Gordimer,1923—2014,1991年诺贝尔文学奖得主)、J. M.库切(J. M. Coetzee,1940— ,2003年诺贝尔文学奖得主)和西弗·塞巴拉(Sipho Sepamla,1932—2007)的抗议,他们指控舒尔茨支持南非的种族隔离政策。包括哈德威克和 E. L.多克特罗(E. L. Doctorow,1931—2015)在内的几个作家也愤愤不平,指责邀请舒尔茨前来就把大会搞得好像是为里根政府开设的一个论坛似的。

  拉什迪还记得,很多人质询为何专题小组里发言的女性那么少。117名发言人里,只有20名女作家。桑塔格和戈迪默都是发言人,但两人都不觉得这是个什么大不了的事。不过桑塔格说了句:"文学不是一个给平等工作机会的雇主。"意思是这倒不一定非要闹出个性别平等的动静来。桑塔格的话对抗议者没有奏效,拉什迪上前解围,说好歹很多小组都是有几个女作家参与的,真要说起来,他自己可是唯一的一个南亚作家的代表呢,南亚也占了世界人口的六分之一啊,他也没觉得有什么不妥啊。不过好像也没起什么作用,抗议者还是群情激愤。拉什迪后来还被拉去参与了一场重量级的论战,美国作家索尔·贝娄(Saul Bellow,1915—2005)和德国作家君特·格拉斯(Günter Grass,1927—2015),一个是1976年的诺贝尔文学奖得主,一个即将在1999年斩获20世纪的最后一个诺贝尔文学奖,就美国社会的问题发生了激烈的争论。拉什迪认为这届笔会虽然话题不断,趣事多多,但影响深远,大家能在冷战尚未最终结束的阶段齐聚一堂,听到各种声音,了解不同的视野,让他引以为荣。① 桑塔格也有同样的想法,希望笔会能有更大的作为。过不了多久,她就要冒着生命危险,为拉什迪发声了。

1986年8月,桑塔格为英国电视第四频道(Channel 4)撰写和制作了一篇电视散文,是关于被称为"德国现代舞第一夫人"的皮娜·鲍什(Pina Bausch,1940—2009)和她担任艺术总监和首席编导的乌帕塔尔舞蹈剧院(Wuppertal Dance Theatre)的。也就是这个月的18号,她的短篇小说《书信场景》刊在《纽约客》上,主题是"写信与关系破裂之间的浪漫关系"②,她与里夫的婚姻在里面若隐若现,"使得这个短篇成了一份事后评价痛苦经历的私密文件"③。桑塔格会时不时地想起她的那段婚姻,1980年一则未标日期的日记预示了《书信场景》里的一些想法。戴维给这则日记注释说,桑塔格为它加了一个"一场婚姻"的标题,并在标题上加了一个框,看上去像是描述她和里夫的婚姻。桑塔格写道:

> 疯狂是他的遗产。当然,我嫁给他的时候并不知道。我对他的期待值很高。一百个陈旧不堪的渴望令我惊愕。当时我年

---

① Salman Rushdie,"Salman Rushdie Remembers the 48th Congress of Internaional PEN",June 13,2011,https://pen. org/salman-rushdie-remembers-the-48th-congress-of-international-pen/.
② 丹尼尔·施赖伯:《苏珊·桑塔格:精神与魅力》,郭逸豪译,北京:社会科学文献出版社,2018年版,第260页。
③ 同上。

轻。有点儿油性芬芳的朝气掩饰了他瘦削的脸。

当你把衬衫脱掉时,我对你腰部的赘肉感到震惊。当我双手搂着你时,我都在发抖。就像是在拥抱地板。

精神的诱惑是件可怕的事。自尊,被压抑的欲念。对本能的蔑视。轻易就觉得比他人优越。他们不像我们这样纯洁。

我们的婚姻,我们神圣的婚姻。人人都不忠贞。所以我们也不。

但我们曾经纯洁。

你看上去年纪比我大很多。我为此感到尴尬。①

在《书信场景》里,桑塔格几乎是写实地还原了新婚伊始两人如胶似漆的情形:

只要我同他分开超过一小时,不论我看到什么,我都会首先想到待会儿该如何向他描述;而我们从来不会分开超过几个小时,也就是他教课,我上课的那段时间——我们怎么在一起都不够。哪怕我的膀胱胀得生疼,我也不愿意让自己和他分开一小会儿;他一边说着话,一边会跟着我进厕所。半夜,在参加了那个年代的学者们所谓的派对后,我们曾不止一次地坐在车里,直到黎明的晨光点亮了街道,忘了回我们自己的公寓,陶醉于剖析品评他那些恼人的同事。②

---

① 苏珊·桑塔格:《心为身役:桑塔格日记(1964—1980)》,姚君伟译,上海:上海译文出版社,2018年版,第614页。戴维注释说,"我对你腰部的赘肉感到震惊"这句话里的"感到震惊",桑塔格还写了另外一个词:"感到心烦意乱。"

② 苏珊·桑塔格:《书信场景》,收入《心问:桑塔格短篇小说集》,徐天池,申慧辉等译,上海:上海译文出版社,2018年版,第113页。

这和她曾经向菲利普·洛佩特说起过的新婚时光几乎毫厘不爽。

《书信场景》发表三个多月后,1986 年 11 月 24 日《纽约客》再次刊登了桑塔格的另一个短篇小说《我们现在的生活方式》,其影响力远远超过了《书信场景》。《我们现在的生活方式》这个标题借用了英国小说家安东尼·特罗洛普(Anthony Trollope,1815—1882)的同名长篇小说。特罗洛普 1872 年返回故乡英国后,惊骇于这片土地上到处充斥的贪婪和虚伪,历时三年写下了这部在他所有作品中篇幅最长的小说,成就了其晚年杰作,被公认为是对维多利亚时代伦敦社交圈的经典讽刺之作。桑塔格的小说虽然在篇幅上无法望其项背,但也没有辱没文坛先辈的这个标题,它被收入《1987 年美国最佳短篇小说集》(The Best American Short Stories 1987),是篇首之作,后又入选了《美国 1980 年代最佳短篇小说集》(The Best American Short Stories of the Eighties,1990)和《文学:进化中的经典》(Literature: The Evolving Canon,1993)文集。

桑塔格之所以写下《我们现在的生活方式》是因为某天晚上,她接到一个电话,得知一位关系亲密的朋友被确诊为患上了艾滋病,这在当时,不啻被判了死刑,事实上,两年后朋友就离世了。她挂上电话后不禁泪如雨下,无法入睡,当晚便开始奋笔疾书,两天之内就迅速完成了这个短篇小说。这位朋友可能就是美国著名摄影艺术家罗伯特·梅普尔索普(Robert Mapplethorpe,1946—1989),桑塔格 1985 年为他写过一篇短文《自信的梅普尔索普》("Certain Mapplethorpes"),作为其摄影集《某些人:肖像集》

(*Certain People:A Book of Portraits*,1985)的序言。"certain"在这里有双重含义,即有某些的意思,又有自信、确定的意思,她仿照着写下了同样结构的"Certain Mapplethorpes",由于"people"是复数,她也在 Mapplethorpe 这个人名后面加上了表示复数的"s",以指代梅普尔索普本人以及他镜头里的拍摄对象展现出来的种种镇定自若的自信姿态。

按莱斯利·鲁伯斯(Leslie Lubbers)的说法,《我们现在的生活方式》"把伴随着一种无法预见和无法治愈的疾病的现象产生的抗拒和恐惧融合起来,形成一幅时代的生动写照"[①]。这种"无法预见也无法治愈的疾病"便是艾滋病,但时至 2009 年,鲁伯斯还是很谨慎地避免直接提及这个病名,这与艾滋病本身的恶名有关。艾滋病自 20 世纪 80 年代初被发现之后就与不恰当的性活动紧紧地联系在一起。在《我们现在的生活方式》中,一如鲁伯斯所言,"'艾滋病'的字眼从未在其文本中出现,对病情预断的讨论也是尽量避免或者含混不清的,然后便是一种拒绝谈论的情绪"[②],尽管文中提到患病者和他的朋友们最后克服了心理障碍,终于可以轻易地将疾病的名字说出口,但小说从头至尾确实没有出现"艾滋病"的字眼。这种与不道德的行为密切相关的疾病无论对于感染者还是未经感染者,甚至无论对于作者还是读者,似乎都是一种忌讳,是一种难言之疾。自从艾滋病为

---

① Leslie Lubbers,"A Way of Feeling is a Way of Seeing",in Barbara Ching and Jennifer A. Wagner-Lawlor eds. ,*The Scandal of Susan Sontag*. New York:Columbia University Press,2009:p.174.

② 同上,p.175.

公众知晓之后,人们产生了艾滋猛于虎的感觉,简直到了闻之胆寒,谈之色变的程度。在桑塔格的故事中,除了病名是个忌讳之外,患者的姓名也被刻意隐去,基本上以"他"来指代,不幸为难言之疾"光顾"的人也因此成了无名之人。

根据故事的提示,这位无名主人公"他"时年38岁,单身,有品位,生活条件优裕,但正是在20世纪六七十年代受到性自由和性解放影响的年轻人中的一员,其私生活恣意放纵,不仅是个双性恋者,而且还有吸毒、恋童癖等不良嗜好,以至于被一位朋友称为"放荡王子"。当这位朋友为他的纵欲过度表示担心,劝诫他加以小心时,他不以为然地回应:"不,我不小心,听着,我不能,我就是不能,对我来说性太重要了,一向如此,而且,如果我得了病,嗯,得了就得了吧。"①他的态度可以说是完全不负责任的,但艾滋病的后果尤其能够说明人们对自己和他人承担责任的必要性:对患者而言,治愈的可能性非常渺茫,由于机体免疫力的下降,一些对正常人来说能轻松对付的小病就可能导致艾滋病人死亡;而对于与患者有过性接触的人,甚至与患者毫无关系的人来说,这同样可能是一场灾难,因为无意中接触到病人的血液都可能会受到感染。无名患者不检点的生活不仅使自己遭受病痛的折磨,而且也使他的朋友们陷入惊恐之中,在病情披露之初,大家都一时无法接受这个事实。

桑塔格通篇采用一群人交谈的叙述方式来逐渐揭露核心事

---

① 苏珊·桑塔格:《我们现在的生活方式》,收入《心问:桑塔格短篇小说集》,徐天池、申慧辉等译,上海:上海译文出版社,2018年版,第332页。

件。在人物的交谈中,这个故事呈现出姓名方面的两个极端,一是如前面提及的患者无名无姓,二是他的朋友们的名字则整整用到了英文字母表26个字母,从A到Z,无一遗漏。尽管这些名字不是按字母表的顺序出现的,但是在一篇短篇小说里出现如此众多的人物确实非同寻常,因此不少研究者都注意到了这个现象,略微梳理一下便能发现这些名字与英文字母表的关联之处,它们分别是:Aileen,Betsy,Clairice,Donny,Ellen,Frank,Greg,Hilda,Ira,Jan,Kate,Lewis,Max,Nora,Orson,Paolo,Quentin,Robert,Stephen,Tanya,Ursula,Victor,Wesley,Xazier,Yvonne,Zack,可以看出,有的名字极为生僻,带着明显的为命名而命名的痕迹。桑塔格为何要如此为之,评论界也是众说纷纭。有人声称,这"象征着该故事的主题:性行为就是一条链,把我们大家,包括不认识的人,都一一联系到了一起,而现在,伟大的生命的链条已经变成了死亡之链"[①],而有人认为尽管这26个叙述者的确暗示着有某种线索可探寻桑塔格迷宫式的故事,但与其说他们是一个相互联系的整体,倒不如说他们是处于一种分崩离析的状态,因为"在多重声音的叙述中没有哪一个视点要优越于其他视点"[②],整个故事是悲观的基调,如果一定要强加一抹亮色的话,充其量就是这些叙述者与无名患者一起"在一个最多仅仅能够提供安全和联系的幻影的世界里寻求

---

① Roger Platizky,"Sontag's 'The Way We Live Now'",in *Explicator*, Vol. 165, Issue 1, 2006:p. 53-54.

② 同上,p. 54.

某种关联性、确定性和稳定性"①。26个叙述者都不是患者的亲人,但他们坚持探望和照料患者,所以与上面持悲观论调的研究者所称的正好相反,他们代表的正是一股团结的力量,在疾病和死亡来临之时进行着爱心接力。

桑塔格以艾滋病为主题创作的这篇短篇小说在一定程度上起到了科普的作用,当时"我们大多数人对艾滋病几乎毫不知晓……《我们现在的生活方式》是出现在主流刊物上的书写艾滋病的故事之一,而且迄今为止,它依然是其中最广为人知的"②。作者的写作灵感和动力来自身边的真人真事,在投射自身痛苦的同时,向公众提出一种警示。当某一个人因不当的行为患上艾滋病时,他(她)自己固然饱受折磨,但这种折磨更是扩散式的,就像桑塔格因好友的离世而黯然神伤那样,与患者息息相关的所有人都会因此在不同程度上体验着痛苦,桑塔格从患者和他的朋友们这两个方面进行了描述。患者以前从来不写日记,但是住院后开始写日记了,他自嘲地调侃日记的内容也许没有什么重要之处,"不过写写因这事竟然发生在他身上,竟也发生在他身上,而生的恐惧与惊愕"③。患者从前在过着放荡的生活时根本没有想过可能会出现的严重后果,但是一旦事情真的发

---

① Roger Platizky,"Sontag's 'The Way We Live Now'", in *Explicator*, Vol. 165, Issue 1, 2006: p. 56.

② Sharon Oard Warner,"The Way We Write Now: The Reality of AIDS in Contemporary Short Fiction", in *Studies in Short Fiction*, Vol. 30, Issue 4, 1993: p. 491.

③ 苏珊·桑塔格:《我们现在的生活方式》,收入《心问:桑塔格短篇小说集》,徐天池、申慧辉等译,上海:上海译文出版社,2018年版,第322页。

生到他的身上,他就感到无比恐惧,身心都遭受着难以想象的折磨,而他的友人们又何尝不是同样的惴惴不安呢?患者的朋友们为自己可能会遭受同样的厄运而忧心忡忡,更为可能会失去他而伤心欲绝。患者当初在毫无顾忌地享受性自由时,他没有想到这种所谓的自由结出的是苦涩无比的果实,含泪将其咽下的不仅是他自己,也是他的朋友们。

无名患者的不幸固然使自己和朋友们痛苦不堪,不过这把双刃剑一边在他们的心上割开一道长长的伤口时,一边又劈出了一条成长之路,使他们更成熟地看待周围的人和事。即便是在今天,哪怕是那些无辜的艾滋病人(比如医疗过程中的血液污染)也仍然是大多数人(甚至包括其家人)唯恐避之而不及的对象,更不要说主动提供帮助,可是桑塔格笔下那个无名的艾滋病人无疑是一个幸运的患者,因为在他本应该像其他患者那样隐瞒病情,孤独地遭受疾病的折磨时,有一群好友陪伴在他左右。他们从患者身上看到了自己放浪形骸的过去,在反省中备加珍惜彼此间的友谊。当不幸降临到朋友的身上之时,他们明白了人与人之间真正重要的是同舟共济,患难与共。

在患者面前,大家都强打精神,故作轻松,想方设法为其解闷取乐,而在患者背后,大家也竭尽所能地去了解他的病情,并时刻关注医学杂志上有关艾滋病的文章,以便随时掌握最新的治疗信息,同时还与这个领域较有名望的远在巴黎的主治医生取得联系。尤其令人感动的是,大家都竞相取悦病人,为讨一个艾滋病人的欢心而展开"竞争",这在一个物欲横流的社会是多么可贵!

在以无名患者为中心的这个团体中,由于其中的绝大多数人都有过高危行为,随时都会有人成为艾滋病毒的下一个猎物。果不其然,与大家一起来看望和照顾无名患者的一位朋友也生病住院了,与此同时,还有一些为这个圈子所知但关系不算亲密的人的不幸消息相继传来。为了鼓舞病人的士气,这些消息都被严密封锁了,而无名病人的朋友们更加忙碌了,因为需要他们帮助的已经不止一个人了。在奔波于不同的医院时,大家还要竭力地编出种种理由来解释为什么有人突然不能来访了,可以想象,这些暂时还健康的朋友们需要承受多大的压力——不但是身体上的劳累,而且是精神上的紧张。但他们在如此严酷的考验中越发坚强,大家想的是"我们应该怎样表现,团结一体,说笑逗乐,分散他的注意力,一无所求,轻轻松松,轻轻松松很重要,就像诗人说的,在所有的恐惧当中还有快乐"[1]。正是因为他们坚信在恐惧中还有快乐,他们的精神已经升华到了一个更高的境界了。无名患者的朋友们得到了"净化",他们作别昔日狂蜂浪蝶的生活,一边追求自身的健康,一边不计任何回报、无私地奉献着真诚的友谊和爱。

《我们现在的生活方式》及时地捕捉了艾滋病开始蔓延的时代情绪,在社会上引起了强烈的反响。1991 年在 FSG 和正午出版社(The Noonday Press)的联合策划下,桑塔格与艺术家霍华德·霍奇金(Howard Hodgkin,1932—2017)进行了一次跨界合作,由后者配了插图,推出了一个图文并茂的书籍版本,并注明

---

[1] 苏珊·桑塔格:《我们现在的生活方式》,收入《心问:桑塔格短篇小说集》,徐天池,申慧辉等译,上海:上海译文出版社,2018 年版,第 336 页。

这个版本的所有版税都捐给英美两国的艾滋病慈善机构。

1986年11月30日到12月6日间,夏威夷大学的东西方中心举办了一个电影节,桑塔格接受邀请,欣然前往担任评委,当然,她还有个私心,那就是顺道看望罹患肺癌的母亲。很不幸的是,电影节还没闭幕,米尔德丽德就由于病情急转直下而撒手人寰了。无论经历过怎样的情感纠葛,米尔德丽德和桑塔格毕竟是母女一场,有着融进了骨血的不可分割的联系。1987年12月21日出现在《纽约客》上的《朝圣》虽然主要是写少年时期的桑塔格如何和朋友一起去拜访文学大师托马斯·曼的,但母亲在一开场就出现了。桑塔格用到了"我那到处漂泊的寡妇母亲""我郁郁寡欢,瘦骨伶仃的母亲""母亲的神情却冷漠得吓人"等短语和句子来描述米尔德丽德,所以卡尔·罗利森和莉萨·帕多克在传记里说她有些当面一套,背后一套。她在夏威夷期间说起母亲时语气温柔,但一旦把母亲写进作品里,"每次去夏威夷都要深情地谈起母亲的那个充满爱意的苏珊·桑塔格在《朝圣》中没有出现"[①]。然而传记作者终究不是传主本人,他们如何能知道和体会桑塔格失去母亲的真正感受?

在桑塔格周围,疾病的坏消息似乎就没停止过。1984年她的好朋友约瑟夫·蔡金在第三次心脏手术时突发中风,不仅行动不再利索,而且语言能力受损,艺术生涯遭受重创。1987年1月15日,就在桑塔格失去母亲的一个月后,她早年在纽约就结交下的好友、一度的恋人保罗·特克给她写了一封信,告诉她又

---

① 卡尔·罗利森,莉萨·帕多克:《苏珊·桑塔格全传》,姚君伟译,上海:上海译文出版社,2018年版,第352页。

一个令人痛心的消息——他被确诊为艾滋病。桑塔格的第一部文集《反对阐释》就是献给特克的,这个消息让她的心情无比沉重,而她觉得应该再写一篇非虚构的文章来继续说说艾滋病的事,这就是1988年10月27日发表在《纽约书评》上的《艾滋病及其隐喻》,桑塔格在文章前面写下了"献给保罗,1988年8月10日",以纪念特克医治无效死亡的日子。1988年瑞典在欧美国家中率先推出了这篇文章的外语版,FSG紧接着在1989年出版了它在美国的图书版本。

桑塔格在《艾滋病及其隐喻》里继续强化了她在《作为隐喻的疾病》里的观点,认为身患疾病的人要遭受双重的折磨,一是来自疾病本身的病痛,二是来自附加于疾病的隐喻带来的精神煎熬,对于艾滋病患者来说,这种情形尤为严重。在加诸艾滋病的隐喻中,杀伤力最大的莫过于"瘟疫",这是用来理解艾滋病的主要隐喻。艾滋病被视为瘟疫固然有传染性、流行性的方面,不过更主要的原因还在于其暗含着病人的过错,是一种惩戒的结果。桑塔格指出,艾滋病不仅是一种疾病,而且由于在美国最早严重感染艾滋病的高危群体是同性恋男子,艾滋病还暴露了患者的性取向。

桑塔格驳斥人们把艾滋病视为同性恋瘟疫,她指出了关于艾滋病的互相推卸责任的说法。西方人声称艾滋病最先是在非洲被发现的,在"黑暗大陆"上发端的这种疾病,"势必激活我们所熟知的那一套有关动物性、性放纵以及黑人的陈词滥调"[①],

---

① 苏珊·桑塔格:《艾滋病及其隐喻》,收入《疾病的隐喻》,程巍译,上海:上海译文出版社,2018年版,第135页。

但这与同性恋没有什么关联性。非洲人不愿意蒙受这种污名，他们用了两个版本予以反击，一是艾滋病毒是从美国带到非洲来的，是细菌战的一次行动，二是艾滋病由美国培育，"被带到非洲，再由从非洲返回马里兰州的美国同性恋传教士带回到作为该病毒发源地的美国"①。为了一种疾病的发源地而争论不休，是因为双方都急于摆脱与这种疾病的关系，归根到底还是该疾病被赋予了各种负面的联想。

当然，我们不能因为桑塔格为艾滋病人的尊严反复呼吁而武断地认定她否认艾滋病人存在过错的可能性。相反，她痛惜地指出，在20世纪70年代，年轻人不加分辨地全盘接受资本主义社会标榜的自由，性贪婪和性挥霍达到了顶点，性和身体都成了消费品：

> 我们所在的这个社会的一套话语是：消费，增长，做你想做的，享受你自己。这个经济体系提供了这些前所未有的以身体流动性和物质繁荣而最为人称道的自由，它的正常运转依靠鼓励人们不断突破界限。欲望想必是无所节制的。资本主义的意识形态使我们全都成了自由——无限扩大的可能性——的鉴赏家。几乎每一项主张都声称要为人们增加某种自由。当然，不是每一种自由。在富裕国家，自由越来越被等同于"个人实现"——独自（或作为个体）享有或实践的自由。因而近来出现了大量有关身体的话语，身体被再度想象成一个工具，越来越被

---

① 苏珊·桑塔格：《艾滋病及其隐喻》，收入《疾病的隐喻》，程巍译，上海：上海译文出版社，2018年版，第135页。

用于执行各种各样自我改善和力量提升的计划。既然人们有消费的欲望，既然自我表达被赋予无可置疑的价值，那么，对某些人来说，性怎么会不成为消费者的选择呢——即自由的实践，更大流动性的实践，以及使界限步步后退的实践。①

不过无论是哪种疾病，疾病就是疾病，不应该强加任何意义和隐喻于其上。然而，桑塔格惊讶地发现，艾滋病还进入了政治话语，被恶意或下意识地加以利用。她举了几个例子。在法国，一个政客将对手描述为"艾滋病似的"，还有一个反自由主义人士攻击示威的学生是患上了"心理艾滋病"；曾任美国驻联合国大使的让娜·柯克帕特里克（Jeane Kirkpatrick，1926—2006）"一度经不起诱惑，将国际恐怖主义比作艾滋病"②；巴勒斯坦裔作家安东·沙马斯（Anton Shammas，1950— ）则把"1948年以色列的独立宣言描绘成'以色列土地上的犹太国'的艾滋病"③。随着时代的进步和医疗水平的提高，艾滋病作为目前的不治之症也终将迎来有效的治疗方法。桑塔格严正地申明："身体不是战场。艾滋病患者既不是在劫难逃的牺牲品，也不是敌人。"④既然如此，那就不仅应该以平常之心对待患病者，而且还需要给予他们更多的关爱。

桑塔格个人生活里的各种不幸没有使她灰心丧气，她在公

---

① 苏珊·桑塔格：《艾滋病及其隐喻》，收入《疾病的隐喻》，程巍译，上海：上海译文出版社，2018年版，第157页。
② 同上，第147—148页。
③ 同上，第148页。
④ 同上，第172页。

共领域反而更加活跃了。1987年6月,桑塔格当选为美国笔会主席,在两年的任职时间里,她认真地贯彻笔会的宗旨,即为作家发声,捍卫作家的写作权利。她走马上任后遇到的第一个难题就是要决定是否参加将于1988年8月28日至9月2日在韩国汉城(今首尔)举办的国际笔会大会,"这个国家人权记录不佳,关押作家,并且以盗版美国图书而臭名昭著"①。一开始美国分会准备为抗议韩国政府的这些问题而反对把会议地址定在汉城,但其他国家的笔会分会响应者寥寥,恰逢汉城要举办第24届夏季奥林匹克运动会,桑塔格转而准备借用这个国际大舞台提供的机遇,表达笔会"对在韩国努力捍卫文学表达自由的力量的支持"②。桑塔格最后以主席的身份率领美国分会代表团抵达汉城,并让戴维作为她的助手一道前往。

汉城之行谈不上有什么危险,但桑塔格接下来要声援的一位作家就没那么简单了,他就是前面提到的萨尔曼·拉什迪。拉什迪1981年凭借小说《午夜之子》(*Midnight's Children*)摘得布克奖的桂冠,赢得了全球性的文学声望。1989年,他的第四部小说《撒旦诗篇》(*The Satanic Verses*)的英文版问世,但被伊斯兰世界认为是渎神之作,几个国家向他发出了死亡威胁。1989年2月14日,伊朗当时的宗教和政治领袖阿亚图拉·霍梅尼(Ayatollah Khomeini,1902—1989)颁发了追杀令,号召伊斯

---

① 卡尔·罗利森,莉萨·帕多克:《苏珊·桑塔格全传》,姚君伟译,上海:上海译文出版社,2018年版,第340页。

② 同上,第341页。

兰教徒对拉什迪采取暗杀行动。从此以后，每年的情人节拉什迪都会收到一份特别的礼物——来自伊朗的追杀令，因此被迫潜藏，过着不见天日的地下生活，由英国政府每年耗费巨资保护他的安全。1991年,《撒旦诗篇》的日语译者被刺身亡,意大利语和挪威语译者后来也遇袭，还好侥幸保全了性命。1998年，拉什迪事件似乎迎来了一个转机，伊朗政府宣布不再支持对他的死刑判决，然而，到了2005年，伊朗最高领袖阿里·哈梅内伊（Ali Khamenei,1939—　）宣称，这个追杀令是宗教教令，永远不会失效。目前，刺杀拉什迪的悬赏金额已经追加到高达几百万美元。

　　在霍梅尼的追杀令下达后，整个北美文学界和出版界一时噤若寒蝉，加拿大禁止进口《撒旦诗篇》，一些大型的连锁书店收到炸弹威胁，也纷纷下架该书。这时桑塔格挺身而出，带头组织了一批作家抗议此事。她给美国总统老布什发电报，寻求国家的政治和外交干预，并于追杀令发布八天后面对几百名听众发表公开演讲。从东海岸到西海岸，桑塔格四处奔走，呼吁更多的人加入到抗议中来。一个多月后，桑塔格在参议院外交关系委员会反国际恐怖主义小组委员会面前接受质询，支持萨尔曼·拉什迪并为他作证。在拉什迪事件中桑塔格的表现为她树立起了一个勇敢好斗的国际公共知识分子形象，这也是她担任美国笔会主席期间最为人称道的一件大事。

第九章

重拾创作激情的小说家(1989—2000)

1989年桑塔格在戴维的介绍下认识了文学经纪人安德鲁·怀利,成为他代理的作家群的一员。怀利长袖善舞,精通经营,代理的知名作家多达150多位。他为他们争取巨额的版税,并把他们的书打造成畅销书。在与他合作之前,桑塔格的出版事宜基本都是由斯特劳斯一手打理,她的大多数旅行和活动经费虽然有各种机构和组织承担,能够保持一个公众人物的体面,但个人的经济状况一直没有什么改善。1989年年初,她租住的公寓遭遇火灾,卧室被烧,而她连房屋修缮期间搬出去住酒店的钱都拿不出来,她自己的说法是,她连着火当晚住酒店的钱都没有,"房东用一块油布盖在掀开的窟窿上,她就在没有屋顶的公寓里度过了那个夜晚"[①]。也许正是这件事促使她认真考虑了聘请一个文学经纪人的重要性。在此之前,她可是有些瞧不起那些有经纪人的作家的,暗暗鄙视他们好像把文学当成了生意

[①] 葆拉·斯潘:《苏珊·桑塔格,终于火了》,收入《苏珊·桑塔格谈话录》,利兰·波格编,姚君伟译,南京:译林出版社,2015年版,第194—195页。

一样。怀利建议她不要更换出版人，而是由他出面和FSG谈判协商，他凭借高超的谈判技巧，为她拿下了一笔六位数的预付款。此外，1990年桑塔格还喜获麦克阿瑟基金会学术奖金（MacArthur Fellowship），基金会为她提供了为期五年的资助，共计34万美元。这样，她的经济状况迅速好转，于是买下了曼哈顿切尔西区的一套顶层公寓，终于拥有了一个舒适的、自己的家。公寓视野宽阔，能饱览哈得孙河的美景。

在这个高档公寓楼，还住着一个特别的人物——时尚圈炙手可热的摄影师安妮·莱博维茨（Annie Leibovitz, 1949— ）。莱博维茨是世界上报酬最高的摄影师之一，专门拍摄各界名人，构图经典，风格独特，每幅照片都堪称精品，24岁就成了流行文化与音乐的先锋阵地——《滚石》（Rolling Stone）杂志的首席摄影师，为前披头士乐队成员约翰·列侬（John Lennon, 1940—1980）和他的妻子小野洋子拍摄了不少照片。1980年12月8日，她再次接到《滚石》的拍摄任务，为这对夫妇拍下了最经典的一张照片，照片中，列侬像个婴儿一样全身赤裸，蜷缩在妻子身旁，似乎在向穿得严严实实的洋子索要安全和温暖。令人意想不到的是，几个小时后，列侬在公寓门前遭枪击死亡，这张照片就成了他人生中的绝影。1981年1月22日《滚石》发行纪念列侬专刊，封面采用了这张照片，而这个封面被评为"过去40年来最佳杂志封面"。1983年，莱博维茨跳槽另就，成为《名利场》（Vanity Fair）的首席摄影师。《名利场》是一家美国的老牌生活杂志，里面出现的人物多是上流社会名流、演艺明星和时尚先锋等，是美国具有影响力的主流刊物中的翘楚。莱博维茨还为另一家历史悠久的杂志,被奉为世界"时尚圣经"的《时尚》(*Vogue*)供稿。1991年她在美国史密森学会(Smithsonian Institution)的国家肖像画廊(National Portrait Gallery)举办了摄影展,成为在那里举办展览的第一位女摄影家。2000年,她被国会图书馆授予"当代传奇奖"。2005年,《美国摄影》杂志称其为"至今仍在进行拍摄工作的唯一的最具有影响力的摄影师"。

1988年莱博维茨参加了桑塔格《艾滋病及其隐喻》的作品发布会,为桑塔格拍摄照片。作为一名摄影师,她已经读过《论摄影》,为了更好地把握被拍摄对象的气质,还读了《恩主》,对这个比她年长16岁的作家产生了仰慕之情。她们此前或许没有见过面,但巧合的是,就像蔡尔兹和桑塔格在不认识的时候都在《试镜》里出现一样,莱博维茨和桑塔格也都曾经是梅普尔索普的拍摄对象,并且照片被一同收录进《某些人:肖像集》里。二人在发布会上相见,四目相对,情愫暗生,但莱博维茨在与桑塔格第一次一起外出就餐时,紧张得衣服都汗湿了,害怕自己与桑塔格对不上话。在日后的交往中,桑塔格的确也经常批评莱博维茨在一些知识点上有待提高,但莱博维茨毫不介意,反而觉得很有趣,桑塔格和她争辩时的架势就像是在哈佛大学的辩论队里一样,而且,她也觉得"苏珊永远都是对的"①。就这样,一段长达16年的恋情开始了。旅行是桑塔格每段恋情的标准配置,她随

---

① Edward Guthmann,"Love,family,celebrity,grief—Leibovitz puts her life on display in photo memoir", November 1, 2006. https://www.sfgate.com/entertainment/article/Love-family-celebrity-grief-Leibovitz-puts-2548168.php.

后和莱博维茨到墨西哥旅行,另一站是威尼斯,她的必选之地,一座见证了她浪漫情怀的浪漫城市。1989年5月她们还去了米兰,在那里待了一段时间,莱博维茨用照相机记录了桑塔格在酒店里孜孜不倦的工作状态。

1989年夏天,桑塔格接受了德国学术交流中心提供的奖学金,从9月开始,她远离纽约的纷纷扰扰,在柏林迎来了又一个创作高峰。她这次决定严格执行写作计划,抑制自己写随笔的冲动,咬定青山不放松,全心全意投入《火山情人》的创作中。不过,她中途还是开了一个小差,1990年1月,她文思泉涌,笔不离手,用了两周的时间完成了她唯一的一部足本剧本《床上的爱丽丝》。次年9月,这部剧本以德文版的形式在德国波恩首演,引发了戏剧界的高度重视,两年后,美国先锋实验剧导演和剧作家罗伯特·威尔逊(Robert Wilson,1941—　)又在柏林将它搬上了舞台。不过,学术界评论的《床上的爱丽丝》一般指的是1993年的英文版。

在这部剧作的题注中,桑塔格说她感觉她"整个的一生都在为写《床上的爱丽丝》做准备"[1]。据她自己说,该剧在她1979年执导《悉听尊便》的时候便开始在脑海里萌芽,起因是《悉听尊便》的主演——在《食人生番二重奏》里扮演弗朗西斯卡的女演员阿德里安娜·阿斯蒂——半开玩笑地向桑塔格提出了一个要求,希望这位多才多艺的导演能为她写一部戏,而她在整个演出过程中都不用离开舞台。2000年10月当《床上的爱丽丝》在纽

---

[1] 苏珊·桑塔格:《床上的爱丽斯》,冯涛译,上海:上海译文出版社,2018年版,题注第5页。

约进行首演时,桑塔格与该剧的舞台指导,美国先锋戏剧大师理查德·谢克纳(Richard Schechner,1934—)以及担任导演的荷兰戏剧家伊沃·范·霍夫(Ivo Van Hove,1958—)进行了一次对话,《纽约时报》予以了全文刊载。谢克纳问为什么要选择爱丽丝,为什么要选19世纪时,桑塔格答道:"我写这部戏不是要与历史事实保持一致,而是要从这个不同寻常的妇女的生活中提取一些因素,在这些如影随形的因素中,她的人生毫无建树。这个被困住的妇女不一定非得是爱丽丝·詹姆斯。她拥有一个真实人物的名字以及观众能对这个故事有所了解不过是表层的东西。"[1]因此,爱丽丝只是一个符号,代表的是像她一样被困住的女性。

爱丽丝·詹姆斯是家里5个孩子中唯一的女孩,19岁时遭遇心理危机,之后一直罹患各种莫名病痛,于43岁死于乳腺癌。桑塔格和她在差不多的年龄患上一样的病,必然心有戚戚焉。然而桑塔格并不是第一个对爱丽丝的故事感兴趣的人。1979年,琼·申卡(Joan Schenkar,1952—)的剧本《生命的迹象》(*Signs of Life*)在纽约上演,后来被收入加了一个副标题的同名剧本集《生命的迹象:六部威胁喜剧》(*Signs of Life : Six Comedies of Menace*,1998)里。这个剧本演绎了爱丽丝和她的哥哥亨利·詹姆斯的故事,里面的一个中心场景是一场疯狂的

---

[1] Susan Sontag, Ivo Van Hove, Richard Schechner, "Another Alice's Wonderland, As Susan Sontag Found It", in *The New York Times*, October 29, 2000. http://www.nytimes.com/2000/10/29/theater/another-alice-s-wonderland-as-susan-sontag-found-it.html.

茶会，参与茶会的都是一些历史人物，而这也正是《床上的爱丽丝》里的一个重要场景。申卡被誉为"美国最具原创性的当代女剧作家"，她的这个剧本在世界范围内被搬演过150多次，颇受好评。按照卡尔·罗利森和莉萨·帕多克的说法，申卡和桑塔格有过交集：

> 20世纪80年代中期某个时候（申卡记不得确切的时间了），一次聚会交谈时，桑塔格对申卡说："我一直对爱丽丝·詹姆斯非常着迷。我想读一读你的剧本。"申卡遂送了她一本，但从未听到关于它的一个字。于是，她给桑塔格寄了封短信，要求把剧本还回来。桑塔格也从未回复……在说了桑塔格早先曾要求借过一本《生命的迹象》后，申卡得出结论：我没读过她的剧本《床上的爱丽丝》，也没看过这部戏（容忍是有限度的），而且，由于这两部作品在其他方面明显不一样，对她的剧本的出处我不会发表任何意见（谁知道是哪一叉子下去打散了鸡蛋呢）。①

除了《生命的迹象》外，早于桑塔格的《床上的爱丽丝》的还有三部"巧合"的作品。1980年吉恩·斯特劳斯（Jean Strouse, 1945— ）发表了《爱丽丝·詹姆斯传》（*Alice James: A Biography*），赢得了读者的好评；英国剧作家卡里尔·丘吉尔（Caryl Churchill, 1938— ）1982年的剧作《优异女子》（*Top Girls*）写了一个幻想中的女性名流荟萃一堂的场景，在里面融合了女性主义的主题和实验戏剧的技巧，这一幕与桑塔格笔下的

---

① 卡尔·罗利森，莉萨·帕多克：《苏珊·桑塔格全传》，姚君伟译，上海：上海译文出版社，2018年版，第400—401页。

疯狂的茶会也有相似之处；1983年凯思琳·沙恩（Cathleen Schine,1953— ）的小说《床上的爱丽丝》出版,书名和桑塔格的剧本一模一样,故事的女主角也叫爱丽丝,也在19岁时身患不明疾病,卧床不起。因此一位热衷于文学研究的网友于2006年7月11日发布了一篇题为《竭力寻找爱丽丝》("Desperately Seeking Alice")的网络文章,将这两部与桑塔格的剧本极有关联的作品梳理了一遍,对这样的"巧合"颇为惊讶。① 桑塔格没有在任何场合提及这两部前驱性的作品,毋庸讳言,确实也有点反常。即便不考虑凯思琳·沙恩的小说中比较近似的内容,其完全一样的题名至少也应该引起过桑塔格的注意。至于吉恩·斯特劳斯所写的传记,其开篇的引言部分提到了英国作家弗吉尼亚·伍尔夫（Virginia Woolf,1882—1941）在《一间自己的房间》(*A Room of One's Own*,1929)中假想的莎士比亚的妹妹,将她在伍尔夫笔下的命运进行了一番概括,并且写道："威廉·詹姆斯和亨利·詹姆斯的确有一个颇有才华的妹妹,从她身上有可能细细地观照伍尔夫假想的情景。"② 而桑塔格在《床上的爱丽丝》的题注中第一句话就是："想象一下,如果莎士比亚有个妹妹,一个才华横溢、与其兄长具有同样超群创作天赋的妹妹,将

---

① 详见 Vitro Nasu,"Desperately Seeking Alice". http://www. mutanteggplant. com/vitro-nasu/category/books/susan-sontag/。从该文的题目来看,作者似乎有意与一篇对桑塔格较为肯定的文章大唱反调,具体可见 Terry Castle. "Desperately Seeking Susan",in *London Review of Books*,Vol. 27,Issue 6,2005:p. 17-20。

② Jean Strouse,*Alice James: A Biography*. Cambridge: Harvard University Press,1999(first published in 1980):p. xiv.

会怎样?这就是弗吉尼亚·伍尔夫在她划时代的论争著作《一间自己的房间》中向我们提出的一个问题。"①

桑塔格是否从琼·申卡、吉恩·斯特劳斯和凯思琳·沙恩对爱丽丝的书写中汲取灵感只有她自己才最清楚,不过她还赋予了她的爱丽丝另一重身份:"我这位历史人物的芳名,爱丽丝·詹姆斯,不可避免地会令人想起19世纪那个最著名的爱丽丝,即刘易斯·卡罗尔的《爱丽丝漫游奇境记》的女主角。"②她的这个拓展另有深意,成为整部剧本中一个独具特色的部分。

在一个人才济济、男性占绝对主宰位置的家庭中,真实的爱丽丝·詹姆斯将自己的存在形容为"偶然性的"(accidental),四个哥哥和位居绝对中心的父亲使得家中这个最小的女孩简直可有可无。在物质层面她衣食无忧,生活优越,并且得到了良好的教育。传记作家说"她聪颖机智、精通多种语言、热爱阅读,精力充沛、思维活跃,爱丽丝参与了所有的家庭游历——这些游历使得詹姆斯家的孩子在同龄人中与众不同,但是身为女孩这个事实使她甚至与自己的兄弟们隔离开来",而且当"男孩子们毫无顾忌地在外面学习、玩耍时,爱丽丝同父母和姨妈待在家里"③。也就是说,爱丽丝并非一直都是一个身体状况欠佳的弱不禁风的女子,相反,她也曾经精力充沛过,但是她旺盛的求知欲和与

---

① 苏珊·桑塔格:《床上的爱丽斯》,冯涛译,上海:上海译文出版社,2018年版,题注第1页。

② 同上,题注第3页。

③ Jean Strouse, *Alice James: A Biography*. Cambridge: Harvard University Press, 1999(first published in 1980), p. 43.

兄弟们比肩的愿望被压制下来,因为,"在 19 世纪,中上层阶级的女孩子们被视为情绪化、感性化的,而不是智性化、审美化的,会缝纫、跳舞、唱歌或弹奏音乐,熟读法文,谈论小说,也许还会绘画——但不是博学多才的——就被认为是'有成就的'了"。① 女孩子们能歌善舞也好,侃侃而谈也好,都是局限性的,都是社会附加的女性气质的一部分,"博学多才"已经超出了社会的期望值,是不被鼓励的特性。在这样的环境中,爱丽丝的肉体与精神一起陷入委顿状态,最后退守一隅,甚而将一张床作为自己的逃避之所,企图以肉体禁闭来对抗精神禁锢。

由于常年卧床不起,爱丽丝的家庭护士是与她相处时间最多的人,负责照料她的生活起居。以出场的频率来看,护士是爱丽丝曝光率最高的"对手",主导着开头的第一幕和第二幕以及结尾的第八幕。第一幕一共只有八句对话,每人各四句,寥寥数语,就勾勒出了二者之间的关系。

> 护士的声音:
> 你当然起得来。
> 爱丽丝的声音:
> 我起不来。
> 护士:
> 是不想起。
> 爱丽丝:

---

① Jean Strouse, *Alice James: A Biography*. Cambridge: Harvard University Press, 1999 (first published in 1980): p. 43.

是起不来。

护士：

不想起。

爱丽丝：

起不来。哦。好吧。

护士：

想起。你想起。

爱丽丝：

先把灯掌上。①

爱丽丝拒绝起床，护士对此见怪不怪，耐心地坚持催促。尽管爱丽丝已经是个大约40岁的成年人，但护士把她当成一个乖僻任性的孩子看待，二人拉锯式的斗嘴其实不费口舌，只是重复简单的词汇，最终爱丽丝处于下风，不得不妥协，要求护士先把灯点亮。在第二幕里，护士称爱丽丝是"懒骨头""没娘的可怜女孩儿"，完全是大人对小孩说话的口吻，可是根据爱丽丝建议她"应该跟某个年轻人一起去看戏"这个说法，她应该是个年轻姑娘，远远小于爱丽丝。这种年龄与角色的倒置产生了一种滑稽的戏剧效果，在看护者与被看护者的对话中突出了爱丽丝由于身体的无能为力而被护士当成精神上也幼稚弱小的病人。在第二幕里，护士还充当了提示者的角色，问爱丽丝："想不想扑点

---

① 苏珊·桑塔格:《床上的爱丽斯》,冯涛译,上海:上海译文出版社,2018年版,第1—2页。

粉,上点腮红? 别忘了,你也是个女人。"①希望她梳妆打扮以便使自己更具女性魅力。爱丽丝并不愿意听这一套,她指责护士总是同她作对,又言辞激烈地批判法国女演员萨拉·伯恩哈特(Sarah Bernhart,1844—1923),并孩子气地评价亲朋好友对自己的看法,不过护士显然司空见惯,不是转移话题就是干脆不接话茬,爱丽丝在絮絮叨叨中陷入睡眠。这样,在第二幕的斗争中,爱丽丝又失掉了一局。在最后一幕里,爱丽丝向护士发出抗议之声,让她"别用这种对孩子讲话的语气"②,可是随后还是忍不住要求对方陪伴在侧,给她讲故事,俨然一个稚气未脱的孩子,再次不由自主地迎合了护士对她的角色界定。

剧本第二幕开始的舞台说明不容忽视:在烦琐的维多利亚式的陈设中,爱丽丝"躺在一张巨大的铜床上,偎在一大堆(足有十床?)薄薄的被褥底下"③。房间的陈设表现出爱丽丝的生活条件非一般人可比,巨大的铜床自然也能说明这一点,但更能营造一种孤独感和隔离感,而最令人心惊的是那一大堆被褥。桑塔格对这个创意非常满意,她在一次谈话中专门讲到了这个设计的来源。有一次她拜访她的意大利出版商时发现在通往露台的入口处叠放着一大摞薄的被褥,一直堆放到墙的高处。这个视觉冲击给她留下了深刻的印象,后来出版商的妻子告诉她这是

---

① 苏珊·桑塔格:《床上的爱丽斯》,冯涛译,上海:上海译文出版社,2018年版,第6页。
② 同上,第127页。
③ 同上,第3页。

室内设计师的意思,因为这样会比较有趣。这时在桑塔格的脑海中"突然出现了一个被压在十床被褥下的女子。她并没有被压得气息奄奄。这些被褥象征着她半自愿的自我囚禁",她不禁自问:"这个女子是谁?"又很快地自答:"哦,是爱丽丝·詹姆斯。"①巨大的铜床和层层叠叠的被褥是爱丽丝的栖身之所,她固执地坚守这个阵地。当最疼爱她的哥哥哈里——即亨利·詹姆斯——来探望她时提出给她去掉一床被子,她置之不理并立即将话题转到哈里身上。

第三幕的闪回通过爱丽丝和父亲的对话把青年时代的爱丽丝在家里感受到的压抑和苦闷以及父亲对此的不理解和不耐烦表现了出来。爱丽丝受到抑郁症的折磨,去父亲的书房想一吐心曲。她一连喊了13声"父亲",从父亲每次回应的话语来看,他不是一个乐于倾听的家长。爱丽丝要与父亲讨论的是生死攸关的问题:她能否剥夺自己的生命。这不是一个能开门见山、轻易说出口的问题,所以她欲言又止,但父亲容不得她半点的踌躇,总是不等她说出想说的话就按照自己的思路一句句往下说,先是强调自己事务之繁忙,时间之宝贵,与宝贝女儿的谈话只能是"忙里偷闲",接着又夸耀全家——即他自己和四个儿子都口才出众,把爱丽丝排除在外,不过在意识到谈话的对象是女儿时,马上改口说全家都以爱丽丝为荣,声称一视同仁地让她有读

---

① Susan Sontag, Ivo Van Hove, Richard Schechner, "Another Alice's Wonderland, As Susan Sontag Found It", in *The New York Times*, October 29, 2000. http://www.nytimes.com/2000/10/29/theater/another-alice-s-wonderland-as-susan-sontag-found-it.html.

书的机会。爱丽丝一声声的"父亲"与其说是要开启对话,不如说是要不得已地打断父亲的独断专行,而父亲却似乎无暇顾及,反而越说越愤怒,甚而把矛头指向了家里的另一个女性——爱丽丝已经过世的母亲,认为她和爱丽丝一样"死活都不开口"。我们能够想象,爱丽丝的母亲或许不是不愿开口,而多半是无法开口,就像这段对话里的爱丽丝一样,总是一再地被夺去话语权。

整个第四幕是爱丽丝与前来探望的哈里之间的对话,乍看上去,这是一个任性的小妹对一个耐心的哥哥故作骄蛮的姿态,但仔细推敲之后,可以读出爱丽丝的几许尖酸和辛酸。爱丽丝已到不惑之年,但长发披肩,还像一个小姑娘。也就是说,在家里,她的固定形象就是一个柔弱的小女孩,护士也好,亲人也好,都要去照顾和呵护她。哈里的话语里满是爱怜:"当她的猫头鹰在外面的世界里忍受着风霜毒箭时,我亲爱的小兔子安全舒适地躲在窝里都琢磨些什么呢?"① 在西方文化里,猫头鹰是智慧的象征,哈里自比为猫头鹰,不仅拥有非凡的智慧,而且还能勇敢地面对外部世界的困难和挑战,而在他的庇护之下,爱丽丝这只毫无抵抗能力的小兔子才得以安心地享受温暖的被窝,可以无忧无虑地随便"琢磨些什么",不需要竭尽心力进行深刻的思考,更不需要与他一起直面外界的"风霜毒箭"。哈里称呼爱丽丝是"可怜的小鸭子""亲爱的小兔子""聪明的小耗子""珍爱的小海龟",这些亲昵的言语打造出一个备受宠爱的、可爱可亲的

---

① 苏珊·桑塔格:《床上的爱丽斯》,冯涛译,上海:上海译文出版社,2018年版,第29页。

小女孩形象,但是爱丽丝根本就不领情。当她醒来看见哈里就在床边时,一开口就是尖酸的话语:"我睡觉的时候大张着嘴巴是吧。涎水流到枕头上了吗?枕头都湿了。你摸摸,摸摸枕头。我涎水直流呢,我真让人恶心。"①她故意自毁形象,以极其贬损的语言打击破坏哈里使用的美化性的语言。哈里对爱丽丝的称呼有两个特点,一是突出"小",似乎爱丽丝是个永远长不大的孩子;二是以各种小型动物来指称,唯独没有正常的人的称呼。在哈里看来,爱丽丝的疾病恰好解决了她的聪明才智无从寄托的矛盾,使她不能够追求平等自由,从而也就免去了必然会遭遇的挫败。殊不知,爱丽丝根本无须走出家庭体会失败,在家庭里,她已然经受了沉重的挫败感。

桑塔格戏仿《爱丽丝漫游奇境记》里"疯狂的茶会"写下了剧本中篇幅最长的第五幕,不仅呼应了家人和护士对爱丽丝作为一个"小姑娘"的形象定位,而且突出了该剧幻想的特质。《爱丽丝漫游奇境记》是以成人的思维来想象一个儿童如何误入一个荒诞的梦幻世界,这个世界映照的是成人的独断专行和不可理喻,而《床上的爱丽丝》则让19世纪与爱丽丝·詹姆斯出生于同一个地方——马萨诸塞州的两位文学女性的鬼魂与两位舞台人物齐聚爱丽丝的茶会,进行一次想象中的语言狂欢。这四位女性的出现可谓意味深长,充满了强烈的象征性和代表性。

第一个出场的文学女性是桑塔格称之为"美国第一位重要

---

① 苏珊·桑塔格:《床上的爱丽斯》,冯涛译,上海:上海译文出版社,2018年版,第28页。

的女文人"①的玛格丽特·福勒(Margaret Fuller,1810—1850),她提出了"女性气质"和"姐妹情谊"等女权理论观念,为妇女争取平等的写作和研究权利做出了可贵的尝试。玛格丽特也是自童年时代便受到了良好的教育,她充分利用自己的家庭条件经常在家中举办学术活动,并且冒着违法的危险发表演讲,吸引了不少文化名流。也许更为人熟知的是她深受超验主义运动发起人拉尔夫·沃尔多·爱默生(Ralph Waldo Emerson,1803—1882)的赏识,担任超验主义刊物《日晷》(*The Dial*)的编辑。1845年她发表了《19世纪的妇女》(*Woman in the Nineteenth Century*),这是美国第一部倡导男女平权的著作。不幸的是她40岁时在从寄寓地意大利返回美国的途中遭遇风暴,与年轻的意大利丈夫以及襁褓中的孩子葬身大海,而出事地点距纽约火地岛仅100码之遥。在她与爱丽丝的对话中不时提到水和大海,而舞台提示也有波浪的声音。桑塔格在此借玛格丽特被大海无情吞没的命运,揭示妇女抗争的艰辛和失败的终局。剧中玛格丽特与爱丽丝都意识到自己"在别人眼里是个麻烦"②,不同的是玛格丽特为追求女性权利主动出击从而成为那些反对者眼中的"麻烦",而爱丽丝则是被动而又"安全舒适地躲在窝里"自怨自艾地成为自己的"麻烦";而且从生存的欲望来看,玛格丽特一心想活,爱丽丝却是满脑子想的都是死。

---

① 苏珊·桑塔格:《床上的爱丽斯》,冯涛译,上海:上海译文出版社,2018年版,题注第4页。
② 同上,第53页。

剧中上场的第二位文学女性是艾米莉·狄金森（Emily Dickinson,1830—1886）。这位美国文学史上的经典人物,在美国诗坛上的稳固地位已然不可撼动,但在生前甘于深锁闺中,独自燃烧着创造的才能。淹没玛格丽特的海浪意象也可以用来引出艾米莉的出场:她也是一位才华横溢却在生前被湮没无闻的女文人。玛格丽特在自己短暂的生命里酣畅淋漓地发挥着奋斗的激情,艾米莉与之相反,消极地退守在自家的宅院里。她与爱丽丝的情况颇为相似,只是后者比她更消极,干脆囚闭在一间屋子的一张床上,而且频频地思考自杀的问题。在艾米莉的诗歌中关于死亡的主题占了极大的比例,她除了是爱丽丝的同乡,还是爱丽丝沉迷死亡想象的一个知音。

与玛格丽特和艾米莉这两位历史上确有其人的女性不同,昆德丽和迷尔达是桑塔格作为虚构作品中的"两位具有代表性的愤怒女性"①被推上舞台的。昆德丽（Kundry）是瓦格纳歌剧《帕西法尔》（*Parsifal*,1882）里的女主角,受巫师控制诱惑男主角帕西法尔未果,昏睡不醒,后被帕西法尔拯救,但随即香消玉殒。迷尔达（Myrta）是浪漫主义芭蕾舞剧的代表作品《吉赛尔》（*Giselle*）中出现的薇丽女王。薇丽（the Wilis）乃是被情人抛弃含恨而死的少女冤魂,迷尔达带领她们对男性实施复仇,逼迫他们舞蹈直至力竭而亡。不过将昆德丽归类为愤怒女性未免牵强,因为无论是在《帕西法尔》中还是在《床上的爱丽丝》中,她都背负沉重的罪孽感,在昏睡和梦呓中诉说自己的苦难,甚至连抗

---

① 苏珊·桑塔格:《床上的爱丽斯》,冯涛译,上海:上海译文出版社,2018年版,题注第4页。

争的言辞都没有,这使她受到迷尔达的奚落。迷尔达毫不留情地指出了昆德丽昏睡的真实原因,即认可自己的邪恶和逃避所谓的耻辱。然而,迷尔达愤怒的矛头对准的是所有的男性,代表一种极端的女权主义。这正应了玛格丽特的一句警语:"女人以不同的方式绝望着。"①昆德丽丧失自尊的自轻自贱和迷尔达不分对象的复仇行为实则为不同方式的绝望之举。

前来参加疯狂的茶会的还有一位不速之客,即爱丽丝过世的母亲。在茶会上,母亲是一个极为被动的角色,找不到一个落座之处,最后放弃了与昆德丽争夺座位,黯然离去。爱丽丝对母亲的态度同样也是排挤和敷衍的,玛格丽特提倡的女性间互帮互助的"姐妹情谊"似乎无法惠及母女关系。迷尔达宣称"我们不是正在谈无助吗?现在我们还要乞灵于反抗"②,但反抗不是一代人或一群人能够完成的,一个家庭的女性成员间尚存在疏离的关系,整个社会的妇女达成一致反抗性别压迫又从何谈起?茶会上各路女性代表的出场和彼此间机敏的交锋并未提供任何有关性别压迫的解决之道,疯狂的茶会只是一场空谈的盛宴,爱丽丝无非是一个"爱丽丝奇境综合征"③患者,幻想消失之后,她

---

① 苏珊·桑塔格:《床上的爱丽斯》,冯涛译,上海:上海译文出版社,2018年版,第61页。
② 同上,第87页。
③ 有人根据刘易斯·卡罗尔的描写,提出了"爱丽丝奇境综合征"(AIWS,Alice in Wonderland Syndrome),指一种以暂时性的视觉幻觉和感官失真为特点的症状,发作期间物体或身体部位的形状在患者眼中出现各种变化(视物变形症),包括变大(视物显大症)或变小(视物显小症)。详见 Faik Ilik and Kemal Ilik, "Alice in Wonderland Syndrome as Aura of Migraine", in *Neurocase*, Vol. 20, Issue 4, 2014: p. 474-475。

还是躺在床上任由护士敷衍和数落。

整个第六幕是爱丽丝的独白或者呓语。舞台说明如下:"爱丽丝,在放大了的卧室比照之下显得非常小。坐在前台的一把童椅上。她身后只能看到半边巨大的床,床上有一个巨无霸的红色枕头。"①这个说明既对应漫游奇境的那个爱丽丝被缩小的画面,又展示了爱丽丝·詹姆斯被当成儿童以及被巨大的床和枕头包围的状况,但在她流畅的、像梦幻一样的叙述里,一点幼稚的影子都没有。她在意识里来到了罗马,用五官感受着这个城市的景象、声音和气味。她深爱罗马,并比较道:"这应该是世上最美的城市,虽然别人都说是巴黎。有人说是威尼斯,可威尼斯背负了太多的盛名,而且威尼斯使所有的人都想到死。可罗马却让你想到生。当我在意识中到达罗马时我也会这么想。"②也就是说,她在内心最深处其实还是保留着对生命的渴望。她想象着孤身一人在罗马旅行,漫步大街小巷,还想起哥哥亨利·詹姆斯小说里发生在罗马的故事。她从罗马数不胜数的石雕说到构成这些石雕的石头,又由此把她的意识流引向自身的疾病:"我乳房里这些石头一样的肿块。破碎的石头,意味着破碎的写作。"③而这句话,也仿佛是桑塔格自己说的。爱丽丝在生活中没人帮忙连床都起不了,无法独自行动,但在意识里她健步如飞,

---

① 苏珊·桑塔格:《床上的爱丽斯》,冯涛译,上海:上海译文出版社,2018年版,第93页。
② 同上,第94页。
③ 同上,第97页。

自由行走,这就为下一个场景到底是真是假布下了迷阵。

在第七幕,爱丽丝终于迎来了一个她可以先发制人的对手。桑塔格设计了一个令人难忘和大吃一惊的情节:爱丽丝突然轻松自如地从床上起来,面对年轻的夜贼侃侃而谈。桑塔格称"这次货真价实的对决将这出戏推向高潮"①,爱丽丝也由此获得了想象的胜利。

夜贼入室,只为行窃,之所以挑选爱丽丝下手是因为事先已得知她生活富足,而且还是个行动不便的病人,容易得手,不想病人并未入睡。如果面对沉着冷静的爱丽丝夜贼惊慌失措,他在气势上或许会输她一着,可是在她冷不丁地开口之后,他虽然吓了一跳,但毫不慌张,只是觉得"真他妈的倒霉"②。小偷很快就指出了爱丽丝真正的病症——"脑子有病",而且在爱丽丝出人意料地在房间里从容穿行的过程中,他完全没有夺路而逃的企图,而是对她发出了警告和威胁。更令人匪夷所思的是,在爱丽丝随后近乎鼓励的邀请之下,他继续行窃,只是这种偷盗行为完全变了味:主人不仅在场,而且任由他随意拿取值钱的物品。小偷无法理解爱丽丝的行为,也无法与她展开对话,在他看来,她一定是患上了"精神病",因为"听起来你肯定脑子不正常"③。

面对窃贼这样"脑子不正常"的情况在桑塔格的创作里不是

---

① 苏珊·桑塔格:《床上的爱丽斯》,冯涛译,上海:上海译文出版社,2018年版,题注第4页。
② 同上,第102页。
③ 同上,第109页。

第一次。她的小说处女作《恩主》里就有一个极为相似的情节。有天夜里,一个持枪青年闯进希波赖特家里盗窃,希波赖特发现之后,几乎是兴高采烈地邀请青年用手中的枪去射击他想要的任何物品,凡是击中的都统统归其所有,子弹不够的话他可以提供。青年的战利品多得无法搬动,第二天叫了一辆卡车才把所有挑中的东西拉走。希波赖特还特别感激,说:"挺体面的一个小伙儿,真的,多亏这下认识他,要不,我会后悔的。"①希波赖特和窃贼诚挚地攀谈,爱丽丝也和小偷推心置腹。除了突如其来地从床上起身,几乎是欣赏性地观看小偷的盗窃行为之外,她还向小偷要酒喝,把他随身携带用来提神醒脑和壮胆的烈酒喝得一干二净。这一举措突破了她在疯狂的茶会中以温文尔雅地喝柠檬奶茶来消磨时光的淑女形象,其意图是拉近与小偷的距离,显示她也是一个有血有肉、并非不食人间烟火的凡俗之人,但小偷越发觉得她疯得厉害。爱丽丝是否真的遭遇了窃贼,答案多半是否定的,否则也无须说是"想象的胜利"了,而她所谓的想象的胜利完全无据可依,只是自欺欺人罢了。

最后一幕与第一幕呼应,还是护士和爱丽丝在一起,不过护士没有催促,而爱丽丝说自己真的起床了。舞台布景也发生了变化,华丽繁复的装饰品被搬空,只剩下床、轮椅和钢琴。爱丽丝原来深陷其中的被褥和床垫被堆到台后,她穿上了外出的服装或者是披着一条披肩躺在床上。按照这个变化,读者或者观

---

① 苏珊·桑塔格:《恩主》,姚君伟译,上海:上海译文出版社,2017年版,第263页。

众会推测其寓意应该是爱丽丝摆脱了内心的束缚,要积极面对人生了。然而,她最后向护士说的竟然是:"让我睡吧。让我醒来。让我睡吧。"①其实,一切都没有变。

桑塔格对瓦格纳情有独钟。《床上的爱丽丝》里不仅有来自瓦格纳歌剧《帕西法尔》里的角色昆德丽,还反复出现《帕西法尔》的音乐片段。此外,1991 年她还写了一个独幕剧《一个帕西法尔》(A Parsifal),对瓦格纳的歌剧进行了解构,也正是这个剧本开启了她和罗伯特·威尔逊的第一次合作,因为这正是她为当年在波士顿美术博物馆举办的威尔逊回顾展的目录手册写的。不过该剧直到 2006 年,也就是桑塔格去世两年后,才在纽约首演。1998 年,桑塔格和威尔逊以及几个演员一起在沃特米尔艺术中心(Watermill Centre)的一个工作坊里改编了易卜生的剧作《海上夫人》(Lady from the Sea),这部戏于当年在意大利的费拉拉(Ferrara)首演,此后成功地在意大利、西班牙、波兰、挪威、法国、土耳其和韩国巡演,其剧本发表在 1999 年夏季号的《戏剧》(Theatre)上。

1991 年好像是桑塔格的戏剧之年,她还取材于莎士比亚《仲夏夜之梦》(A Midsummer Night's Dream,1595—1596)的戏中戏写了一个短剧《百感交集的皮剌摩斯与提斯柏》(The Very Comical Lament of Pyramus and Thisbe),而这个戏中戏又源自古罗马诗人奥维德的《变形记》(Metamorphoses)的第四章,可

---

① 苏珊·桑塔格:《床上的爱丽斯》,冯涛译,上海:上海译文出版社,2018 年版,第 130 页。

谓实现了多重"变形"。

《床上的爱丽丝》也好,《一个帕西法尔》或《百感交集的皮剌摩斯与提斯柏》也罢,都是桑塔格放出的烟幕弹,或者是她派出的先遣部队,待烟雾散尽,她像一个披挂妥当的女武神,以《火山情人》为武器,义无反顾地再次冲进了小说界。1992 年 9 月 17 日《华盛顿邮报》(*The Washington Post*)刊登了一篇题为《苏珊·桑塔格,终于火了》("Susan Sontag, Hot as Last")的文章,作者咋咋呼呼但并非言过其实,上来就是一通惊呼:

纽约——把这个加到你原以为你一辈子也不会看到的现象的列表中。

尼克松复出。

德国再次统一。

一部苏珊·桑塔格的小说登上畅销书榜单。

你可以想象,全国各地,评论家和购书者都困惑不已。苏珊·桑塔格,当下纽约知识界的女王?那个撰写出所有那些关于欧洲作家与电影拍摄者(他们的名字该怎么念你都不能肯定)的杰出随笔学者兼评论家?那个在《静默之美学》六个段落的篇幅中一口气列举了克莱斯特、阿尔托、杜尚、约翰·凯奇和哈伯·马克斯的学者兼评论家?

对,就是那个苏珊·桑塔格。《火山情人》是她 25 年来的第一部长篇小说,也是她第一部享誉圈内外的书,《纽约书评》的全部注意力都为之吸引。更重要的——更令人困惑的是,这是一部颇有趣味的历史小说,是对一段著名的三角恋的重新演绎,并加了副标题"一个传奇"。①

这几段话虽然不长,但把桑塔格其人、其作、其影响都涵盖了,能帮助我们了解《火山情人》产生的轰动效应。就在人们以为桑塔格真的适应了自己作为批评家的角色,偶尔写写短篇或剧本的时候,这部小说就像沉寂多年的火山终于爆发了一样,又将桑塔格的小说家情怀热切地呈现在大众面前。桑塔格说在历时三年的创作过程中,她每天都在极度的狂喜中写作12小时,而她也认为这部小说是她写作生涯的一个转折点,数次在接受采访时都毫不掩饰地表达了自己的欣喜之情。

这部小说的副标题"A Romance"里的"Romance"在中文的译本中有"传奇"和"罗曼司"两种译法,本书为行文方便,统一表述为"传奇"。如果研究针对《火山情人》的评论,我们也许会发现,它们绝大多数都认同了该小说的类别——历史传奇小说(Historical Romance),这也正是引起诸多争论的一个原因,比如就有人惊呼:"桑塔格写历史传奇小说?这是一个极端的文学矛盾修辞(literary oxymoron)吧?"②其实,历史传奇小说在美国并非"老掉牙"的小说样式,恰恰相反,桑塔格在20世纪90年代初期落笔于该样式正是她时刻关注文坛动向和读者群体的结果,反映出她紧跟时代节拍、力赶时代大潮的写作意识。

1987年,斯坦福大学的英美文学研究学者乔治·德克

---

① 葆拉·斯潘:《苏珊·桑塔格,终于火了》,收入《苏珊·桑塔格谈话录》,利兰·波格编,姚君伟译,南京:译林出版社,2015年版,第189页。
② Alexandra Johnson, "Romance as Metaphor", in *The Nation*, Vol. 255, Issue 10, 1992: p. 365.

(George Dekker,1934—2010)在其专著《美国历史传奇小说》(*The American Historical Romance*,1987)中指出,150多年来,美国最受欢迎的畅销书和最为一代代美国读者所津津乐道的小说就是历史传奇小说。① 这个局面到了21世纪也依然如此。2010年9月15日美国极具人气的《书目》(*Booklist*)杂志中有一篇文章仍然提到,在传奇样式大行其道的今天,关于吸血鬼、狼人、变形人的故事似乎无处不在,但历史传奇小说并未丢失阵地,反之,"时至今日,历史传奇小说在传奇样式中一直是、并将依然是一个重要的乃至至关重要的部分"②。根据另一位学者的研究,尽管历史传奇小说的发轫要从男作家说起,但真正使其经久不衰的却是女性,因为这种特殊的小说样式"绝大部分是由女人所写,为女人所读",也正因如此,它只是作为一种写作和阅读的现象存在,而"往往为批评界所忽略"③。与《恩主》和《死亡匣子》的晦涩和含混相比,《火山情人》几乎是一个180度的大转弯,主要情节脉络清晰,人物身份明确,描写细致具体,但如果因为与作者的早期风格有偏差或者与其主要写作样式不一致而否

---

① 德克所指时间段是以1821年詹姆斯·费尼莫尔·库柏(James Fenimore Cooper,1789—1851)的小说《间谍》(*The Spy*)的发表为起始的,这指的是美国历史传奇小说的肇始,他随后也表示,如果撇开地域限制,历史传奇小说的发端应以学界公认的沃尔特·司各特爵士(Sir Walter Scott,1771—1832)的《卫弗利》(*Waverly*)为准,其首版时间为1814年。详见George Dekker, *The American Historical Romance*. New York:Cambridge UP,1987:p.1.

② John Charles, Shelley Mosley, "Core Collection:The New Stars of Historical Romance", in *Booklist*,15 Sept,2010:p.40.

③ Jerome de Groot, *The Historical Novel*, London and New York:Routledge Taylor & Francis Group,2010:p.52-53.

定这部作品的价值,那显然是一种偏见,更何况桑塔格一直就是一个视域开阔、笔触极广的文坛健将,在即将迈入花甲之年的时候尝试历史小说又何尝不是她永不止步的一个证明呢?桑塔格从 20 世纪 60 年代的先锋写作中华丽转身,也是想达成她的一个愿望,正如上面这位学者所说:"大多数严肃的小说家一生中至少都会尝试一次写历史传奇小说。"①在一个历史传奇的样式之下,桑塔格"大量地综合了其写作中常见的特点和视角,也就是来自那些美学家、忧郁症患者、游客、废墟的鉴赏家和收藏家身上的特点和视角"②。男主人公汉密尔顿爵士(小说中称为"骑士")作为收藏家的身份在整部小说中起到了非常关键的作用。桑塔格自己也热爱收藏,"建起了全美最大的私人图书馆之一,并收集了大量精挑细选的 18 世纪意大利建筑画"③,她所敬慕的本雅明也同样具有汉密尔顿的一些特征。

《火山情人》的构思其实早在 1980 年就开始了,当时桑塔格在伦敦的一家书店偶然发现了一系列手工上色的维苏威火山的版画,它们是英国驻那不勒斯大使汉密尔顿爵士在 1776 年为一本私人印行的书定做的。桑塔格着了迷,一连往这家书店跑了三天,一共买下了 17 幅版画。后来她还很后悔,责怪自己为什么没有把它们全部买下来。她觉得也许是灾难的场面吸引了

---

① Jerome de Groot, *The Historical Novel*, London and New York: Routledge Taylor & Francis Group, 2010: p. 45.
② Liam Kennedy, *Susan Sontag: Mind as Passion*, Manchester and New York: Manchester University Press, 1995: p. 121.
③ 戴维·里夫:《中文版序》,收入苏珊·桑塔格《火山情人》,姚君伟译,上海:上海译文出版社,2018 年版,第 3 页。

她。20世纪60年代初,她曾经在日本科幻电影节观看了很多影片,发现"科幻电影不是关于科学的,而是关于灾难的,此乃艺术最古老的的主题之一"①,这个感悟使她写下了文章《对灾难的想象》("The Imagination of Disaster",1965)。她把买来的这些画挂在公寓的墙上,继续查阅相关资料,阅读汉密尔顿的传记,慢慢地,灾难退居其次,汉密尔顿的生平一点点被放大,她终于想起来这个人就是她小时候看过的一部电影里的男配角。1941年影坛传奇偶像劳伦斯·奥利弗(Laurence Olivier,1917—1989)和费雯丽(Vivian Leigh,1913—1967)主演了一部好莱坞影片《汉密尔顿夫人》(*That Hamilton Woman*),讲述了英国历史上一个有名的三角恋故事,这三个人分别是汉密尔顿、他年轻的第二任妻子埃玛以及英国人迄今仍在纪念的海上英雄霍雷肖·纳尔逊(Horatio Nelson,1758—1805)。奥利弗和费雯丽这一双璧人分别饰演纳尔逊和埃玛,由费雯丽扮演的埃玛为这部电影增添了不少光彩,观众纷纷为她流下了同情的泪水,而里面的汉密尔顿则被刻画成一个拄着拐杖、体态臃肿的好色之徒。桑塔格那时还是一个八岁的小女孩,但影片给她留下了非常深刻的印象,并且使她万分激动。买下版画和读了一些资料后,她更感兴趣的是被丑化了的汉密尔顿,不过等到她落笔,写着写着,"埃玛劫持了这本书"②,成了主角。

---

① 苏珊·桑塔格:《对灾难的想象》,收入《反对阐释》,程巍译,上海:上海译文出版社,2018年版,第254页。
② 葆拉·斯潘:《苏珊·桑塔格,终于火了》,收入《苏珊·桑塔格谈话录》,利兰·波格编,姚君伟译,南京:译林出版社,2015年版,第189页。

《火山情人》由一个序幕(Prologue)和四个部分(Part)组成,但是这四个部分的划分和所占比例却颇不寻常。第一部分以骑士和第一任妻子凯瑟琳回伦敦探亲开始,又以凯瑟琳客死他乡结束;第二部分以骑士的第二任妻子埃玛离开伦敦前往那不勒斯开始,以骑士濒临死亡结束;第三部分是骑士死前的内心独白;最后一部分最为奇特,是书中出现的四位女性的死后独白。其中,第二部分占了最大的比例,而骑士独白的第三部分只有13页,仅占全书英文原版的百分之三。从整部作品的结构来看,女性角色的活动起到了分水岭的作用,其实在序幕之前,就有一个明显的提示,只是这个提示不知何故被人忽视了,桑塔格写下了如下文字:

Dorebella(aside):Nel petto un Vesuvio

d'avere mi par.

Cosi Fan Tutter,Act II

熟悉歌剧的西方读者应该对此并不陌生,它来自莫扎特闻名遐迩的歌剧《女人心》(*Cosi Fan Tutter*,直译为"女人都是如此")第二幕里女主角之一的多拉贝拉的一句唱词,意为"我的心中仿佛维苏威火山在喷发",这就把小说里作为有着丰富象征意义的维苏威火山和女主人公结合到了一起,给了读者几许提示。

在序幕中,桑塔格邀请读者一起走进了两个跳蚤市场,一个是写实的,1992年春天曼哈顿的某处,甚至连"我"的穿着都一一交代了,"我穿着牛仔裤、丝绸衬衫,脚上是网球鞋"[1],这活脱脱

---

[1] 苏珊·桑塔格:《火山情人》,姚君伟译,上海:上海译文出版社,2018年版,第4页。

就是作者本人平时的打扮；一个是隐喻的，指的是历史，它包容了过去所发生的一切，那些湮没其中的历史细节便成了市场里一件件的物品，不同收藏眼光和趣味的人在此精心挑选，或许能有意外的发现和收获。桑塔格在尘封的历史中找到了适合自己虚构加工的材料。如同电影的蒙太奇镜头，当读者随着"我"走进市场时，一副历史的画卷蓦然展开，场景切换到了1772年秋天伦敦的一次拍卖会，小说的男主人公骑士出场，来到读者面前。他42岁，面部轮廓分明，肤色苍白，身材高大、瘦削，其表情气度一看就是个贵族。旁边一个男子亦步亦趋，年纪只有他的一半，但长相酷似，作者到了后面才交代，这是骑士的外甥查尔斯。随着两人走出拍卖会现场，画面再次切换，时空再度转换，现代社会一座正在喷发的火山出现在读者面前，那是1944年3月29日下午4点维苏威火山的最近一次喷发，由此重新点明了火山的主题。在序幕的最后，作者发出重返历史的呼吁："我们回来。我们回来。"①

第一部开始，骑士刚刚度完他为期九个月的探亲假期，一切准备就绪，马上又要起程从伦敦回到那不勒斯，继续履行大使的职责。桑塔格采用了倒叙的方式，介绍了骑士的个人信息。他出身显赫，是公爵的孙子，勋爵最小的儿子，国王儿时的玩伴，7年前告别祖国，走马上任。外甥查尔斯帮助打点行装，照应舅舅规模庞大的出行车队和行李，他的舅母凯瑟琳身体虚弱，正在饮用鸦片酊和铁盐矿泉水以对付即将开始的漫长旅途。这对夫妻

---

① 苏珊·桑塔格：《火山情人》，姚君伟译，上海：上海译文出版社，2018年版，第9页。

结婚 16 年了,尚无子嗣,如果凯瑟琳仍无所出的话,查尔斯将会是他们的第一继承人。这桩婚姻,无非是各取所需。骑士虽然出身显贵,但不是长子,没有继承权,一文不名,需要经济上的支持来进入政界,谋取职位,而凯瑟琳恰恰是一个富有乡绅的独生女儿,因为家底丰厚,所以是一个经济实力强大的女继承人,其父看中了骑士的贵族头衔,双方一拍即合,喜结连理。骑士最爱的是收藏,对婚姻没有什么兴趣,但婚姻除了能帮助他加官晋爵外,还能让他有足够的金钱来购买收藏品,可谓是无本而万利。

凯瑟琳在结婚后却把骑士当成了自己生活的全部,全心全意甚至是卑躬屈膝地爱着他。骑士对她倒也彬彬有礼,因此还赢得了一个宠爱妻子的美名。骑士带着妻子到那不勒斯赴任,生活条件非常优越,安享有几十个房间的三层大楼,奴仆成群,进出都是大排场。他的日程安排得满满当当的,政务、收藏、考古、登山、欣赏歌剧和学术研究一样不落,忙得不亦乐乎。他在那不勒斯如鱼得水,作为鉴赏家和有学问的人,声名远播,是王室的座上宾,风头胜过其他所有国家的全权公使。凯瑟琳虽然相貌平凡,体质娇弱,但并不是凡俗之辈。骑士在婚后发现了她的种种好处,也算得上是一个完美的妻子了:"大家都觉得她值得钦佩,这让他心里喜滋滋的。她不软弱,而是真心实意地顺从,她并不缺乏自信心。"①骑士更看重别人眼中的妻子,这能为他锦上添花。他俩还有共同的爱好——音乐,而且凯瑟琳还是一名出手不凡的大键琴演奏家。当音乐神童莫扎特和父亲老莫

---

① 苏珊·桑塔格:《火山情人》,姚君伟译,上海:上海译文出版社,2018年版,第 25 页。

扎特到访那不勒斯时,凯瑟琳为他们演奏,技惊四座。骑士每个星期都会在官邸举办音乐会,每当悦耳的音符从凯瑟琳的指尖流淌而出时,喧闹的人群就会立刻安静下来,沉浸在优美的音乐里。骑士自己也精通音乐,是个技艺精湛的大提琴手和小提琴手,但他认为妻子技高一筹,自己甘拜下风。音乐需要知音,两人或多人合作和合奏很常见,而收藏却是一个人的享受,幸运的是,凯瑟琳对骑士的藏品只是礼貌地表示出兴趣,从不染指,所以作为一个伴侣,骑士确实对妻子没有什么不满意的。如果一定要说出点什么的话,那就是骑士觉得她过于娇弱不适合夫妻间的亲昵,但他在婚姻生活里是忠实的,没有找情妇,也不觉得有什么遗憾。凯瑟琳是一个不可多得的良伴,或者说是一个体面的家庭摆设,至于夫妻间应该有的浓情蜜意,那大概是他从未想过的事情。

骑士在那不勒斯把收藏的爱好发挥得淋漓尽致,那里是一片收藏的乐土,充分地满足了他的收藏需求。公元 79 年维苏威火山大规模喷发,庞培(Pompeii)和赫库兰尼姆(Herculaneum)都被火山灰湮没,而在骑士任职期间,这两个地方正好都在开展挖掘工作,距离他的住所骑马也都不到一个小时,为他提供了大肆掠夺文物的机会。他知识渊博,有很高的艺术品位和很强的鉴赏力,在大量的文物面前懂得如何精选出有价值的东西。他通过各种手段设法把从废墟里出土的珍品据为己有,而它们本应该是如数送进王室收藏室的。骑士获得的收藏品在经过他的把玩之后最终都只有一个归宿——运回到伦敦拍卖,转化成骑士所需要的金钱,既维持了他奢华生活的不菲开销,又能支持他继续购置藏品,丰富库藏,再转手出卖,如此循环往复。那不勒斯人对这位外国公使非常信任,认可他的见识和学问,写信向他倾诉各种问题,同时也会提供不少有价值的关于艺术品的情报。凡是在能力范围内能施以援手的,骑士从不会拒绝。因此,骑士作为追名逐利者和艺术价值的发掘者,甚至是保护者的双重身份体现了一种分裂的艺术情怀,既有功利性,也有无私性,而桑塔格对这个人物也怀有复杂的感情。借那不勒斯女诗人和革命家爱勒纳拉的死后独白,她谴责骑士"不过是个上流社会的半吊子,在一个穷困、腐败和有趣的国家里,享受着提供给他的诸多机会,偷盗艺术品并以此赚钱为生,还成了个鉴赏家"①。

前文提到桑塔格在评论本雅明时说过,"知识生活的王子也可能是一个弄臣",以说明本雅明性格里奉承拍马的一面。骑士的身上不仅有作为博学家、收藏家本雅明的影子,也有作为奉承者本雅明的特点。他是那不勒斯国王最看重的外国居民,为了保持这一地位,他有时候真的在宫廷里扮演弄臣的角色。国王肥胖贪吃,几乎目不识丁,粗俗不堪,爱玩恶作剧,骑士往往被要求陪同左右,目睹国王种种让人目瞪口呆的所作所为。有一次国王在大吃大喝之后"邀请"骑士陪伴他出恭,在恶臭之中侍立在侧的骑士不以为意,积极配合他的要求。这当然也是骑士的谋略,讨好了国王就能为自己在那不勒斯享受特权大开方便之门。

不过与那些多少带上了经济利益色彩的古玩字画相比,他

---

① 苏珊·桑塔格:《火山情人》,姚君伟译,上海:上海译文出版社,2018年版,第448—449页。

更痴迷的是火山,甚至在火山喷发的时候他都不顾生命危险亲赴现场采集标本,这才是他心中真正的激情所在,也是他赢得"火山情人"之称的原因。与火山有关的收藏"才是纯粹的收藏,不考虑盈利的可能。这里根本没有什么买卖。他只能将火山作为一个礼物,为了他的荣耀,也为了火山的荣耀"①。这个礼物与普通礼物的最大区别在于它能被无限次赠送之后还依然为"主人"所拥有。

作为旅游观光的胜地之一,那不勒斯吸引了英国的贵族子弟前来一睹维苏威火山的风采,骑士则顺理成章地成了最优秀的导游和解说员。与一般的导游不同,他"渴望——像所有的收藏者一样——展示它。而且他还不得不这样做,假如游客是来自英国的一个朋友或亲戚,或是一位外国显要"②。介绍火山对于骑士来说如数家珍,他认为自己有义务把火山的种种精妙之处最大限度地展现出来。他俨然把火山纳入了他的藏品之中,像一个主人一样沾沾自喜。很难想象一个英国人竟然会在意大利的一座火山上找到激情的释放点,孜孜不倦地对它进行观察和研究。如果要更好地理解骑士的这一行为,我们不妨参照桑塔格在《土星照命》一文中的解释:"在时间里,一个人不过是他本人,是他一直以来的自己;在空间里,人可以变成另一个人。"③

---

① 苏珊·桑塔格:《火山情人》,姚君伟译,上海:上海译文出版社,2018年版,第30页。
② 同上,第31页。
③ 苏珊·桑塔格:《土星照命》,收入《土星照命》,姚君伟译,上海:上海译文出版社,2018年版,第113页。

从时间的维度来说,骑士的身份生而注定,无论出身有多显赫,也只能是英国一个不受重视的非长子,必须靠个人的努力才能有所成就。他也的确求知若渴,不停地丰富自己的学识,并适当地抓住了与凯瑟琳结婚的机会,最终有一个较为理想的就职之所,但是他所做出的这些努力无非是为物质生活所驱,而在他的内心深处,还存在着对精神生活的强烈向往。空间的转换是他寻找自己另一面的一个契机,在这个不同的空间里,最富特色和代表性的自然就是那座举世瞩目的火山,他把自己的另一面托付于此,可谓得其所哉。

火山是骑士为自己的心灵寻找到的栖居地,小说里详细地描写了骑士数次攀登火山的情形,他能在这座别人眼里只是一个冒烟的怪兽那里享受到艺术之美,比如滚烫的熔岩冲向天空又落下地面让他联想到舞者的动作,火山发出的喧闹声又使他幻想是一个乐队的演奏,在轻重缓急的合奏中体会到妙不可言的美感。在与火山相处了数年之后,骑士已然将他乡当成了真正的故乡,甚至感叹"还可能有什么要惦记的呢? 这是我的祖国"①,这种强烈的依恋使他成了一个不折不扣的"火山情人"。

骑士和凯瑟琳回到那不勒斯后,一晃又过去了一年多的光景,凯瑟琳的健康状况仍然一直不见改善。其间火山活动频繁,骑士外出观察的次数也越来越多了,他还新添了一个活的收藏品——印度猴杰克。这只猴子机灵活泼,对骑士忠心耿耿,能够

---

① 苏珊·桑塔格:《火山情人》,姚君伟译,上海:上海译文出版社,2018年版,第82页。

模仿他鉴赏文物的一举一动,为他的社交活动增光添彩。骑士对猴子的兴趣远胜过对自己多才多艺的妻子的关心,他宁可以猴子为伴,而不愿与妻子多多交流。事有凑巧,杰克在大使府邸迎来了那不勒斯30年来的第一场雪,这场雪终于要了这只猴子的命。骑士以观察和爱护之名圈养的这只本应在印度的野外生活的动物成为收藏者的牺牲品,与其说是那不勒斯突如其来的寒冷天气杀死了它,不如说是骑士的占有欲断绝了它的生路。而在杰克死亡的时候,凯瑟琳也经历了一次死亡——一颗敏感心灵的毁灭。

在与骑士寡淡无味或者说受到冷落的相处中,骑士的一个远房表侄威廉的到来打破了凯瑟琳内心的平静。威廉是一个家境富有、率性而为的年轻贵族,因为不容于社会的性取向而屡屡被驱赶,对音乐有独到的理解,真心地欣赏凯瑟琳的琴艺,两人在一起体会到了一种甜美而纯洁的感情,凯瑟琳变得容光焕发、精力充沛,威廉则以《少年维特之烦恼》来比喻这一段相知。遗憾的是,在这段纯精神的爱情中受伤的不是"维特",而是"维特"的爱人。最终威廉还是离开了那不勒斯,虽然他在写给她的信中信誓旦旦地表示会回来陪她迎接春天,可是一直到了飞雪飘零的第二年冬天,凯瑟琳也没有等到这个一度深情款款的"维特",她感到了自己的毁灭,而且虽然她"不愿感到自己被抛弃,但她还是感受到了"①。凯瑟琳迅速地憔悴和苍老,直至一病不起。骑士对发生在两人之间的事情心知肚明,他当初甚至很高

---

① 苏珊·桑塔格:《火山情人》,姚君伟译,上海:上海译文出版社,2018年版,第112页。

兴凯瑟琳有人陪伴,无须占用他的时间,他自然更了解凯瑟琳顺从的性格不会给他造成任何威胁。他观察着凯瑟琳起起伏伏的情感经历,而且面对病重的凯瑟琳,他假意安慰的话语简直到了冷血的地步:"亲爱的,我可不可以提醒你,我们俩都很伤心……你失去了我年轻的表弟。但是我失去了杰克。"①凯瑟琳病重期间,骑士大为光火,因为她成了他行动的累赘,后来他找出许多理由离开凯瑟琳,任由她在病痛和感情的折磨中孤独地离开人世,而她在临终时还不忘让仆人把镶着骑士肖像的相框拿下来,就这样怀抱着相框黯然离去,这里饱含着多少辛酸,又是多么辛辣的讽刺!凯瑟琳死后,骑士"缅怀起她的美德、她的才智、她的喜好。事实上,他主要谈他自己"。② 夫妻之情何在?凯瑟琳与猴子杰克一样,只是他人生的一个小小的注脚而已。

第一部结束时,骑士正等待着火山的再一次喷发,等待着灾难的发生,而作者突然闯入,把读者拉回到现代,同时也拉回到她本人和她那些自杀身亡的朋友们经历过的那些思想挣扎的时刻,而且不乏大胆的想象:

这是一个开始仔细考量所有的道德责任的时代,这是我们所谓的现代的开始……生的意愿与死的意愿之间的分界线多么细弱啊。精力充沛与麻木倦怠之间的隔膜又是多么纤弱啊。如果自杀弄得很容易,多少人会屈服于自杀的诱惑啊。来个……一个洞,一个真正的洞,你把它挖在一个公共场所,让大家使用,

---

① 苏珊·桑塔格:《火山情人》,姚君伟译,上海:上海译文出版社,2018年版,第113页。
② 同上,第118—119页。

如何？比如说，在曼哈顿第七十街和第五街的街角……洞边竖块牌子，写上：下午四时——下午八时/周一、三、五准许自杀。就这样。一块牌子。嗯，那肯定有人会跳下去，而这些人之前几乎都没有想过要自杀。任何坑都是一个深渊，如果合适地标示出的话。下班回家，出门买包好烟，绕道去取洗好的衣服，目光扫过人行道去找那条肯定是被风从你肩上吹落的红丝巾，你记得那个牌子，你往下看，你很快地吸口气，慢慢地呼出，然后你说——就像恩培多克勒在埃特纳火山说的那样——为什么不。①

恩培多克勒（Empedocles）是古希腊唯物主义哲学家和诗人，他的出现把这里谈及的自杀问题推到了哲学的高度，让我们想起《死亡匣子》里的自杀主题以及加缪关于自杀是真正严肃的哲学问题的断语。桑塔格在这里也可能是暗示，凯瑟琳表面上是死于身体的病症，但实际上是死于内心的痛苦。在威廉出现之前，她的世界只有骑士，她并不知道真正的两情相悦是什么滋味，无所谓生的意愿死的意愿，就是那样心如止水地生活着，可是等到她明白了爱情应该有的模样后，威廉却又一去不回，这就像掏空了她的灵魂，心灰意冷，生的意志逐渐黯淡，最终凄然离世。

骑士虽然对凯瑟琳没有爱情，但她毕竟是与他相伴了22年的结发妻子，所以他还是感到了真真切切的悲痛。不过在小说的第二部开始时，凯瑟琳已经死去四年了，骑士也已经完全调整

---

① 苏珊·桑塔格：《火山情人》，姚君伟译，上海：上海译文出版社，2018年版，第127—128页。

好了丧妻后的低落情绪。他请假回国,把凯瑟琳的遗体送回威尔士凯瑟琳名下的庄园安葬。现在,这片庄园的主人就是他了。他回来还有一件重要的事要做,那就是把手头最值钱的一个古董花瓶卖掉。

骑士在外甥查尔斯家里得到了一个活泼又可爱的姑娘的悉心照料。姑娘名叫埃玛,是查尔斯的情妇,帮他打理家务。埃玛年轻貌美,比查尔斯小16岁,比骑士小36岁,但这个来自乡村的姑娘却已经有了不少不堪回首的往事:14岁进城当女仆被东家儿子诱奸;被一位准男爵玩弄后因为怀孕又被扫地出门;怀孕期间衣食无着不得已做了妓女。查尔斯似乎是一位仁义之人,向她伸出了援助之手,资助她把女儿寄养在乡下的一户人家,但也不过是贪恋其美貌,还通过让她打理家务节约开支,更可怕的是,他把埃玛当成了一件可以交易的藏品,等待时机以便出手。查尔斯和骑士从前的处境一样,也是一个勋爵家一文不名的非长子,所以他非常希望能稳稳地保住自己在骑士那里的继承权。丧偶的舅父是查尔斯为埃玛找到的最理想的"买主",因为如果骑士对她产生了男女之念,她就既可以杜绝那些向骑士表示结婚意愿的贵妇人的念头,还能确保查尔斯的继承权不会落入他人之手。骑士第一次见到埃玛就被其美丽的外表打动,认为"她的头,可以与某些古典雕像美人相媲美"①。这为他与埃玛的关系埋下了伏笔:如查尔斯预设的那样,埃玛将会成为他的一件活的收藏品。

---

① 苏珊·桑塔格:《火山情人》,姚君伟译,上海:上海译文出版社,2018年版,第134页。

查尔斯安排埃玛和她的母亲一起去那不勒斯,向她隐瞒了自己的真实动机,谎称是让她去接受骑士的教育,自己没多久也会去与她会合。姑娘没有多想,高高兴兴地就上路了,但是骑士心知肚明:"舅舅接手外甥的情妇?骑士明白查尔斯不仅仅是在为自己卸掉一个包袱,让他舅舅替他还债;他还在希望阻止一种可能,即他舅舅也许会决定娶个新妻子以安慰他的晚年。"①即便如此,出于贪恋姑娘的美貌,骑士没有反对外甥的计划。当埃玛在那不勒斯左等右等都等不到查尔斯,最终得知自己不过是外甥与舅父一桩肮脏交易的牺牲品时,她选择了听天由命,顺从了骑士的要求,成了他的情妇。

埃玛让骑士想起了印度猴杰克:好奇、淘气、有无限的可塑性。最后的这一点是埃玛走进骑士的生活,轻而易举地赢得了他的青睐的主要原因。可以说,骑士等待这样一个机会已经很久了,这在第一部已经露出了端倪。第一部的第三节结尾处作者既不承上又不启下地突然让读者发挥一下想象,一起再现一个皮格马利翁的改编版本:公园里有一尊漂亮女人的塑像,别人把她塑造出来,又抛弃了她,现在她属于皮格马利翁。皮格马利翁要让塑像起死回生,至于塑像如何慢慢获得人的能力,具备各种知觉,一切尽在皮格马利翁的掌控之中。皮格马利翁并不迷恋塑像,"但是他有一个教训人的癖性,所以他想看见这尊塑像

---

① 苏珊·桑塔格:《火山情人》,姚君伟译,上海:上海译文出版社,2018年版,第136页。

最大限度地展现她的才能"。① 皮格马利翁的故事来源于古希腊神话,说的是塞浦路斯的国王皮格马利翁,工于雕刻,对世间的女子毫不动心,但却无法自拔地爱上了自己雕刻出来的一尊少女像,其诚挚之情感动了爱神阿芙洛狄忒,爱神赐予雕像生命,于是皮格马利翁与雕像终成眷属。只有读到了第二部,读者才会明白桑塔格在这里穿插的是一个预告,为埃玛的出场做好了铺垫。杰克虽然机灵可爱,但毕竟只是一只善于模仿的猴子而已,埃玛则是一个有血有肉、魅力四射的妇人,是个理想的性伴侣和装饰品。骑士从外甥手中接过这件不可多得的可塑之"物",得意之余置廉耻与人伦于脑后,软硬兼施迫使姑娘就范,并且立即着手他的改造计划。

在骑士眼里,埃玛值得他投入时间和精力精雕细琢。她的聪明好学超出了他的期望,为他带来了惊喜。她不知疲倦地学习外语、音乐、舞蹈、唱歌、绘画,还有植物学和地质学。对于新习得的语言和知识她掌握得非常好,而对于母语英语,她则无论如何都学习不好,发音和书写都无可救药,这是因为,"她无法在她自己的脚上走过"②。换言之,她那不能登大雅之堂的英语是她与生俱来在底层生活中获得的,已经成了深深烙进她身体的一部分,无法改变,而在那不勒斯这个全新的环境里,她懂得相时而动,牢牢把握住自己的机会,"她的美绽放了,在一种与英国

---

① 苏珊·桑塔格:《火山情人》,姚君伟译,上海:上海译文出版社,2018年版,第50页。
② 同上,第147页。

阳光迥然不同的阳光下,她的美在空中大放异彩,耀眼夺目"。①

骑士不满足于金屋藏娇,作为一个对自己的收藏品位颇为自负的收藏家,他要让埃玛这个千娇百媚的艺术品广为人知。埃玛在骑士的指导之下为前来大使官邸的客人表演"造型艺术"(attitudes)。所谓造型艺术,就是骑士以自己收藏的绘画和雕塑展现的人物为原型,选择题材,让埃玛摆出各种姿势和造型,观看者则由此来猜测她表演的是谁,是哪个古代神话或者文学故事中的哪一幕场景。埃玛活灵活现的表演和令人心动的美貌使她名噪一时,她的美征服了那不勒斯人,连俄国的凯瑟琳女皇都要求送一张她的肖像去圣彼得堡。

桑塔格考证了大量的历史资料,把歌德写进了《火山情人》的第二部,以"诗人"称之。这既符合史实,也提醒读者第一部里凯瑟琳的悲剧,她的情人威廉就自比为歌德的《少年维特之烦恼》里的维特,还有,这也是本雅明喜欢的作品。也许桑塔格尤其关注的是,歌德还是自然学家,像骑士一样热衷于自然科学研究。1787年歌德到那不勒斯旅行,攀登了火山,见到了汉密尔顿,观看了埃玛的表演,还享受了英国大使的最高礼遇——参观他宝藏丰富的地下储藏室。歌德在30年后的《意大利之旅》里记叙了他的那不勒斯之行和在汉密尔顿府邸的聚会。在《火山情人》里,歌德见到埃玛时,埃玛来到那不勒斯才一年的时间,也才刚刚开始在骑士的聚会上表演。埃玛表示自己是《少年维特之烦恼》的疯狂粉丝,为女主人公心痛不已,而诗人则为男主人

---

① 苏珊·桑塔格:《火山情人》,姚君伟译,上海:上海译文出版社,2018年版,第145页。

公感到难过。我们可以假想一下,如果埃玛得知了凯瑟琳和威廉之间的隐秘感情,会不会对凯瑟琳的遭遇洒下同情的泪水?答案也许是肯定的。诗人事先已经耳闻了骑士和埃玛的关系,说他得到并爱上了一个像古希腊雕塑一样美丽的年轻女子,而且他比皮格马利翁还要胜出一筹,因为他"已成为一个反过来的皮格马利翁,把他的美人变成一尊雕像;更准确地说,成了一个有一张来回票的皮格马利翁,因为他能把她变成一尊雕像,然后又能随心所欲地把她变回一个女人"①。

不过骑士没有料到,埃玛也在以自己的魅力改写着皮格马利翁的故事。她成为那不勒斯的奇迹,取代了火山的位置,更取代了骑士心目中的火山的位置,使他不顾上流社会的耻笑,无视门第观念,主动给了她一个正当的名分,正式娶她为妻,她也由此完成了人生最重要的一次转变,第一次与一个男性有了一个名正言顺的关系。埃玛即便成了骑士明媒正娶的妻子,英国王室也绝对不能容忍她出现在宫廷,但是那不勒斯的宫廷不讲究出身的高低贵贱,王后向骑士许诺,一旦埃玛成为他的正式夫人,她就可以光明正大地出入宫廷,这是骑士下定决心的一个原因,让埃玛幸福,也让自己能让埃玛幸福而幸福。

1792 年,骑士带着埃玛回到英国,正式举办了婚礼,到场的只有包括查尔斯和威廉在内的五个亲友以及埃玛的母亲卡多根太太。查尔斯完全没想到,被他看成一介玩物和作为控制舅父的性工具的埃玛竟然奋力一跃跻身显贵门第,打乱了他的如意

---

① 苏珊·桑塔格:《火山情人》,姚君伟译,上海:上海译文出版社,2018 年版,第 158 页。

算盘。威廉倒是表现出了对埃玛的喜爱,埃玛欢迎他重访那不勒斯。骑士对亲友和英国王室的冷漠满不在乎,因为"这不是为英国而结的婚……而是为他在那不勒斯的另一次生命、第二次生命,即他还剩下的生命……而结的婚"①。这对新婚的老夫少妻在返回那不勒斯途中到巴黎稍做停留,埃玛见到了法国王后玛丽·安托瓦内特——那不勒斯王后的妹妹,帮她捎了一封书信带回到那不勒斯。双方都没有想到,这次会见既是第一次,也是最后一次。

骑士与埃玛结婚后,夫妇二人在那不勒斯宫廷里的地位日益攀升。1793年2月法国对英国宣战后,他们分别走国王和王后路线,说服那不勒斯与英国结盟,加入反法联盟中。骑士是国王的好友,埃玛也成了王后的闺蜜。但是慢慢地,流言四起,这对不般配的夫妇被毁谤得一无是处,有关他们的种种不是被传回到英国,而在那不勒斯境内,埃玛与王后的闺中交往也招致风言风语,被认为有同性恋的嫌疑。那不勒斯的王后虽贵为奥地利公主,但作为女人,她同当初被蒙骗到那不勒斯的埃玛一样,也是一个牺牲品,是她的父亲和母亲达成的一桩政治联姻。她当年小小年纪就远嫁那不勒斯,而且还是代替一年前在出嫁前夜突发天花暴死、年仅15岁的大公主作为新娘的。而国王是个什么样的人呢?"他只知道追求感官刺激;他父亲故意让他几乎

---

① 苏珊·桑塔格:《火山情人》,姚君伟译,上海:上海译文出版社,2018年版,第194页。

成为文盲,他被有计划地培养成一个软弱的统治者。"① 王后姐姐的暴毙没有阻止她母亲联姻的计划,她被当作替代品送出了维也纳,之后就成了国王合法的性发泄对象和生育机器,共生育了 16 个子女。国王完全不理朝政,一心过着荒淫无度的生活,精明的王后开始管理国家事务,这一点成了她被无限度地妖魔化的主要原因。她被想象为长相奇丑无比的一个怪物,而埃玛也受到牵连,被风传为朝廷的鹰犬爪牙,帮助镇压资产阶级革命者,还被说成是一个小肚鸡肠、睚眦必报的小人,利用镇压之机疯狂迫害与其有嫌隙的人。但是此等种种恶行,想象或许多于事实。

1793 年的秋天,巴黎传来了一个让王后悲痛欲绝的消息。法国 1789 年爆发的大革命彻底改变了法王路易十六和他家人的命运。1793 年 1 月 21 日路易十六被处死,10 月 16 日,他的妻子玛丽·安托瓦内特也被送上了断头台。王后刚刚生完第十五个孩子,哀恸得几近疯狂,连孩子都不见。埃玛每天都去宫殿陪伴王后,并用她优美的歌声使王后平静下来。与此同时,革命的洪流席卷欧洲,维苏威火山似乎感知到了这股汹涌激荡的巨变力量,在 1794 年 6 月以骑士前所未见的强度喷发了。骑士已经 64 岁了,但还是在火山喷发后爬上了山顶。桑塔格把骑士的火山之恋和收藏之癖联系到一起,并由此分析收藏者的心理:"也许,每个收藏者都梦想过有一场洗劫来卸下其收藏的重负——把一切化为灰烬,或者埋葬在熔岩下面。毁灭不过是最有力的

---

① 苏珊·桑塔格:《火山情人》,姚君伟译,上海:上海译文出版社,2018 年版,第 41 页。

剥夺形式。"①

这时另一位男主人公——英国海军将领纳尔逊出场了,他在小说里被称为"英雄"。历史上真实的纳尔逊是英国人心目中无可取代的皇家海军之魂,他的情感生活一度影响他的英雄地位,但在19世纪中期,随着历史学家逐渐淡化他的绯闻,突出他的爱国精神和英雄色彩,他成了大英帝国和英国海上霸权的一个重要象征。2002年,BBC举行了一个名为"最伟大的100名英国人"的调查,纳尔逊以强劲的势头登上榜单,位列第九。

写到英雄时,桑塔格像还原史实一样,把日期交代得很清楚。1798年9月22日,那不勒斯王室举行盛大隆重的欢迎仪式,乘坐大型游艇,到海湾欢迎在尼罗河上摧毁了法国舰队的英雄。英雄伤痕累累,失去了右眼和右臂。他被接到骑士的家中治疗,得到了埃玛母女无微不至的照顾。埃玛仰慕英雄的英勇,而英雄从埃玛身上看到的不仅是美貌,还有在别的妇人那里难得一见的勇敢。与他的妻子以前为他包扎伤口时的畏首畏尾相比,埃玛在血淋淋的伤口面前毫不畏惧,尽最大的努力照料和安慰他,两人的关系终于由互相敬重演变为彼此爱慕,在战场上叱咤风云的英雄变得儿女情长起来。国王愚蠢的军事行动使整个那不勒斯笼罩在被法国攻打的恐惧之中,无能的国王决定逃跑。12月21日,英雄冒着暴风雨秘密地把整个那不勒斯王室、骑士全家还有与王室和英国交好的贵族、侨民等都接到他的英国船只上,帮助他们逃到西西里岛的巴勒莫。埃玛在船上奔忙不息,

---

① 苏珊·桑塔格:《火山情人》,姚君伟译,上海:上海译文出版社,2018年版,第204页。

照顾在海上风浪中身体不适的人,骑士则被折腾得差点失去心智自杀,幸亏被埃玛发现,百般安抚,渡过了难关。

在英雄的保护下,除了一个小王子在船上发病夭折外,其他出逃的人都平安地抵达了巴勒莫。骑士还不知道,他未雨绸缪,托运回国的那些珍稀藏品因为船只失事悉数沉入大海,丧失殆尽。法军占领了那不勒斯,在他们的支持下,到了1799年1月下旬,一小部分开明的贵族和教授建立了共和国临时政权。国王在巴勒莫过得当然没有在那不勒斯如意,他全然忘记了自己对此事应负的责任和弃国弃民而逃的懦夫行径,把一切过错都归究到王后身上——"假如那不勒斯还保持着中立,这一切就都不会发生了,他对妻子大声咆哮。全是她的错——是因为她偏向英国人;也就是说,偏向骑士的妻子。"[1]难民们在巴勒莫没法像以前一样养尊处优,骑士的住宿和生活条件在他们中间算是不错的,还维持了基本的体面。他和埃玛非常慷慨,对前来投奔的英国侨民来者不拒,每晚都大摆宴席,供他们大吃大喝,谈天说地。

英雄也和骑士夫妇住在一起,组成了一个奇特的三人组。埃玛能将丈夫与情人团结起来,三人相安无事地生活在一个屋檐下。人们则对此议论纷纷,埃玛的形象一落千丈,从原来口耳相传的绝世美女变成了酒吧女郎似的粗俗怪物。这些人毫不感激埃玛对他们的照顾,背地里将她诋毁得一无是处,"没有一封寄回英国的信不对她的外表做出某种苛评。无法形容她有多难

---

[1] 苏珊·桑塔格:《火山情人》,姚君伟译,上海:上海译文出版社,2018年版,第251页。

看。她的块头大得简直畸形,而且体重每天在增加,明托勋爵写道。我被误导,原来还以为能见到一个不可置疑的身材傲人、魅力四射的尤物呢,埃尔金太太写道……"①

那不勒斯境内此时发生了惨烈的大暴动。尽管国王荒淫无道,但与下层人民称兄道弟,不拘小节,深受人民爱戴,这也导致了旨在推翻君主制、建立共和政府的资产阶级革命在那不勒斯以失败告终。开明贵族和教授们完全错估了人民的需要,没想到他们仇恨有教养的贵族,希望迎接国王归来并通过暴力手段为此扫清障碍,不仅抗击法军,还血腥屠杀贵族,焚烧珍贵的书籍、字画,那不勒斯陷入血雨腥风之中,进步人士惨遭灭顶之灾,被残忍地虐杀。王后留在那不勒斯的亲信一一汇报的这些情况,令骑士胆寒,但王后踌躇满志,期待早日结束逃亡生涯,回到那不勒斯,骑士夫妇,尤其是埃玛,无条件地支持王后,站在她这一边,帮助她争取到了英雄的援助,复辟王权。英雄把旗舰开到那不勒斯,在船上行使生杀予夺的大权,先是杀一儆百,以私刑处决了为共和国效力过的一名那不勒斯海军上将,后来又开展了大规模的死刑判决,清除后患。骑士和埃玛也在船上,和英雄一起待了六个星期。三个人依旧相安无事,甚至相亲相爱,人们认为这个畸形的现象是埃玛使用性手段的结果:"他们是一家人——出了差错的一家人,在这家人当中,一个女人的影响占了上风……凭借其美色控制住一个性格软弱的男人,并腐蚀一个

---

① 苏珊·桑塔格:《火山情人》,姚君伟译,上海:上海译文出版社,2018年版,第265页。

正派的男人。"①

在残酷镇压革命的过程中,国王没有受到谴责,人们把矛头指向了两个女人——埃玛和王后,编造出埃玛的各种各样的故事,并认为国王受到了王后的控制,真正的统治者是王后,她似乎天生就是一个魔鬼:"身为暴虐的玛丽亚·特雷莎的恶魔家族的一名成员,她难道没有完全掌控住她那愚昧而被动的丈夫吗?"②可是实际上,国王回那不勒斯时为摆脱王后,不顾她也想一起回去的满腔期待之情,命令她留在巴勒莫。国王的命令才是至高无上的权威。革命被镇压后王后的结局是回到出生地,寄人篱下,而国王则在那不勒斯继续他骄奢淫逸的生活。

骑士失去了英国王室的信任,被免去了全权公使的职务,只能与埃玛回到伦敦。埃玛与英雄暗度陈仓,有了身孕,尽管借用厚重的服装加以掩饰,但在伦敦的社交场上其实人尽皆知,备受指点。英雄一开始还能与妻子范妮扮演表面夫妻,后来干脆放下颜面,像在那不勒斯一样,住到骑士家里,继续三人组的生活,直到再次受命,被派出去征战。埃玛产下了一名女婴,骑士虽然洞若观火,却不点破,更不谴责。埃玛也不愿明目张胆地让骑士难堪,于是把孩子寄养在附近,等待时机,以别人孩子的名义再领养回来。她受英雄的委托,觅得一处乡间住宅,收拾安顿妥当,英雄回来时,她和母亲便在那里住下来,骑士也只好跟着一

---

① 苏珊·桑塔格:《火山情人》,姚君伟译,上海:上海译文出版社,2018年版,第325页。
② 同上,第328页。

起住了过去。骑士变得越来越虚弱,越来越多愁善感。第二部结尾,骑士大限已到,卧床不起,陪伴在他身边的是埃玛和英雄。

第三部以骑士死亡的日期开始:1803 年 4 月 6 日,这也是历史上真实的汉密尔顿爵士的死亡日期。骑士在生命之火逐渐熄灭时的独白充斥着谵妄之词,人物、时间、事件混淆不分,其中不乏一些反常变态和阴森恐怖的意象,比如他说道:"我的亲妈一边朝我走过来,一边撩开她的睡袍,做出淫荡的动作。一圈男女坐在那里饱餐着尸体,轻轻地舔唇咂嘴,吐出一块块白骨,就像我在火山上拾到的浮石一样。"[①]骑士在前两部中是一个喜怒不形于色、城府极深的多面手,桑塔格在短短的第三部中颠覆了他过分严谨和理智的脾性,描画出他几近疯狂的最后时刻,与第四部中四位女性理智冷静的口吻形成了极大的反差。

第四部里第一个发声的是凯瑟琳。她对自己在世时的生活的理解有些是符合常理的,而有的则是一厢情愿的臆想,比如她非常清楚骑士的结婚动机:"他娶我是为了我的钱。"但又承认:"我的上帝啊,我是多么爱他!他渐渐爱上我,超过了他原本预料的程度。"[②]她似乎不记得在她病重的日子里骑士找出许多理由离开她到王宫去寻欢作乐,更不记得是他加速了她的死亡:她的医生在探望她的路上从马上跌落身亡,他坚持认为她应该对医生的死负有责任,她内疚得大哭,没多久就一命呜呼。

---

① 苏珊·桑塔格:《火山情人》,姚君伟译,上海:上海译文出版社,2018 年版,第 395 页。

② 同上,第 405 页。

第二个独白的是埃玛的母亲卡多根太太,这是小说里极不显眼的一个角色,人们都把她当成埃玛的仆从。由于母女感情很深,立场一致,卡多根太太的独白可以看成埃玛独白的铺垫和补充。她胸无点墨,举止粗俗,却有着豁达的胸襟和乐观的心态。埃玛出生才两个月她的丈夫就一病而亡,作为一个年轻的寡妇要拉扯大女儿其艰难可想而知。她坚强乐观,敢于追求爱情,屡爱屡挫,仍屡挫屡爱。她只有一次正式的婚姻,按道理应该从埃玛父亲的姓,但她没有,而是以她最爱的人的姓氏"卡多根"作为自己的夫姓,骄傲地宣告自己曾经有过一段难忘的爱情。这位卡多根先生抛弃她与别人远走高飞,她一点也不忌恨。

从卡多根太太口中我们不仅感受到一个母亲对女儿深沉的爱,而且进一步了解了埃玛遭遇的种种不幸以及面对磨难时的坚强。在前面的第三人称叙述中,埃玛轻浮张扬,但在她的独白中,我们似乎听到了一个沉稳持重的人在讲述她大起大落的人生际遇。她继承了母亲坚韧乐观的秉性,有着顽强的生命力和适应各种环境的能力。为了生存,她迎合各种男人,但在这些男人中只有英雄是发自内心地敬重她,她也就自此忠于这位海上骁将。骑士和英雄相继死后,她和女儿生活在一起,完全可以以母亲的身份自居,不过她做出了一个艰难的决定:否认自己的身份,只告诉孩子她是英雄的女儿,而自己不过是英雄委托的监护人而已。她如此违心地隐瞒事实是为了保护孩子,让她只需要知道生父是国家英雄,被讴歌、被传诵,而不必知道生母就是这个年老色衰、声名狼藉的抚养者。英雄临终时留下遗言,希望他为之捐躯的国家能够照顾埃玛和他的女儿,可是他不知道这个请求被置之不理,埃玛带着女儿颠沛流离,贫病交加,最后客死他乡。

最后一个独白的是追求独立的贵族知识女性爱勒纳拉·德·芳斯卡·皮明特尔。她出身特权阶层,早熟早慧,小小年纪就有诗人之名。她也曾经像凯瑟琳一样步入婚姻的殿堂,但与力求做一个完美妻子的凯瑟琳不同,她是一个特立独行的妻子,婚后继续研究数学、物理、生物学和经济学等,侵犯了男人的领域,不容于家庭和社会。她为重新获得自由之身费了不少精力与丈夫离婚,这在18世纪需要难以想象的勇气和魄力。在那不勒斯革命中,她作为共和制的鼓吹者被捕入狱,随后被处以绞刑。她敢于与男性比肩而立,尽情展示个人的才华并服务于革命事业。她是一个与桑塔格比较接近的人物,甚至二者不从夫姓,坚持用原来的姓都如出一辙。尽管《火山情人》的故事发生在18世纪末,但桑塔格所要表达的是对现实的关注:两个多世纪过去了,女性是否真正地突破了过去的种种束缚,获得自由了呢?

《火山情人》出版后登上了《纽约时报》畅销书排行榜,取得了上榜八周的不俗成绩,并被翻译成二十余种语言。尽管一如既往地出现了一些对本书的批评之声,但正面评论明显地占了上风,桑塔格有一种欢欣鼓舞、扬眉吐气的感觉。1993年1月,她怀着喜悦的心情,与莱博维茨和艺术家朋友霍奇金一起到埃及旅行,在尼罗河上畅游。这次经历的一个场景出现在1995年她为霍奇金的绘画展览目录手册所写的文章《关于霍奇金》中,她把他们三个人——作家、画家和摄影家的感受都写了进去:"或者你正倚着船栏,船正逆尼罗河上行,清晨从卢克索出发,现在已是日暮。你只是看看。你没有什么词句急于写下;你没有画下什么或拍什么照片。你看着,有时眼睛累了,再看,你很满足,很快乐,无比热切。"①

桑塔格在《火山情人》的献词处写下了"献给戴维 爱子、战友"(for David beloved son, comrade)的字样。戴维在她的生活中,确实不只是儿子,还是志同道合的战友。1992 年 4 月,巴尔干半岛局势骤然恶化,震惊世界的波黑战争开始了,这是第二次世界大战后在欧洲爆发的规模最大的一次局部战争。处于这场风暴中心的萨拉热窝,也就是第一次世界大战导火索"萨拉热窝事件"的发生地,爆发了一场现代战争史上时间最长的都市包围战——萨拉热窝围城战。戴维奔赴萨拉热窝,为美国的杂志写战争报道,同时还在写《屠宰场:波斯尼亚与西方的失败》(*Slaugtherhouse: Bosnia and the Failure of the West*,1995)一书。戴维希望母亲也能到这个战争之地来看看,桑塔格于是毅然前往。1993 年 4 月,波黑战争已经进行一年了,在人们的惊愕中,花甲之年的桑塔格抵达了正处于战火之中损毁严重的萨拉热窝,母子俩在枪林弹雨中相见。桑塔格待了两周,目睹了战争的恐怖:走在大街上,人们随时都可能会被狙击手放的冷枪射

---

① 苏珊·桑塔格:《关于霍奇金》,收入《重点所在》,陶洁、黄灿然等译,上海:上海译文出版社,2018 年版,第 193 页。译文略有改动。

杀,穿过一条马路,也许就是生死瞬间。

桑塔格既不是记者也不是人道组织的成员,但她想为这座城市做点什么。她认识了一位生于萨拉热窝的青年导演哈里斯·帕索维奇(Haris Pašović,1961—   ),他在1992年年底放弃了安全的流亡生活,回到了被围困的萨拉热窝,下定了决心与这座城市共存亡。他邀请桑塔格观看他导演的《城市》(City),一部集诗歌朗诵与音乐表演于一体的戏剧,并问桑塔格是否有兴趣几个月后再回到萨拉热窝导演一出戏。桑塔格当然有兴趣,因为这正好解决了她该以何种方式来为萨拉热窝做些什么的问题,她认为自己"能做的三件事,就是写作、拍电影和导演戏剧,而导演戏剧是三件事中唯一可以在萨拉热窝产生一点意义的,也是唯一可以在萨拉热窝制作和被欣赏的"[①]。她立刻想到爱尔兰现代主义剧作家塞缪尔·贝克特(Samuel Beckett,1906—1989)的《等待戈多》(Waiting for Godot,1953),觉得这部40年前的荒诞戏剧简直就像是为萨拉热窝而写的,而且写的似乎就是萨拉热窝。

1993年7月桑塔格第二次来到萨拉热窝,第二天就着手工作。莱博维茨这次也来了,她在这里拍下的照片中有一幅是黑白的,画面右边是一辆倒地的自行车,左边则是半圈呈车轮形状的大片血迹。照片被命名为《萨拉热窝:狙击手刚刚杀死的少年倒在地上的自行车》(Sarajevo, Fallen Bicycle of Teenage Boy

---

[①] 苏珊·桑塔格:《在萨拉热窝等待戈多》,收入《重点所在》,陶洁、黄灿然等译,上海:上海译文出版社,2018年版,第363页。

Just Killed by a Sniper),孩子的尸体不在现场,但自行车和血迹就是对战争罪行发出的无声的悲鸣和控诉。桑塔格在发表于《纽约书评》1993 年 10 月 21 日刊的《在萨拉热窝等待戈多》("Waiting for Godot in Sarajevo")中详细地回顾了她这次导演戏剧的经过,并回答了被经常问到的几个问题:

第一,有没有跟职业演员合作?答案是肯定的。事实上,当人们以为这座被围困的城市里不会有文艺活动时,战争前的五家剧院在战争爆发后仍有两家在坚持演戏。虽然在战争爆发不久,大多数歌手、音乐家和芭蕾舞演员都离开了,但大多数戏剧演员却留了下来。

第二,谁会去看《等待戈多》?桑塔格反问道:"当然是假如萨拉热窝没有被围困的话会前往观看《等待戈多》的同一批人,还会是谁呢?"[①]优秀的演员没有离开,有教养的观众也仍然留守在这座城市里。不过,桑塔格心酸地指出了战争前和战争中的不同:"差别只是,演员和观众在前往剧院的途中或从剧院回来的途中,都有可能被狙击手的一颗子弹或一枚迫击炮打死或致残。"[②]她同时又尖锐地补充说,何止是看戏会遭遇危险,萨拉热窝人民在客厅、在卧室、在厨房或走出前门,随时都可能遇到这样的事。

第三,这出戏是不是太悲观了?或者说,这对萨拉热窝的观

---

① 苏珊·桑塔格:《在萨拉热窝等待戈多》,收入《重点所在》,陶洁、黄灿然等译,上海:上海译文出版社,2018 年版,第 364 页。
② 同上。

众来说是不是太令人沮丧了？或者甚至是，上演《等待戈多》是不是太做作或太不识趣了？桑塔格对这个问题很愤怒，斥责道："这些居高临下、市侩的问题使我明白到，提这些问题的人完全不明白现在萨拉热窝是什么样子的，如同他们并不真正在乎文学和戏剧。"①萨拉热窝人民并非不爱娱乐，他们也希望像在战前一样观看好莱坞大片，但是自从战争开始，所有的电影院都关闭了，因为那样能够聚集大量民众的地方，太容易成为炮火袭击的目标了。《等待戈多》已经算具有娱乐意味的戏剧了，而去观看戏剧，哪怕还只是在排练阶段，都能让生活完全失去平静、时刻处于丧失尊严的屈辱中的人们找到一丝正常的感觉，所以，"演一出戏——这出戏或任何其他戏——不仅绝非轻浮，而且是一种受欢迎的形式，它表达一种正常性。"②

第四，演员阵容是不是多种族的，演员之间会不会发生冲突，他们能相处吗？在萨拉热窝，人口混杂，异族通婚普遍，桑塔格的演员阵容当然是多种族的。各族爆发的流血冲突和种族灭绝式的大屠杀，在萨拉热窝这座城市里具有不同种族身份的居民中成了一种荒谬的现实——他们在这样的理由下饱受炮火摧残，而他们之间却并没有矛盾啊！桑塔格没有具体去了解演员们的种族身份，但他们自己彼此都很清楚，"并视作理所当然，因为他们全都是同事——他们曾在很多戏中演出——和朋友。"③

---

① 苏珊·桑塔格:《在萨拉热窝等待戈多》，收入《重点所在》，陶洁，黄灿然等译，上海：上海译文出版社，2018年版，第365页。
② 同上，第368页。
③ 同上，第371页。

所以,桑塔格的答案是:是的,他们和睦相处。她认为人们提这样的问题,是接受了侵略者的宣传,把这场战争看成种族之间古老的仇恨造成的,是一场内战。她试图深入萨拉热窝,以自己对该城的近距离观察来打破人们的成见,并期待美国和西方社会的干预。

第五,为何其他自视为有政治担当的外国艺术家没有主动为萨拉热窝做点什么?这个问题其实是第四个问题的延伸。人们不愿像桑塔格那样亲入围城,最主要的原因并不在于危险,而是"'穆斯林'这个流行语使他们更加看不见真相"①。桑塔格通过了解,发现萨拉热窝虔诚的宗教信徒的比例,根本就不高,而异族通婚率则高达百分之六十。在《等待戈多》剧组的九个演员里,只有一个人有宗教倾向。

排练期间,桑塔格和她的演员们经历了重重困难。幸运的是,1993 年 8 月 17 日,大家都还活着,演出正式开始。那是一个星期二,演出有两场,下午 2 点和 4 点各一场,因为夜间人们几乎无法外出。18 日和 19 日继续按这个安排演出。《在萨拉热窝等待戈多》以这样的描述结束。

在 8 月 19 日下午 2 时那场演出临结尾,在信使宣布戈多先生今天不会来但明天肯定会来之后弗拉迪米尔们和埃斯特拉贡们陷入悲惨的沉默期间,我的眼睛开始被泪水刺痛。弗利博尔也哭了。观众席鸦雀无声。唯一的声音来自剧院外面:一辆联

---

① 苏珊·桑塔格:《在萨拉热窝等待戈多》,收入《重点所在》,陶洁、黄灿然等译,上海:上海译文出版社,2018 年版,第 372 页。

合国装甲运兵车轰隆隆碾过那条街,还有狙击手们枪火的噼啪响。①

桑塔格作为知名知识分子的身份引起了媒体的极大关注,这让她感到自己的努力很有价值。在随后的两年时间里,她又往返萨拉热窝九次,希望为这座城市提供一些切实的帮助,访问时间有时是几周,有时是几个月。她被授予萨拉热窝市荣誉市民称号,还在 1994 年 2 月获得勃朗峰文化奖,她把 2.5 万美元的奖金悉数捐给了国际笔会波斯尼亚分会。这一年,莱博维茨有个约旦的拍摄任务,她带上了一心想去约旦看看的桑塔格,探访了位于佩特拉(Petra)古城的考古遗址。她们来到遗址附近的瓦迪穆萨(Wadi Musa)小镇,晚上在一个寺院附近的山洞里生起篝火,住宿了一晚。几天后,她们还乘坐热气球,在沙漠上空飞行。桑塔格像个孩子一样好奇和开心,坐一次还不过瘾,自己又单独坐了一次。第二年,桑塔格对日本又念念不忘起来,于是又到京都去旅行了一趟。她一直计划写一部与日本人有关的小说,在 2000 年 7 月接受香港导演、编剧陈耀成的采访时,她还透露她手头正在准备写的小说,要讲述的是 20 世纪 20 年代一些在法国的日本人的故事。

1996 年 1 月 28 日,桑塔格失去了一位她极其看重的朋友。

---

① 苏珊·桑塔格:《在萨拉热窝等待戈多》,收入《重点所在》,陶洁,黄灿然等译,上海:上海译文出版社,2018 年版,第 388 页。弗拉迪米尔和埃斯特拉贡是贝克特的《等待戈多》里的两个主人公,桑塔格改编的版本采用了三对演员来饰演不同关系的弗拉迪米尔和埃斯特拉贡,所以这里说"弗拉迪米尔们和埃斯特拉贡们",弗利博尔是扮演第一个出场的埃斯特拉贡的演员。

布罗茨基心脏病发,于睡梦中在纽约的家里溘然长逝。桑塔格为 FSG 出版的摄影诗歌(photo-poem)《约瑟夫·布罗茨基/列宁格勒:浮光掠影》(*Joseph Brodsky/Leningrad: Fragments*,1998)写了一篇后记,纪念这位老朋友。她认为,"约莫过去一个世纪间,位于最高水平的艺术创造,往往要求有才能的人发展一种异禀,在精神上同时居于两个地方。"①布罗茨基正是这样一位诗人。他的大部分作品都可以说是关于旅行的,而"真正的旅行滋养了精神之旅,它提供了快速同化所知所感、决心不被愚弄、无情而幽默地坦率承认脆弱性等典型奖励"②。桑塔格自己何尝不是深得旅行真昧呢?

1996 年莱博维茨买下了哈得孙河附近一处风景优美的地产,这块地产除了房子外,还包括一个池塘和一块地。莱博维茨把这里整饬一新,桑塔格很喜欢这个地方,把它当成乡间别墅,在那里写作,开始创作她的最后一部长篇小说《在美国》,为此,她还曾经和莱博维茨一起到加利福尼亚安纳海姆(Anaheim)的农场采风。当然,她不是那种能在一个地方一待到底写完一部小说的人。她想尽了一切办法为自己创造良好的写作环境。1997 年她在洛克菲勒基金会的资助下,到该基金会位于意大利北部风景如画的小镇贝拉乔的一个中心(Rockefeller Centre in Bellagio)专心写作了一个月。在创作小说的后期阶段,她又跑到意大利东南部的一个海港城市巴里(Bari)隐居起来。巴里是

---

① 苏珊·桑塔格:《约瑟夫·布罗茨基》,收入《重点所在》,陶洁,黄灿然等译,上海:上海译文出版社,2018 年版,第 398 页。
② 同上,第 400 页。

她非常信任的意大利翻译和朋友保罗·迪洛纳尔多（Paolo Dilonardo）的家乡。她在这里进展很顺利，高兴地告诉戴维她知道如何完成小说的创作了。但没过几天，她开始尿血，并伴随着腹胀感，她有了非常不祥的预感。1998年7月，桑塔格被确诊为患上了子宫癌，此时她的《在美国》还剩50页就要完工了。她没有被第二次患上癌症打倒，也没有放弃亲手完成《在美国》的收尾工作。在2000年写的一篇文章中，她在说明写作的过程中阅读的重要性时写道：

> 当我两年前再次成为癌症病人，必须终止已接近完成的《在美国》的写作时，洛杉矶一位朋友知道我为可能永远无法完成它而绝望和担忧，便表示愿意来纽约陪我，让我口授这部小说的剩余部分，由他做记录。确实，头八章已经写好了（即是说，重写和重读很多次了），我已开始写倒数第二章，这最后两章的弧光已清晰出现在视野里。然而，我不得不拒绝他感人、慷慨的建议。不仅因为我很可能被猛烈的化疗和吗啡搞得昏头昏脑，记不起我计划要写的是什么。关键还是，我必须可以看到我写的东西，而不仅仅是听到它。我必须可以重读。①

桑塔格再一次回到了疾病的王国，在医院、手术、化疗这些冰冷的词语和现实之间苦苦寻求生机。莱博维茨推掉了一些工作，尽量每天都去陪伴她，并用相机记录她的生活点滴。桑塔格的经纪人安德鲁·怀利每天都要在中央公园晨跑后去看看他这

---

① 苏珊·桑塔格：《作为阅读的写作》，收入《重点所在》，陶洁、黄灿然等译，上海：上海译文出版社，2018年版，第319页。

位重病缠身的作家,他见识了桑塔格是怎样一个顽强的工作狂。有一天早晨,怀利走进病房时,桑塔格正在睡觉,只见床单下面有一个瘦长的人形,一动不动,显得那么虚弱无助,不堪一击。新的癌症把桑塔格折磨得只剩下皮包骨,怀利不由想:这下她可挺不过来了,可能是真的死了。可是当他碰到桑塔格的手臂时,她突然醒了,嘴里蹦出一句话:"我要工作!"

她真的没有放下工作。化疗导致她的神经受损,尤其是脚上的神经发生了严重的病变,必须通过长时间的康复训练,重新学习走路,但她像第一次患癌一样,忍受着极大的痛苦,积极配合治疗,庆幸自己活了下来,并且还能继续工作。1999年秋天,莱博维茨的摄影集《女性》(Women)由兰登书屋(Random House)出版,莱博维茨采取一种完全中立的视角,在摄影集里展示了近170名美国女性的肖像,她们身份各异,有艺术家、文学家、政治家、家庭妇女和脱衣舞女等。莱博维茨把桑塔格的前情人露辛达·蔡尔兹的照片也放在里面,而体现她用心之处的,则是第一幅和最后一幅照片。第一幅是她的母亲玛丽莲·莱博维茨——给了她肉体生命的女人;最引人注目的是最后一幅照片,那就是桑塔格——给了她精神生命的人。桑塔格的照片拍于患病后,但不见颓废的病容,反而美得摄人心魄。施赖伯的描述再确切不过:"她剪短了的灰白头发在化疗过后又重新浓密起来,赋予她颇有戏剧张力的脸庞以一种感官的重量。她双手支撑着下巴,穿一件深色高领毛衣,眼神专注,比以往任何时候都更像一个独立的批判权威的偶像。"①这部摄影集是桑塔格和莱博维茨共同商讨策划的,所以摄影师在最后一页的致谢里第一个就感谢了桑塔格,而桑塔格一边治疗,一边为《女性》写下了序言,这就是后来被收录进文集《重点所在》(Where the Stress Falls, 2001) 里面的《照片不是一种观点,抑或是一种观点?》("A Photograph Is Not an Opinion, Or Is It?")。

桑塔格在文章里回到了女性地位的话题。她愤愤不平地指出,女性在生理上和文化上都遭遇着不平等的待遇,男性和女性从来都没有真正地平等过,"在欧洲,进入 20 世纪好多年后,女人还一直是法律上的弱者……从摩洛哥到阿富汗——现在仍然如此……从没有人认为男性是第二性。"②不过,女性的意识发生了翻天覆地的变化,而《女性》要着力反映的就是女性富有活力和魅力的一面。

桑塔格同时还克服重重困难,恨不得把一天 24 小时掰成 48 小时来用,加班加点地完成了《在美国》,然后一字一句认真推敲,反复润色,仔细校对。到了 2000 年春天,《在美国》在 FSG 的大力宣传下正式出版。桑塔格虽然病体未愈,但仍然像从前一样,不顾舟车劳顿,非常敬业地投入出版社的宣传活动中,在全国范围内举办巡回朗诵会。2000 年 11 月,《在美国》获得了美国国家图书奖,桑塔格被奖励了 1 万美元的奖金。2001 年 5 月,该

---

① 丹尼尔·施赖伯:《苏珊·桑塔格:精神与魅力》,郭逸豪译,北京:社会科学文献出版社,2018 年版,第 319 页。

② 苏珊·桑塔格:《照片不是一种观点,抑或是一种观点?》,收入《重点所在》,陶洁、黄灿然等译,上海:上海译文出版社,2018 年版,第 292 页。

书又在以色列国际书展中荣获耶路撒冷奖。桑塔格显然对自己在萨拉热窝的经历无法忘怀,她把这本小说献给了萨拉热窝的朋友们。

在小说的前言里,桑塔格解释了小说的灵感来源:

1876年,波兰赫赫有名的女演员海伦娜·莫杰耶夫斯卡(Helena Modjeska,1840—1909)移民美国,与她同行的有她的丈夫卡罗尔·查波斯基伯爵,15岁的儿子鲁道夫,青年记者、日后《你往何处去》的作者亨利克·显克维奇和其他几位朋友。在加利福尼亚的阿纳海姆小住一段时间之后,莫杰耶夫斯卡在美国开始了红极一时的舞台生涯,改名海伦娜·莫杰斯卡。小说《在美国》的灵感就源自于此。

这就是整个小说……的灵感。小说中绝大多数的人物都是杜撰的,但与现实生活的原型并无太大出入。

关于该作品,评论界延续了一贯的风格:毁誉参半。《纽约时报》率先刊文回应,一方面认为这部小说以"情感的智慧和精巧的叙事完美地支撑起了她(桑塔格)冷峻得令人晕头转向的随笔作品",然而它终究不过是对"极其传统的19世纪小说的极其传统的模仿"①。桑塔格同时面临的还有涉嫌剽窃的指控。多琳·卡瓦哈尔(Doreen Carvajal)以《到底是谁的语言:桑塔格的新小说因未指明来源引发哗然》为题,言之凿凿地指出,根据一位业余历史学家、加利福尼亚"海伦娜·莫杰耶夫斯卡基金"创

---

① Michiko Kakutani,"Love as a Distraction That Gets in the Way of Art", in *The New York Times*,29 Feb. 2000:p. E8.

办人艾伦·李(Ellen Lee)的考证,桑塔格从一些史料和报纸杂志上原封不动地至少照抄了十几段有关波兰演员海伦娜·莫杰耶夫斯卡的材料,而她正是《在美国》的女主人公玛琳娜·扎温佐夫斯卡(Maryna Zalezowska)的原型。① 桑塔格对此予以否认,在她看来,历史上真实的莫杰耶夫斯卡是一个可怕的种族主义者,而她在小说里通过虚构对其进行了美化,但有人认为此举无意中暴露了这部小说的缺陷:"她无力驾驭历史的复杂性,而为了使女主人公更加令人钦佩,她不惜将她理想化,将她塑造得缺乏趣味,思想单纯。"② 其实早在1988年5月,在里斯本举办的一次国际作家会议上,桑塔格就告诉记者:她的写作不针对具体的"事件、阶段。我所写的一切都是虚构,甚至当我在写随笔的时候也是如此。我写的随笔就是一种虚构的类型"③。在《在美国》中,桑塔格亦借玛琳娜的爱慕者和追随者——作家里夏德之口强调了她对虚构的态度:"如果作家完全按事实描述,甚至连结尾都不能做一些改动,那么,把真实事件改编成故事又有什么意义呢?"④ 有人肯定了桑塔格的这种做法,认为"历史的想象在

---

① Doreen Carvajal,"So Whose Words Are They, Anyway?: A New Sontag Novel Creates a Stir by Not Crediting Quotes From Other Books", in *The New York Times*, 27 May 2000; p. B9.

② Carl Rollyson, *Reading Susan Sontag: A Critical Introduction to Her Work*. Chicago: Ivan R. Dee, Publisher, 2001; p. 42.

③ Sohnya Sayres, *Susan Sontag: The Elegaic Modernist*. New York: Routledge, 1990; p. 59.

④ 苏珊·桑塔格:《在美国》,廖七一、李小均译,上海:上海译文出版社,2018年版,第176页。

这里起了作用。桑塔格对一些广为人知的历史事件只是点到为止"。①

那么,我们不妨提这样一个问题:桑塔格对真实人物和真实事件的虚构性改编又有何意义呢?

要回答这个问题,还需要继续提一下《火山情人》和《床上的爱丽丝》。《火山情人》是作为小说家的桑塔格沉默25年后的一次爆发,为了吸引读者,尤其是女性读者,她采用了历史传奇小说的写作样式,至于《床上的爱丽丝》,作者更是极其高调地宣称自己女性主义的立场,其中的历史人物并不一定真的只在历史的长河中一浮而过,而是在当下继续存在并不断涌现,所以作者关注的依然是现实问题。《火山情人》的成功使桑塔格大受鼓舞,因此在《在美国》中她沿袭了采用历史题材的写法并加以改编,其意义在于继续以古喻今和扩大读者群体,以偿自己作为一名受欢迎的小说家的夙愿。同样是以历史人物和事件为题材,同样涉及跌宕起伏的人生际遇,同样是多角恋爱纠缠不清,《火山情人》的副标题是"一个传奇"(A Romance),而《在美国》的则变成了"一部小说"(A Novel),这标志着作者也认可了自己小说家的身份,要在《在美国》中大显身手,充分展示一名几乎是"大器晚成"的小说家的写作功底。

莫杰耶夫斯卡的故事为何吸引了桑塔格,以至于她决定要写一部小说?2001年2月2日,桑塔格接受了美国公共电视台的采访,给出了答案:"我一直都想写一部主人公是一个表演者、

---

① Michael Wood,"Susan Sontag and the American Will",in *Raritan*,Vol. 21,Issue 1,Summer 2001:p. 143.

女人、演员、歌剧演唱家、舞蹈家的小说……我想写的是一部与戏剧有关,然后又是与发现美国的人们有关的小说。当我听说这个在19世纪70年代来到美国的女演员的故事时,这两个因素就结合起来了。"①桑塔格念念不忘以女性人物为书写对象,那是因为在《火山情人》和《床上的爱丽丝》中,尽管她塑造了一系列令人耳目一新的女性形象,可是故事内外都不曾为这些女性指出一条突破重围的道路,《在美国》则以一个在美国大获成功的女演员为例,以她坦然面对自己不可限量的锦绣前程作为结局,可谓留下了一个光明的尾巴。《在美国》承载着桑塔格的创作期望,她还单刀直入地在书名上突出"美国",似乎是对那些指责她偏爱欧洲题材的评论予以简单直接的回击。不过从主人公的选择来看,欧洲仍然是她无法割舍的灵感源泉,滋润着她完成了写作生涯中的最后一部小说。当然,这部小说还是桑塔格在生死的界限之间徘徊时永不言弃的一个证明,她通过它执着地鞭策自己像主人公玛琳娜那样奉上一台台精彩的演出。在被问到写作《在美国》是否也像写作《火山恋人》那样废寝忘食、激情难抑,桑塔格回答说其写作过程更为艰难:

　　这部小说遇到了数次严重的干扰。萨拉热窝围困中我三年的大半时间都在那里。战争结束后不久我又遇到一次严重的车祸,后来又得了癌症,不得不停笔一年。我那时不停地念叨"我失去了这本书,我失去了这本书,我失去了这本书",因为我认为

---

① http://www.pbs.org/newshour/conversation/jan-june01/sontag_02-02.html

写作得趁热打铁。我感到玛琳娜可能染上了一些忧郁的气质,因为我自己就有些忧郁。不过,结果我还是比较开心,只不过不是(像写作《火山情人》那样)同样的欢欣鼓舞。我自己的生活中更多的纷扰,打断了这本书,这些干扰也是这本书花的时间更长的原因。①

《在美国》一共有十章,但是第一章并不是从数字"一"开始,而是标为"零"章,所以结尾的一章是第九章。零章相当于一个引子,沿袭了《火山情人》序幕的叙述风格,一个作者的替身"我",或者说就是作者本人,穿越时空走进了故事,闯进了19世纪70年代后期波兰华沙一家旅馆的私人餐厅。第二章补充了更加具体的时间和地点:1875年12月,萨斯基旅馆。她一边观察着房间里的人们,一边把自己的情况零零星星地透露出来:13年前,她来到过这个国家(桑塔格1980年访问波兰,如果从她1993年构思《在美国》来算,也正好就是13年前);她儿童时代的偶像是居里夫人,她的梦想是成为像居里夫人那样的科学家;她怕冷,在南亚利桑那和南加利福尼亚长大;大约13岁那年,她全家从图森搬到洛杉矶;她第一次读乔治·艾略特的小说《米德尔马契》的时候,只有18岁,但已经是人妻了;她与丈夫认识十天就结婚了,但九年后离婚了(桑塔格1950年12月与里夫结婚,1959年元旦独自带着戴维搬到纽约,婚姻生活应该只持续了八年,但后来又和里夫打官司争夺戴维的抚养权,可能算到正式办

---

① http://www.pbs.org/newshour/conversation/jan-june01/sontag_02-02.html#

好离婚手续时是九年)……这一切,简直就是桑塔格把自己的信息强行植入,所以批评家伊莱恩·肖瓦尔特(Elaine Showalter,1941—)认为零章包含了故弄玄虚的自传成分。卡尔·罗利森和莉萨·帕多克则直接地说:"叙述者是桑塔格,她不仅在讲述19世纪的故事,而且在讲述她如今在萨拉热窝的亲身经历、她的童年和她的(外)祖父母、她与菲利普·里夫的婚姻……她小说中被奥地利、普鲁士和俄国瓜分的波兰就是她深爱的将要被塞尔维亚和克罗地亚分割的波斯尼亚。"①

  零章把小说里的人物大致介绍了一遍,给他们命名,基本确定了主要人物的身份和相互之间的关系,设置了故事的主线。在这个晚餐会上人们众星拱月地围在波兰舞台皇后玛琳娜身边,讨论着一件大事,但这件事到底是什么,作者卖了个关子,在这一章里没有挑明,到后面才慢慢地披露出来。原来,玛琳娜在事业如日中天之时,突然决定离开波兰,带领丈夫、儿子以及一小群关系亲密的朋友一起移民美国去建立一个傅立叶式的理想社区。关于玛琳娜背井离乡远赴美国的动机有好几种解释。一是出于对舞台生涯的厌倦和对后起之秀崛起的不安,二是不堪承受无法实现的民族复兴重任,要摆脱苦难深重的波兰造成的精神创伤,三是寻找精神的净土,是一种崇高的自我放逐。在小说第一章里,玛琳娜就痛心地叹息失去了俄罗斯剧场管理官的妻子的庇护,她在华沙连《哈姆雷特》这样的经典戏剧都无法演出,因为该剧描写的情节是谋杀国王。更有甚者:

---

① 卡尔·罗利森,莉萨·帕多克:《苏珊·桑塔格全传》,姚君伟译,上海:上海译文出版社,2018年版,第404页。

每周二都有两名警察守住我们的大门,监视每个进出的客人,登记名字,查问外国客人的住址,查问与我们的关系。不过压迫者的举动并不让我感到吃惊。让我吃惊的是这里的评论家!如果我知道如何去憎恨,或许仇恨能使我解脱。我应该麻木不仁,应该有一副铁石心肠。哪个真正的艺术家拥有那样的铠甲?只有感情丰富的人才能表现情感,只有具有真爱的人才能激发爱的火花。①

与此相印证的是玛琳娜的丈夫波格丹的遭遇,他追随妻子的理由首先是爱妻子,"妇唱夫随",不过还有别的原因:"我喜欢的不仅仅是戏剧,我还喜欢主办爱国报纸。爱国报刊很快就被当局查封了。因为老是被警察跟踪我受不了。"②玛琳娜偏爱悲剧,对莎士比亚的戏剧尤为情有独钟,但对于一个表演艺术家而言,无法演出自己心仪的角色,无法表现自己的真情实感,同时还要受到剧评人的苛评,自然希望能够有所突破和改变。

玛琳娜竭尽所能,利用演员的特殊优势来维护波兰人民的爱国主义情绪,她还将儿子皮奥特从华沙转到克拉科夫和外婆在一起,因为"华沙的学校用俄语教学,而在克拉科夫,奥地利的统治比较宽松,允许学校仍然使用波兰语。"③可是,艰难的时局使她意识到个人的力量根本无法扭转乾坤,空怀一腔爱国情愫

---

① 苏珊·桑塔格:《在美国》,廖七一、李小均译,上海:上海译文出版社,2018年版,第56页。
② 同上,第92页。
③ 同上,第71页。

却无国可爱,这样的生活远非理想状态,她的出走实属必然。

如果细读文本,我们还会发现玛琳娜出走他乡还与她的性别不无关联。她对美国的向往,首先是希望在一个梦想之地超越自己的性别限制,不再因为处处拘泥于女人的身份而无法施展自己的才华。玛琳娜出身卑微,母亲两次婚姻一共生了十个孩子,她就是最小的那个。她九岁丧父,十岁时家里的房子失火,烧得一干二净,一大家子人只好搬进了一套小房子,而且还把其中的一间出租了。房客海因里希·扎温佐夫斯基是个爱国人士,在 1830 年 17 岁时参加了波兰人民反抗沙皇俄国统治的起义,起义失败后隐姓埋名,躲避警察追捕。玛琳娜的哥哥和母亲都很喜欢他。扎温佐夫斯基比玛琳娜大 27 岁,在她年仅 16 岁时就娶她为妻,带着她在自己组建的巡回剧团里演出,而她也慢慢地学会了表演。20 岁时玛琳娜生了一个女儿,可是孩子在巡回演出途中夭折了,后来她又生下了皮奥特。在大量的实践中,玛琳娜虚心学习,认真揣摩,演出水平得到飞速的提高。凭借精湛的演出,她的明星地位得以确立,拥有大批的崇拜者。玛琳娜成名后,扎温佐夫斯基的真实身份随时可能暴露,两人于是结束夫妻关系,扎温佐夫斯基回到普鲁士的故乡,并保证永远不再回来影响玛琳娜的生活,而玛琳娜也对外宣称自己是个寡妇,并于 1870 年 29 岁时接受了波格丹的求婚,不过仍然保留了扎温佐夫斯基的姓氏。波格丹此前没有婚史,而且出身名门,享有贵族头衔,虽然玛琳娜被尊为舞台皇后,但演员,尤其是女演员并不为上流社会所认可,因而他的家人从不把她视为他门当户对的妻子,他的兄长干脆拒绝与她见面,以此表示强烈的反对和对她的不屑一顾。玛琳娜并没有抱怨来自丈夫家庭的歧视和阻力,为了陪波格丹与祖母会面,她甘愿住在旅馆里,并趁其兄不在之机,偷偷摸摸地前往波格丹家。桑塔格在这个情节上加入了家庭的矛盾,突出玛琳娜的表演事业也受到来自丈夫家庭的阻力,将原型海伦娜·莫杰耶夫斯卡的经历进行了较大的改动。实际上,根据海伦娜本人所写的、去世后出版的回忆录,她丈夫的家人对她十分友好,礼遇有加,尤其能说明问题的是,海伦娜能够与家世显赫的丈夫结识并结为夫妇,月下老人正是其丈夫的堂兄。而且,海伦娜与丈夫的年龄差距也没有几岁,仅有一岁而已。他们乘船离开波兰时,海伦娜丈夫的三个兄弟还前来送行,依依惜别,叮嘱他们早日回家。① 不过,海伦娜的幸运仅仅是个案而已,根据其传记作家的说法,就在海伦娜以婚姻关系跻身贵族家庭时,也有其他几个女演员嫁入豪门,但是上流社会根本就不认可她们,海伦娜是第一个受到夫家欢迎的女演员,也正因如此,上流社会接受了她。② 桑塔格的玛琳娜没有海伦娜那样幸运,她认识到在当时的社会环境下,一个女人,哪怕是红极一时的女演员,一旦走出社会默默给她指定的场域——家庭,进入公共生活的"禁区",都会遭到各种非议。

1876年5月,玛琳娜35岁。她取消了所有的演出合同,带着家人和朋友们前往波兰南部边境的扎科帕内山区小住。这次

---

① 详情参见 Helena Modjeska, *Memories and Impressions of Helena Modjeska:An Autobiography*, New York:The Macmillan Company,1910, p. 133, pp. 168-172;p. 259。

② Mabel Collins, *The Story of Helena Modjeska* (*Madame Chlapowska*), London:W. H. Allen & Co. ,1883;p. 8。

旅行是这群波兰人美国之行的排演,非常符合他们的领袖玛琳娜的风格——她总是要经过反复而严格的排练才能正式登台演出。深山之旅是玛琳娜逃离都市、养精蓄锐的有效良方,更是她重塑自我的开始。在此之前她主要是借助表演来培养自信,塑造自我,但放弃了表演,也就意味着失去了建构自我的有利条件,她需要另辟蹊径。她选择扎科帕内作为落脚之处是因为:"黝黑的土著居民有着浓厚的民族习俗,方言也别有风味,在城市人眼中犹如美洲的印第安人,充满异国情调。"[①]对从未去过美洲而又即将前往美洲的玛琳娜来说,扎科帕内不啻一个理想的排练场所。大家住在简陋的棚屋里,除了做饭之外,所有的事情都自己动手,于是玛琳娜慨叹:"这就是我们的乌托邦。"[②]这里人们不禁心生疑问:既然波兰能有建立乌托邦的所在,她又何须大费周章奔向异国他乡?究其原因,扎科帕内只能满足她一时隐居的愿望,但这个世外桃源般的地方终究还是在波兰境内,既不能使她摆脱压抑的大环境,也不能让她在那里直接建立理想的社区。

享受扎科帕内山区的安逸和宁静是玛琳娜对未来生活短暂的预演,也是在不受干扰的环境中默默地向四分五裂的祖国举行的揖别仪式。从山区返回城市后她便大刀阔斧地着手处理各项事务,以便尽快地踏上行程。她先派出里夏德和团队里的一

[①] 苏珊·桑塔格:《在美国》,廖七一、李小均译,上海:上海译文出版社,2018年版,第63页。

[②] 同上,第65页。

名小学校长朱利安去当排头兵,物色落脚点。1876年6月底,里夏德和朱利安从华沙赶到英国的利物浦,登上了前往纽约的远洋轮船"日耳曼"号。抵达纽约一周后,他们乘坐横跨美国的列车,奔向目的地加利福尼亚。他们选定这个地点,还得归因于里夏德在曼哈顿岛上的克林顿堡看到的一则极具诱惑力与煽动性的告示:

嗨,到加利福尼亚去!

那是劳工的天堂。

宜人的气候,肥沃的土地。

没有严冬,不会虚度时光。

没有枯萎病也没有虫害。[1]

1876年8月,玛琳娜一行也踏上了征途。他们走的是波兰人去美洲的经典线路——从德国的不来梅港出发。玛琳娜在这里惊恐地看到了扎温佐夫斯基,她瞒着波格丹让这位"去世"了的前夫见了儿子皮奥特一面,只把这件事在信中告诉了留在波兰的好朋友亨利克医生。

玛琳娜一到达美国的第一站纽约,就像一个细心的观众观望舞台那样饶有兴趣地留意着纽约的点点滴滴。无论是城市景观、居民形象还是文化生活都没有给这群波兰人留下什么好的印象。在游览中央公园时,玛琳娜抱怨"这里既没有中央的感觉,也不像公园。说实话,不要把它想象成克拉科夫的新公园,

---

[1] 苏珊·桑塔格:《在美国》,廖七一、李小均译,上海:上海译文出版社,2018年版,第124—125页。

更不要说我们富丽堂皇、绿树成荫的公园了"①，其睥睨不屑的心态展露无遗。在书信里说到纽约的街头见闻时，纽约妇女的穿着更是成了波兰人的笑柄。玛琳娜用漫画式的手段描写了一个滑稽的场景，时值8月，天气闷热，当他们漫步在百老汇大街时，"一个大个子的妇女穿着又黑又重的裙子，里面还有巨大的裙环，突然晕倒在前面的人行道上……一个马车夫从马车上取下一桶水，漫不经心地洒了些水在她脸上，人们把她扶起来，她又若无其事地继续走她的路。"②玛琳娜觉得自己所穿的轻巧的服饰所到之处总是引起纽约妇女的妒忌之情，倒是未曾想过，在纽约妇女眼里，她或许也是一道滑稽的风景。桑塔格在小说中已经将措辞和语调缓和了不少，与小说相比，海伦娜·莫杰耶夫斯卡的回忆录语言更尖刻，反映的姿态更高高在上：

我注意到妇女仍穿着裙环，而这种丑陋的风尚一年多前在欧洲就无人问津了。我以前也在街上看见过这样的裙环，但我以为只有贫困阶层的妇女才穿这个，因为她们花不起钱追求太多变化的时尚……他们（纽约人）不仅盯着我们，甚而对我们指指点点，发出咯咯的笑声。很明显，他们认为我们纤细的裙子有问题，殊不知我们可是按巴黎的最新潮流来定制的。③

---

① 苏珊·桑塔格：《在美国》，廖七一、李小均译，上海：上海译文出版社，2018年版，第142页。

② 同上，第141页。

③ Helena Modjeska, *Memories and Impressions of Helena Modjeska: An Autobiography*. New York: The Macmillan Company, 1910: p. 271.

至于纽约的戏剧演出情况,作为行家里手的玛琳娜更是大为不屑:"竟没有一家剧院上演莎士比亚的戏剧……除了似乎不值得上演的闹剧和情节剧以外,出于好奇,只有一部轻喜剧值得一看,当然是英国剧。"①这与实际情况也不符合,桑塔格自己考证说,19世纪80年代在美国有超过5000家剧院,它们上演的一半以上的戏剧都是莎士比亚的作品。

这群波兰人把纽约想象成是非之地,是危险重重的野蛮之所,盼望着赶快动身,去加利福尼亚享受向往已久的田园风光。他们自觉地把欧洲与美国归为新旧两个对立的世界,新世界城市里的粗俗令他们不安,急于去向往已久的广阔的乡村天地寻找伊甸园般的理想世界。

虽然桑塔格声称已经弱化了女主人公极端种族主义的一面,但小说里还是借着她的视角,捕捉了几个有代表性的镜头。玛琳娜在参观费城百年庆典博览会时专门去观看了市政厅里的印第安人的展览。在写给好友的信中,她不忘描述一位著名的印第安勇士的蜡像:"我对印第安人的脸部表情印象极深。残忍的小黑眼睛、粗糙蓬乱的头发、像动物一样的大嘴。这一切刻画得清清楚楚,目的是想把印第安人描绘成魔鬼,激发起人们的仇恨。在这里,你丝毫找不到我们儿童冒险读物中对印第安人的崇敬。"②此处看似为印第安人鸣不平,但"残忍的""粗糙蓬乱的"

---

① 苏珊·桑塔格:《在美国》,廖七一、李小均译,上海:上海译文出版社,2018年版,第143页。
② 同上,第149页。

和"像动物一样的"修饰语却是玛琳娜主观添加的,所以与其说是蜡像刻画的问题,不如说是玛琳娜观看时内心既定印象的投射。其实在这群自愿移民到美国的波兰人眼中,除了欧洲白人,其他种族都怪异丑陋,阴森可怖。比如他们走水路去阿纳海姆的途中经过加勒比海沿岸地区,店铺"老板一个个凶神恶煞,全都戴着扁平的草帽,穿着白睡衣,简直丑得不可言喻"①。见到这些深肤色的人们后,与玛琳娜随行的巴巴拉和雅各布之间有一段意味深长的对话,前者用颤抖的声音问加利福尼亚是不是有许多非洲人,雅各布马上提醒她不要忘了还有黄种人,巴巴拉于是非常恐惧,而女仆阿涅拉干脆吓得失声哀叫:"啊,夫人,我们要到中国去吗?你可没有说我们要去中国啊!"②这些空穴来风的恐惧来自先入为主的想象和偏见,他们初遇美国,就像惊骇地窥见一个深不可测的龙潭虎穴,与在故国的经历形成了强烈的反差。

经过了漫长而艰苦的各种水陆行程后,玛琳娜的队伍终于来到了加利福尼亚的安纳海姆,与里夏德和朱利安胜利会师了。这些没有任何农业经验的波兰人面对一片辽阔的土地,似乎感受到了久违的自由,一个个踌躇满志,以为终于找到了用武之地,可以大有作为。他们放下架子,挽起袖子,摩拳擦掌,准备白手起家打造一个幸福的社区。然而,在大家正式从事繁重的体

---

① 苏珊·桑塔格:《在美国》,廖七一、李小均译,上海:上海译文出版社,2018年版,第152页。
② 同上,第154页。

力劳动之后,在手忙脚乱地穷于应付之时,这种带着理想主义色彩的陶醉之情就发生了不小的变化,使玛琳娜有些无所适从,意识到了理想与现实之间存在的差距。不过,作为这次移民活动的策划者和实施者,玛琳娜不愿轻言失败,她竭力从过去二十多年的演艺生涯中寻找与目前的状况相似的地方,以克服心底的失落和彷徨。她相信自己能够将舞台经验运用到社区的运作之中,与团队成员们一起适应新的环境和新的角色。桑塔格在此为了刻画玛琳娜勇于挑战和坚忍不拔的精神也在原型的基础上进行了改动。实际上,海伦娜本人一进入阿纳海姆租住的地方就大失所望,尽管她在波兰的扎科帕内体验过简朴的生活,但是当她看到简陋的居所时,仍然忍不住感到一阵痛苦的沮丧。同时,她也没有从自己的团队里得到鼓舞,在回忆录中她不无幽怨地回忆了"队友们"的行为:第一次去橘子园里干农活时,"我们的绅士们……看上去急不可耐,精力充沛,豪情冲天,期待着从与土地母亲的接触中获得极大的快乐……傍晚回来时,他们筋疲力尽,但是信心满满"[1],可是到了第二天早上,就有人连吃早饭都迟到了;到了第三天,有人抱怨背部扭伤了;一周后,"只有两个人坚持干活,那就是我的丈夫和我的儿子"[2]。桑塔格还有意延迟了女主人公重返舞台的计划,用了将近全书三分之一的篇幅来书写那段乌托邦时光。

---

[1] Helena Modjeska, *Memories and Impressions of Helena Modjeska: An Autobiography*, New York: The Macmillan Company, 1910: p. 289.

[2] 同上。

在描写阿纳海姆的那段岁月里,桑塔格笔下再次出现了像《火山情人》里面"骑士—凯瑟琳—威廉"和"骑士—埃玛—纳尔逊"那样相安无事的三角关系组合。玛琳娜在里夏德猛烈的攻势下,接受了他的爱情,而波格丹也不加干涉,不过,波格丹自己也有不为人道的心事,玛琳娜同样装聋作哑。小说里波格丹的日记是一个特别值得关注的内容,揭示了一段美满婚姻背后的秘密。桑塔格不愿意公开自己的同性恋身份,在以往的作品中也没有大张旗鼓地写过同性恋的感情故事,都是用遮遮掩掩的手法点到即止。《恩主》一笔带过了希波赖特和作家让·雅克的同性性行为,《我们现在的生活》影影绰绰地暗示了一群年轻人之间复杂交错的性关系,《火山情人》只写到威廉因为难以克制对少年的欲望而屡屡遭到驱赶,但在《在美国》里,桑塔格第一次采用较多的篇幅来刻画一个有着根深蒂固的同性恋情结的人物——波格丹。波格丹的第一则日记记录了去看牙科大夫拔牙的事情,被施用了麻药后他昏昏睡去,"醒来焦急不安。在麻药的作用下我说了些什么呢?我在做甜蜜的梦,梦见——不过,我肯定是用波兰语说的,所以谁也听不懂。但是,如果我老是叫他的名字又会怎样呢?"①紧接着是简短的第二篇日记:"古铜色的皮肤。颧骨。肮脏的念头。"②此时的波格丹已经流露出难以抑制的同性爱欲,这与此前叙述中他的形象几乎判若两人。高尚

---

① 苏珊·桑塔格:《在美国》,廖七一、李小均译,上海:上海译文出版社,2018年版,第213页。
② 同上。

的爱国者、温情的丈夫、慈爱的继父……瞬间露出了不为人知的一面。到了美国之后,他刚开始还心存顾虑,怨恨和担心自己的同性倾向,不过,在"自由之国"这个诱人的口号鼓动下,他终于还是决定放任自己的激情,沉迷于对少年的迷恋。

波格丹在波兰时一直努力克制自己的性取向,出于对玛琳娜的崇拜,他不顾家人反对和社会地位的悬殊,坚持娶有过婚育史的玛琳娜为妻,在他的日记在小说里"公布"之前,读者看到的只是一个用情专一、单纯善良的贵族青年,但是当他暴露了自己的同性恋身份后,他与玛琳娜的婚姻不免具有了掩人耳目的性质。玛琳娜似乎有所察觉,在人前她要处处维护波格丹的形象,表现出享受幸福婚姻的模样,但是在独自与里夏德相处时,不免敞开心扉,一吐为快:"喔,婚姻一点不单纯!波格丹不单纯。我觉得波格丹够复杂的了。"①

除了波格丹,激情萌动的还有里夏德。他之所以不惜一切代价地追随玛琳娜,乃是因为玛琳娜是他的灵感源泉和梦中情人。不过在波兰,他只是将对玛琳娜的爱深藏于心,不曾有过明确的表露。到了美国,在冷眼旁观了社区里一对对貌合神离的夫妻后,他不禁大胆地质问:"难道就不容许摆脱婚姻的束缚?难道就不容许传送新鲜的性爱能量?"②他就在波格丹的眼皮底下,主动向玛琳娜发动了追求。与波格丹相似,他在感情上宣称

---

① 苏珊·桑塔格:《在美国》,廖七一、李小均译,上海:上海译文出版社,2018年版,第237页。
② 同上,第177页。

对玛琳娜无限忠诚,但忍不住经常寻花问柳,尽情地置身声色狂欢之中。玛琳娜对此心里清清楚楚,不过她不仅从来不加点破,而且还半推半就地成了他的情人。波格丹对他们二人的关系同样了然于胸,但也是采取了刻意回避的态度。

玛琳娜的乌托邦实验是在波格丹的大力支持下得以进行的,他也是最了解她的人,深知她真正渴望的并不是崭新的生活,而是全新的自我。不妨说,在社区里挥汗如雨地劳作的那个农妇只不过是玛琳娜扮演的无数个角色中的一个,是她在天然的舞台上自由自在的一次即兴表演。到了1877年6月,玛琳娜的社区瓦解,成员们各自有了不同的打算和安排。玛琳娜决定重返舞台,她自己也略感不安,"那种感觉像是恶作剧,像是离家出走,或者说像是撒谎——她很会撒谎。"①她把复出的基地选定为旧金山市,因为这里有比较繁华的波兰人居住区,能为她提供"人和"的有利条件。

在波兰时,玛琳娜遭受女性同行的妒忌,在有一次演出前甚至还被一名女演员辱骂、扇耳光,而美国给了她不一样的体验,在复出的过程中,她得到了同性的支持。她偶遇了科灵格蕾小姐,一个专为豪门贵妇传授演说术的美国女孩,得到了对方无私的帮助,攻克了语言关的很多难题,为舞台上的惊艳亮相打下了扎实的语言基础。这个女孩还真诚地表达了对玛琳娜的欣赏之情,在她为能否说服剧场经理安排演出计划而彷徨不安的时候给予了她自信,让她士气大振。当玛琳娜小试牛刀,在加利福尼

---

① 苏珊·桑塔格:《在美国》,廖七一、李小均译,上海:上海译文出版社,2018年版,第177页。

亚剧院初演后,本来与该剧院签了演出合同的另一名女演员折服于她的表演,不但没有像她在波兰的竞争者那样攻击她,反而还将演出时间拱手相让,并向她演出的成功表示由衷的祝贺。尽管玛琳娜已经做好了忍受妒忌的准备,美国的同行们却并没有对她加以责难,她暗暗下定决心要向她们学习,完善自己的人格。玛琳娜从女性友人和同行那里得到了久违的理解和支持,而她以精湛的表演在舞台上逼真地展现的各种女主人公的悲剧性的命运也引发了美国女性观众对人生的思考,比如一个酒馆的女主人就诚挚地向玛琳娜的演技致敬,并且与她交流个人的感悟,把她引为知音,倾吐自己隐藏多年的情感苦痛。玛琳娜乐于与这样的戏迷互动,因为从中可以体会到表演事业的价值和意义,激励自己不断提高演艺水平。当然,玛琳娜在与不同男性的接触中,同样得到了很多帮助,一步步走向成功的巅峰。从联系剧院经理到选择经纪人和搭档,从登上陌生的旧金山舞台到举行横跨美国的巡演活动,玛琳娜时刻保持着与男性的合作。

优秀的戏剧是世界的,就像玛琳娜所推崇的莎士比亚戏剧那样,在不同国家的舞台上常演不衰,同样,优秀的演员也可以是世界的,真正震撼人心的表演能够突破语言的障碍,传递情感。《在美国》中有一段非常生动的描写,把玛琳娜的表演才华展现得淋漓尽致。她剧团里的其他成员都是美国人,不懂波兰语,她于是信口把波兰语的字母表背诵了两遍,但是声音变化多端,表情变幻莫测,情绪大起大落,所有演员都叹服于她信手拈来却一气呵成的精湛演绎,以为她是在朗诵一段波兰悲剧的独白。玛琳娜如此自信首先当然源于其深谙表演艺术,随时随地都可以临场发挥得游刃有余,其次还在于她已经认识到并且接受了这一现实:在向美国舞台发动冲击时一度困扰她的语言问题不仅不复存在,反而还成了她的一个优势。她一度离群索居,抛夫弃子,拜师科灵格蕾小姐,努力学习英语,纠正发音,但在首演的时候,她带着异国情调的英语口音却得到了肯定,甚至被要求必须保持。她意识到在美国这片新土地上,除了演员自身的专业能力之外,还需要一些新的东西来放大自己的明星光环,为了实现最大化的成功,引起美国观众最大限度的关注,玛琳娜开始了迎合大众品位的自我景观化。

复出伊始,玛琳娜就在加利福尼亚剧院经理巴顿的要求下,把姓和名都做了改动,变得朗朗上口,并且为了与其对外宣传的明星身份匹配,下榻于当时最豪华的酒店。首演结束,在接受记者的采访时,她几乎是信口开河地编造和虚构自己的各种私人信息。如此重复之后,她自己都开始相信这些假话了,把戏剧表演中的虚情假意照搬进生活中。按照她的理解,在波兰,她无须夸大其词,把身世浪漫化或者神秘化,因为人们更看重的是她在艺术上的造诣,而在美国,除了出众的舞台表现,人们还希望看到她舞台下张扬的个性和与众不同的明星风采。她向媒体透露的个人背景和私生活的情况,无非是根据美国观众的喜好,呈上一份他们乐于看到的答卷。前来美国巡演的国际知名演员灿若星辰,玛琳娜只有不停地展现自己别具一格的一面,才能更牢固地站稳脚跟。她接受了美国演艺界的经纪人体制,而这在波兰是不存在的。她的第一任经纪人为扩大她的知名度不惜弄虚作假,编造并传播各种不实的传闻。玛琳娜的巡演之旅阵容极尽奢华,她拥有自己的专列,里面布置得富丽堂皇,其经纪人每到一地都会邀请当地的记者到专列上参观,目的就是赢得媒体更广泛的关注。

玛琳娜在大获成功之后其生活起居都成了人们津津乐道的话题,各大报刊争相刊载她参与各种社会活动的消息,而她也非常配合新闻界的追踪和大众的猎奇心理。玛琳娜的团队固然是其明星效应的主要获益方,但受益者却是多方的。女人们不仅模仿她的仪态举止,而且效仿她的发型和服饰。这些女性崇拜者是"粉丝经济"的消费主体,精明的商家抓住商机,不失时机地推出了打着其名号的商品,包括帽子、手套、香水等。玛琳娜使用的产品也受到热捧,满足了消费者与明星拉近距离的幻想。这在今天也依然如此。

《在美国》的题词"美国必定会如我所愿!"("America will be!")①揭示了"美国梦"的一个主题元素。玛琳娜在美国的成功首先建立在个人奋斗的基础之上,符合"美国梦"的核心价值观,即人人为实现更美好、更富裕、更圆满的生活而拼搏。玛琳娜能适时而动,调整心态,在卸去了政治和历史的重负之后,主动融入美国的商业文化之中,这种转变给她带来了更大的成功,使她

---

① "America will be"在脱离上下文的情况下意为"美国将会是",但结合全诗的意蕴,译为"美国必定会如我所愿"更为合适,详见利兰·波格《苏珊·桑塔格谈话录》,姚君伟译,南京:译林出版社,2015年,中文版序,第10页脚注①。此外,廖七一和李小均翻译的《在美国》的上海译文出版社2018年版本中,加入了此前的译林出版社2008年版本中没有翻译出来的这句话,译为"美国将如我所期",也是符合原意的。

成了"美国神话"或者说"美国梦"的代言人。有人对桑塔格的这种写法表示反感,认为《在美国》与她的犀利风格大相径庭,"是桑塔格所写的仅有的一部谄媚之作"①,其中有作者附身于玛琳娜自我吹嘘的成分,想要"以玛琳娜的成功令我们兴奋,让我们分享她从中体会的愉悦之情"②。不过这位研究者或许只注意到桑塔格对玛琳娜的刻画而忽视了小说中另一颗艺术之星埃德温·布斯,小说的最后一章全是他长长的独白。这位比玛琳娜年长的演员曾经创建了追求"艺术价值第一,商业价值其次"的剧院,但以倒闭告终。在他的独白中,有一句话无奈而意味深长:"或许提倡艺术价值先于商业价值的理念在美国根本就行不通,要不就是两者兼而有之。"③那么我们也可以这样说,桑塔格在描写玛琳娜的成功之路时坚持"兼而有之"。艺术家毕竟无法生活在艺术的真空之中,在美国向玛琳娜张开怀抱的同时,玛琳娜也要敞开胸怀,迎接美国给她的机遇和挑战。小说给了她大团圆、大欢喜的结局——她与里夏德的婚外情缘在狂热的激情后归于沉寂,而她和波格丹的婚姻经受住了新世界的考验,波格丹回归现实,视她为"我的美国",小说写到她的最后一个场景是她与波格丹互诉衷肠之后——"玛琳娜坐下,望着化妆镜。她肯

---

① Craig Seligman, *Sontag & Kael: Opposites Attract Me*, New York: Counterpoint, 2004: p. 182.
② 同上。
③ 苏珊·桑塔格:《在美国》,廖七一、李小均译,上海:上海译文出版社,2018年版,第400—401页。

定在哭泣,因为她太幸福了——如果幸福的生活是可能的话,常人能够指望的莫过于英雄般的生活。幸福有多种形式,但是能献身艺术是一种特权,是上帝的恩赐;而女人又懂得如何放弃男欢女爱。"①

---

① 苏珊·桑塔格:《在美国》,廖七一,李小均译,上海:上海译文出版社,2018年版,第388页。

第十章

永不沉默的沉默者(2001—2004)

《在美国》获得美国国家图书奖这件事对桑塔格来说意义重大,这是对她小说家身份的"官方"认定。她认为自己还可以做得更好,意气风发地拟定了更多的写作计划——"包括第三本更具自传色彩的论述疾病的书、一部以日本为背景的长篇小说和一部短篇小说集"①。桑塔格一半时间住在纽约,另一半时间就是到不同的地方去旅行、演讲、讲学和写作,所到之处有柏林、京都、巴哈马和巴黎等地。2000年的一天,她和莱博维茨在巴黎转悠,一眼就看上了位于大奥古斯丁码头(Quai des Grands-Augustins)一幢正对着塞纳河的房子。这幢房子建于1640年,本雅明盛赞的法国摄影师尤金·阿特热就曾拍下过这幢房子在19世纪的模样,而让桑塔格和莱博维茨喜出望外的是,毕加索也正是在同一个街区创作了他那副举世闻名的《格尔尼卡》(*Guernica*,1937)。第二天两人就找了回去,莱博维茨大大方方

---

① 保罗·迪洛纳尔多,安妮·江普:《序》,收入苏珊·桑塔格《同时:随笔与演说》,黄灿然译,上海:上海译文出版社,2018年版,序第1页。

地买下了房子,这样,桑塔格在巴黎就有一个固定的住处了。这时刚刚年过五旬的莱博维茨有一个强烈的愿望,那就是要做一名母亲。她接受了人工授精,成功受孕,外界传言说捐精人是戴维,但莱博维茨从不回应。

2001年9月11日,发生了举世震惊的"9·11事件"。那一天桑塔格在柏林的阿德隆酒店(Hotel Adlon),正计划着把自己全天关进郊区一个安静的房间里写作(她正以"杰出访问学者"的身份在位于柏林的美国学院进行为期十天的访问),却突然接到两位朋友分别从纽约和意大利的巴里打来的电话,告诉她恐怖分子劫持民航客机,对曼哈顿的世贸中心发动了恐怖袭击,灾难现场瞬间变为人间地狱,出事地点就在她和莱博维茨纽约的住处附近。莱博维茨生产在即,那天早晨正好去了诊所进行产前检查。桑塔格放弃了原计划,赶紧打开电视,守着屏幕将近48个小时,主要是看美国有线电视新闻网(CNN)的报道。其间不断有编辑打来电话,希望她就此事发表意见。她赶紧写了一篇文章,凭借匆匆的印象,有些不分青红皂白地谴责她"所听到的美国政府和媒体人物散布的愚蠢而误导的盅众言论"①。这篇文章以《杀人犯不是懦夫》("The Murders Were No Cowards")为题经过编辑之后发表在9月24日的《纽约客》上,而在2007年的文集《同时:随笔与演说》(*At the Same Time: Essays and Speeches*)中收录的完整版则把标题直接改为"01年9月11日"("9.11.01")。桑塔格第一句话就劈头盖脸地批评道:"在本人,

---

① 苏珊·桑塔格:《数周后》,收入《同时:随笔与演说》,黄灿然译,上海:上海译文出版社,2018年版,第114页。

这个惊骇、悲伤的美国人和纽约人看来,美国似乎从来没有比面对上星期二无比丑恶的大剂量现实时那样更远离承认现实。"[1] 她接着阐明美国遭受如此重创无非是作茧自缚,需要反思自己的所作所为带来的恶果:

> 各种谈论这次事件的放肆的声音,似乎都加入了一场把公众婴儿化的运动。有谁敢承认这并不是"怯懦地"袭击"文明"或"自由"或"人性"或"自由世界",而是袭击自我宣称的世界超级大国,且袭击是由于美国的某些结盟和行动的后果而发动的?有多少公民知道伊拉克正遭受的轰炸?而如果使用"怯懦地"这个词,那么用它来形容那些远在报复范围之外的高空杀人的人,也许比用它来形容那些决心要以自杀来杀人的人更恰当。在勇气(一种在道德上中立的品德)的问题上:你要怎么说星期二这场屠杀的实施者都可以,但不能说他们是懦夫。[2]

放在今天来看,桑塔格的这番话其实并非信口开河,因为美国干涉各国事务带来的一些恶劣后果显而易见,但在当时,当整个美国都沉浸在巨大的悲痛中时,桑塔格的这个论调实在是不合时宜,民众在情感和情绪上都无法接受,因此她遭到了激烈的批评,连戴维都觉得母亲的言辞有些过分了。雪片般的抗议信飞向《纽约客》,桑塔格本人也收到了这样的信件,其中还有死亡威胁,而和她持相似观点并公开发表这些观点的媒体人士也都

---

[1] 苏珊·桑塔格:《9.11.01》,收入《同时:随笔与演说》,黄灿然译,上海:上海译文出版社,2018年版,第111页。

[2] 同上。

被解雇。10月6日,桑塔格在意大利《宣言报》(il manifesto)上发表了另一篇文章,这是对该报一个记者提出的几个问题的书面答复,她重新反思了"9·11事件",观点也发生了转变。她回忆了自己在"9·11事件"当天对这件事的反应,提到了匆忙之间写下的第一篇关于"9·11事件"的文章引起的轩然大波,并写到了回到纽约时如何前往袭击现场,看到了成为集体坟场的骇人的废墟。她依然对美国的外交政策痛心疾首,依然不改初心地站在谴责美国罪行的人士的前列,但明确表示这次恐怖袭击是一次可怕的犯罪,并强调道:"认为美国自己带来这场恐怖,认为美国本身应部分地对自己土地上这数千人的死亡负责——是我难以苟同,我重复,是我难以苟同的观点。"① 2002年9月10日,她在《纽约时报》发表文章,再次提到了"9·11事件"的话题,对小布什政府宣布美国进入看不到终点的反恐战争状态予以了质疑。"9·11事件"总是被拿来与1941年12月7日的珍珠港事件比较,桑塔格对此难以认同。她认为珍珠港事件是实实在在的战争,但所谓的反恐战争却是一场幻影战争。反恐是必要的,但应该只是行动,而不是战争。一旦宣称是战争,美国就会以此之名,借机扩张权力。

2001年10月16日,一个新生命的降生给桑塔格带来了久违的喜悦之情。莱博维茨顺利地通过剖宫产生下了女儿萨拉(Sarah),终于圆了自己的母亲梦,欣喜若狂,桑塔格也将萨拉视若珍宝,孩子出生的时候,她陪伴在侧,小心翼翼地接过娇嫩的

---

① 苏珊·桑塔格:《数周后》,收入《同时:随笔与演说》,黄灿然译,上海:上海译文出版社,2018年版,第119页。

婴儿,给她裹上襁褓,这个温馨一刻被人拍了下来,定格在一张照片上。桑塔格兴奋地写信告诉一个朋友,小萨拉特别漂亮,莱博维茨幸福得简直不知所措。然而,这对恋人之间的矛盾也接踵而至,因为莱博维茨几乎把所有的注意力都放在孩子身上,为孩子打造了一个小小的"帝国",家里有两个厨师、两个保姆、一个管家,还有几个勤杂工。桑塔格感到自己被忽视,不再那么重要了,在莱博维茨家里像个客人,甚至像个食客似的。施赖伯评价她"一面是令人头疼的小孩,另一面则是女神般的贵妇人"①,确实有一定的道理。

不知道这年秋天出版的文集《重点所在》有没有为桑塔格减轻一点失落之情,桑塔格把它献给她的前辈、文坛宿将伊丽莎白·哈德威克。这并不奇怪,因为她一直敬重哈德威克,但奇怪的是,如果按照她以往的做法,在这个阶段与她相处时间最长、关系最密切的莱博维茨才是最有可能得到这一"殊荣"的人,况且她还把文集的标题文章《重点所在》献给了她钦点的意大利语翻译迪洛纳尔多——她当时的另一个绯闻伴侣。在与莱博维茨的关系上,桑塔格一直避而不谈,莱博维茨也尊重桑塔格生前对此事讳莫如深的态度,不发一言,但在桑塔格去世后,她没有隐瞒自己的这段恋情。

《重点所在》收录了桑塔格在《土星照命》出版之后到2001年上半年期间发表的各类文章,一共41篇,几乎无所不包,涵盖了诗歌、散文、小说、戏剧、歌剧、电影、绘画、舞蹈、摄影、政治、旅

---

① 丹尼尔·施赖伯:《苏珊·桑塔格:精神与魅力》,郭逸豪译,北京:社会科学文献出版社,2018年版,第329页。

行,甚至园林艺术等等,充分展示了桑塔格几乎对一切事物都感兴趣的无与伦比的好奇心和时刻活跃着的思考力。桑塔格把它们分成了三个大类,构成了这本书的三个部分,分别是阅读(Reading)、视觉(Seeing)、彼处与此处(There and Here)。这是她的评论集中"最为庞杂、万花筒似的著作……各个单篇文章的主题五花八门,它们并没有打算要集中解决某个主题"①。不过,所有的文章放在一起就形成了一个主题——旅行,而她也引用美国著名女诗人伊丽莎白·毕晓普(Elizabeth Bishop,1911—1979)的诗歌《旅行的问题》(*Questions of Travel*,1956)里的诗句来统领全书:

> 莽原、都城、邦国、尘寰
> 选择无多因为身不由己
> 去路非此即彼……所以,我们当驻足家园
> 只是家在何方?

说到旅行,她的写作对象以及她自己不是字面意义上的就是隐喻层面上的不羁旅人,这在第三部分尤其明显,其"彼处与此处"的分类标题也凸显了这一点,并且还有一篇与《旅行的问题》②同名的文章。不过,这部分的第一篇文章《向哈里伯顿致敬》("Homage to Halliburton",2001)更个人化、更直接地表达了作者的观点。桑塔格回忆了1940年七岁时阅读美国旅行家、

---

① 杰罗姆·博伊德·蒙塞尔:《苏珊·桑塔格传》,张昌宏译,北京:中国摄影出版社,2018年版,第195页。
② 在本书引用的《重点所在》的中文译本中,这篇文章的标题被翻译成《对旅行的反思》,忽略了与毕晓普诗作的呼应。

游记作家理查德·哈里伯顿的《惊奇书》时奇妙的感受,这让她养成了一个习惯——"未曾上路,先读游记——至少,在我的人生经验中情形如此。"①在这篇文章的结尾,她其实总结了全书的主旨。

对我来说,旅行是充实头脑的过程。不过,旅行也意味着把我从自身抛出,从而也就掏空了我的头脑;我发现在旅行的时候几乎无法写作。如果要想写作我必须待着不动。实际的旅行会和精神的旅行竞争。(而作家若不是精神旅行者又是什么呢?)此刻,我回想起在最初的读书生涯中哈里伯顿的书对自己曾是多么重要,于是意识到"旅行者"的观念曾经怎样渗透进、熏染着、砥砺着我的初生的作家梦。当我向自己说我对万事万物都感兴趣时,我实际上是在说我想走遍天南地北。就像理查德·哈里伯顿。②

评论界温和地接受了《重点所在》,但普遍认为它缺乏那种在桑塔格以前的论文集里出现的新鲜而锐利的笔触,作者的锋芒在时间的磨砺中变得黯淡了不少,而且还有一个不难察觉的变化:"20 世纪 60 年代,她在和纽约文化圈内等级森严的保守势力相抗衡。可是,到了 20 世纪 90 年代,桑塔格感觉到整个文化氛围要求人们不能再自行其是,特别是高雅文化受到了威胁,未

---

① 苏珊·桑塔格:《向哈里伯顿致敬》,收入《重点所在》,陶洁、黄灿然等译,上海:上海译文出版社,2018 年版,第 307 页。
② 同上,第 311 页。

能得到应有的重视。"① 文集里有篇题为《三十年之后……》("Thirty Years Later...")②的文章,是桑塔格为1996年在马德里出版的《反对阐释》的西班牙语译本所写的前言,她提醒读者不要忽视《反对阐释》当初引起称赞的大文化背景,而她自己也"不能不或多或少带着反讽的心态看待《反对阐释》中的那些文章"③,以表明如今时过境迁,她需要以发展的眼光看待文化的问题。

2002年1月,桑塔格做出的一个决定不仅让她身后的偶像光环蒙上了一层阴影,而且还让戴维陷入进退两难的痛苦之中。她与加利福尼亚大学洛杉矶分校(UCLA)签署了一份合同,把自己所有的私人藏书、信件和手稿以110万美元的价格出售给对方,这笔费用创下了当时收购作家个人资料的最高纪录。虽然桑塔格规定在她死后五年才能公开她那些未发表的文字,但这毕竟不是一个多么难以达到的期限。当那一天真的到来时,戴维作为整理者,对一些随笔文章尚能从容应付,然而,当他为将母亲的日记编辑出版而不得不阅读这些极其私密的材料时,发现它们远非只是揭示自我,而是充满了"暴露",于是他痛苦地意识到,"做这件事,最叫人进退维谷的问题之一就是,至少在家母晚年,不管从哪个方面看她都不是个乐意袒露自己的人。尤

---

① 杰罗姆·博伊德·蒙塞尔:《苏珊·桑塔格传》,张昌宏译,北京:中国摄影出版社,2018年版,第196页。

② 在本书前文引用的《反对阐释》文集的中文译本中,这篇文章的标题是《后记:三十年后……》。

③ 苏珊·桑塔格:《三十年之后……》,收入《重点所在》,陶洁、黄灿然等译,上海:上海译文出版社,2018年版,第329页。

其,关于她的同性恋问题,关于她是否承认自己的雄心的问题,她都尽一切可能,在不否认的基础上避开任何形式的讨论。"①他觉得侵犯了母亲的隐私,但是这些日记的所有权已经与他无关了,即便他不亲自筹划出版,所有权方也会找到别人来做这件事,那还不如自己咬着牙迎上前去。桑塔格当时也许完全没有顾虑身后之事,她能挺过两次癌症,对自己的生命力之顽强深信不疑,戴维也承认:"一个简单的事实是,我母亲活多久都不可能活够。她醉心于活着;就这么直截了当。我认识的人当中还没有哪个人如此毫不含糊地热爱生活。"②

她渴望拥有无限延长的生命,不仅是因为热爱自己的生活,而且是因为还有世界大事要去关注,还有观点要去发表。2002年她依然非常忙碌,除了继续写随笔、演讲稿等之外,她把更多的时间和精力用在写《关于他人的痛苦》(*Regarding the Pain of Others*)中,里面的部分观点出现在她2001年2月在牛津大学所做的"大赦讲座"(Amnesty Lecture)发言中。这篇长文的删节版于2002年12月份发表在《纽约客》上,2003年3月FSG出版了完整版,这也是桑塔格生前的最后一部著作,她把它再次献给了戴维。

《关于他人的痛苦》实际上可以看成对《论摄影》的补充和修正,而其关于战争摄影的论述,在出版之时恰好与一件重大的历

---

① 戴维·里夫:《序》,收入苏珊·桑塔格《重生:桑塔格日记(1947—1963)》,姚君伟译,上海:上海译文出版社,2018年版,序第3页。
② 戴维·里夫:《死海搏击:母亲桑塔格最后的岁月》,姚君伟译,上海:上海译文出版社,2011年版,第91页。

史事件相观照——美国在2003年3月20号联合英国、澳大利亚、波兰等国家,以英美军队为主,绕开联合国安理会,对伊拉克实施军事打击,掀开了一场持续近九年之久的战争的序幕,"由于这场战争,桑塔格的思想变得前所未有地重要"①。桑塔格以弗吉尼亚·伍尔夫1938年6月在《三个基尼》(Three Guineas)中对战争根源的探讨开场。伍尔夫认为战争是男人的游戏,大多数男人喜欢战争,而大多数女人并不会有这样的感受。不过,在观看同一批可怕的战争照片时,男人和女人都极有可能在震惊之中产生相同的念头:必须阻止战争,否则,"不因这些照片而痛苦,不被它们吓坏,不努力去消除造成这大灾难、大屠杀的原因——这些反应,在伍尔夫看来,是道德怪物的反应"。② 然而,用逼真的画面呈现战争的恐怖从而让人们明白战争的凶残和疯狂,并不能阻止战争的爆发。桑塔格举了两个例子。第一个例子是在伍尔夫的《三个基尼》出版前14年,德国摄影师、拒服兵役者恩斯特·弗里德里希(Ernst Friedrich,1894—1967)出版了一部名为《反战之战!》(War Against War!)的摄影集,里面最令人肝胆俱裂的是24个特写镜头,展示"战争的面孔"——士兵们脸上巨大的伤口。这部影集到1930年已在德国更新到的第十版,并被翻译成多国语言,可是并没有影响纳粹德国的战争野心。另一个例子是在《三个基尼》出版的同一年,法国导演阿贝

---

① 丹尼尔·施赖伯:《苏珊·桑塔格:精神与魅力》,郭逸豪译,北京:社会科学文献出版社,2018年版,第343页。
② 苏珊·桑塔格:《关于他人的痛苦》,黄灿然译,上海:上海译文出版社,2018年版,第6页。

尔·冈斯(Abel Gance,1889—1981)在其新版的反战影片《我控诉》(J'accuse)中也用特写镜头拍摄了一些面目被毁损得难以辨认的士兵,并刻画了末日般的恐怖景象。桑塔格不加评论,用一个平淡的句子结束了这个例子:"第二年,战争便爆发了。"①

关于战争或暴行的照片固然令人不寒而栗,但人们不会因此而拒绝观看。桑塔格把人们对这些照片产生的观赏兴趣部分地归因为一种"卑劣的欲望",而这种冲动似乎源远流长,在柏拉图的《理想国》中便有所描述,说的是一个名叫莱昂提乌斯(Leontius)的人,有一次看到地面上躺着一些罪犯的尸体,"他既想走上去看尸体,又感到厌恶,想转身离去。他挣扎了一会儿,遮住眼睛,但是那欲望还是太强烈。他睁大眼睛,奔向尸体,叫道:'原来你们在这儿,该死的,把这可爱的风景看个饱吧。'"②在现代社会,摄影作为文化工业的一个组成部分,在被大众消费的过程中多少会沾染上娱乐的色彩,不过值得注意的是,从《论摄影》到《关于他人的痛苦》接近 30 年的时间跨度里,桑塔格对摄影的意义和功能的看法在具体到战争摄影时发生了变化。在2000 年接受一次采访时,她尚在"疑虑摄影影像吸纳这世界的灾难和恐怖所带来的后果。它是否在麻醉我们?它是否使我们对万事万物习以为常?震撼效果是否消减了?我不知道"③。而后

---

① 苏珊·桑塔格:《关于他人的痛苦》,黄灿然译,上海:上海译文出版社,2018 年版,第 14 页。
② 同上,第 85 页。
③ 苏珊·桑塔格,陈耀成:《苏珊·桑塔格访谈录:反对后现代主义及其他》,黄灿然译,载《南方周末》,2005 年 1 月 6 日。

来她对《论摄影》的观点自我修正道:"照片创造了多少同情,也就使多少同情萎缩。是这样吗?我当时写这篇文章的时候,确实是这么认为的。现在我可不那么肯定了。有什么证据表明照片的影响不断递减,表明我们的观奇文化(culture of spectatorship)消解了暴行照片的道德力量吗?"①桑塔格更愿意相信由摄影传播的可怕影像或许能让乐享和平的人们知道世界的不完美,能自觉地加入到制止暴行、抵抗战争的行列之中。

就像《三个基尼》《反战之战!》《我控诉》一样,《关于他人的痛苦》没有让战争的步伐停留半分半秒,但桑塔格个人的影响在不断增长。发表在《纽约客》上的删节版的《关于他人的痛苦》,即《审视战争》("Looking at War")为她赢得了2002年度的乔治·波尔克文化批评奖(George Polk Award for Cultural Criticism)。她还获得了2003年度西班牙阿斯图里亚斯王子文学奖(The Prince Asturias Award for Literature)以及德国最重要的文学奖项——德国书业和平奖(The Peace Prize of the German Book Trade)。施赖伯分析说:

> 桑塔格回归文化批评使她在欧洲的人气有了一次攀升。在伊拉克战争爆发前夕,法国、德国和俄罗斯已经明确批评了小布什政府的军事计划。而战争伊始,这种批评扩展成二战以来最为严重的跨大西洋争论,欧洲媒体的反应异常统一,即便是美国盟友的媒体如英国、西班牙和波兰,也从纯粹对战争政策的不解

---

① 苏珊·桑塔格:《关于他人的痛苦》,黄灿然译,上海:上海译文出版社,2018年版,第93页。

发展为明确的反美语气。在这种背景下,桑塔格在所有美国作家中表现得最具欧洲性……如果她的反伊拉克战争立场在美国属于少数派的话,那么这种观点在欧洲则属于多数派。①

《关于他人的痛苦》再度点燃了桑塔格对摄影的研究兴趣。2003年她为西班牙的《文化》(*El Cultural*)杂志撰写了《摄影小结》("Photography: A Little Summa"),发表在该杂志2003年7月10日至16日号上,这篇文章又以《论摄影(简编)》["On Photography(The Short Course)"]为题出现在7月27日的《洛杉矶时报书评》(*The Los Angeles Times Book Review*)上。这篇短文以札记的形式与其说是总结不如说是增加了她对摄影的一些看法,其中一条强调影像是一种留住"真实"的现代认知方式:"照片把重要性赋予事件,使事件可记忆。一场战争、一场暴行、一场流行病、一场所谓的自然灾害如果要成为广受关注的对象,就必须通过各种向千百万人散布摄影影像的系统(包括电视、互联网、报纸、杂志)来让人们知道。"②这表明了她接受和认可了影像的记录和传播功能,但是她可能没有想到,如今的世界,一切影像皆可编辑、篡改,"真实"越发成为一个难以保障的珍稀物品。

2004年5月23日,桑塔格在《纽约时报杂志》(*The New York Times Magazine*)上发表了她最后一篇论摄影的文章,这

---

① 丹尼尔·施赖伯:《苏珊·桑塔格:精神与魅力》,郭逸豪译,北京:社会科学文献出版社,2018年版,第346页。

② 苏珊·桑塔格:《摄影小结》,收入《同时:随笔与演说》,黄灿然译,上海:上海译文出版社,2018年版,第129页。

也是她最后一篇重要的文章——《照片即是我们》("The Photographs *Are* Us"),后来在收录进《同时:随笔与演说》时题目被改为《关于对他人的酷刑》("Regarding the Torture of Others")。这篇文章是已经进入古稀之年的桑塔格对美军在阿布格莱布(Abu Ghraib)监狱虐待囚犯事件曝光后第一时间做出的反应。阿布格莱布监狱位于伊拉克巴格达以西 30 公里,曾经是伊拉克人闻之色变的一个地方,据说伊拉克战争中被推翻的萨达姆政权就是在那里关押、拷打和处决囚犯的。2003 年美军攻下巴格达之后,这座监狱被改造成关押恐怖嫌犯的地方。2004 年 4 月,美国媒体公布了大量美军在阿布格莱布虐待、侮辱囚犯的照片,美国国内和国际社会一片哗然。尽管 5 月 6 日小布什总统就此事向阿拉伯世界表示了道歉,5 月 7 日时任国防部部长唐纳德·亨利·拉姆斯菲尔德(Donald Henry Rumsfeld,1932—)也在参众两院的听证会上道歉,并表示要一查到底,但是"虐囚门事件"持续发酵,更多骇人听闻的照片被不断公布。

  桑塔格指责小布什政府只把这件事当成一场公关灾难来处理,只想限制这些照片的传播,而不是处理这些照片暴露出的可怕问题,仿佛是照片本身而不是照片所揭示的事情才是错误和恐怖的。拉姆斯菲尔德则直言不讳,不会使用"酷刑"来指代囚徒们受到的虐待。桑塔格愤怒地找出了美国及其签约国的公约对酷刑的定义,即 1984 年的《禁止酷刑和其他残忍、不人道或有辱人格的待遇或处罚公约》(*Convention Against Torture and Other Cruel, Inhuman or Degrading Treatment or Punishment*)上所写的酷刑定义,证明美军对囚徒实施的羞辱和虐待行为就是不折不扣的酷刑,而如果否认这一点,拒绝用酷刑来"形容发生在阿布格莱布监狱的事情——以及发生在伊拉克其他地方、阿富汗和关塔那摩湾(Guantánamo Bay)的事情——其无耻就如同拒绝把发生在卢旺达的种族灭绝称为种族灭绝"①。

与普通的照片不同,阿布格莱布虐囚照的流出还揭露出一个问题:拍摄者的残忍。这些照片绝大部分是施虐者拍摄的,他们自己有时就与受害者一起出现在照片里。桑塔格认为这简直比二战中纳粹德国士兵的拍摄行为还要糟糕,因为纳粹德国士兵拍摄他们在波兰和苏联所犯的暴行的照片时,很难得会与受害者合照,倒是美国人在1880年到1930年间对黑人施加私刑时拍下来的照片勉强能与虐囚照相提并论。在这些私刑照中,"美国人在某具吊在他们背后树上的黑人男子或女子残缺不全的赤裸尸体下龇牙而笑……行动的参与者觉得自己的所作所为是天经地义的。来自阿布格莱布的照片也是如此"。② 随着越来越多的阿布格莱布照片进入公众视野,人们目瞪口呆地看到,大多数的酷刑照片(桑塔格坚持使用拉姆斯菲尔德拒绝使用的"酷刑"一词)都有色情的主题,有的则干脆就和美国士兵彼此性交的色情图像交织在一起。一名年轻的美国女士兵用皮带系着一名赤身裸体的囚徒,牵着他到处走,就是一个"典型的施虐女主

---

① 苏珊·桑塔格:《关于对他人的酷刑》,收入《同时:随笔与演说》,黄灿然译,上海:上海译文出版社,2018年版,第133页。
② 同上,第136页。

角形象"①。有的照片或录像显示神采奕奕的施虐者看着受害者的痛苦和绝望咧嘴而笑,比如,勒令一个个男囚犯脱光了衣服叠罗汉,牵着警犬逼近浑身赤裸的囚徒的阴茎和大腿,强迫戴着脚镣、蒙着头套的囚徒手淫或彼此模仿口交……而更可怕的是,这些照片被拍摄下来的本意是在美国士兵之间传阅,供他们取乐的。桑塔格几乎是怒不可遏地写道——"美国已成为这样一个国家:暴力幻想和暴力实践被视为良好的消遣——取乐。"②在文章的最后,桑塔格痛斥了这些酷刑影像的本源并重申了她坚持一生的反战立场:"毕竟,我们正处于战争中。没有终结的战争。而战争即地狱,比任何把我们拖入这场恶臭的战争的人所可能预期的更可怕的地狱。"③

很多读者不会想到的是,当桑塔格心系阿布格莱布虐囚事件并迅速回应时,她已经得知在她自己的身体里,第三场战争正在进行中。2004年3月初,南非作家纳丁·戈迪默邀请桑塔格去开普敦和约翰内斯堡讲学,这既是首届"纳丁·戈迪默讲座",也是桑塔格的最后一次演说。桑塔格的讲座发言《同时:小说家与道德考量》("At the Same Time: The Novelist and Moral Reasoning")后来被定为文集《同时:随笔与演说》的标题。两位编辑保罗·迪洛纳尔多和安妮·江普如此解释道:"我们选择她最后一次演说的标题《同时》做书名,以纪念本书多声音的性质,

---

① 苏珊·桑塔格:《关于对他人的酷刑》,收入《同时:随笔与演说》,黄灿然译,上海:上海译文出版社,2018年版,第137页。
② 同上,第139页。
③ 同上,第145页。

纪念她的文学活动与政治活动、美学思想与伦理思考、内心生活与外部生活的不可分割性。"①从南非回到纽约后，桑塔格感到身体有明显的不适，于是去医院做了一番检查。戴维清楚地记得2004年3月28日下午，他结束了将近一个月的中东之行的采访任务，在伦敦希思罗机场候机回国时给母亲打了一个电话，电话那头的桑塔格故作轻松地告诉他，她可能再次生病了。但事实上她已经确诊了——她第三次落入癌症的魔爪之中，这次是骨髓增生异常综合征（MDS），一种特别致命的血癌。其实在2003年，她的管家就不无担忧地发现她浑身上下有规律地出现了莫名其妙的瘀伤，但她似乎不想一探究竟，往往不愿接过这个话题。对此，戴维在回忆录中对为母亲做检查的医生们颇有微词，因为桑塔格在子宫癌手术后一直接受定期检查，检查的项目还很多，但为什么没有医生在检查时留意一个情况，那就是他们开出的常规化疗药品有一些会导致病人罹患白血病？

桑塔格再次发挥了她的钻研劲头，投入对这种疾病的研究之中。一年前，另一种严重的血癌——慢性粒细胞白血病（CML）夺走了她的好朋友爱德华·萨义德的生命。萨义德和桑塔格一样一生勤奋耕耘，也和她一样顽强求生，但没能战胜血癌。桑塔格选择进行骨髓移植，尽管对于她这样71岁高龄的患者来说成功的可能性实在渺茫。莱博维茨非常紧张，安排了一架私人飞机把桑塔格送到西雅图的弗雷德·哈钦森癌症研究中

---

① 保罗·迪洛纳尔多，安妮·江普：《序》，收入苏珊·桑塔格《同时：随笔与演说》，黄灿然译，上海：上海译文出版社，2018年版，序第4页。

心（Fred Hutchinson Cancer Research Centre）接受骨髓移植,自己一到周末就飞过去陪伴她。11月的一天,骨髓移植手术被宣告彻底失败。莱博维茨当天就得知了这个消息,她正在佛罗里达陪伴临终的父亲,但第二天她设法赶到了西雅图,顾不上穿戴必要的防止病人接触性感染的装备,爬上病床拥抱桑塔格,又安排飞机把她送回纽约的斯隆-凯特林纪念癌症中心,这里是她29年前治疗乳腺癌的地方。

一切努力均已无力回天。戴维的回忆录详细地记录了桑塔格最后的时光,无比痛苦,无比煎熬。2004年12月26日,印度洋发生了惨烈的海啸,造成了22.6万人死亡,病床上气若游丝的桑塔格已经无法就这一惨绝人寰的灾难向公众说些什么了。12月27日,"她呼吸极其困难、生命快到尽头,报纸的头版头条全在报道亚洲海啸,她只说到两个人——她母亲和约瑟夫·布罗茨基。"①这两个人,代表她一生渴求但并未如愿得到的真爱,一个是父亲永久缺场后她极其渴望的母爱,一个是千帆过尽在智性上她极其珍视的情爱。连戴维都说,尽管桑塔格与布罗茨基在后来渐行渐远,但两人之间的交情"也许是她一生中两个才智相当的人之间唯一惺惺相惜的关系"②。可惜,就在她的身边,莱博维茨甘愿为她真真切切地付出的爱,她似乎感受不到。12月28日上午7点10分,桑塔格呼出了最后一口气,不知道这一

---

① 戴维·里夫:《序》,收入苏珊·桑塔格《心为身役:桑塔格日记(1964—1980)》,姚君伟译,上海:上海译文出版社,2018年版,序第5页。
② 同上。

刻,她的眼前是否出现了先她而去的母亲和布罗茨基;而死于白血病,她会不会认为恰恰反讽性地让她落入疾病的隐喻之中。她在《疾病的隐喻》所做的注释中写道,"白血病:癌症中唯一一种干净的死法、唯一一类能被浪漫化的死亡。"①

在殡仪馆工作人员把她带走之前,陪伴着她的是莱博维茨。莱博维茨心如刀绞,悲痛难抑,但仍为她精心挑选了入殓的衣物,"米兰买的上装、威尼斯的围巾、桑塔格去剧院看戏时喜欢穿的黑天鹅绒的邓姚莉(Yeohlee Teng)外套"②。戴维对莱博维茨为他母亲所做的一切闭口不提,他只介怀这位深爱着他母亲的女人如何冒犯和激怒了他——在陪伴桑塔格的遗体时,莱博维茨拍下了桑塔格最后的照片并在后来将其公布。2005年,56岁的莱博维茨找人代孕,生下了一对双胞胎女儿,她给其中的一个孩子取名苏珊,全名就是苏珊·莱博维茨,其用意不言而喻。这样,终身未婚的莱博维茨就有了三个女儿。2006年,莱博维茨出版摄影回忆录《一个摄影师的一生》(*A Photographer's Life*),里面收录了不少桑塔格的私人照片,包括她生命终结时刻的照片。这一年还有一部纪录片问世——《安妮·莱博维茨:镜头里的人生》(*Annie Leibovitz: Life Through a Lens*),莱博维茨没有正面回答她的性取向和同性伴侣的问题,但是里面有一个镜头,莱博维茨指着桑塔格的照片,说到她的离世,潸然泪下。

---

① 戴维·里夫:《死海搏击:母亲桑塔格最后的岁月》,姚君伟译,上海:上海译文出版社,2011年版,第51页。
② 卡尔·罗利森,莉萨·帕多克:《苏珊·桑塔格全传》,姚君伟译,上海:上海译文出版社,2018年版,第435页。

2006年末她坦率地告诉《旧金山纪事报》(*San Francisco Chronicle*)的采访者:"我爱苏珊。对此我毫无疑问。"①

桑塔格没有留下遗嘱,只是曾经表示她不能接受火化,还有一次说到过,在她的追悼会上要播放她从青少年时期就一直喜爱的贝多芬后期创作的一首四重奏。戴维这么做了,但不能确定这是不是母亲真的想要的。关于她最后的栖身之所,他只能自作主张。他觉得纽约的公墓丑陋不堪,他外公所葬之处就是纽约最丑的一个公墓,他母亲直到暮年才托人调查到这个地方,而她生活过的美国城市,无论是图森、洛杉矶、芝加哥,还是波士顿,都不是她的喜爱之所。最后,他选择了巴黎,因为,"一直以来,巴黎可是她的第二个家啊!……不管怎么说,巴黎也是我母亲很多朋友的第二家园,而我觉得,如果坟墓真有什么作用的话,那它们就是为了活着的人。"②就这样,桑塔格长眠于巴黎的蒙帕纳斯公墓,与波伏瓦、萨特、贝克特、齐奥兰、波德莱尔这些她见过或深刻了解过或友善相处过的文学、哲学大家们比邻而居,他们都沉默着,但又都在热闹的人世间继续发出铿锵之声。

桑塔格在一生中被贴上过数不胜数的标签,有"美国公众的良心""最后的知识分子""一个真正知识分子的标本""文学界的美丽杀手""文学美人""美国文坛黑女郎""我们非正式的文坛女盟主""当代美国文坛的坏女孩""坎普女王""曼哈顿的女预言

---

① Edward Guthmann,"Love,family,celebrity,grief—Leibovitz puts her life on display in photo memoir", November 1, 2006. https://www.sfgate.com/entertainment/article/Love-family-celebrity-grief-Leibovitz-puts-2548168.php.
② 戴维·里夫:《死海搏击:母亲桑塔格最后的岁月》,姚君伟译,上海:上海译文出版社,2011年版,第114页。

家""批评界的帕格尼尼"等等。她会比较喜欢英国作家、导演乔纳森·米勒(Jonathan Miller,1934—2019)对她的称呼——"美国最聪明的女人",但她最喜欢的,是布罗茨基1979年12月对《巴黎评论》(*Paris Review*)的采访者所说的话:"作为作家,我个人相当推崇的人物,苏珊·桑塔格便是其中的一位。她在大西洋两侧是最具智慧的人物,别人论点的终点恰恰是她的起点。我在现代文学中找不到可与她同日而语的精神音乐。"①

是的,这就是苏珊·桑塔格,大西洋两侧最智慧的人。

---

① George Plimpton ed, *Writers at Work*: *The Paris Review Interviews*, *Eighth Series*. New York:Penguin Books,1988:p. 402-403. 引文翻译参考姚君伟:《译者卷首语》,收入苏珊·桑塔格《土星照命》,姚君伟译,上海:上海译文出版社,2018年版,第1页。

苏珊·桑塔格生平大事记

1933年　1月16日,苏珊·李·罗森布拉特出生于纽约曼哈顿妇女医院,是杰克·罗森布拉特和米尔德丽德·罗森布拉特夫妇的长女。

1936年　2月27日,妹妹朱迪丝在纽约出生。

1938年　10月19日,父亲杰克·罗森布拉特因肺结核病逝于中国天津。

1939年　被告知父亲去世后,出现哮喘症状,米尔德丽德听从医生的错误建议,举家搬至迈阿密,但苏珊的症状没有减缓,全家接着搬到了亚利桑那州的图森市。

1945年　米尔德丽德嫁给空军上尉内森·桑塔格,苏珊和朱迪丝都改姓桑塔格。本书中从此年份开始,苏珊被称为桑塔格。

1946年　内森·桑塔格带着妻女搬到加利福尼亚州的洛杉矶市。

1947年　年初,桑塔格到北好莱坞中学上学。

1948年　12月,从北好莱坞中学提前一个学期毕业。

1949年　2月19日,到达加利福尼亚大学伯克利分校注册春季学期;结识哈丽雅特·索姆斯,发现了自己的同性恋性取向;5月底,收到芝加哥大学的录取通知书;9月4日抵达芝加哥,开始秋季学期;12月28日与朋友拜访在洛杉矶的太平洋帕利塞兹社区居住的托马斯·曼。

1950年　11月21日,认识社会学讲师菲利普·里夫,12月2日,闪电结婚。

1951年　从芝加哥大学本科毕业;夏天与里夫从波士顿出发游历欧洲。

1952年　里夫获得布兰迪斯大学的一个教职,全家搬到波士顿;9月28日,两人的独子戴维在波士顿出生。

1953年　秋季学期,桑塔格在康涅狄格大学注册,攻读英语文学硕士学位,同时担任助教工作。一年后,没拿到学位就退学了。

1954年　开始到哈佛大学听课,为读研究生做准备。

1955年　在哈佛大学注册了英语文学硕士课程,后来又转读哲学系,同时也当助教,被公认是系里最才华横溢的助教之一;结识雅各布·陶布斯和他的妻子苏珊·陶布斯。

1956年　硕士生考核第一名,位列哲学系博士候选人榜首。

1957年　获哲学硕士学位,继续攻读博士学位,得到美国大学妇女协会赴英国牛津大学进修一年的资助,准备撰写题为《伦理的形而上学推测》的博士论文;9月5日,从纽约登船前往英国,雅各布·陶布斯送行;圣诞节前去巴黎见哈丽雅特·索姆斯。

1958年　正式离开牛津,到达巴黎,在索邦大学注册;爱上哈丽雅特·索姆斯的情人之一玛丽亚·艾琳·福恩斯;结识阿尔弗雷德·切斯特;到巴黎大学听波伏瓦的课;年底回国,告诉来接机的里夫离婚的决定。

1959年　元旦,带着戴维到达纽约;先后当过《评论杂志》的编辑、莎拉·劳伦斯学院和城市学院的讲师。

1960年　到哥伦比亚大学的宗教系任教,与陶布斯夫妇共事;开始构思和创作小说处女作《恩主》的部分内容;6—9月,带着戴维在古巴考察。

1961年　在《普罗温斯敦评论》上发表《恩主》的一章;化名卡尔文·科夫在《哥伦比亚每日观察家副刊》上发表第一篇电影评论《关于安东尼奥尼等人的若干札记》。

1962年　第一次在《党派评论》上发表文章,评论 I.B.辛格的《奴隶》。

1963年　秋天,《恩主》由 FSG 出版社出版,献给玛丽亚·艾琳·福恩斯。

1964年　在《常青评论》和《党派评论》上分别发表重量级文章《反对阐释》和《关于"坎普"的札记》;参与安迪·沃霍尔策划的系列电影《试镜》的拍摄;辞去教职,成为自由作家;加入美国笔会分会;得到洛克菲勒基金会的资助,1964—1965学年在新泽西的罗格斯大学当驻校作家。

1965年　构思第二部小说;夏天前往巴黎;8月底去摩洛哥看望切斯特;年底正式创作《死亡匣子》。

1966年　文集《反对阐释》出版,献给亦恋人亦朋友的保罗·特克。

1967年　《死亡匣子》出版,献给心理分析师戴安娜·凯梅尼;在威尼斯电影节和纽约电影节上担任评委;年底走上街头加入历时三天的反战抗议,被捕入狱。

1968年　1月,出庭后获释;5月初,受北越政府邀请,赴越南河内访问两周;与瑞典桑德鲁影视公司的制片人戈兰·林格伦合作,在斯德哥尔摩筹划并拍摄第一部影片《食人生番二重奏》;11月,苏珊·陶布斯自杀;12月下旬,《食人生番二重奏》毛片拍摄结束;12月底发表《河内行纪》,前往古巴,途中停留墨西哥并在墨西哥城国立大学就河内之行发表演讲。

1969年　5月,《食人生番二重奏》在戛纳电影节上作为非参赛作品展出,9月在纽约电影节上演;构思第二部电影《卡尔兄弟》;爱上卡洛塔·德尔·佩佐;秋天,文集《激进意志的样式》出版,献给约瑟夫·蔡金。

1970年　《食人生番二重奏》的电影脚本出版,献给苏珊·陶布斯;在瑞典拍摄《卡尔兄弟》。

1971年　《卡尔兄弟》在戛纳电影节首映;开始经常在巴黎长住;结识妮科尔·斯特凡娜,成为恋人;取得波伏瓦的小说处女作《女宾》的电影拍摄权,但拍摄计划未能实施;8月,切斯特在耶路撒冷自杀。

1972年　7月20日,中国政府向她发出访问邀请,10月28日,被告知行程被推迟到第二年;在废除堕胎法请愿活动的请愿书上签名;12月,再次前往越南;创作《中国旅行计划》。

1973年　1月,赴中国访问;4月发表《中国旅行计划》;10月,与妮科尔·斯特凡娜前往第四次中东战争中交火最激烈的戈兰高地和苏伊士拍摄《希望之乡》。

1974年　6月,《希望之乡》在纽约首映;《卡尔兄弟》的电影脚本出版,献给卡洛塔·德尔·佩佐;卷入"里芬斯塔尔事件"的论战中。

1975年　查出乳腺癌,在朋友们的帮助下渡过难关,手术成功。

1976年　请西格丽德·努涅斯当助手;与约瑟夫·布罗茨基成为朋友,并发展成情人关系;编辑出版《阿尔托文选》,并写了序言;春夏两季,完成了评论摄影系列的最后两篇论文。

1977年　《论摄影》出版,献给妮科尔·斯特凡娜;12月4日,和布罗茨基去威尼斯,参加国际艺术双年展;12月9日一起拜访埃兹拉·庞德的伴侣奥尔加·拉奇。

1978年　1月19日,《论摄影》获全美书评界评论奖;《作为隐喻的疾病》出版,献给罗伯特·西尔维斯;11月,短篇小说集《我,及其他》面世,献给米尔德丽德。

1979年　4月,赴日本东京讲学;5月,到夏威夷看望母亲和继父,在夏威夷大学做了一场演讲;夏天,在意大利都灵导演和排练皮兰德娄的《悉听尊便》;被德国美因茨科学与文学研究院授予威廉海因泽奖章;入选美国艺术和文学学院;获得纽约市市长艺术与文化荣誉奖。

1980年　5月,访问波兰;文集《土星照命》出版,献给约瑟夫·布罗茨基;秋季学期经常参与布罗茨基和德里克·沃尔科特在纽约大学的纽约人文学院共同开设的诗歌课程;12月,《悉听尊便》在佛罗伦萨和罗马首演。

1981年　5月,《悉听尊便》在都灵上演第二季。

1982年　2月6日,在纽约市政厅发表引起争议的《波兰及其他问题:共产主义与左派》演讲;编辑出版《巴特读本》并写前言;出版《苏珊·桑塔格读本》并由伊丽莎白·哈德威克写序,献给罗杰·斯特劳斯;受意大利电视台第三频道的委托,将短篇小说《没有向导的旅行》拍成电影,舞蹈家露辛达·蔡尔兹出演女主角。

1983年　《没有向导的旅行》正式播出;在伍迪·艾伦的影片《西力传》里演自己。

1984年　参演西班牙导演纳斯托·艾尔孟德罗斯和奥兰多·希门尼斯·里尔的电影《不当行为》;秋季,重回讲台,在布朗大学上一门课;11月,参与法国电视台拍摄的一个与波伏瓦的《第二性》有关的系列节目。

1985年　1月,在马萨诸塞州剑桥市的美国保留剧目剧院把米兰·昆德拉的剧作《雅克和他的主人》搬上舞台;春季学期,到费城的天普大学上一门课。

1986年　作为美国笔会的组委会成员,参与筹备1月12日开始在纽约举办的国际笔会第48届年会;8月,为英国电视第四频道撰写和制作了一篇关于皮娜·鲍什和乌帕塔尔舞蹈剧院的电视散文;8月18日,发表短篇小说《书信场景》;11月24日,发表另一个短篇小说《我们现在的生活方式》;受邀参加11月30日到12月6日夏威夷大学东西方中心举办的电影节,担任评委,电影节还没闭幕时,米尔德丽德在夏威夷病逝。

1987年　6月,当选为美国笔会主席。

1988年　发表长篇论文《艾滋病及其隐喻》,献给因艾滋病于8月10日去世的保罗·特克;带领美国笔会分会代表团参加在汉城举办的国际笔会会议;认识安妮·莱博维茨,开始了直到生命终止的一段感情。

1989年　《艾滋病及其隐喻》的美国图书版出版;在"萨尔曼·拉什迪追杀令事件"中呼吁各界干预,支持拉什迪;雇用文学经纪人安德鲁·怀利,经济状况大为改观;9月,接受德国学术交流中心提供的奖学金前往柏林创作小说。

1990年　1月,用两周的时间完成剧本《床上的爱丽斯》;获麦克阿瑟基金会学术奖金。

1991年　与艺术家霍华德·霍奇金合作,《我们现在的生活方式》的插图版图书出版;9月,《床上的爱丽斯》以德文版的形式在德国波恩首演;为罗伯特·威尔逊在波士顿美术博物馆回顾展的目录手册创作独幕剧《一个帕西法尔》;写下短剧《百感交集的皮刺摩斯与提斯柏》。

1992年　《火山情人》出版,登上《纽约时报》畅销书排行榜,被翻译成二十余种语言,这本小说献给戴维。

1993年　当选美国艺术和文学学院院士;7—8月,在萨拉热窝导演《等待戈多》;英文版《床上的爱丽斯》问世,9月,罗伯特·威尔逊在柏林将其搬上舞台。

1994年　2月,获勃朗峰文化奖,把奖金全部捐给国际笔会波斯尼亚分会。

1995年　撰写一些随笔文章;构思小说《在美国》。

1996年　1月28日,布罗茨基去世;开始创作《在美国》。

1997年　在洛克菲勒基金会的资助下到意大利的洛克菲勒贝拉乔中心写作一个月,随后到意大利朋友保罗·迪洛纳尔多的故乡巴里继续创作。

1998年　与罗伯特·威尔逊合作,改编易卜生的剧作《海上夫人》,在意大利的费拉拉首演;7月,确诊患上子宫癌,积极接受治疗。

1999年　秋天,与莱博维茨合作策划的莱博维茨摄影集《女性》出版,写下前言文章《照片不是一种观点,抑或是一种观点?》;《海上夫人》在夏季号的《戏剧》上发表。

2000年　《在美国》出版,献给萨拉热窝的朋友们;10月,《床上的爱丽斯》在纽约首演;11月,《在美国》获得美国国家图书奖。

2001年　5月,《在美国》在以色列国际书展中获耶路撒冷奖;9月11日,发生"9·11事件";在9月24日的《纽约客》上发表《杀人犯不是懦夫》评论"9·11事件",引起轩然大波;10月6日,在意大利《宣言报》上发表另一篇关于"9·11事件"的文章;文集《重点所在》出版,献给伊丽莎白·哈德威克。

2002年　1月,把包括日记在内的个人资料以110万美元的价格出让给加利福尼亚大学洛杉矶分校;写作《关于他人的痛苦》。

2003年　《关于他人的痛苦》出版,献给戴维;获乔治·波尔克文化批评奖、西班牙阿斯图里亚斯王子文学奖和德国书业和平奖。

2004年　3月初,应纳丁·戈迪默之邀赴南非的开普敦和约翰内斯堡讲学,出席首届"纳丁·戈迪默讲座";3月,确诊血癌;5月23日,在《纽约时报杂志》上发表《照片即是我们》,即《关于对他人的酷刑》;12月28日,在纽约去世。

2005年　安妮·莱博维茨找人代孕生下一对双胞胎女儿,她给一个孩子取名苏珊·莱博维茨,纪念桑塔格。

2006年　《一个帕西法尔》在纽约首演。

2007年　《同时:随笔与演说》出版。

2008年　第一卷日记《重生:桑塔格日记(1947—1963)》出版。

2012年　第二卷日记《心为身役:桑塔格日记(1964—1980)》出版。

苏珊·桑塔格著作年表

1961年　在《普罗温斯敦评论》上发表《恩主》的一章；化名卡尔文·科夫在《哥伦比亚每日观察家副刊》上发表第一篇电影评论《关于安东尼奥尼等人的若干札记》。

1962年　第一次在《党派评论》上发表文章，评论 I. B. 辛格的《奴隶》。

1963年　小说处女作《恩主》由 FSG 出版社出版。

1964年　在《常青评论》上发表《反对阐释》；在《党派评论》上发表《关于"坎普"的札记》。

1966年　文集《反对阐释》出版。

1967年　小说《死亡匣子》出版。

1968年　发表长篇随笔《河内行纪》。

1969年　文集《激进意志的样式》出版。

1970年　《食人生番二重奏》的电影脚本出版。

1973年　发表短篇小说《中国旅行计划》。

1974年　《卡尔兄弟》的电影脚本出版。

1976 年　编辑出版《阿尔托文选》。

1977 年　论著《论摄影》出版。

1978 年　论著《作为隐喻的疾病》出版；短篇小说集《我，及其他》出版。

1980 年　文集《土星照命》出版。

1982 年　编辑出版《巴特读本》；出版《苏珊·桑塔格读本》。

1986 年　发表短篇小说《书信场景》和《我们现在的生活方式》。

1988 年　发表长篇论文《艾滋病及其隐喻》。

1989 年　《艾滋病及其隐喻》的美国图书版出版。

1990 年　《作为隐喻的疾病》和《艾滋病及其隐喻》的合并版《疾病的隐喻》出版。

1991 年　与霍华德·霍奇金合作的插图版图书《我们现在的生活方式》出版。

1992 年　小说《火山情人》出版。

1993 年　英文版剧本《床上的爱丽丝》出版。

1999 年　与莱博维茨合作策划的莱博维茨摄影集《女性》出版；剧本《海上夫人》在夏季号的《戏剧》上发表。

2000 年　小说《在美国》出版。

2001 年　文集《重点所在》出版。

2003 年　论著《关于他人的痛苦》出版。

2004 年　发表长篇论文《照片即是我们》，即《关于对他人的酷刑》。

2007 年　随笔与演说集《同时：随笔与演说》出版。

2008年　第一卷日记《重生:桑塔格日记(1947—1963)》出版。

2012年　第二卷日记《心为身役:桑塔格日记(1964—1980)》出版。

后 记

说起《苏珊·桑塔格:大西洋两侧最智慧的人》一书的缘起,就不能不提 2018 年 4 月 13 日下午 4 点 24 分我收到的一条留言。南京师范大学的姚君伟教授问我手头忙不忙,说华中科技大学出版社准备出版一套西方女性思想家丛书,其中包括了桑塔格,如果我有时间和兴趣,不知是否愿意考虑。

我百感交集。尽管我不曾拜在姚老师门下读书,但他于我,是恩师。他是国内桑塔格研究的开拓者和领路人,与桑塔格本人有过密切的学术交流,以过硬的文字功底和广阔的学术视野赢得了这位在外人眼中高高在上、睥睨一切的美国"非正式的文坛女盟主"的尊重和信任。桑塔格把自己重要的作品放心地交由姚老师翻译,而在她去世后,其子戴维·里夫也继续指定姚老师为桑塔格日记和相关回忆录的中文版译者,由此可见桑塔格母子对姚老师学术造诣的充分肯定。我还记得在我的博士论文答辩会上,我的恩师王腊宝教授怀着对学生成长的殷切期待,希望姚老师能多多指点我这名愚钝的学生,而姚老师温和一笑,此后就把我当成门下弟子，无论是与桑塔格研究有关的新动态还是他本人新出的研究成果和译著，都不吝分享给我。每每翻阅姚老师亲笔签名的种种桑塔格作品，我都会感动不已。

然而，有那么一段时间，我感觉人生陷入一片黑暗之中，觉得一切都没有意义，尤其是在学术研究上一次次遭遇滑铁卢之后，我在想是不是该放手了。我安慰自己说，我已经证明了我有能力完成一些有难度的工作，现在可以停下来了。于是我决定"享受"生活。收到姚老师留言的时候，我老老实实地告诉他，我正在榨果汁。但我没说，电视机也开着，我还在看一档老年养生节目。姚老师让我不要急于回复，过几天再告诉他结果。三天后，我联系姚老师："我决定重读桑塔格，认真地为她写点什么。"是什么让我放弃"享受"生活，又准备开始一段写作苦旅？这三天里，我想起读博时与同门兄弟姐妹并肩拼搏的昂扬激情，想起导师以身作则在学术领域的无尽探索，想起这些年来姚老师的鼓励与信任，更想起我深入接触桑塔格后的震撼与绝望。我震撼于她的渊博和深邃，绝望于相形之下我的懒惰和无知。我要做的，是化震撼为灵感，化绝望为动力。我知道，这还远远不止桑塔格能给予我的全部。我要静下心来，再一次走近她，再一次感受她的魅力。当然，我也知道自己面临的是怎样的一个挑战。国外已经有美、英、德三国作家为桑塔格立传，并且这些传记全部都被国内出版社引进，有了中文译本。我的书写，不应该只是一个回声，而应该是一次有力的和声共鸣。

以往研读桑塔格，我更关注的是她的作品，是基于学术层面的功利式阅读，对她的生平信息只是蜻蜓点水似的一掠而过，但这次要呈现的是一个全面的桑塔格,其个人生活是我必不可少的书写范围。我让自己回到2007年在图书馆第一次读到桑塔格时的状态,以一种全然陌生、绝对好奇的心情抱着一堆资料重新阅读,同时反复观看美国独立电影制作人南希·凯茨执导的纪录片《关于苏珊·桑塔格》(2014)以及桑塔格出镜的其他视频资料。毋庸置疑,影像里的桑塔格气场强大、神采飞扬、风华绝代,而我更着迷于她的声音,其声线优美,音域宽广低沉,带着一股令人无法忘怀的磁性诱惑力。很奇怪,包括桑塔格本人,没有人提到过她那能够直抵心灵的声音,但她却常常被她所仰慕的人独特的声音所打动。1977年桑塔格和约瑟夫·布罗茨基一起去威尼斯参加一个国际艺术双年展,布罗茨基利用这个机会在雅典娜剧院举办了朗诵会,桑塔格被深深打动了:"他站起来朗读他的诗的时候,我一阵阵颤抖。他吟诵,他啜泣;他看上去华贵。"在写保罗·古德曼时,桑塔格描述了另一种声音对她的触动:"是他的声音,即他的才智及其体现出的诗意使我成为他的一个死心塌地的读者,看他的书看得上了瘾。"我,作为桑塔格的仰慕者,同时被她的这两种声音所吸引。

解读桑塔格的各类作品截然不同于了解桑塔格生活的点滴。前者带给我智性的欢欣其实远大于痛苦,因为在她权威的、无可辩驳的语调之下和信手拈来、引经据典的论述之中我固然感觉到自己的不足[美国作家菲利普·洛佩特曾经写道:"我经常听到一些熟人或研究生(其中有些可是非常聪明的)说当他们读桑塔格的作品时,感到自己很愚蠢。正如一位颇有思想的作家朋友所说:'我觉得就像我有一个大脑,而她有两个似的。'"],

但能阅读她本身就是一种勇气,而试图读懂她已经成为我的一种乐趣和追求。然而,当我以不同的方式去接近桑塔格其人时,尤其是当我捧起她那些厚厚的日记时,我仿佛从太阳的正面转到了背面。她那被天才灼烧、被原生家庭灼痛的童年时代,灵气四溢但彷徨犹疑的少年时代,在婚姻中挣扎、在同性爱欲中沉迷和不断受伤的青年时代,以及饱受疾病之苦和爱情之痛的中年时代……一字一句都融进我的细胞里,我经常泪流满面,不能自已。少年时代的桑塔格曾经和朋友讨论过,她愿意为延长她的偶像——作曲家斯特拉文斯基4年的寿命而当场去死,我在感受她的痛苦时,将心比心,体会到这绝非一个孩子的稚气和矫情,而是发自内心的真诚愿望。

我相信,桑塔格绝对不愿意把真正尊崇她的人拖入无限的忧思之中。往往在我泪眼模糊之时,我转眼就会看到她在那些令人心碎的文字旁边气势磅礴地列举出无数熠熠生辉的名字和作品,还有故事梗概或观点提要。那是她要去结识的古今智者、伟大者,要去细细品味的智慧结晶和思想杰作,以及要去写的小说或论著。这让人释然:是啊,生活中的烦扰、挫折和失败,乃至数次的死亡威胁,从来都不是桑塔格在精神的天空自由翱翔的阻力,恰恰相反,它们总是能源源不断地为她提供动力,让她飞得更高。那么,我亲爱的读者,如果您展卷一读,或许也能从《苏珊·桑塔格:大西洋两侧最智慧的人》中获得挑战自我、勇敢前行的力量。

最后,我要感谢华中科技大学出版社的远见和筹划,感谢负责这套"女性天才:生命、思想与言词"丛书编辑工作的薛蒂老师的耐心和细致,更要感谢姚君伟教授的推荐和信任,没有他们,就没有这本书,或者说,就没有我写的这本书,而我也就会失去一次与桑塔格再次全方位接触的机会,一次在阅读中重新迸发写作激情的"重生"机会。

柯　英

2020 年 6 月